国家社科基金项目（20BTJ012）成果

河北大学共同富裕研究中心 资助

Research on Fuzzy Statistical Measurement and
Evaluation of High Quality Development of

CHINA'S
LOGISTICS INDUSTRY

中国物流业高质量发展的
模糊统计测度与评价研究

郭子雪 林 鹏 ◎著

中国财经出版传媒集团

经济科学出版社
Economic Science Press

·北京·

图书在版编目（CIP）数据

中国物流业高质量发展的模糊统计测度与评价研究／
郭子雪，林鹏著. －－北京：经济科学出版社，2023.9
ISBN 978 - 7 - 5218 - 4847 - 2

Ⅰ. ①中… Ⅱ. ①郭… ②林… Ⅲ. ①物流 - 经济发
展 - 研究 - 中国 Ⅳ. ①F259.22

中国国家版本馆 CIP 数据核字（2023）第 110275 号

责任编辑：宋艳波
责任校对：孙　晨
责任印制：邱　天

中国物流业高质量发展的模糊统计测度与评价研究
郭子雪　林　鹏　著
经济科学出版社出版、发行　新华书店经销
社址：北京市海淀区阜成路甲 28 号　邮编：100142
总编部电话：010 - 88191217　发行部电话：010 - 88191522
网址：www. esp. com. cn
电子邮箱：esp@ esp. com. cn
天猫网店：经济科学出版社旗舰店
网址：http://jjkxcbs. tmall. com
固安华明印业有限公司印装
710×1000　16 开　18.5 印张　300000 字
2023 年 9 月第 1 版　2023 年 9 月第 1 次印刷
ISBN 978 - 7 - 5218 - 4847 - 2　定价：68.00 元
（图书出现印装问题，本社负责调换。电话：010 - 88191545）
（版权所有　侵权必究　打击盗版　举报热线：010 - 88191661
QQ：2242791300　营销中心电话：010 - 88191537
电子邮箱：dbts@ esp. com. cn）

前　言

党的十九大报告指出："我国经济已由高速增长阶段转向高质量发展阶段，正处在转变发展方式、优化经济结构、转换增长动力的攻关期，建设现代化经济体系是跨越关口的迫切要求和我国发展的战略目标。"物流业作为社会经济系统的子系统，是我国国民经济的重要组成部分和支撑我国国民经济发展的基础性、战略性产业，物流业的发展规模和竞争力水平，已经成为衡量一个国家或地区综合竞争力高低的重要标志。近年来，在国家相关政策的大力支持下，我国物流业取得长足的发展，2020年中国社会物流总额达到300.1万亿元，按可比价格计算，比2019年增长8.9%；物流需求系数从1991年的1.371增长至2020年的2.957，这意味着，至2020年每单位GDP产出需要大约3单位的物流总额来支持，表明社会经济发展对物流需求的不断增加。但与此同时，2020年中国社会物流总费用为14.9万亿元，比2019年增长2.0%；物流总费用与GDP的比例为14.7%，与2019年基本持平，但远高于发达国家10%左右的平均水平，这表明我国物流业还存在较大发展潜力和发展空间。在中国特色社会主义进入新时代、我国经济已由高速增长阶段转向高质量发展阶段的历史背景下，针对我国物流业的发展现状以及发展中存在的问题，研究探讨我国物流业高质量发展及其测度评价问题，具有非常重要的现实意义和研究价值。本书共分为九章。

第1章为绪论。本章主要介绍了研究背景和意义、物流业高质量发展相关问题的国内外研究现状、研究内容与结构安排、研究目标与研究方法、研究的创新点等。

第2章为中国物流业发展演进与现状分析。本章主要介绍我国现代物流业发展历程、我国物流业发展现状以及我国物流业高质量发展面临的问题等。

第3章为中国物流业高质量发展的机制机理分析。本章阐述了物流业高质量发展相关理论，构建了中国物流业高质量发展的动力机制模型，分析了中国物流业高质量发展的主要作用机制，并对物流业高质量发展评价中存在的不确定性机理进行探讨。

第4章为中国物流业高质量发展内涵与评价指标体系构建。本章首先给出了质量、物流质量、物流业高质量发展的概念，界定了中国物流业高质量发展的科学内涵；分析了物流业高质量发展的影响因素，基于物流业高质量发展评价指标体系的构建原则，通过指标初选和筛选，建立了包括3个维度、10个一级指标和32个二级指标的中国物流业高质量发展评价指标体系。

第5章为中国物流业高质量发展的统计测度方法。本章提出了基于云模型的中国物流业高质量发展测度方法。首先，介绍云模型、云模型的数字特征等相关理论知识；其次，在此基础上，通过确定中国物流业高质量发展测度评价指标的云数字特征、隶属度矩阵，构建基于云模型前言的中国物流业高质量发展水平测度模型；最后，以 2012～2020 年中国 30 个省市自治区的相关数据为样本，利用提出的方法对我国物流业高质量发展问题进行了实证分析。

第6章为基于平均算子的中国物流业高质量发展直觉模糊评价方法。本章总结了直觉模糊集的相关理论知识，给出了直觉模糊混合平均（IFHA）算子和直觉模糊混合几何（IFHG）算子，建立了基于 IFHA 算子和 IFHG 算子的中国物流业高质量发展评价方法。

第7章为基于直觉模糊 TOPSIS 法的中国物流业高质量发展评价方法。研究权重已知时基于 TOPSIS 法的中国物流业高质量发展评价方法，在此基础上给出了基于直觉模糊熵与最优化模型的属性赋权方法，讨论了各方案二级评价指标直觉模糊属性值的集结方法，提出了权重未知情形下基于直觉模糊 TOPSIS 法的中国物流业高质量发展评价方法。

第8章为基于云模型的中国物流业高质量发展评价实证研究。本章将云模型理论与直觉模糊多属性决策方法相结合，提出基于云模型—直觉模糊多属性决策的中国物流业高质量发展评价方法，并基于 2020 年我国 30 个省市自治区的物流业高质量发展指标隶属度数据，实证分析了中国物流业高质量发展总体状况，并提出促进中国物流业高质量发展的对策建议。

第 9 章为研究结论与展望。对本书的研究内容和研究结论进行了总结，并指出了本研究的局限以及未来有待进一步研究的若干问题。

本书是国家社科基金项目（20BTJ012）的结项成果，出版得到"河北大学共同富裕研究中心"的资助。尽管在撰写过程中做了很多努力，但由于笔者学识和水平所限，书中疏漏之处在所难免，敬请广大同仁和读者批评指正。

笔　者

2023 年 1 月

目 录

第 5 章　中国物流业高质量发展的统计测度方法

第 6 章　基于平均算子的中国物流业高质量发展直觉模糊评价方法

第 7 章　基于直觉模糊 TOPSIS 法的中国物流业高质量发展评价方法

第1章

绪　论

　　物流业是融合运输、仓储、装卸、包装、流通加工、配送、信息等产业的复合型或聚合型产业，是国民经济的重要组成部分和支撑国民经济发展的基础性、战略性产业；物流产业的发展水平能够直接反映区域经济的发展水平，是提升区域综合竞争力的重要战略举措和抓手。本章共分为五部分，包括研究背景和意义、国内外研究现状、研究内容与结构安排、研究目标与研究方法、研究的创新点等。

1.1　研究背景和意义

1.1.1　研究背景

　　物流产业作为生产性服务业的重要组成部分，对促进整个社会商品的流通、降低企业运营成本和提升企业运营效率均具有极大影响。物流业是经济快速发展、社会分工不断深化的产物，它融合了运输、仓储、装卸、包装、流通加工、配送、通信、邮政等产业，具有广泛的产业关联性。

我国的现代物流业始于改革开放以后，从发展历程上看可以分为发展早期（1979~2000 年）、快速起步期（2001~2005 年）和全面发展期（2006 年至今）三个阶段（贺东兴，2015）。经过四十多年的发展，物流业已经成为我国国民经济的重要组成部分和支撑国民经济发展的基础性、战略性产业。截至 2020 年，全国社会物流总额为 300.1 万亿元，其中工业品物流总额为 269.9 万亿元、进口货物物流总额为 14.2 万亿元、农产品物流总额为 4.6 万亿元、再生资源物流总额为 1.6 万亿元、单位与居民物品物流总额为 9.8 万亿元。① 物流产业为我国国民经济的平稳快速发展起到极其重要的支撑和保障作用。

为了保持中国物流业的较快增长速度和不断完善我国物流体系，进入 21 世纪以来，中华人民共和国国务院、财政部、商务部、交通运输部相继出台一系列政策法规，对我国物流业发展进行宏观政策调控。为了促进我国物流业平稳快速发展和产业调整升级，2009 年 3 月 10 日，国务院印发《物流业调整和振兴规划》（国发〔2009〕8 号）；为了进一步贯彻落实《国务院关于印发物流业调整和振兴规划的通知》精神，国务院办公厅于 2011 年 8 月 21 日印发了《关于促进物流业健康发展政策措施的意见》（国办发〔2011〕38 号）；2012 年 9 月 1 日，国务院办公厅印发《国内贸易发展"十二五"规划》（国办发〔2012〕47 号），提出重点支持城市物流配送体系示范工程等 18 项工程；2012 年 12 月 1 日，国务院印发《服务业发展"十二五"规划》（国发〔2012〕62 号），明确了包括交通运输业、现代物流业在内的服务业发展重点；为促进仓储业健康发展，加快推进传统仓储向现代物流转型升级，2012 年 12 月 18 日，商务部印发《关于仓储业转型升级的指导意见》（商流通发〔2012〕435 号），明确了促进仓储业转型升级的发展目标，指出包括支持仓储企业创新经营模式、引导仓储企业推行应用新技术、加强仓储企业信息化建设等六项建设任务；2013 年 1 月 11 日，国务院办公厅印发《降低流通费用提高流通效率综合工作方案》（国办发〔2013〕5 号），明确指出降低流通费用的十条措施；2013 年 9 月 30 日，国家发展改革委印发《全国物流园区发展规划》（发改经贸〔2013〕

---

① 资料来源：中国物流与采购联合会公布的 2020 年《全国物流运行情况通报》。

1949 号），针对我国物流园区总体布局，明确了我国物流园区建设的主要任务和保障措施。

2014 年 9 月 12 日，国务院印发《物流业发展中长期规划（2014—2020 年）》，明确了到 2020 年我国物流业的发展目标，指出了未来一段时期内我国物流业的发展重点、主要任务、重点工程和保障措施；2014 年 7 月，商务部办公厅根据国务院《物流业发展中长期规划（2014—2020 年）》和商务部《关于促进商贸物流发展的实施意见》（商流通函〔2014〕790 号），印发《关于智慧物流配送体系建设的实施意见》（商流通函〔2015〕548 号，明确指出智慧物流配送体系建设的基本思路、具体工作任务和保障措施；2014 年 9 月 22 日，商务部印发《关于促进商贸物流发展的实施意见》（商流通函〔2014〕790 号），提出高度重视商贸物流工作、提高商贸物流社会化水平和专业化水平等八项实施意见；2015 年 8 月 26 日，国务院印发《关于推进国内贸易流通现代化建设法治化营商环境的意见》（国发〔2015〕49 号），明确指出要加强流通领域重大基础设施建设、提升物流配送集约化水平和完善农村电子商务配送服务网络；2015 年 7 月 1 日，国务院印发《关于积极推进"互联网 +"行动的指导意见》（国发〔2015〕40 号），明确十一项"互联网 +"重要行动，包括"互联网 +"高效物流、"互联网 +"电子商务、"互联网 +"便捷交通等。

2016 年 9 月 13 日，国家发展改革委印发《物流业降本增效专项行动方案（2016—2018 年）》（国办发〔2016〕69 号），明确指出降低物流企业运输收费水平、健全物流标准体系、构建高效的多式联运体系、完善城市配送体系等二十一项重点行动方案；2016 年 4 月 15 日，国务院办公厅印发《关于深入实施"互联网 + 流通"行动计划的意见》（国办发〔2016〕24 号），提出加快推动流通转型升级、加强智慧流通基础设施建设、深入推进农村电子商务等十二项行动建议；2016 年 6 月 10 日，国务院办公厅印发《关于转发国家发展改革委营造良好市场环境推动交通物流融合发展实施方案的通知》（国办发〔2016〕43 号），部署推动交通物流融合发展、提升交通物流综合效率和效益；2017 年 2 月 3 日，国务院印发《"十三五"现代综合交通运输体系发展规划的通知》（国办发〔2017〕11 号），明确建设安全、便捷、高效、绿色的现代综合交通运输体系发展目标；

2017 年 8 月 7 日，国务院办公厅印发《关于进一步推进物流降本增效促进实体经济发展的意见》（国办发〔2017〕73 号），明确提出深化"放管服"改革、加大降税清费力度、加快推进物流仓储信息化标准化智能化、深化产业联动融合等具体措施；2020 年 5 月 20 日，国务院办公厅转发《国家发展改革委、交通运输部〈关于进一步降低物流成本的实施意见〉的通知》（国办发〔2020〕10 号），进一步明确降低物流成本的政策措施。

2017 年 12 月 20 日，在中央经济工作会议中，习近平总书记指出："中国特色社会主义进入了新时代，我国经济发展也进入了新时代，基本特征就是我国经济已由高速增长阶段转向高质量发展阶段。"[①] 高质量发展是体现新发展理念的发展，是以质量第一、效率优先为原则的发展，是适应经济发展新常态的主动选择。物流产业是国民经济的重要组成部分，通过和生产制造业的协同耦合，能够优化价值链上高利润、高附加值的环节，提升生产制造业核心竞争力，推动我国经济高质量发展。

1.1.2　研究意义

随着社会分工的深化和经济全球化的发展，物流产业的发展和现代化在促进制造企业核心竞争力及提高国民经济运行水平方面发挥着越来越重要的作用。大力发展现代物流业，是落实科学发展观、转变经济发展方式、增强经济竞争力的重要举措，是我国"十四五"期间及未来一个时期的重大战略选择。在新时代背景下研究中国物流业高质量发展测度与评价问题具有十分重要的现实意义和理论研究价值。

在理论方面，本研究通过界定物流业高质量发展的概念及其科学内涵，提出了中国物流业高质量发展的动力机制模型，系统建立了中国物流业高质量发展测度评价方法体系，是对现代物流管理理论的一种创新性探索，有助于丰富和完善物流产业发展理论体系；将云模型理论与模糊集理论、多属性决策、全面质量管理理论相结合，科学地提出直觉模糊信息环

---

① 江晓东，周小苑，钱一彬. 必须把发展质量问题摆在更为突出的位置 [R]. 人民日报（海外版），2020 - 12 - 17.

境下中国物流业高质量发展测度与评价的理论方法，拓宽了云模型理论与多属性决策理论的应用范畴，可以为未来对该问题的进一步研究提供一些有益的参考和借鉴。

在实践方面，开展物流业高质量发展测度评价问题研究，可以揭示中国物流业发展的演进机理、变化规律和薄弱环节，发现影响中国物流业高质量发展的制约因素，探寻促进我国物流产业高质量发展的实现路径，为促进我国物流业持续、健康、高质量发展以及政府制定物流产业发展政策提供理论依据；同时，物流业是一种聚合型产业，对中国物流业高质量发展测度评价问题进行研究，涉及对流通业、交通运输业、邮政业、仓储业发展状况的分析评价，本研究的应用性成果对指导相关产业的实践活动具有重要参考价值。

1.2 国内外研究现状

1.2.1 物流产业发展研究综述

（1）物流产业结构研究

物流产业结构分为功能结构和权属结构两个方面，功能结构主要是指物流运转中涉及的运输、仓储、配送等活动形成的产业在物流产业整体中占据的比例和关系；权属结构则主要是指物流产业中的企业在整个物流产业中的比例和关系（霍红和陈化飞，2016）。国内外学者主要从产业结构的角度研究物流产业结构。罗伯特·利伯和布鲁克斯·A. 本茨（Robert Lieb & Brooks A. Bentz，2005）认为第三方物流产业结构会随着社会发展逐步改变和合并，而物流基础设施不完善、交通拥挤以及成本高等问题是阻碍物流企业难以实现统一管理的主要因素。露丝（Ruth，2007）从印度尼西亚、马来西亚和泰国的发展经验出发，发现物流产业服务以及物流信息基础设施建设的改善有助于经济发展，并认为推动物流产业发展可以促进区域经济一体化。谢丽尔·A. 提布斯和琳达·L. 布伦南

（Cheryl A. Tibus & Linda L. Brennan，2010）对物流产业进行了概述，阐述了在物流行业竞争力不断提高的背景下，美国物流企业为减少整体物流成本，应用管理信息系统来提高员工的工作效率，应用射频识别技术（radio frequency identification，RFID）技术来完善物流活动中的仓储工作。玛雅·伊扎贝拉和皮西克·玛丽亚·比约克伦德（Maja Izabela & Piecyk Maria Bjorklund，2015）认为物流服务商的服务应该结合企业社会责任考虑，将对社会环境以及其他方面的影响作为企业绩效考量的一项工作。国内方面，刘爽（2010）利用系统动力学方法，通过建立区域物流业与产业结构优化的系统动力学模型，分析了物流业与产业结构之间的关系。李纯（2012）分析了无锡市物流产业与当地经济发展之间的关系，认为物流产业发展质量的提高能促进区域经济的增长，同时利用产业乘数分析发现无锡市已经初步形成物流产业集群，物流产业的发展可以促进产业结构更加合理。郭彩环（2016）实证分析了物流产业对河北省产业结构的影响，研究认为河北省物流产业的发展降低了第一产业结构比重，提高了第二、第三产业结构比重，总体来讲提升了河北省三次产业结构水平。马静漪（2016）研究认为京津冀物流业与三次产业之间存在着长期稳定的协整关系，京津冀物流业的发展会作用于产业结构的升级，而产业结构向高级形态转变的过程中也会对物流业发展起到推动作用。王静（2019）利用2000～2017年中国省际面板数据，研究货币政策对物流产业结构优化的作用，研究结果表明：货币政策对我国物流产业结构优化升级具有显著影响。

（2）物流业与区域经济关系研究

塔利·韦恩（Talley Wayne，1996）通过建立区域交通设施投资与区域经济发展的关系模型，研究了区域交通设施投资带来物流服务能力的提升对区域经济发展的影响。赫尔滕（Hulten，2006）研究发现基础设施网络外部性对经济发展具有显著的正向促进作用。马丘利斯（Maciulis，2009）对物流产业基础设施投入与经济增长之间进行了定性分析，确定了物流产业基础设施投入对经济增长的正向推动和负向阻碍效应，最后提出了物流产业基础设施投入和经济协调增长的可行性策略。彼得·克劳斯（Peter Claus，2009）研究发现一个国家的物流支出和该国财富之间存在正向相关的关系，具体表现为当一个国家的经济发展水平提高后，经济全球化程度加深，物流产业的支出大大增加，相应的该国财富也在不断积累和增加。张梅青（2012）分析了物流产业与区域经济协调发展的共生模型，提出了物流产业与区域经济协调发展的对策。王瑞荣和李志彬（2014）利用灰色关联度分析了区域经济发展与物流产业集聚程度之间的相关性。夏彩云（2013）通过建立陕西物流水平与 GDP 回归模型，分析了陕西物流业对区域经济的增长作用。张炜熙和胡玉莹（2010）以长三角城市群作为比照，讨论了京津冀城市群的物流产业与城市群协调发展问题。贾海成（2012）运用自回归模型、格兰杰因果检验方法等，实证分析了津沪物流与经济增长的关系。蒙玉玲和闫兰香（2012）在阐述河北省现代物流业发展现状基础上，分析了河北省现代物流业发展态势，提出了加快河北省现代物流业发展的相关策略。许良等（2012）分析了河北省现代物流产业发展现状，指出了河北省现代物流产业的主要问题，提出了构建河北省现代物流产业体系的建议及对策。王春豪、胡海晨和张娜（2018）在分析新疆物流产业供给与需求现状基础上，探讨了新疆物流产业波及效应，研究了新疆物流产业与区域经济系统协调性评价途径，提出了新疆物流产业与区域经济协调发展的对策建议。高秀丽（2019）分析了物流业对经济增长和产业结构优化的影响，提出物流业与区域经济协调发展的水平测度方法。郭磊和郭湖斌（2020）对长三角地区物流业和区域经济发展的互动关系进行了 Granger 因果关系检验，研究表明：长期来看二者呈现相互影响、相互促进、协同发展的互动关系。

（3）物流产业效率研究

拉比诺维奇（Rabinovic，2006）利用计量经济学模型对美国第三方物流企业的总体效率进行了比对分析，并实证分析了物流企业服务绩效和服务广度对物流生产效率产生的影响。特鲁希略和托瓦尔（Trujillo & Tovar，2007）运用 SFA 方法分析 22 家港口企业的物流效率，结果表明企业的现有资源没有得到充分利用，生产率仅达到 60%。哈姆丹和罗杰斯（Hamdan & Rogers，2008）在传统 DEA – CCR 模型基础上将企业的成长目标和专家提议作为约束条件纳入其中，推出约束性 DEA 模型，并运用两种模型对美国多个仓储中心进行效率分析。詹姆斯·奥德克和斯文·布拉森（James Odeck & Svein Brathen，2012）研究了欧洲港口物流效率，他们主要以随机影响模型为基本模型，以欧洲港口相关数据为基础。魏华（2013）运用 DEA 模型对湖北省物流产业近 12 年的可持续发展状况进行实证研究，找出了制约湖北省物流产业发展的因素。曾佑新和杜立奎（2012）利用 DEA 方法分析了江苏省物流效率，提出了有关对策建议。张春梅等（2011）对内蒙古地区 9 年的物流产业发展情况进行了整体有效性、技术有效性和投影测度分析。陈洁（2014）利用环境 DEA 技术和方向距离函数方法，对碳强度约束下中国物流业全要素生产率的增长来源与区域差异进行了实证分析。王维国和马越越（2012）利用三阶段 DEA 模型分析了物流外部营运环境条件对我国物流产业效率变化的影响。丁斌和王琨（2014）考虑非期望产出对于物流产业效率的影响，利用 SBM 模型研究了中国省域物流产业效率及其影响因素。王振江（2017）基于中国物流产业发展特征，结合中国物流产业构成要素，分析了中国物流产业效率、影响因素及提升策略。周柯、张樾和谷洲洋（2018）运用 DEA 模型测度郑州航空港经济综合实验区航空物流产业的综合效率、纯技术效率和规模效率，研究结果表明综合效率无效的主要原因是纯技术无效。戴晓峰和刘丁硕（2019）通过构建物流产业效率与交通优势度评价指标体系，基于产出导向的 DEA 模型，测算了物流产业效率与交通优势度的耦合协调水平。梅国平和龚雅玲（2019）采用三阶段 DEA 模型，对华东地区物流产业效率进行测算，结果表明华东地区物流产业效率总体呈现出由沿海地区向内陆地区衰减的空间规律，环境和随机因素是影响华东地区物流产业效率的重要因素。

（4）物流产业竞争力研究

伍德（Wood，2007）从基础设施、信息系统、人力资源及供应商服务水平四个方面来构建物流产业竞争力模型，对国家的物流系统进行评价，并指出物流系统改进的方向。保罗等（Paul et al.，2010）从宏观经济的角度出发，将欧洲和美洲北部的网关物流运输条件进行对比，得出了区域物流竞争力的评估指标系统。吉泰杨等（Gi - Taeyeo et al.，2011）应用模糊综合评价的方法对中国香港、上海等六大集装箱港口进行物流产业竞争力综合评估，发现在端口服务方面中国香港得分最高，在腹地条件方面上海最高、釜山最低，为衡量集装箱港口的竞争力提供了一种方法。莫蒂拉尔等（Mothilal et al.，2012）通过和美国、中国香港等地区比较，发现印度物流以第三方物流为主题，运用多元回归分析的研究方法对其物流产业竞争力进行评价，发现交付状况和顾客满意度是影响印度物流产业竞争力的主要因素。区域物流竞争力分析方面，张宝友等（2011）分析了物流标准对物流产业竞争力的影响机理，并通过对江苏、浙江两省物流业竞争力进行比较，提出了提升浙江省物流业竞争力的对策。李新然和吴健妮（2012）建立了港口物流产业集群竞争力指标体系，构建了港口物流产业集群竞争力评价模型。隋博文（2013）通过对广西北部湾港口物流产业集群的竞争力分析，提出了广西北部湾港口物流产业集群竞争力提升的对策。赵松岭和宋薇（2013）利用钻石模型分析了河北省物流产业竞争力影响要素，提出了提升河北省物流产业竞争力的对策。吴健妮（2013）研究了港口物流产业集群竞争力指标筛选方法。吴红霞和吴红艳（2013）通过建立物流产业竞争力评价体系，实证分析了河北省物流产业竞争力。王洁等（2012）利用层次分析法实证分析了河北省物流发展水平，提出了河北省物流业发展对策。王文铭和高艳艳（2016）从物流竞争实力和物流竞争潜力两个维度构建了节点城市物流产业竞争力评价指标体系，建立了基于因子分析法的内陆节点城市物流产业竞争实力评价模型。李潘和彭会萍（2018）选取"丝绸之路经济带"中国段沿线 9 个省市区的面板数据，基于熵权灰色关联分析进行了区域物流产业竞争力评价实证分析。朱芳阳、谭保华和王婷婷（2019）以中国"一带一路"18 个重点省份的面板数据为样本，从资源、技术和市场三个维度构建物流产业竞争力评价指标体系，提出基于生态位的物流产业竞争力测度方法。才让加和高边玛草（2020）通过因子分析和聚类分析探讨了甘青川滇藏区物流产业竞争力水平问题，研究结果表明甘青川滇藏区之间物流产业的竞争力存在着较为明显的差异。

（5）物流产业升级研究

区域物流产业升级方面，波特（Porter，1990）认为，产业升级就是国家在人力物力资源十分充足时，资本和技术密集型产业的发展更有竞争力。潘（Poon，2004）认为物流产业集群升级是劳动密集型角色的转变，利用人力资本生产出高价值的技术产品的转移过程。莱纳·弗兰克和彼得·卡尔姆巴克（Reiner Franke & Peter Kalmbac，2005）认为科技变革优化了产业间投入与产出关系，从而促进了产业结构调整和经济增长。陈长彬和盛鑫（2014）运用演化博弈的方法研究了供应链一体化下区域物流产业集群的升级问题。刘联辉和赵少波（2012）分析了广东省物流业发展现状，指出了广东物流产业升级路径及对策建议。刘伟华等（2009）从全球物流价值链角度阐述了物流产业升级的内涵，分析了物流产业升级动力，给出了物流产业升级模式。肖小虹（2012）分析了物流产业与国家经济新环境的关联度，提出中国西部物流产业创新优化升级的路径。孙慧（2014）指出了中国区域物流产业集群发展中存在的问题，提出了物流链整合背景下区域物流产业集群升级策略。宋迎春（2010）探讨了全球价值链背景下推进中国物流产业升级的策略选择。赵松岭（2012）阐述了河北省沿海地区发展现代物流业的意义，指出了河北省沿海地区现代物流业存在的问题，分析了河北沿海地区现代物流业发展途径。刘东英和程姿（2015）在分析京津冀物流产业发展存在问题基础上，提出了推动京津冀物流产业升级的对策建议。华永剑（2016）从技术和运作模式两个方面界定了物流产业升级的概念，分析了物流平台对物流产业升级的作用，研究了物流平台的构建机制、竞争机制、定价机制等。

1.2.2 高质量发展研究综述

（1）经济高质量发展研究综述

在 2017 年 10 月召开的中国共产党第十九次全国代表大会上，习近平总书记作了题为《决胜全面建成小康社会夺取新时代中国特色社会主义伟大胜利》的报告。报告中指出，"我国经济已由高速增长阶段转向高质量发展阶段"，提出"发展必须是科学发展，必须坚定不移贯彻创新、协调、绿色、开放、共享的发展理念"，要"努力实现更高质量、更有效率、更加公平、更可持续的发展"。[1][2] 中央财经领导小组办公室主任刘鹤出席第48 届达沃斯世界经济论坛发表主旨演讲时指出，高质量发展的主要内涵就

---

[1] 中国共产党第十九次全国代表大会文件汇编 [M]. 北京：人民出版社, 2017.

[2] 决胜全面建成小康社会夺取新时代中国特色社会主义伟大胜利 [R]. 人民日报, 2017 - 11 - 19.

是从总量扩张向结构优化转变，就是从"有没有"向"好不好"转变。①
目前针对我国经济高质量发展的研究主要集中在高质量发展内涵、高质量
发展路径、高质量发展评价等方面。

在高质量发展内涵研究方面，金碚（2018）从经济学的基础理论、商
品的价值理论出发，分析了质量的内涵并将其推演到高质量发展的内涵，
认为高质量发展是能够更好满足人民不断增长的真实需要的经济发展方
式、结构和动力状态。任保平等（2018）认为高质量发展是经济发展质量
的高级状态和最优状态，在理论上高质量发展是以新发展理念为指导的经
济发展质量状态，创新是高质量发展的第一动力，协调是高质量发展的内
生特点，绿色是高质量发展的普遍形态，开放是高质量发展的必由之路，
共享是高质量发展的根本目标；高质量发展是经济发展的有效性、充分
性、协调性、创新性、持续性、分享性和稳定性的综合，是生产要素投入
低、资源配置效率高、资源环境成本低、经济社会效益好的质量型发展水
平；在实践上高质量的发展是中国经济发展的升级版，是通过质量变革、
效率变革、动力变革来实现生产效率提升，以实体经济发展为核心，以科
技创新、现代金融、人力资本协同发展的产业体系为基础，以市场机制有
效、微观主体有活力、宏观调控有度的经济体制为特征；指出经济发展高
质量、改革开放高质量、城乡建设高质量、生态环境高质量、人民生活高
质量，并从政策体系、标准体系、统计体系、绩效评价体系、政绩考核体
系五个方面构建了高质量发展的评判体系。宋国恺（2018）认为，高质量
发展不仅具有经济学属性，而且具有社会学属性，推动高质量社会建设，
有利于促进经济社会协调发展，更好地解决人民日益增长的美好生活需求
和不平衡不充分的发展之间的矛盾，更好地实现人民对美好生活的向往，
进而应用社会学从微观、中观、宏观三个层面研究高质量社会建设，并指
出了高质量社会建设的四个实践取向。田秋生（2018）认为高质量发展是
现有发展方式的又一次提升，是一种以质量和效益为价值取向的发展方
式。刘志彪（2018）认为高质量发展就是能够很好地满足人民日益增长的

---

① 刘鹤. 在世界经济论坛 2018 年年会的致辞《推动高质量发展共同促进全球经济繁荣稳
定》[R/OL]. (2018－01－24)［2022－08－09］. 人民网.

美好生活需要的发展，是体现创新、协调、绿色、开放、共享新发展理念的发展，是我国经济发展由高速、快速增长转向以创新为第一动力、以协调为内在特点、以绿色为普遍形态、以开放为必由之路、以共享为根本目标的发展。张晓晶（2018）把高质量发展分为三个层面：第一个层面包括创新、协调、绿色、开放、共享五大发展理念，第二个层面包括以人民为中心和五大发展理念，第三个层面是以人民为中心和五大发展理念加上高质量政府。全国政协委员、中国人民大学原校长刘伟表示，在微观上，高质量发展要建立在生产要素、生产力、全要素效率的提高之上，并非靠要素投入量的扩大；在中观上，要重视国民经济结构包括产业结构、市场结构、区域结构等的升级，把宝贵资源配置到最需要的地方；在宏观上，则要求经济均衡发展。王一鸣（2018）从微观层面、中观层面、宏观层面对高质量发展进行解释，微观层面的高质量发展主要体现在企业的产品和服务质量上，中观层面的高质量发展主要体现在产业创新和升级上，宏观层面的高质量发展主要体现在经济发展的质量和效益上。张俊山（2019）从马克思主义政治经济学角度对经济高质量发展进行了解读，认为经济高质量发展的表现之一是人民的美好生活需求能够得到不断满足，可以以健康、绿色的消费方式推进经济高质量发展。张涛和姚慧芹（2019）指出创新、协调、绿色、开放、共享五大新发展理念是当前阶段中国经济破解发展难题、厚植发展优势的重要抓手，在研究五大发展理念的马克思主义政治经济学渊源基础上，重点分析了不同发展理念在促进经济发展和转型的地位与作用。李彩华（2019）认为中国经济发展的国内外形势发生了新的变化，经济发展进入新时代转向高质量发展阶段是适应、把握和引领新常态的必然要求；中国经济发展转入高质量发展阶段是遵循经济增长规律的必然要求，符合唯物辩证法的基本原理。张超和唐杰（2021）认为产业质态转变是高质量发展的主攻方向，高质量发展依赖于高质量制度创新，制度在经济高质量发展中具有基础性作用，应着力完善市场经济基础性制度和提高制度质量。国外学者基于人类生态学的福利框架所提出的福利生态强度概念与高质量发展本质不谋而合，因为福利生态强度通常是指每单位福利所消耗的资源环境水平，强调如何在最低的资源环境消耗下实现最大的福利水平（Dietz T，2011）；若福利生态强度值越高，表示每单位福利水平的资源环境消耗越大，该种发展模式很显然不是高质量发展。降低单位福利生态强度成为了实现可持续发展的一个潜在途径，不少研究指出，福利生态强度可以作为衡量可持续发展的重要指标（Jorgenson A. K., 2014）。

在高质量发展路径与影响因素研究方面，茹少峰、魏博阳和刘家旗（2018）指出新时代我国经济高质量发展提升全要素生产率的路径是：发挥市场对要素配置的决定性作用，实现产业结构升级；深化企业改革，提高生产要素技术效率和规模效率；全面对外开放，持续发挥后发优势；加大投入，提高技术创新水平；提高教育水平与人力资本质量；建立以全要素生产率指标为核心的政府绩效考核体系。蒲晓晔和雅科·菲德尔穆茨（Jarko Fidrmuc, 2018）认为经济高质量发展的各动力源彼此相互联系、相互作用，构成了经济高质量发展的动力结构，并通过分析需求动力结构和供给动力结构优化机理，提出了以重塑需求动力提升供给动力，从供给和需求两个方面构建相互促进、相互转化、彼此依赖的动力体系，从根本上解决中国经济运行中有效需求不足与有效供给不良并存的问题。顾银宽和张红侠（2018）探讨了组织冗余水平、公司治理、政府支持、知识产权制度等因素对创新投资的影响，分析了管理层行为、产业竞争度以及风险与研发投资短视的关系，从自主创新投入的主体与内容、自主创新投入的动力源泉、自主创新投入的风险共担与利益共享机制、自主创新投入导向以及市场机制等方面，研究了基于经济高质量发展的创新投资实现机制。肖周燕（2019）认为高质量发展是经济发展到一定阶段由数量到质量的必然产物，发展一方面受生态环境的约束，另一方面发展的最终目标是民生福利的持续增进，高质量发展是指在一定资源环境约束下通过经济增长实现民生福利的不断增进。高碚（2018）指出高质量发展的根本性特征是多维性，表现在战略方向上就是政策目标多元性；并认为高质量发展的核算统计至少涉及发展质量的可计量程度问题、归一化问题以及权重问题、质量的高低标准问题这三个基本问题。杜倩（2019）利用 PVAR 模型实证检验了高质量发展和流通产业升级之间的相互关系及其动态变化，认为高质量发展和流通产业升级之间存在双向因果关系，高质量发展显著促进了流通产业升级，流通产业升级同样促进了高质量发展，但流通产业升级促进高质量发展的作用小于高质量发展促进流通产业升级的作用。刘国斌和宋瑾泽（2019）从科技创新、市场机制、社会组织参与、政府制度供给四个维度，阐述了促进区域经济高质量发展的作用机理，并结合新发展理念的思想剖析了促进区域经济高质量发展的实现机制，认为实现区域高质量发展，可以从动力机制、平衡机制、保障机制三个维度构建中国区域经济高质量发展的实现机制。任保平和宋雪纯（2020）认为推动中国经济高质量发展，关键在于进一步激发创新发展活力、加强协调发展的整体性、推进绿色发展制度体系建设、形成高水平对外开放的新格局、增强公共服务供给能力。

在高质量发展水平评价方面，魏敏等（2018）归纳出中国经济高质量发展的主要特征是：第三产业对于经济增长的贡献显著增加，创新对于经济增长的贡献显著增加，消费对于经济增长的贡献显著增加，经济结构比较协调，包容性、普惠式增长，并构建出经济高质量发展水平测度体系，利用熵权 TOPSIS 法进行实证测度。孟祥兰等（2019）基于对高质量发展深刻内涵的理解，从经济发展高质量、创新发展高质量、绿色发展高质量、协调发展高质量和民生发展高质量五个维度构建了湖北高质量发展评价体系，采用加权因子分析法对湖北 16 个地市高质量发展水平进行综合评价。师博（2018）从增长的基本面和社会成果两个维度构建了经济高质量发展指标体系，其中基本面分解为增长的强度、稳定性、合理化、外向性四个方面，社会成果则分解为人力资本和生态资本。周吉、吴翠青和黄慧敏（2019）从经济发展、结构协调、创新驱动、开放升级、生态文明、成果共享六个方面构建了江西省经济高质量发展水平评价指标体系，运用主成分分析法对 2010～2016 年江西省经济高质量发展水平进行了测算，结果表明：江西省经济高质量发展水平呈现上升趋势。李金昌、史龙梅和徐蔼婷（2019）通过对高质量发展统计内涵的深入考察，在梳理借鉴国内外有关同类评价指标体系的基础上，从人民美好生活需要和不平衡不充分发展这个社会主要矛盾的两个方面着手，构建了由经济活力、创新效率、绿色发展、人民生活、社会和谐五个维度共 27 项指标构成的高质量发展评价指标体系。王群勇和陆凤芝（2018）基于 2001～2016 年中国 30 个省区市的面板数据，就环境规制如何影响中国经济增长的数量与质量进行实证检验，研究结果表明：环境规制对经济增长数量存在明显的抑制效应，且不存在地区异质性；而环境规制对经济增长质量的影响存在地区异质性，在中西部地区环境规制可以显著促进经济增长质量，而在东部地区环境规制对经济增长质量的提升并不显著。王伟（2020）从经济发展的基本面和新发展理念两个视角，构建包括 34 个指标的经济高质量发展评价测度体系，运用熵值 – TOPSIS 法对中国 31 个省份 2018 年经济高质量发展水平进行测度，研究结果表明：中国经济高质量发展综合实现水平偏低，空间差异明显，区域经济发展不平衡的矛盾十分突出。唐晓彬、王亚男和唐孝文（2020）以 2013 ~ 2018 年中国省域数据为样本，利用"VHSD – EM"模型通过实证分析了中国经济高质量发展的时空差异特征，指出了影响经济高质量发展的驱动因素。

（2）产业高质量发展研究综述

实现经济高质量发展对产业发展质量提出了新的更高的要求，目前专门针对农业、制造业、金融业、物流业等产业的高质量发展研究成果还不多见。

钟钰（2018）认为农业高质量发展从狭义说是针对农产品质量而言，从广义来看还应包括生产经营体系质量和产业效益等方面。杨傲等（2018）认为农业高质量发展就是推动农业生产发展中的质量和效率有所变革，是一种以农业生产的商品和服务的质量普遍提高为基本要求，以农业生产效率和经济效益的增长为基础，以创新为第一驱动力并且绿色、生态农业的发展变得越来越普及的发展。辛岭和安晓宁（2019）利用 2018年统计数据对中国 31 个省区市农业高质量发展水平进行测度，得出各省区市农业高质量发展综合指数，发现农业自然资源禀赋与经济发展水平是影响农业高质量发展的重要因素，东部地区农业高质量发展水平居于领先位置。黎新伍和徐书彬（2020）构建了包含创新、协调、绿色、开放、共享的农业高质量发展评价指标体系，以 2013 ~ 2017 年的样本数据实证分析了全国 30 个省份的农业高质量发展水平及空间分布特征，结果表明：中国农业高质量发展水平整体呈上升趋势，开放和创新是其薄弱环节。

目前，我国钢铁行业存在产能过剩、利用率低、环境污染、资源压力大等问题，钢铁行业去产能和高质量发展的要求日益迫切，刘现伟等（2019）

认为实现钢铁行业高质量发展，要以创新提升质量，根据市场需求调节产量，加之政府积极引导产能，多方合力联动推进，做到标本兼治，实现钢铁行业的高质量发展；并从加快形成市场化的产能调节机制、完善钢铁行业标准体系、加强对钢铁行业的监管和执法、引导过剩产能有序退出、积极促进钢铁企业转型升级、加强钢铁行业国际开放合作等六个方面提出政策建议。张文会等（2018）认为制造业高质量发展以供给侧结构性改革为主线，以提升供给体系质量为主攻方向，以产业体系协同发展为基础，以增强制造业创新能力为核心驱动，以工业强基、智能制造、绿色制造为抓手，推动制造业质量变革、效率变革、动力变革。苏永伟（2020）通过测度中部地区六省的制造业高质量发展评价结果，提出夯实制造业发展规模、加大制造业技术创新支持力度、加快制造业智能化绿色化发展、提升制造业发展信息化水平等建议。晋晓琴、郭燕燕和黄毅敏（2020）从经济、创新、协调、绿色、开放、共享六个维度构建制造业高质量评价体系，运用生态位方法测度黄河流域制造业高质量发展的生态位值，结果表明黄河流域制造业高质量发展程度在不同维度下存有差异。

在物流业高质量发展研究方面，杨守德（2019）通过对我国物流业高质量发展的动力与阻碍进行分析，提出技术创新在我国物流业高质量发展中具有重要作用，并运用状态空间模型实证研究了技术创新对物流业运行质量的影响，最后提出物流业技术创新发展的建议和对策。物流业作为支撑国民经济发展的基础性、战略性、先导性产业，正处在向高质量发展转型的关键期，何黎明（2018）认为新形势下我国物流业高质量发展面临的主要问题有物流能力存在结构性过剩、制度性交易成本偏高、创新驱动面临制度性障碍、物流基础设施亟待补短板、环保压力倒逼绿色化转型。李晓丹（2018）认为当前我国物流业正处于转型升级的关键时期，行业逐步向降本增效，高质量、高效益方向转变，通过分析我国物流高质量发展面临的难题和挑战，给出高质量发展的实践路径。卫宇杰等（2019）以政策导向性、内涵丰富性、数据准确性为原则构建综合性的中国物流业质量发展指数（CLQDI）内涵和指标体系，并提出基于最优离差平方和组合赋权法的物流业质量发展综合评价模型。李娟和王琴梅（2020）基于物流业效率视角，采用非期望产出的 Super – SBM 模型对西部地区物流业发展质量进行评价，结果表明：从物流业效率视角看，我国西部地区物流业发展质量不高，西部地区物流业高质量发展受内部因素和外部因素的双重影响。王鹏、张茹琪和李彦（2021）在构建物流高质量发展的评价指标体系基础上，基于熵值法和聚类分析法对 2018 年长三角 27 个城市的物流高质量发展水平进行测度，结果表明长三角区域内各城市的物流高质量发展水平存在着较大差异。

关于其他领域的高质量发展研究，王佳元等（2018）认为服务业与高质量发展要求还有较大差距，突出表现在市场开放不够和民间投资动力不足、生产性服务业结构有待提高与生活性服务业质量不高并存、监管思路和手段滞后等，提出要继续围绕高质量发展要求，完善制度和环境，鼓励重点服务行业率先创新突破，继续调动民间投资积极性，提高服务业国际化发展水平。刘奕等（2018）提出现阶段推动服务业高质量发展的主要任务是产业融合、服务创新和传统服务业转型升级三个方面，并结合我国服务业发展中存在的问题，提出了推动服务业高质量发展的具体保障措施。李俊玲等（2019）构建了包含金融市场规模、金融市场效率、金融深度及金融支持高质量发展水平等指标在内的金融高质量发展评价指标体系，并运用熵值法、变异系数法和层次分析法三种方法组合赋权，对我国内地 31 个省份的金融高质量发展水平进行了测度。高一铭和徐映梅（2020）运用 SBM – DEA 模型、分布动态学方法、空间计量方法等，多维度综合评价我国金融业高质量发展水平，研究结果表明在效率维度上金融业发展质量不断提高，在公平维度上金融业发展的区域差异逐步缩小，在可持续维度上金融业发展的稳定性总体改善，但仍面临严峻挑战。方创琳（2018）认为新型城镇化高质量发展的内涵可以概括为高质量的城市建设、高质量的基础设施、高质量的公共服务、高质量的人居环境、高质量的城市管理和高质量的市民化的有机统一。赵玉、谢启阳和丁宝根（2020）从经济发展、科技支撑、生态环保和协调共享四个维度构建城镇化高质量发展指标体系，基于熵权 TOPSIS 法测度中国城镇化高质量发展水平，研究表明中国城镇化质量得到了大幅提升但地区之间仍存在不同差异。

1.2.3 相关研究文献评述

综上所述，已有相关文献对物流产业结构优化、物流产业发展水平测度、高质量发展的内涵、评价指标体系与评价方法以及其他相关研究进行了许多有益探索，为本研究的顺利推进在理论基础和方法论方面提供了有力支撑。但总体来看，目前关于物流业高质量发展的研究尚处于起步阶段，对物流业高质量发展的内涵界定与评价指标体系的设立尚不统一，评价方法的运用并不完善，物流业高质量发展实现路径的研究还不多见，这便为本研究系统探讨我国物流业高质量发展内涵、发展水平测度以及评价方法等提供了可资借鉴的切入点与研究空间。

1.3 研究内容与结构安排

本研究借助云模型、直觉模糊集理论、多属性决策理论、全面质量管理等，针对中国物流业高质量发展现状，较系统深入地研究我国物流业高质量发展水平测度、评价及其应用问题。本研究的主要内容和结构安排如下。

第1章为绪论部分。本章主要介绍了研究背景和意义、物流业高质量发展相关问题国内外研究现状、研究内容与结构安排、研究目标与研究方法、研究的创新点等。

第2章为中国物流业发展演进与现状分析。本章主要介绍我国现代物流业发展历程、我国物流业发展现状以及我国物流业高质量发展面临的问题等。

第3章为中国物流业高质量发展的机制机理分析。本章阐述了物流业高质量发展相关理论，构建了中国物流业高质量发展的动力机制模型，分析了中国物流业高质量发展的主要作用机制，并对物流业高质量发展评价中存在不确定性机理进行探讨。

第 4 章为中国物流业高质量发展内涵与评价指标体系构建。本章首先给出了质量、物流质量、物流业高质量发展的概念，界定了中国物流业高质量发展的科学内涵；分析了物流业高质量发展的影响因素，基于物流业高质量发展评价指标体系的构建原则，通过指标初选和筛选，建立了包括 3 个维度、10 个一级指标和 32 个二级指标的中国物流业高质量发展评价指标体系。

第 5 章为中国物流业高质量发展的统计测度方法。本章提出了基于云模型的中国物流业高质量发展测度方法。首先介绍云模型、云模型的数字特征等相关理论知识；在此基础上，通过确定中国物流业高质量发展测度评价指标的云数字特征、隶属度矩阵，构建基于云模型的中国物流业高质量发展水平测度模型；最后，以 2012 ~ 2020 年中国 30 个省自治区直辖市的相关数据为样本，利用提出的方法对我国物流业高质量发展问题进行了实证分析。

第 6 章为基于平均算子的中国物流业高质量发展直觉模糊评价方法。本章总结了直觉模糊集的相关理论知识，给出了直觉模糊混合平均（IFHA）算子和直觉模糊混合几何（IFHG）算子，建立了基于 IFHA 算子和 IFHG 算子的中国物流业高质量发展评价方法。

第 7 章为基于直觉模糊 TOPSIS 法的中国物流业高质量发展评价方法。本章探讨了权重已知时基于 TOPSIS 法的中国物流业高质量发展评价方法，在此基础上给出了基于直觉模糊熵与最优化模型的属性赋权方法，讨论了各方案二级评价指标直觉模糊属性值的集结方法，提出了权重未知情形下基于直觉模糊 TOPSIS 法的中国物流业高质量发展评价方法。

第 8 章为基于云模型的中国物流业高质量发展评价实证研究。本章将云模型理论与直觉模糊多属性决策方法相结合，提出基于云模型—直觉模糊多属性决策的中国物流业高质量发展评价方法，并基于 2020 年中国 30 个省、直辖市、自治区的物流业高质量发展指标隶属度数据，实证分析了中国物流业高质量发展总体状况，并提出促进中国物流业高质量发展的对策建议。

第 9 章为研究结论与展望部分。本章对全书的研究内容和研究结论进行了总结，并指出了本研究的局限以及未来有待进一步研究的若干问题。

1.4 研究目标与研究方法

1.4.1 研究目标

本研究针对我国物流业高质量发展的现状与面临的现实问题，综合运用云模型、直觉模糊集、多属性决策、现代物流管理、全面质量管理等理论方法，对物流业高质量发展的动力机制、物流业高质量发展的内涵、物流业高质量发展的评价指标体系以及物流业高质量发展评价方法等一系列问题展开深入研究，研究的主要目标包括：厘清中国物流业高质量发展的动力机制与关键影响因素；界定中国物流业高质量发展的概念及其科学内涵，建立较为完善的中国物流业高质量发展评价指标体系与模型、方法体系；为研究物流业高质量发展测度评价及相关问题提供技术支持，为政府制定我国物流业高质量发展政策提供理论依据。

1.4.2 研究方法

本研究采用跨学科的方法，注重定性分析与定量分析相结合，规范研究与实证研究相结合。具体研究方法包括以下几个方面。

（1）文献检索法。通过文献检索法对物流业高质量发展相关研究的现状、存在的问题进行系统梳理，借鉴已有的经济高质量发展理论成果，分析中国物流业高质量发展的概念与科学内涵，为本成果的研究奠定坚实基础。

（2）使用理论结合法。将云模型、直觉模糊决策理论、多属性决策理论、现代物流管理理论、全面质量管理理论等理论方法相结合，深入地研究中国物流业高质量发展测度评价问题。

（3）系统分析法。利用全面质量管理理论，从系统角度界定物流业高质量发展的内涵，分析物流业高质量发展的动力机制，构建中国物流业高质量发展评价指标体系等。

（4）定量分析法。在界定中国物流业高质量发展概念、分析物流业高质量发展影响因素的基础上，利用直觉模糊多属性决策理论方法，从指标权重已知或未知的不同环境下，构建中国物流业高质量发展问题的评价模型。

（5）实证研究法。在理论研究基础上，实证分析了中国物流业高质量发展状况、中国省域物流业高质量发展一级评价指标的质量指数，提出促进中国物流业高质量发展的对策建议。

1.5 研究工作创新点

本研究的创新点包括以下几个方面。

（1）构建了中国物流业高质量发展测度评价指标体系。基于建立的物流业高质量发展动力机制模型，依据创新、协调、绿色、开放、共享的新发展理念，从物流发展实力、物流发展驱动、物流发展潜力三个维度出发，建立中国物流业高质量发展测度评价指标体系。

（2）提出基于云模型的中国物流业高质量发展统计测度方法。针对物流业高质量发展测度过程中存在的模糊性和随机性问题，借助正态云模型的云隶属度描述评价等级的模糊性，采用超熵概念刻画隶属度本身存在的随机性，构建了中国物流业高质量发展统计测度模型。

（3）提出基于中国物流业高质量发展评价的直觉模糊信息集结方法。定义了直觉模糊混合平均（IFHA）算子和直觉模糊混合几何（IFHG）算子，给出了运用 IFHA 算子或 IFHG 算子对二级评价指标的直觉模糊信息进行集结的方法。

（4）提出基于中国物流业高质量发展评价的指标权重确定方法。针对属性权重完全未知的情形，提出基于直觉模糊熵、基于偏差最大化模型以及考虑决策者偏好的属性权重确定方法。

（5）提出基于云模型隶属度的直觉模糊信息提取方法。定义了相邻基本云模型的综合云模型概念，对比分析了云模型与直觉模糊集的特征，给出了利用不同等级云模型隶属度提取直觉模糊信息的方法。

（6）提出几种基于 TOPSIS 法的中国物流业高质量发展评价方法。提出基于直觉模糊熵–TOPSIS 法的中国物流业高质量发展评价方法，构建基于偏差最优化–TOPSIS 法的中国物流业高质量发展评价模型；提出基于云模型—直觉模糊多属性决策的中国物流业高质量发展评价方法等。

第 2 章

中国物流业发展演进与现状分析

物流产业是经济快速发展、社会分工不断深化的产物，是支撑国民经济发展的基础性、战略性产业。分析中国物流产业发展演进过程与发展现状，有助于深刻认识和理解推进中国物流产业高质量发展过程中所面临的"瓶颈"与障碍。本章是本研究的基础性内容，主要包括中国现代物流业发展历程、中国物流业发展状况以及中国物流业高质量发展面临的问题等。

2.1 中国现代物流业发展历程

物流是社会经济发展的阶段性产物，其概念和内涵是一个随时间和区域不断演化的过程（李娟，2014）。根据我国《物流术语》国家标准，物流的定义为："物品从供应地到接受地的实体流动过程，根据实际需要，将运输、储存、装卸、搬运、包装、流通加工、配送、信息处理等基本功能实施有机的结合。"也就是说，物流是货物或商品从供应地向消费地的实体流动过程，它是对商品、服务及相关信息在起源地到消费地之间有效率和效益的正向与反向移动，其目的是满足客户要求。物流产业是社会分工专业化背景下流通产业的子系统，是以提供物流服务为目标的各种营利性事业组织的集合，其中包括运输业、仓储业、邮政业、装卸业、包装业、加工配送业、物流信息业等。物流产业是追求物质流动全过程整体最优化的一种新兴产业形态，其主要支撑是仓储业和运输业，但又不等同于仓储业和运输业，具有网络性、服务性、融合性、产业联系性等产业特征。

虽然汉朝张骞在 2000 多年前开启了东西方陆上商贸物流之路，600 多年前郑和下西洋率先开启了全球远洋航运，创造了让中国接轨全球海运物流之路，但从理论脉络来看，真正意义的现代物流业产生于市场经济体制下一定程度的商品经济中。因此，中国经济的发展是物流市场发展的经济基础。杨汉忠（2010）、潘斌（2017）、梁红艳（2018）等学者以改革开放为临界点对我国物流业市场结构的演变历程进行了梳理和分析，本研究主要根据潘斌（2017）的梳理，分析中国物流业的发展历程。

改革开放前（1952～1978 年），中国实行计划经济，中国对物流的概念还没有明确的认识。物流资源的安排与配置基本上都是由国家相关部门来计划和安排，该阶段中国主要发展了交通运输业。交通运输业虽然承担着部分物流职责，但由于交通基础设施差、交通运输能力严重不足，中国交通运输业在当时是国民经济闭关锁国下的运作模式，即主要依靠企业内部组织完成从上游到下游等一系列自我服务的物流活动，其经营模式是"大而全，小而全"，且全部物流职能由当时的交通部、铁道部和邮电部共同承担完成。因此，在此阶段，可以说中国基本上不存在与经济发展相适应的物流业。如果将当时的交通运输、邮电称为物流业的话，那么当时中国的物流业是完全垄断的。

改革开放后（1978 年至今），物流业在经过概念的引入、具体实践后凸显出了其在经济发展中的重要地位，中国交通运输业在逐渐转变成重要的物流业的同时进行了相应的改革，物流业市场结构也随之发生变化，即由国家相关部委单一管控垄断的交通运输体系转变"四足鼎立"的彼此竞争物流服务体系。中国物流业的变迁是与渐进式的中国经济改革相伴而行的，具体而言，改革开放以来中国物流业成长与变迁的轨迹大致可以划分为以下四个阶段。

第一阶段：1978~1987 年，物流业萌芽形成与中国流通体制的重建时期。1978 年，中国首次从日本引入"物流"概念，至此中国开启了对物流的初步了解，并拉开了以"计划经济为主，市场调节为辅"的中国流通体制改革大幕。随着经济体制改革的不断深入，中国商品流通体制也发生了根本性的变化，过去从事物流的企业（如交通运输、邮政等）也逐步摆脱了计划体制的束缚，率先引入市场机制，提出"有河大家行船，有路大家走车"的口号，初步发育的运输市场开始了多元发展之路，竞争机制逐步形成。截至 1984 年底，许多物资流通企业依据自身实际情况实现了上缴利润包干、亏损包干、"三保一挂"、"目标利润包干"等形式的责任制，较为典型的是中国邮政法律地位的正式确立。另外，在这一时期根据国家发布的《外商投资产业指导目录》，外商独资或合资的物流企业一直被禁止在中国设立与开办。因此，此时的中国物流业虽然已经开始了市场化改革，但由于运作过程中社会化、市场化程度低，依然只是由改革开放之前的交通部、邮电部、铁道部来共同管理，可以认为物流市场中的垄断格局并未发生实质性的改变。

第二阶段：1988~1997 年，民营、合资物流企业出现，物流业市场探索和初步实践的时期。针对当时发展滞后的中国公路、水路交通，1992 年、1995 年交通部曾发布了《关于深化改革、扩大开放、加快交通发展的若干意见》《关于加快培育和发展道路运输市场的若干意见》，并在 1998 年实施了交通部与直属企业全面脱钩政策。一系列意见的颁布实施是希望进一步解放和发展运输生产力，通过改善运输结构，加快推进交通运输的市场化。与此同时，也相继成立了大量涉及交通运输的股份有限公司，如在 1988 年开启中国大陆高速公路史的元年；1992 年 12 月中远航运股份有限公司和中国长江航运（集团）公司的成立，标志着股份制交通运输开始进入中国物流业市场；加之 1993 年申通快递和顺丰速递两家民营物流企业相继成立，物流企业之间的竞争态势开始形成。此后，国家进行结构性分离，将原邮电部撤销，建立了国家邮政局，隶属于信息产业部，积极推进了企业结构的调整。物流业市场化改革也在这一系列改革举措中向前不断推进。另外，1992 年后，中国允许外资限制性进入，从而使国内物流业市场竞争国际化。例如，1995 年马士基（Maersk）在中国成立了第一个物流分拨中心，开始了其全面控制中国物流分拨网络的重要一步；联合包裹服务公司（UPS）也于 1996 年与中国外运首次成立合资公司，并于 1998 年开始在中国进行业务运作。交通运输和邮政的体制改革，促进了中国国有经济的市场化发展，同时外资的限制性进入和民营物流企业的成立都意味着新的竞争力量的参与，交通运输和邮政不得不被动加入竞争，初步形成物流业的竞争格局。但是，由于国有体制改革尚未全面展开，这个阶段承担物流职能的交通运输和邮政等依然是物流业的主导力量，寡头垄断的格局依然是当时的常态。

第三阶段：1998～2004 年，随着深化企业结构调整，物流市场进入竞争萌芽时期。这一阶段，国家继续深化企业结构调整，1998 年中国邮政进行了一项重大体制改革——邮政与电信分离，开始独立运营。为了改变主要依靠单一运输方式的交通发展状况，以综合运输体系为代表的中国较为完整的交通长远发展规划体系开始构建，如国务院在 2004 年批准实施了国家高速公路网络规划，2006 年交通部通过了全国内河道与港口布局规划等。2001 年，为了持续推动中国物流业的成长和发展，国家经贸等六部委联合印发了《关于加快我国现代物流发展的若干意见》。2004 年，国家发展和改革委员会联合商务部等九部委共同出台了《关于促进我国现代物流业发展的意见》，其主要目的是为了促进物流业转型，推动物流业逐步发展成为能够拉动经济增长、促进创新的主导产业。

第四阶段：2005 年至今，根据 WTO 协议，2005 年底外资物流企业进入全面开放的中国，物流业进入产业提升阶段，物流市场进入真正的竞争阶段。在这一阶段，外资物流企业以其种种先发优势加速业务整合和规模扩张，致使中国物流市场的竞争新面貌喷涌而现。为了应对机遇与挑战，国家铁路局直接管理站段在 2005 年 3 月实施结构性调整，这一改革直面运输市场，统一配置运力资源，促进了优化运输组织，并对运输生产力布局进行了大规模调整，提高了运输效率和效益，这从根本上摆脱了长期以来在我国铁路运力资源方面存在的分散状态。2006 年，国务院批准成立了中国邮政集团公司，以持续推进"政企分开"。2008 年，新成立的交通运输部开启了中国高速铁路时代，首条高速铁路通车运营。2010 年，正式成立了中国邮政速递物流股份有限公司（国有股份制公司）。为进一步加速促进综合交通运输系统建设，在 2013 年的十二届全国人大一次会议上提出了大部制改革方案，规划并确立了铁路、公路、水路、民航的发展由交通运输部统筹。至此，整合的现代物流服务体系取代了传统业务发展模式，中国物流业在国民经济中的地位不断得到巩固。

2.2 中国物流业发展状况分析

2.2.1 中国物流业总体运行状况

（1）中国物流业社会物流总额及其变化趋势

2020 年，统筹疫情防控和经济社会发展取得重大成果，物流运行持续稳定恢复。社会物流总费用与 GDP 的比率为 14.7%，与上年基本持平。2020 年全国社会物流总额 300.1 万亿元，按可比价格计算，同比增长 3.5%。从全国社会物流构成来看，工业品物流总额为 269.9 万亿元，按可比价格计算比 2019 年增长 2.8%；进口货物物流总额为 14.2 万亿元，比 2019 年增长 8.9%；农产品物流总额为 4.6 万亿元，比 2019 年增长 3.0%；再生资源物流总额为 1.6 万亿元，比 2019 年增长 16.9%；单位与居民物品物流总额为 9.8 万亿元，比 2019 年增长 13.2%。

从我国社会物流总额的动态变化来看（见图 2-1），全国社会物流总额从 2010 年的 125.4 万亿元增加到 2020 年的 300.1 万亿元，在此期间社会物流总额绝对数值大约增加了 139%。从社会物流总额构成状况来看（见图 2-2、图 2-3），工业品物流总额从 2010 年的 113.1 万亿元增加至 2020 年的 269.9 万亿元，进口货物物流总额从 2010 年的 9.4 万亿元增加至 2020 年的 14.2 万亿元，农产品物流总额从 2010 年的 2.25 万亿元增加至 2020 年的 4.6 万亿元，再生资源物流总额从 2010 年的 0.5 万亿元增加至 2020 年的 1.6 万亿元，单位与居民物品物流总额从 2010 年的 0.15 万亿元增加至 2020 年的 9.8 万亿元。尽管从绝对数值和总体上看所有商品的物流总额均呈现上升态势，但仔细观察不难发现，工业品物流总额和单位与居民物品的社会物流总额增幅较大，而进口货物总额虽然在绝对数值上比再生资源和农产品物流总额高许多，但增长速率较平缓。①

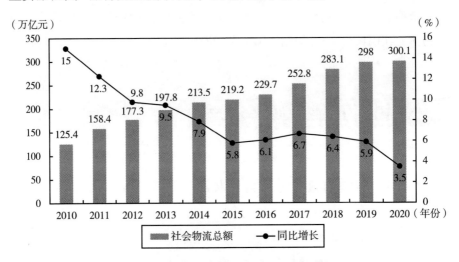

图 2 - 1 2010 ~ 2020 年全国社会物流总额情况

资料来源：根据历年《全国物流运行情况通报》整理。

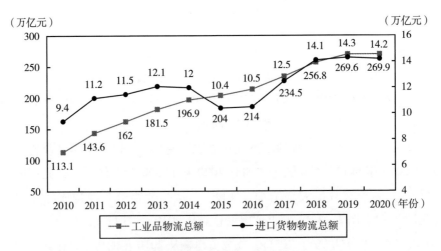

图 2 - 2 2010 ~ 2020 年全国工业品、进口货物物流总额情况

资料来源：根据历年《全国物流运行情况通报》整理。

① 资料来源：由中国物流与采购联合会发布的历年《全国物流运行情况通报》整理得到。

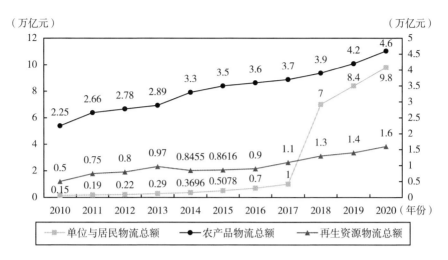

图 2 - 3 2010 ~ 2020 年全国农产品、再生资源、单位与居民物流总额情况
资料来源：根据历年《全国物流运行情况通报》整理。

（2）我国社会物流总费用及其变化趋势

统计数据显示，2020 年我国社会物流总费用为 14.9 万亿元，比 2019 年增长 2.0%。其中，运输费用为 7.8 万亿元，比 2019 年增长 0.1%；保管费用为 5.1 万亿元，比 2019 年增长 3.9%；管理费用为 1.9 万亿元，比 2019 年增长 1.3%。社会物流总费用与 GDP 的比率为 14.7%，与 2019 年基本持平。①

从我国社会物流总费用动态变化来看（见图 2 - 4），全国社会物流费用从 2010 年的 71000 亿元增加至 2020 年的 149000 亿元，在此期间绝对数值增加了 109.9%。从我国社会物流总费用构成状况来看（见图 2 - 5、图 2 - 6、图 2 - 7），运输费用从 2010 年的 38000 亿元增加至 2020 年的 78000 亿元，保管费用从 2010 年的 24000 亿元增加至 2020 年的 51000 亿元，管理费用从 2010 年的 9000 亿元增加至 2020 年的 19000 亿元，② 其中，运输费用增幅最大，其次是保管费用、管理费用。从我国社会物流费用的增长率来看（见图 2 - 5、图 2 - 6、图 2 - 7），保管费用的年均增长率最快，其次是管理费用、运输费用；2010 ~ 2011 年各项物流费用增

---

① ② 资料来源：由中国物流与采购联合会公布的历年《全国物流运行情况通报》整理得到。

长率基本呈上升态势，2011～2016 年呈下降趋势，而且下降幅度较大，2017～2018 年增幅突增，2018 年后呈下降趋势，且下降幅度较大。从我国物流总费用与 GDP 的比例来看（见图 2－8），2010～2020 年，我国物流总费用与 GDP 的平均比例为 16.17%，表明我国物流业运行效率有待提升。

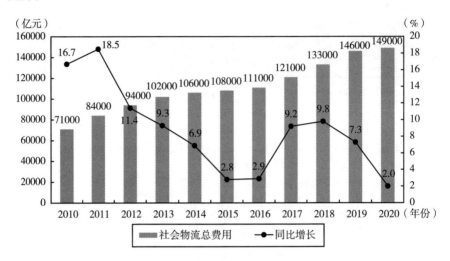

图 2－4　2010～2020 年全国社会物流总费用情况

资料来源：根据历年《全国物流运行情况通报》整理。

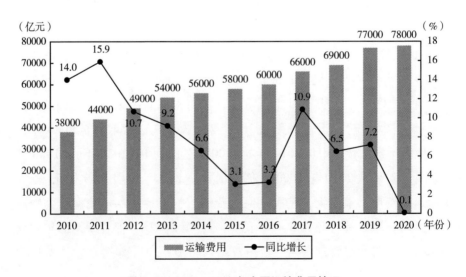

图 2－5　2010～2020 年全国运输费用情况

资料来源：根据历年《全国物流运行情况通报》整理。

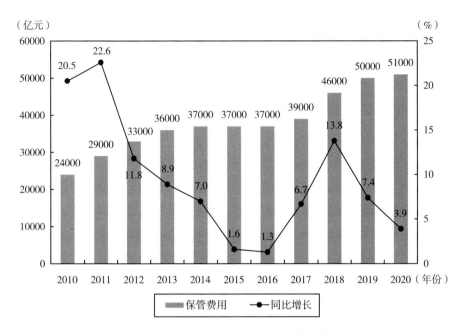

图 2-6　2010~2020 年全国保管费用情况
资料来源：根据历年《全国物流运行情况通报》整理。

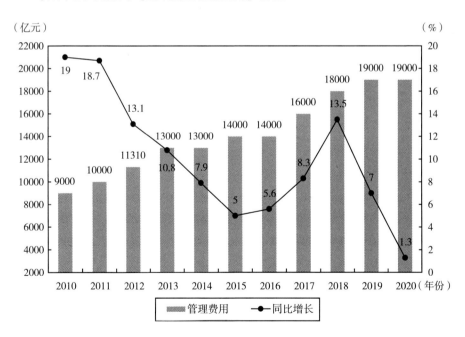

图 2-7　2010~2020 年全国管理费用情况
资料来源：根据历年《全国物流运行情况通报》整理。

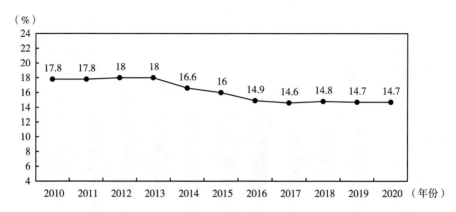

图 2 - 8 2010 ～ 2020 年全国物流费用占 GDP 比例情况

资料来源：根据历年《全国物流运行情况通报》整理。

2.2.2 中国物流市场规模分析

（1）交通运输、仓储和邮政业从业人数

2020 年，中国交通运输、仓储和邮政业从业人数达到 812 万人，比 2019 年同比下降 0.37%；从交通运输、仓储和邮政业从业人数动态变化来看（见图 2 - 9），在此期间，中国交通运输、仓储和邮政业从业人数由

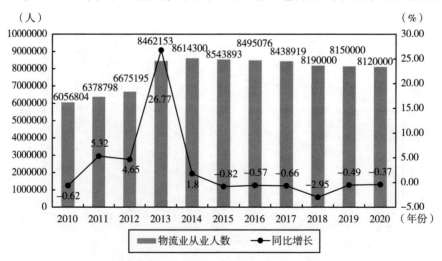

图 2 - 9 2010 ～ 2020 年全国物流业从业人数情况

资料来源：根据历年《中国统计年鉴》整理。

2010 年的 605.6804 万人增加至 2020 年的 812 万人，其绝对数值增加了 34.06%。

（2）交通运输、仓储和邮政业固定资产投资

2020 年，中国交通运输、仓储和邮政业固定资产投资为 66941.5 亿元，比 2019 年同比增长 1.40%，增幅较 2019 年下降了 2%。从中国交通运输、仓储和邮政业固定资产投资动态变化来看（见图 2 - 10），在此期间，中国交通运输、仓储和邮政业固定资产投资由 2010 年的 30074.7 亿元增加至 2020 年的 66941.5 亿元，增长速率高达 122.6%，2010~2020 年每年平均增长 11.15%。

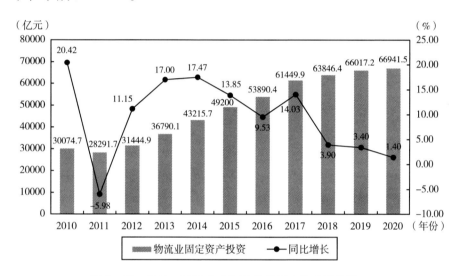

图 2 - 10　2010~2020 年全国物流业固定资产投资情况
资料来源：根据历年《中国统计年鉴》整理。

（3）物流货运量

2020 年，中国的全国货运总量为 4725862 万吨。其中，公路货运量为 3426413 万吨，铁路货运量为 455236 万吨，水路货运量为 761630 万吨，民航货运量为 677 万吨，管道货运量为 81907 万吨。公路货运量最高，其次是铁路、水运、管道、民航。从中国物流货运量动态变化来看（见图 2 - 11、图 2 - 12、图 2 - 13），公路、管道、民航的货运量绝对数值在 2010~2018 年均呈上升态势，2019~2020 年略有下降，铁路、水运的货运量绝对数值在 2010~2020 年均呈上升态势。全国货运总量从 2010 年

的 3241807 万吨增加到 2020 年的 4725862 万吨，增长了 45.78%；公路货运量从 2010 年的 2448052 万吨增加至 2020 年的 3426413 万吨，增长了39.96%；铁路货运量从 2010 年的 364271 万吨增加至 2020 年的 455236 万吨，增加了 24.97%；水路货运量从 2010 年的 378949 万吨增加至 2020 年的 761630 万吨，增加了 100.98%；管道货运量从 2010 年的 49972 万吨增加至 2020 年的 81907 万吨，增长了 63.91%；民航货运量从 2010 年的 563 万吨增加至 2020 年的 677 万吨，增加了 20.25%；其中，水路货运量增长速率最大，其次依次是管道、公路、铁路民航。

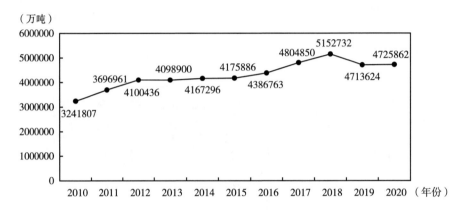

图 2 - 11　2010 ~ 2020 年全国货运总量情况

资料来源：根据历年《中国统计年鉴》整理。

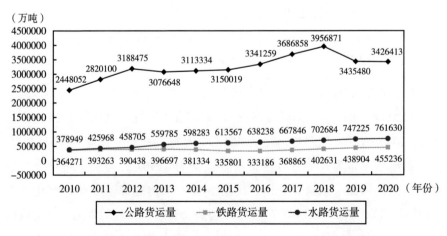

图 2 - 12　2010 ~ 2020 年全国公路、铁路、水路货运量情况

资料来源：根据历年《中国统计年鉴》整理。

图 2 – 13 2010～2020 年全国管道、民航货运量情况
资料来源：根据历年《中国统计年鉴》整理。

2.2.3 交通基础设施状况

2020 年，中国铁路营业里程为 14.63 万千米，公路营业里程为 519.81 万千米，内河航道营业里程为 12.77 万千米，民航航线营业里程为 942.63 万千米，管道输油（汽）营业里程为 12.87 万千米，其中，民航航线营业里程最大，其次是公路、内河航道、铁路、管道输油（汽）。从动态变化来看（见图 2 – 14～图 2 – 18），2010～2020 年，中国铁路营业里程由 2010 年的 9.12 万千米增加到 2020 年的 14.63 万千米，增长了 60.42%；公路营业里程由 2010 年的 400.82 万千米增加到 2020 年的 519.81 万千米，增长了 29.69%；内河航道营业里程由 2010 年的 12.42 万千米增加到 2020 年的 12.77 万千米，增长了 2.82%；民航航线营业里程由 2010 年的 276.51 万千米增加到 2020 年的 942.63 万千米，增长了 240.90%；管道输油（汽）营业里程由 2010 年的 7.85 万千米增加到 2020 年的 12.87 万千米，增长了 63.95%；其中，民航航线营业里程增长最快，其次是管道输油（汽）、铁路、公路、内河航道。

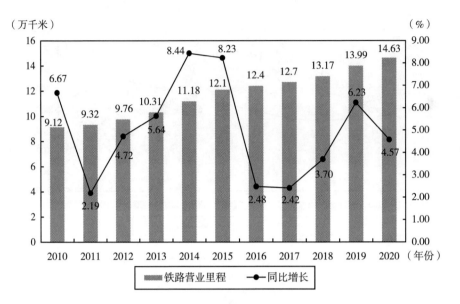

图 2 - 14　2010 ~ 2020 年全国铁路营业里程情况

资料来源：根据历年《中国统计年鉴》整理。

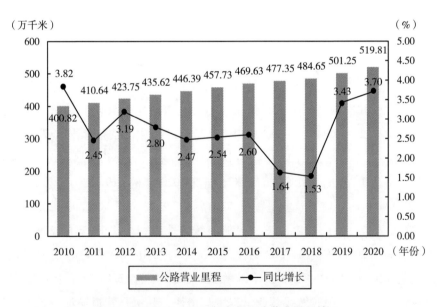

图 2 - 15　2010 ~ 2020 年全国公路营业里程情况

资料来源：根据历年《中国统计年鉴》整理。

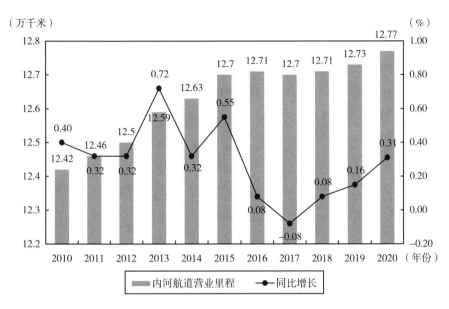

图 2 - 16　2010~2020 年全国内河航道营业里程情况
资料来源：根据历年《中国统计年鉴》整理。

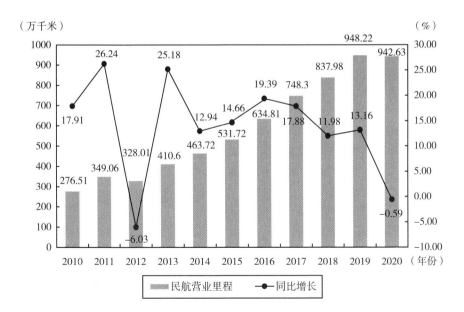

图 2 - 17　2010~2020 年全国民航营业里程情况
资料来源：根据历年《中国统计年鉴》整理。

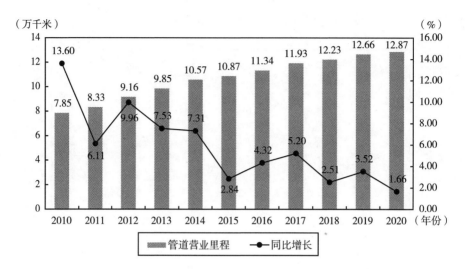

图 2 – 18   2010 ~ 2020 年全国管道营业里程情况

资料来源：根据历年《中国统计年鉴》整理。

2.3　中国物流业高质量发展面临的问题

2.3.1　物流产业信息化、标准化水平低

信息化是物流运作高级化的重要体现，信息化网络配套设施建设不仅能够保证物流企业间的物流信息传递、实现资源共享、降低交易成本，而且有利于企业间的协作。尽管我国已经积极推进物流信息网络建设、物流信息平台建设、标准化公共服务信息共享互联互通机制建设、云计算基地建设等方面的工作，在信息网络建设、物流信息平台建设等领域取得了一定的成效，但尚未真正实现区域内物流信息子系统之间、平台之间的数据共用、资源共享、信息互通。虽然整体看我国物流业的各种运输方式都比较完善，但由于信息化建设滞后、信息交换渠道不畅通、信息的共享度偏低，导致多式联运网络尚未完全形成，严重制约物流企业的发展进程。在标准化建设方面，目前我国已经着力推进执行国家已经发布的各项基础设

备标准，如托盘的尺寸标准、周转箱的容积标准、货架标准等，但总体来看，物流标准化体系建设尚处于起步阶段，物流不同环节、不同运输方式间的技术标准不统一，导致货物多次装卸、多次拆箱装箱，不仅效率较低、损耗较大，而且不利于与国际物流接轨。

2.3.2 物流成本相对较高

目前，我国从事物流业务的企业（运输和配送、仓储）超过 122 万家，其中 5A 级物流 31 家、4A 级物流 210 家、3A 级物流 368 家、2A 级物流 65 家、1A 级物流 8 家。[①] 由于我国大部分的物流企业是由传统的物资流通企业发展而来的，尽管物流企业数量不少，但普遍存在实力弱、规模小等问题，受"大而全""小而全"的管理意识影响，自建仓库和运输车队，"肥水不流外人田"，倾向于自营物流的方式，车辆空载率较高，资源消耗较高，物流效率低，运输或仓储成本居高不下。根据最新的统计数据，2021 年全国社会物流总费用达到 16.7 万亿元，同比增长 12.5%；全国社会物流总费用占 GDP 的比率为 14.6%，较上年下降 0.1 个百分点；从全国社会物流总费用结构来看，运输费用、保管费用、管理费用分别增长 15.8%、8.8% 和 9.2%，[②] 运输费用持续小幅提高、保管费用连续小幅下降、管理费用基本保持稳定，说明制度性交易成本得到较好控制，货物流转速度在上升、库存等费用有所下降，但由于运输结构不合理，运输费用仍旧居高不下。

2.3.3 物流服务理念不适应高质量发展要求

随着市场竞争的日趋激烈，物流向买方市场转变，客户对物流服务在深度和广度上的要求将会更高，传统的两点之间的货物运输已经不能满足市场需要（李丽，2008）。当前市场竞争形势下，中国物流企业必须认识

---

① 资料来源：根据中国物流与采购联合会公布的数据资料整理。
② 资料来源：由中国物流与采购联合会公布的历年《全国物流运行情况通报》计算得到。

到开展现代综合物流服务的必要性，通过了解客户的个性化需求、加强物流企业质量文化建设、推行物流标准化管理和信息化管理等，确保在采购、运输、仓储、配送等物流环节的过程质量，在实现基础服务差异化、综合服务专业化基础上，最终达到提升物流服务质量的目的。目前，中国物流企业在对物流服务质量重要性的认识、物流标准化建设、物流信息化建设等方面还存在较大差距，在激烈的市场竞争环境下，如何根据市场需求变化来提升物流服务质量，以达到客户满意的目的，是当前我国物流业发展面临的又一个挑战。

2.3.4　物流业绿色发展面临严重挑战

当前，绿色环保的低碳经济受到社会各界的高度重视。据专家分析，从产品生产到出售，制造加工的时间占到10%左右，剩下的90%的时间都处在储运、装卸、信息处理等物流过程中，社会对物流行业的包装、运输提出了更高要求（钟昌宝和汤楠，2015）。

在大力发展低碳循环经济的国际大环境下，中国也把"十三五"时期作为各行业强化节能减排、着力发展低碳循环经济的新起点。然而，绿色物流在我国至今依然停留在理论研究上，离具体实施还有很长一段距离，与发达国家相比，更是存在较大的差距，如绿色物流观念尚未普及、专业人才匮乏、技术设备落后、政策缺乏等。物流企业必须凭借管理方式的创新，积极利用先进的技术和设备，创新发展流程，以现代通信技术、信息技术等高新技术整合与改进物流管理程序，建立符合绿色物流发展需求的高效管理模式。发展绿色物流是一项系统工程，物流企业必须加快绿色物流的发展，否则，一旦国外在物流业的绿色化上建立准入壁垒，那么中国物流产业势必会遭遇极大的冲击（段然，2016）。

2.3.5　缺乏优秀的物流专业人才

现代物流业是一个融合知识、技术、资本、劳动力的增值性服务产业，物流专业人才除了掌握仓储运输专业知识外，还应掌握必要的外语知识、安全管理知识、法律知识，并具备一定的组织管理和协调能力（王恩涛和邵清东，2003）。人才是第一生产力，发展现代物流业离不开优秀的物流专业人才。统计数据显示，"十三五"期间，中国物流产业每年需要增加一线操作技能人员约 110 万人，而同期中国大专院校物流专业的毕业生人数约为 40 万人，远远无法满足企业用人需要，专业物流人才的匮乏成为制约我国物流业发展的一大"瓶颈"。为满足快速发展的物流业对优秀物流专业人才的需求，中国应采取多种措施，如通过加强高校物流管理专业的学科建设、扶持各地高校与科研机构在物流领域的创新活动、支持物流行业协会举办物流从业者的职业培训、鼓励物流企业重视员工培训等，提高中国物流从业者的技术水平和整体素质。

2.4 本章小结

中国的现代物流业始于改革开放以后，经历发展早期、快速起步期、全面发展期三个阶段。经过四十多年的发展，物流产业已经成为中国国民经济的重要组成部分，为国民经济的平稳快速发展起到极其重要的支撑和保障作用。本章在回顾中国现代物流业发展历程的基础上，重点分析了中国物流业发展状况及中国物流业高质量发展面临的问题。

第 3 章

中国物流业高质量发展的
机制机理分析

物流业高质量发展是一个综合性概念，物流业的成长与发展要通过各种因素的综合作用来实现，其中的综合因素包括物流市场需求、物流技术创新、物流投资规模、物流产业政策以及物流市场的竞争与合作等。本章将在阐述物流业高质量发展相关理论基础上，构建中国物流业高质量发展的动力机制模型，分析主要影响因素对中国物流业高质量发展的作用机制，并对物流业高质量发展评价中存在的不确定性机理进行探讨。

3.1 物流业高质量发展相关理论

3.1.1 现代物流管理理论

现代物流管理是指将信息、运输、库存、仓库、搬运以及包装等物流活动综合起来的一种新型的集成式管理，它的任务是以尽可能低的成本为顾客提供最好的服务。现代物流管理的代表性理论包括"第三利润"学说、"黑大陆"学说、效益背反理论、绿色物流理论等（朱道立、龚国华和罗齐，2005；谢如鹤、张得志和罗荣武，2007；李静芳，2009；周启蕾，2006；董千里，2007）。

（1）"第三利润"学说

1970 年，日本早稻田大学西泽修教授提出了"第三利润源"的说法。从社会经济的发展来看，企业的利润源主要来自两个领域，一是提高劳动生产率，二是降低生产资料的成本。在商品经济落后的时代，社会生产力低下，市场商品匮乏，产能严重不足，市场供不应求，这时需要解放和发展生产力，提高劳动生产率，以此来解决市场商品供不应求的矛盾，由于这时生产出来的商品很快就会销售出去，所以只要提高劳动生产率，就能给企业创造源源不断的利润，企业通过大力更新机器设备和压榨工人的剩余价值所产生的利润就是"第一利润"。随着社会生产力的不断发展，劳动生产率不断提高，市场商品开始出现供过于求的局面，甚至产能过剩，这时生产出来的商品销路不畅，产品积压，"第一利润"达到极限，企业很难持续发展，这时企业开始寻求"第二利润"，即通过控制源头的成本来提高企业利润，主要是降低生产资料的成本，寻求价格低廉但生产高效的生产资料来扩大利润空间。

当"第一利润"和"第二利润"空间逐渐收窄的时候，企业的利润空间越来越小，企业不得不寻找创造价值的新源泉，这时物流领域的潜力开始凸显，人民纷纷将关注焦点转向物流这一新的产业，于是就出现了西泽修教授的"第三利润源"的说法。物流活动与其他经济活动一样，都是构成社会经济体总成本的因素，也是创造价值实现利润的因素，物流环节的各项活动都可以成为利润源，企业可以通过控制仓储成本来实现仓储利润，降低空载率来实现运输利润，使用绿色包装材料来实现包装利润，合理利用劳动力来实现装卸和搬运的利润，使用现代高科技实现流通加工的利润，以及提供及时便利的信息服务来实现信息利润等。从宏观经济来看，通过有效利用高效率的现代智慧物流体系所提供的各项物流服务，可以优化国民经济体系的运行效率，降低社会物流成本，提高国民经济效益。

（2）"黑大陆"学说

"黑大陆"理论由世界著名管理学家彼得·德鲁克（Peter Drucker）提

出，主要指的是物流成本费用等在内的物流活动还有很多未知黑暗的领域，挖掘潜力还很大。1962 年，彼得·德鲁克在《财富》杂志上发表了《经济的黑大陆》一文，他用未开垦的"处女地"比喻物流业，认为应该重点关注物流运作中的各个环节。彼得·德鲁克认为流通是经济领域里的"黑暗"大陆。这里的流通在当时流通领域中具有模糊性，是人们没有深入挖掘的流通领域，因此，"黑大陆"学说特指物流方面的理论。

"黑大陆"学说主要针对的是认识和了解都尚未深刻的领域。它是对20 世纪经济学界存在的愚昧认识的一种批判和反驳，指出在市场经济繁荣和发达的背景下，科学技术和经济发展都没有止境。"黑大陆"学说也是对物流产业尤其是智慧物流产业本身的正确评价，这个新兴领域未知的东西还有很多，理论与实践都需要不断发展。"黑大陆"学说对于智慧物流产业的研究起到启发和抛砖引玉的作用。

（3）效益背反理论

物流效益背反主要是指物流成本和物流服务水平之间的背反，即物流提供高水平的服务可以为企业带来较高的业务量和收入，但同时提高了企业的物流成本，即高服务高成本，而且物流服务水平与物流成本之间并非呈线性相关关系，增加物流的成本投入不一定带来相同大小的物流服务水平的提高。所以不能简单地比较物流成本，也不能刻意地降低物流成本。

事实上，这种现象在物流领域是一个非常正常的情况，即物流功能要素之间的盈利和亏损的矛盾，在实现一个物流系统的功能要素的同时，另一个系统或其他几个功能要素的利益将不可避免地失去，反之也是如此，主要体现在物流领域的矛盾。

（4）绿色物流理论

绿色物流的概念首次出现于 20 世纪末，从 1991 年墨菲（Murphy）第一次明确提出"绿色物流"概念至今，对绿色物流的研究已经有三十多年的历史，这些年来绿色物流概念随着物流业的发展变化而变化。

国外的学者认为经济发展过程中产生的能源消耗与环境污染问题同货物运输物流息息相关，物流运输过程中产生的污染气体对生态环境的危害巨大，所以，在国外"绿色物流"又被称为"环境物流"或"生态物流"。从环境的角度看，绿色物流就是在改善能源利用效率、降低污染排放的同时对环境的一种保护；从生态的角度上看，和传统物流不同的是，现代绿色物流的范围更广，且更加注重和保持整个生态系统的平衡。大部分的国外学者纷纷将绿色物流比作一个保护环境、保护生态的物流系统。近几年来，随着人们对废物再利用意识的觉醒，绿色物流产生了一种新的模式，即逆向物流。美国物流管理学会认为逆向物流是前向物流的逆向过程，它包括废品回收再生、资源节约、替换等物流活动。因此，"绿色物流"也被称作是前向物流和逆向物流管理系统的结合。

国内学者结合国内物流发展状况对绿色物流的概念进行界定。早期的国内绿色物流也是与环境和生态密不可分的，从这一角度来看，绿色物流被认为是产品从原材料到生产到营销再到最后回收再利用的一个循环过程。现代物流模式被扩展为范围更广的模式即供应链管理模式，这使得物流不再只是货物的运输这一简单的流程。供应链产生的源头是企业扩大了生产规模，企业需要控制从最初采购原材料到最终消费者得到产品的整个过程，其中商流、信息流、物流、资金流都要掌握在企业管理者手中，供应链管理模式就是产生在这种环境中。所以从供应链的角度上来说，绿色物流也被认为是绿色供应链子系统。也有学者将可持续发展与物流结合对绿色物流重新定义，王长琼（2011）将可持续发展理论融入绿色物流中，认为绿色物流的最终目的是实现经济、社会和环境的可持续发展，实现的过程应规划科学有效的物流管理系统，控制资源的利用，提高能源利用率，减少环境污染的危害。

总之，国内外研究专家对绿色物流的定义并不完全统一，绿色物流概念的发展是一个动态过程，它的定义伴随着新的物流管理问题和新型管理模式的出现而变化。但是绿色物流的核心还是不变，终极目标都是保护环境，提高资源利用，创造更多的经济效益，最终将绿色物流与经济可持续发展完美融合。

绿色物流是伴随着环境恶化的影响出现的，所以绿色物流旨在减少物流过程中的资源浪费，尽可能保护环境，维持生态平衡，实现金山与绿水青山的结合。绿色物流的内涵是在追求利益最大化的同时，强调资源的充分利用与环境污染达到最小，促进经济向友好型环境方向发展；绿色物流是站在保护环境的角度推动物流发展，最终以最小成本与社会经济代价实现经济主体的利益最大化。

（5）"物流冰山"说

"物流冰山"学说由日本的西泽修教授提出，这里的"物流冰山"是对物流成本的一种形象比喻，其含义主要指的是人们对物流成本的总体内容并不完全掌握，物流费用就像一座海面上的冰山，人们所能看到的物流费用只是其露出水面的冰山一角，潜藏在海面下的、看不到的区域才是物流费用的绝大部分。这表明物流成本的绝大多数隐藏于其他有关的各项费用项目之中。

"物流冰山"学说之所以成立主要源于以下三个方面的原因：一是物流成本所涉及的领域非常广，物流活动至少包括原材料物流、公司内部物流、从公司到配送中心的物流、从配送中心到零售商的物流等，物流活动范围的广泛性，必然导致物流成本涉及的单位多、牵扯面广，核算过程中很容易漏掉其中的某个部分；二是物流成本涉及的环节多，其主要环节包括运输、存储、包装、装卸搬运、流通加工等，如果在计算物流成本时只计算运输和存储环节的费用，显然会大大低估物流活动所支出的成本费用；三是物流成本所涉及的科目繁杂，人们通常对向公司外部支付的运输费、存储费等费用列入物流成本比较容易接受，但往往忽视物流成本还包括在公司内部发生的与物流活动有关的人工费、基础设施建设费、设备购置费以及设备折旧费、维修费等费用，这些做法必然导致计算出的物流成本与实际支出相距甚远。

3.1.2 质量管理理论

质量管理是伴随着产业革命发展起来的，美国在质量管理实践中率先形成一系列质量管理理论、技术和方法，如泰勒（F. W. Taylor）提出的"科学管理"理论、休哈特（W. A. Shewhart）提出的控制图、道奇和罗密格（H. F. Dodge & H. G. Romig）提出的抽样检验方法以及费根堡姆（A. V. Feigenbaum）和朱兰提出的全面质量管理思想等。第二次世界大战以后，日本为了振兴其濒临崩溃的经济，从美国引入了质量管理，在美国著名质量管理专家戴明（W. E. Deming）的帮助下，创建了一套具有日本独特风格的日本式全面质量管理理论方法体系。20 世纪 70 年代后期，我国从日本引入全面质量管理思想，经过 30 多年的努力，全面质量管理在我国得到了推广和普及。这里扼要介绍全面质量管理理论、服务质量管理理论、质量成本管理理论、PDCA 循环理论等（秦现生，2012；马义中和汪建均，2016；曾瑶和李晓春，2014）。

（1）全面质量管理理论

全面质量管理在管理实践中不断得到完善和发展，成为一种先进的管理技术和理论。费根堡姆（Feigenbaum）最初对全面质量管理的定义是"为了能够在最为经济的水平上，在充分考虑满足用户需求的条件下进行的市场研究、产品设计、生产制造和销售服务，将企业内部的研制质量、维持质量和提高质量的一系列活动构成为一体的一种有效的体系"。对于上述定义可以从以下三个方面来理解：一是要生产出顾客满意的产品，单靠统计方法控制生产过程是远远不够的，必须利用多种管理方法与充分发挥全员的能动作用去全面地解决质量问题；二是产品质量的产生、形成和实现要经过市场研究、开发设计、工艺制定、采购、加工制造、工序控制、检验、销售和售后服务等多个环节，仅限于对制造过程进行控制是不够的，需要对质量形成的全过程进行全面控制；三是全面质量管理关注成本控制，认为质量应当是物美与价廉的高度统一，不能脱离经济效益和质量成本去盲目地追求所谓的高质量。

全面质量管理强调"以顾客为中心""预防为主""持续改进""过程方法与体系保障""突出人的能动作用"。全面质量管理中的"全面"有以下四个含义：第一，全面质量管理是全面质量的管理，即全面质量管理的对象——"质量"的含义是全面的，全面质量管理不仅要管产品质量，还需要管产品质量赖以形成的过程质量；第二，全面质量管理是全过程的质量管理，要求对产品形成的全过程，从市场调研、开发设计、生产制造、售后服务，进行有效管理；第三，全面质量管理是全员性的质量管理，认为产品质量是每个员工工作质量的综合体现，主张企业全体员工都积极参与质量管理活动；第四，全面质量管理是综合性的质量管理，即推行全面质量管理利用的管理方法是全面的，是由多学科理论、方法与技术组成的综合性的方法体系。

（2）服务质量管理理论

服务质量管理是现代质量管理理论的重要组成部分，为了适应市场环境和顾客需求的变化，不断提高服务质量和顾客满意度，已经成为服务企业获取竞争优势的迫切需要。

根据 ISO9000：2000《质量管理体系基础与术语》，所谓服务通常是无形的并且在供方和顾客接触面上至少完成一项活动的结果。服务的目的是为了满足顾客需要，服务的条件是供方与顾客必须接触，服务的内容包括供方活动及其结果。服务的基本特性决定了服务具有无形性、服务的生产与消费不可分离性、服务是一系列的活动或过程、服务具有差异性和不可储存性等特征。

服务质量是服务满足规定或潜在需要的特征或特性之总和，通常可以通过对比感知服务质量和预期服务质量的差距去衡量顾客对服务的满意程度。根据服务质量差距模型，服务质量差距一般源自五个方面：一是管理者认识的差距，即顾客的期望与管理者对其感知之间的差距；二是服务质量标准的差距，即管理者没有设计出满足顾客期望的服务质量标准；三是服务传递的差距，即服务供给过程中的行为不符合质量标准，未达到企业制定的服务规范；四是市场信息传播的差距，即市场上传播的企业服务质量信息与实际提供的服务之间存在不一致；五是感知服务质量差距，即顾客感知的服务比期望的服务质量要差。为了提高服务质量水平，企业管理者必须努力探寻企业提供的服务与顾客期望服务之间的差距，找到引发服务质量问题的根源，制定相应的战略、战术促进期望质量与现实质量达成一致。

（3）质量成本管理理论

现代质量的观念首先是满足顾客的需求和期望，提高顾客满意度的最佳途径是提高质量的同时降低成本；其次是在不降低质量要求的情况下降低成本或者不降低成本的情况下提供具有特色的与众不同的质量。因此，加强质量管理既要增加收入、利润和市场份额，又要降低形成质量所需的成本。

质量成本最早由美国质量管理专家费根堡姆和朱兰在 20 世纪 50 年代提出，他们主张把产品质量预防费用、鉴定费用和产品不符合规定要求所造成的厂内损失和厂外损失一起加以考虑，提出了质量成本的概念。根据

ISO9000 国际标准的规定，质量成本主要由预防成本、鉴定成本、内部故障损失和外部故障损失四部分构成，其中，预防成本是指致力于预防发生不合格品所需的各项费用，鉴定成本是指评定产品是否满足规定质量要求所需的费用，预防成本与鉴定成本合称预防鉴定成本，是企业为生产出符合规定质量而主动投入的费用；内部故障成本是交货前产品或服务未满足规定质量要求所造成的损失，外部故障成本则是交货后产品或服务未满足规定质量要求所造成的损失，内部故障成本和外部故障成本合称故障成本，是企业生产过程中由于产品质量不符合规定要求而造成的各种损失。

传统质量成本理论认为预防鉴定成本会随着质量水平的提高而增加，而故障成本则会随着质量水平的提高而减少，二者叠加之后就构成一条上凹的质量成本曲线，质量成本曲线的最低点所对应的质量水平即是质量管理和控制所追求的最佳质量水平。质量成本分析是质量成本管理的重要环节之一，通过对质量成本进行分析，可以发现产品质量成本状况，找出降低质量成本的路径和方向，为实现最佳质量水平和优化质量成本结构提供理论依据。

（4）PDCA 循环理论

PDCA 循环也被称为戴明环（Deming Cycle），是由美国著名质量管理专家戴明（W. E. Deming）创建，是质量管理业务标准化的一种工作程序，也是全面质量管理的基本活动方法，任何一个活动都要遵循 PDCA 规则。PDCA 循环认为任何一项工作包括质量管理，都必须要经过计划（plan）、执行（do）、检查（check）、处理（action）四个阶段，这四个阶段不断循环、周而复始，使产品质量不断得到改善。

在 PDCA 循环中，P 代表计划制定阶段，其总体任务是确定质量目标、制订质量计划、拟定解决措施，具体包括：分析产品质量现状和存在的问题、寻找造成质量问题的原因和影响因素、确定影响产品质量的主要原因、制定相应的管理与技术措施四个步骤；D 代表计划执行阶段，即按照计划阶段制订的质量计划、目标和措施扎扎实实地去做，以实现设计质量；C 代表检查阶段，也就是对比计划和设计内容，检查执行的效果，并寻找执行过程中存在的问题；A 代表处理阶段，即总结经验教训，将成功的东西纳入有关的标准和制度，提出本循环未解决的问题，将其转入到下一循环。随着 PDCA 循环不停地转动，问题不断产生、不断被克服，如此循环不止，推动产品质量水平不断提高。

总之，PDCA 循环是一个综合性的循环，虽然它把管理工作过程分为四个阶段，但是四个阶段的划分是相对的，它们之间不是截然分开的，而是紧密衔接连成一体，而且各阶段之间还存在交叉。在实际工作中，边计划边执行、边执行边检验、边检验边处理、边处理边改进、边调整计划的情况也是经常发生的。执行 PDCA 循环，重要的在于处理阶段。因为只有经过处理阶段，把执行计划中的成功经验与失败教训都纳入有关的各项标准、规定和制度之中，作为以后行动的指南或借鉴，才能使产品质量和质量管理工作在现有基础上得到稳步提高。

3.2 物流业高质量发展动力机制模型

近年来，中国物流业得到长足发展。截至 2020 年，全国社会物流总额达到 300.1 万亿元，物流业在促进中国经济发展和推动产业结构优化等方面发挥着越来越重要的作用。2020 年，中国社会物流总费用为 14.9 万亿元，物流总费用占 GDP 的比重为 14.7%，尽管近年来该指标连续下降，但仍明显高于发达国家 8%~10% 的平均水平。在中国着力加强供给侧结构性改革、提高供给体系质量和效率的背景下，探寻推动中国物流业结构性改革的着力点和具体措施、厘清物流产业高质量发展的关键动力，具有十分重要的现实意义。

物流产业本身是复杂的社会经济系统的一个子系统，考虑物流业高质量发展问题应该把物流产业置于整个社会经济这一大系统之中，通过内部动力机制和外部动力机制及其相互关系来分析物流产业发展的真正动力。陆国庆（2002）认为影响产业演进的系统动力包括需求拉动、供给促进、技术推进和分工牵引四个动力圈。向吉英（2005）指出市场需求、技术创新、要素投入、支持扶持构成产业成长的外源动力机制，并将产业成长的内源动力机制简化为企业的竞争与协作。姜涛（2007）将产业增长及产业结构变化的动力分解为技术进步、最终需求变动以及二者的交叉影响。刘志恒和陈继祥（2005）提出政府行为和竞争环境是影响集群外部竞争优势的重要因素。吴爱东和陈燕（2012）认为技术创新、制度创新和需求拉动是基于互联网的金融服务业创新的三种重要动力。曲永军和周晓斐（2015）在分析后发地区战略性新兴产业成长动力演化时指出，政府推动力、需求拉动力、创新带动力、企业驱动力构成了一个复杂的动态动力系统。黄蕊和侯丹（2017）将文化产业融合的动力机制归纳为文化要素的渗透、文化消费的拉动、技术创新的推动和政府管制的放松。向晓梅和吴伟萍（2018）认为生产要素供给、市场需求、技术创新、政府干预及制度安排是推动产业持续升级的耦合动力机制。王建光（2015）提出应急产业的发展动力机制系统包括产业成长的外部动力因素和内部动力因素，其中外部动力因素包括市场需求、技术创新、产业政策和产业投资等。

目前关于物流业发展的动力机制方面的研究文献相对较少，相关研究主要从物流需求、物流供给、技术创新、政府政策四个方面展开分析，认为经济发展水平是促进中国物流业发展的重要因素（吴旭晓，2015），人力资本、固定资产投资和交通基础设施等要素对中国物流业发展影响显著（黄福华，2009；罗峰，2007；王健和梁红艳，2013），推动中国物流领域的模式创新、制度创新、体制创新、技术创新和物流运行方式创新，已经成为中国物流业发展的新动力（王之泰，2013；丁俊发，2015；杨守德，2019），政府管制体制不完善、产业政策体系缺失以及市场化程度不高则是制约中国物流业发展的体制因素（王之泰，2002；夏春玉，2004；莫鸿、陈圻和刘豫，2008；吴爱东，2010；何黎明，2013）。

根据协同学理论，结合中国物流产业特点，本研究从内部动力和外部动力建立物流产业高质量发展动力机制模型（见图 3-1）。

在该模型中，物流产业的发展动力机制系统包括物流业高质量发展的外部动力因素和内部动力因素。内部动力因素主要包括物流产业内相关企业之间的竞争与协作等；外部动力因素包括市场需求、投资规模、技术创新和产业政策等。

在市场机制环境下，系统内各物流企业之间的竞争与协作是物流产业高质量发展的主要内生动力。首先，随着中国经济的快速发展，物流需求

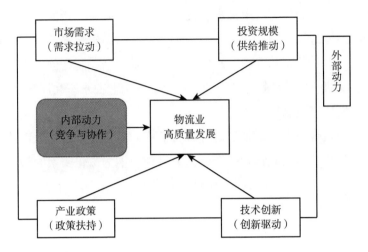

图3-1 物流业高质量发展动力机制

持续增加，在此背景下相关物流企业之间为了取得市场竞争优势、提高企业经济效益以及获取更大的利润，势必会在原材料、技术、工艺、管理等方面展开竞争，即物流产业内相关企业之间形成一种竞争关系，这种竞争关系有助于优化物流产业内的资源优化配置，推动整个物流产业技术创新与管理创新，进而推动整个物流产业的成长发展。其次，物流产业内各企业之间还存在相互协作的关系，出于提高竞争优势等目的，物流企业需要与产业内其他企业展开协作，这种协作既能改进产业链的构建与完善，又有利于提高物流产业的整体运行效率，推动物流产业的发展。

市场需求对物流产业高质量发展具有拉动作用。物流市场需求包括对生产资料和生活资料的需求，生产资料是生活资料的手段，前者是中间需求，后者是最终需求，对生产资料的需求是对生活资料的需求派生出来的（向吉英，2005）。随着我国经济的发展，生产规模不断扩大，对生产资料的需求也不断增加；与此同时，经济的发展和人们收入水平的提高，使得人们对生活资料的需求规模和需求质量均处于变动之中，这种最终消费需求的变化升级导致整个社会对生产资料的需求同样处于变化当中。市场需求的多样性、层次性和数量上的规模性决定了物流产业需求结构具有动态性，需求结构的不断变化升级又会通过分工细化等方式带动整个物流产业结构的升级换代，使市场需求成为物流产业高质量发展的重要拉动力。

投资规模对物流产业高质量发展具有推动作用。如果说市场需求对物流产业成长起拉动作用，可以引领其成长方向的话，那么投资能够决定物流产业成长能否进行，以及成长到什么样的程度（王建光，2015）。投资对物流产业高质量发展的推动作用主要表现在以下两个方面：一是在现有技术水平下加大对物流产业的投资，可以完善物流基础设施，扩大物流产业规模，进而提升物流产业服务能力和服务质量；二是通过增加研发费用，可以提高物流产业的研发能力、技术创新能力，推动物流产业技术进步，提升物流产业运行效率，以此来实现物流产业的升级与高质量发展。

技术创新对物流产业高质量发展具有驱动作用。技术创新是物流产业成长层级的一种标志，在物流产业成长过程中扮演着极其重要的角色。技术创新对物流产业高质量发展的驱动作用主要表现在两个方面：首先，技术创新是满足市场需求的重要技术保障。随着中国社会经济的发展，整个社会对物流服务的需求总量、需求质量和需求结构处于不断变化当中，通过技术创新可以将市场需求转化为现实物质财富，实现物流产业规模的扩张、生产能力的提高和物流技术的升级，推动物流产业的成长和发展。其次，物流产业高质量发展要以技术创新为支撑条件，物流产业高质量发展既要有规模的扩张，又要有产业技术的成长，而技术的成长才是物流产业高质量发展的本质体现。可以说，技术创新直接决定着物流产业发展的生命力，没有技术创新，物流产业就难以满足人们在物流服务质量方面日益增长的现实需求。

产业政策对物流产业高质量发展具有扶持作用。物流产业政策属于物流产业高质量发展的宏观环境范畴，它直接影响物流产业的产业结构。一般而言，在市场机制作用下，国家通过财政、货币、税收和投资等产业政策，可以影响物流产业的投资方向、市场需求和技术创新等因素，改变物流产业的投资结构、需求结构、供给结构，并最终通过影响物流产业的产业结构对物流产业高质量发展起到扶持作用。从技术水平来看，目前中国物流产业在部分领域已经进入成熟阶段，而在有些领域还处于起步阶段。针对不同领域的不同发展阶段，制定有针对性的物流产业政策，有利于优化物流产业资源配置，鼓励物流产业技术创新，提高物流产业运行效率，并进一步促进物流产业高质量发展。

3.3 中国物流业高质量发展的主要动力机制分析

3.3.1 物流需求规模

改革开放四十多年来，中国社会物流总额保持快速增长趋势。2020年，中国社会物流总额为300.1万亿元，按可比价格计算，比2019年同比增长3.5%，分季度来看，增速呈现持续恢复势头。单位GDP的物流需求系数从1991年的1.371增长至2020年的2.957，这意味着截至2020年每单位GDP产出需要大约3单位的物流总额来支持，表明社会经济发展对物流需求的不断增加。

中国社会物流总额由工业品物流、进口货物物流、农产品物流、再生资源物流、单位与居民物品物流五部分构成。2008～2020年中国社会物流总额的分项占比如表3-1所示。

表3-1　　　　　2008～2020年中国社会物流总额的分项占比　　　　　单位：%

年份	工业品物流占比	进口货物物流占比	农产品物流及其他占比
2008	88.83	8.74	2.43
2009	90.39	7.09	2.52
2010	90.19	7.50	2.31
2011	90.66	7.07	2.27
2012	91.37	6.49	2.14
2013	91.76	6.12	2.12
2014	92.22	5.62	2.16
2015	93.07	4.74	2.19
2016	93.16	4.57	2.27
2017	92.76	4.94	2.30
2018	90.71	4.98	4.31
2019	90.47	4.80	4.73
2020	89.94	4.73	5.33

资料来源：根据历年《全国物流运行情况通报》整理。

由表 3-1 可以看出，工业品物流占比基本呈现上升趋势，说明中国工业发展与工业品物流需求是一致的；2020 年，工业品物流占中国社会物流总额的比重达到 89.94%，表明我国工业的快速发展极大地带动了物流业发展，工业品物流是物流服务的主要需求方。表 3-2 为 2008～2020 年每单位工业增加值的物流需求系数，从中可以看出，中国工业发展对物流的依赖程度不断增加，中国工业与物流业的互动融合呈现逐渐增强态势。

表 3-2　　　　2008～2020 年每单位工业增加值的物流需求系数

年份	工业增加值（万亿元）	工业物流总额（万亿元）	工业物流需求系数
2008	13.17	79.86	6.063
2009	13.81	87.41	6.330
2010	16.51	113.10	6.849
2011	19.51	143.60	7.359
2012	20.89	162.00	7.775
2013	22.23	181.50	8.163
2014	23.39	196.90	8.420
2015	23.65	204.00	8.626
2016	24.79	214.00	8.633
2017	28.00	234.50	8.375
2018	30.11	256.80	8.529
2019	31.18	269.60	8.647
2020	31.30	269.90	8.623

资料来源：根据历年《中国统计年鉴》整理。

与此同时，进口货物物流占比总体呈现下降趋势，但在全球经济温和复苏、内需稳中向好的形势下，由于外部需求回暖、国内需求平稳增长，进口货物物流在 2020 年有所增长；农产品物流及其他占比基本保持在 2.12%～2.52% 之间小幅变动，10 年来占比保持相对稳定，但其中的单位与居民物品物流增长快速，2020 年达到 9.8 万亿元，成为物流需求增长的重要推动力量。

3.3.2 物流投资规模

2008～2020 年，中国物流业全社会固定资产投资额不断增加，围绕促转型、补短板等方面的有效投资保持快速增长，13 年间平均每年增长 22.6%；2020 年中国物流业全社会固定资产投资额为 66941.4 亿元。大规模的固定资产投资对中国物流业的供给能力提升起到至关重要的作用。

在物流交通基础设施建设方面：随着中国城镇化的不断推进，交通基础设施建设不断完善，铁路、公路、水运、航空综合交通运输体系基本形成，截至 2020 年，中国铁路营业里程为 14.63 万千米，公路营业里程为 519.81 万千米，内河航道营业里程为 12.77 万千米，民航营业里程为 942.63 万千米，管道输油营业里程为 12.87 万千米。[①]

在物流园区建设方面：物流园区是物流运作基础设施的主体，为贯彻落实《全国物流园区发展规划（2013—2020 年）》（国家发改委〔2013〕1949 号）等文件精神，全国各省市加快物流园区、物流中心等各类物流节点的布局和建设。2018 年，中国物流与采购联合会在国家发改委的支持下，进行了第五次全国物流园区调查工作。调查结果显示，符合此次调查要求的物流园区达到 1638 家，比 2015 年第四次调查的 1210 家增长 35%。从区域分布来看，物流园区空间分布更加均衡，东部地区经济较为发达，物流园区多数进入运营状态；中西部地区园区规划建设速度较快，园区数量明显增加；横贯东中西、联结南北方的物流园区骨干网络初具规模。为了提升物流园区自身的服务能力，大部分物流园区积极推进信息平台建设，并延伸服务链条，为入驻企业提供物流咨询、物流金融等增值服务，借此提升物流园区的物流服务质量和服务水平。

在物流企业发展方面：随着中国改革开放的不断深入，传统运输企业、仓储企业加速向现代物流企业转型。据统计，截至 2021 年底，全国物流企业数量超过 30 万家，物流岗位吸纳的就业人员总数超过 3000 万人。截至 2022 年 8 月，已完成全国第 34 批 A 级物流企业的综合评估，确定了

---

① 资料来源：《中国统计年鉴 2020》。

645 家 A 级物流企业，其中包括 5A 级物流企业 31 家、4A 级物流企业 20家。表 3 - 3 是 2021 年中国物流企业 50 强基本信息。数据显示，2021 年上榜的 50 强物流企业在 2021 年的物流业务总收入合计 13589 亿元，按可比价格计算，同比增长 16.6%；50 强物流企业门槛提高到 40.6 亿元，比2020 年增长 3.5 亿元。50 强物流企业主要集中在东部发达地区，约占80%；京津冀地区在 50 强物流企业中有 8 家，占 16%；长江经济带维持较好的辐射带动作用，在 50 强物流企业中有 25 家，占 50%。①

表 3 - 3　　　　　　2021 年度中国物流企业 50 强基本信息

排名	企业名称	成立年份/所在地区	年物流业务收入（亿元）
1	中国远洋海运集团有限公司	2016/上海	2628.62
2	厦门象屿股份有限公司	1997/厦门	2161.29
3	顺丰控股股份有限公司	2003/深圳	1517.43
4	中国外运股份有限公司	2002/北京	845.37
5	京东物流股份有限公司	2012/北京	733.75
6	中国物资储运集团有限公司	1986/北京	495.42
7	中铁物资集团有限公司	2001/北京	367.02
8	圆通速递股份有限公司	1992/大连	349.07
9	上海韵达货运有限公司	1999/上海	335.00
10	百世物流科技（中国）有限公司	2008/杭州	300.00
11	德邦物流股份有限公司	2009/上海	275.03
12	中通快递股份有限公司	2013/上海	252.14
13	建发物流集团有限公司	2000/厦门	248.41
14	上汽安吉物流股份有限公司	2000/上海	229.62
15	申通快递有限公司	2007/上海	215.66
16	全球国际货运代理（中国）有限公司	2004/上海	153.98
17	嘉里物流（中国）投资有限公司	2010/北京	151.61
18	日日顺供应链科技股份有限公司	2000/青岛	140.36
19	中铁铁龙集装箱物流股份有限公司	1993/大连	139.67
20	准时达国际供应链管理有限公司	2010/成都	134.79

①　资料来源：由中国物流与采购联合会发布的资料整理得到。

续表

排名	企业名称	成立年份/ 所在地区	年物流业务收入 （亿元）
21	一汽物流有限公司	2006/长春	120.90
22	上海天地汇供应链科技有限公司	2013/上海	104.91
23	上海中谷物流股份有限公司	2010/上海	104.19
24	物产中大物流投资集团有限公司	2003/杭州	86.73
25	湖南和立东升实业集团有限公司	2004/长沙	80.12
26	四川安吉物流集团有限公司	2005/宜宾	75.23
27	湖北交投物流集团有限公司	2011/武汉	74.15
28	云南能投物流有限责任公司	2012/昆明	73.96
29	日通国际物流（中国）有限公司	1995/北京	73.91
30	江苏苏宁物流有限公司	2012/南京	72.00
31	全球捷运物流有限公司	2016/上海	69.32
32	包头钢铁（集团）铁捷物流有限公司	2016/包头	65.91
33	深圳越海全球供应链股份有限公司	2012/深圳	59.55
34	中都物流有限公司	2008/北京	58.79
35	林森物流集团有限公司	1991/南通	58.38
36	云南省物流投资集团有限公司	2013/昆明	55.60
37	九州通医药集团物流有限公司	2014/武汉	54.36
38	建华物流有限公司	2007/珠海	53.64
39	湖南一力股份有限公司	2000/长沙	51.67
40	中创物流股份有限公司	2006/青岛	51.54
41	广州发展能源物流集团有限公司	2007/广州	51.43
42	四川省港航投资集团有限责任公司	2019/成都	49.55
43	湖南星沙物流投资有限公司	2003/长沙	49.23
44	利丰供应链管理（中国）有限公司	2008/上海	48.91
45	上海则一供应链管理有限公司	2015/上海	48.37
46	安通控股股份有限公司	1998/齐齐哈尔	48.35
47	重庆长安民生物流股份有限公司	2001/重庆	47.39
48	中通服供应链管理有限公司	2015/深圳	44.15
49	河南能源化工国龙物流有限公司	2009/郑州	41.58
50	北京长久物流股份有限公司	2003/北京	40.64

3.3.3　物流创新能力

随着互联网、信息技术的快速发展，物流创新已经成为影响中国物流业成长发展的新动力，物流创新主要表现在物流技术创新、物流模式创新、物流管理创新等方面。

首先是物流技术创新。新技术的运用对物流业发展具有极大的促进作用，它直接影响物流业运行的效率。随着互联网的普及运用，信息技术成为影响物流技术创新的重要因素。信息技术的运用，不仅扩大了物流市场需求，而且影响到物流管理与运作（陈海，2015）。近年来，在信息技术和互联网技术支持下，移动互联网技术、大数据、云计算技术、物联网技术、地理信息系统（GIS）、全球定位系统（GPS）、条形码技术、射频标识技术（RFID）、新能源汽车等新技术逐步在物流领域得到运用，无人仓、无人机、物流机器人等一批国际领先技术得到试验应用，货运车辆、集装箱、托盘等大量物流设施接入互联网。这些物流新技术的推广运用，正在快速推动运输技术、仓储技术、装卸搬运技术向自动化、智能化、高速化、节能化等方向发展。

其次是物流模式创新。物流模式创新是技术进步和物流产业发展到一定阶段的必然结果。在互联网技术得到普及运用的大背景下，中国物流企业通过技术创新、组织创新和管理创新，积极开展物流模式创新，新的物流商业模式不断涌现。一是利用"互联网＋"技术，打造智慧物流系统，如通过运用区块链技术，全程追溯物流信息；利用免持扫描设备，提高分拣效率；利用无人驾驶叉车与货物识别技术，实现仓储环节的全程自动化等（高见和刘松，2019）。二是运用移动互联网技术、云计算技术、云仓储技术，开展 O2O 物流经营模式，通过建设线下物流园区"地网"、整合社会化车辆的零担干线运输等，与线上的信息平台"天网"协同，实现信息化与传统物流业的结合（魏然和李亚伶，2018）。三是利用先进的互联网技术，建立开放、透明、共享的数据应用平台，打造"物流＋电子商务"新模式。截至 2022 年，"菜鸟物流"等物流企业已经启用"智慧物流"和"物流＋电子商务"的新型物流信息模式；"易鸟科技"打造"易流云平台"，推动线下物流在线化；"安联程通"等物流企业尝试物流 O2O 经营模式，这些新理念、新模式倒逼传统物流企业转变观念、加速变革。

最后是物流企业管理创新。管理创新是我国物流企业提高市场竞争力、实现跨越式发展的重要手段，主要包括管理理念创新、技术标准创新、人力资源管理创新等。管理理念创新包括树立一体化的物流服务理念和智能化管理理念（何小洲和邓正华，2007），一体化的物流服务理念是把物流服务过程看作一个整体，从系统角度提高服务质量；智能化管理理念则强调物流管理和物流运作过程中，要以智能为核心，通过智能化的实践活动提高物流服务质量和运作效率。物流标准包括基础标准（如物流基础模数尺寸标准、物流专业术语标准）、分系统技术标准（如运输车辆标准、仓库技术标准）、工作标准与作业规范等。通过物流标准创新可以降低众多标准导致的学习成本、提高运输设备装载率、降低运输转换成本、促进物流信息共享，为实现物流机械化和自动化奠定基础，从而达到提升物流效率的目的（刘峥，2015）。随着知识经济的到来，人力资源管理已经被提升到战略发展的高度，物流企业所拥有的创新知识成为推动物流企业提高生产率、创造竞争优势的源泉。加强物流企业人力资源管理创新，首先要转变传统思维方式，从全新视角去认识人力资源在企业发展中的突出作用；其次要花大力气开展员工知识培训和团队建设，促使员工实现自我激励与自我管理（殷帅，2006）。

3.3.4　物流产业政策

为了促进中国物流业平稳快速发展，国家有关部门相继出台了一系列支持政策。2009 年 3 月 10 日，国务院印发《物流业调整和振兴规划》（国发〔2009〕8 号）；2011 年 8 月 21 日，国务院办公厅印发了《关于促进物流业健康发展政策措施的意见》（国办发〔2011〕38 号）；2012 年 9 月 1 日，国务院办公厅印发《国内贸易发展"十二五"规划》（国办发〔2012〕47 号），提出重点支持城市物流配送体系示范工程等 18 项工程；2012 年 12 月 1 日，国务院印发《服务业发展"十二五"规划》（国发〔2012〕62 号），明确了包括交通运输业、现代物流业在内的服务业发展重点；2013 年

1 月 11 日，国务院办公厅印发《降低流通费用提高流通效率综合工作方案》（国办发〔2013〕5 号），明确指出降低流通费用的十条措施；2014 年 9 月 12 日，国务院印发《物流业发展中长期规划（2014—2020 年）》，明确了到 2020 年我国物流业的发展目标，指出了未来一段时期内我国物流业的发展重点、主要任务、重点工程和保障措施；2015 年 8 月 26 日，国务院印发《关于推进国内贸易流通现代化建设法治化营商环境的意见》（国发（2015）49 号），明确指出要加强流通领域重大基础设施建设、提升物流配送集约化水平和完善农村电子商务配送服务网络；2015 年 7 月 1 日，国务院印发《关于积极推进"互联网＋"行动的指导意见》（国发〔2015〕40 号），明确十一项"互联网＋"重要行动，包括"互联网＋"高效物流、"互联网＋"电子商务、"互联网＋"便捷交通等；2016 年 6 月 10 日，国务院办公厅印发《关于转发国家发展改革委营造良好市场环境推动交通物流融合发展实施方案的通知》（国办发〔2016〕43 号），部署推动交通物流融合发展、提升交通物流综合效率和效益。

为促进仓储业健康发展，加快推进传统仓储向现代物流转型升级，2012 年 12 月 18 日，商务部印发《关于仓储业转型升级的指导意见》（商流通发〔2012〕435 号），明确了促进仓储业转型升级的发展目标，指出包括支持仓储企业创新经营模式、引导仓储企业推行应用新技术、加强仓储企业信息化建设等六项建设任务；2013 年 9 月 30 日，国家发改委印发《全国物流园区发展规划》（发改经贸〔2013〕1949 号），针对中国物流园区总体布局，明确中国物流园区建设的主要任务和保障措施；2014 年 9 月 22 日，商务部印发《关于促进商贸物流发展的实施意见》（商流通函〔2014〕790 号），提出高度重视商贸物流工作、提高商贸物流社会化水平和专业化水平等八项实施意见；2015 年 7 月，商务部办公厅印发《关于智慧物流配送体系建设的实施意见》（商流通函〔2015〕548 号），明确指出智慧物流配送体系建设的基本思路、具体工作任务和保障措施；2016 年 9 月 13 日，国家发改委印发《物流业降本增效专项行动方案（2016—2018 年）》（国办发〔2016〕69 号），明确指出降低物流企业运输收费水平、健全物流标准体系、构建高效的多式联运体系、完善城市配送体系等 21 项重点行动方案。这些支持政策的相继推出，为中国物流业健康、持续、快速发展，营造了良好的政策环境。

3.4 物流业高质量发展评价中存在不确定性的机理分析

不确定性存在于自然科学、社会科学、工程技术等各个领域，在现代社会的生产活动中，人们更是常常在不确定的情形下做出决策。不确定性是事物的状态和特征不能随时间的进展而准确充分地加以观察、测定和预见（马士华和林勇，2015），是系统已经拥有信息与达到特定目标所需信息的差异。本小节将详细分析物流业高质量发展评价中的不确定性及其产生机理。

3.4.1 物流业高质量发展中的不确定性分析

物流业高质量发展中的不确定性主要表现为物流需求不确定、物流服务过程不确定、物流供给不确定及物流收益不确定等四个方面。

（1）物流需求不确定性

物流需求不确定性主要体现在物流需求数量不确定和物流需求质量不确定两个方面。首先，区域物流需求通常受地区经济发展状况和政府物流政策等方面的影响，当区域经济形势发生变化，或者政府出台相关政策扶持物流产业发展时，在生产、生活领域由此产生的对货物运输、仓储、配送、流通加工等物流服务的需求将随之变化，物流需求在数量上将产生波动。其次，随着中国经济的快速发展和人们生活水平的逐步提高，人们对物流服务在质量上的要求会不断提高，如果物流服务提供者不能及时提升其物流服务能力与物流服务质量，以适应消费者不断变化的质量需求，物流服务提供者掌握的需求信息与市场实际需求信息之间有较大出入，同样会导致物流需求的不确定性。在以顾客为中心的物流服务体系中，这种不确定需求需要在最大程度上给予满足。

（2）物流服务过程的不确定性

物流业是一个涉及众多部门和参与者的复杂系统，物流活动始于生产商、止于客户，中间经历贸易、代理、运输、仓储、装卸、包装、流通加工诸多环节。物流服务中，由于受气候条件、政策限制、企业间协作水平等因素的影响，会导致物流服务完成时间、物流作业成本、物流服务质量的不确定性。衡量物流服务质量既要看物流服务是否及时、准确、无误，还要考虑物流标的物是否完好无损、物流服务成本是否为客户所接受等。物流服务过程中的不确定性会影响物流服务质量水平，成为制约物流业高质量发展的一个重要因素。

（3）物流供给不确定性

物流供给能力取决于整个社会对物流业的投资规模和投资水平，是一定时期内社会能够向市场提供有效物流服务的能力和资源，物流供给通常包括量和质两个方面的内容。物流供给不确定性受物流服务提供者的物流管理和技术水平、运输仓储能力、信息化水平及物流企业间协作水平等因素影响。物流服务提供者较差的物流管理和技术水平及运输仓储能力，会引起物流服务活动各环节的延迟时间，导致信息扭曲的放大效应，从而带来物流供给的不确定性。物流服务提供者较低的信息化水平会造成供货的延迟、供货质量的偏差及需求信息的偏差，进而导致交货的不确定性。物流服务企业之间协作不畅，会影响物流企业之间或企业内部门之间的合作与协调，导致物流各环节之间联系的不确定性和整个物流服务过程运作效率的不确定性。

（4）物流收益不确定性

物流业整体收益依赖需求规模、供给数量和质量及客户对服务过程的满意程度，由于物流业成长过程中存在物流需求的不确定性、物流服务过程的不确定性及物流供给的不确定性，因此，物流业整体收益同样存在不确定性。这种不确定性可能会直接影响物流企业之间的合作积极性，甚至会影响到物流业成长发展的持久性与稳定性。

3.4.2 物流产业高质量发展评价中不确定性的产生机理

根据全面质量管理理论，影响产品质量波动的因素主要包括人、设备、材料、环境和方法等五个方面，也称作影响产品质量的五大因素。基于此，本小节从人、物、数据、环境和方法等五个基本要素出发，分析物流业高质量发展评价中不确定性的产生机理。

（1）人

物流系统涉及物流活动各环节的管理者、劳动者、消费者及社会公众等不同人群，他们的感知、观点、看法均存在不同程度的不确定性。

人的感知过程受其感知和认知环境变化的影响，具有十分明显的主观不确定性。这种感知的不确定性是一个相对的概念，感知的不确定性程度是由人的感知能力及环境的复杂程度所决定的（张玲，2015）。管理者由于对消费者期望需求的认知有偏差，可能会引起物流服务标准的不确定性；劳动者如果对物流服务标准的认知有偏差，自然会造成物流服务质量的不确定性；消费者和社会公众如果对物流服务产品的感知存在偏误，必然会导致物流感知服务质量的不确定性。所有这些不确定性都会直接或间接影响物流业高质量发展的评价结果。

（2）物

这里的"物"包括物流活动过程中的各种机器设备、设施、物料或产品等。机器设备、物流设施是实现物流服务功能的物质条件，机器设备的先进性和物流设施的完备性能够提升物流活动的运行效率，进而降低物流成本、提高物流收益，可以通过社会物流总额、社会物流总费用、物流业增加值及铁路公路营业里程等数据综合反映。而物料或产品作为物流标的物，是物流服务提供者的加工对象或者物流服务消费者的消费对象，其质量水平、价格水平、完好程度决定了消费者满意程度，并通过影响物流服务在数量和质量上的需求而进一步影响物流整体效益。"物"是物流业高质量发展的重要物质基础，但是，由于其数量庞大、结构复杂及运作的不稳定，在对物流业高质量发展进行评价的过程中往往会产生不确定性的影响作用。

（3）数据

数据是物流业高质量发展评价的"原料"。物流业高质量发展评价中数据的不确定性是由多方面的原因造成的，主要源自数据的完整性、客观性、真实性。第一，相关政府部门公布的统计数据通常具有滞后性，而且是一种静态数据，不一定能准确、全面地反映物流业当前的发展状况；第二，评价中的部分数据可能来自企业或媒体，数据的真实性、全面性、准确性难以保证；第三，部分评价数据可能来自于市场调查，甚至有些数据是评价者给出的像"好""较好"等语言变量，明显带有强烈的主观性，这样的数据都具有不确定性特点。数据的不确定性会直接引起物流业高质量发展评价结果的不确定性，引入不确定性变量描述有关的不确定性参数，是科学评价物流业高质量发展程度的重要环节。

（4）环境

环境是物流业高质量发展的外部条件，环境的不确定性属于客观不确定性。一般而言，变化的环境主要包括社会、资源和生态环境等（张玲，2015），如区域经济的快速发展、国家有关支持物流业发展政策的提出、自然灾害及交通堵塞等突发事件的发生，这些外部环境条件的不断变化，在一定程度上会增加物流系统运行的不确定性。

（5）方法

评价方法是完成物流业高质量发展评价的技术条件，评价方法的不确定性主要包括评价指标体系的不确定、评价函数的不确定及评价指标权重的不确定。构建评价指标体系是为了综合反映物流业高质量发展的程度，但是所选择的指标并非越多越好，实际评价时往往只选取具有代表性、可操作性的部分指标，导致评价指标体系在一定程度上具有不确定性。层次分析法（AHP）、模糊综合评价、数据包络分析（DEA）是常见的综合评价方法，这些方法只是近似描述评价对象和评价指标之间的关系，反映的并非是它们之间的精确数量关系或者严格数学关系，即评价函数也存在不确定性。指标权重的确定是物流业高质量发展评价的重要环节，尽管有AHP、熵权法、G1 法、TOPSIS 法等技术均可用于指标权重的确定，但其结果并非十分准确，而且因为利用的信息各异，不同方法之间的结果也存在差异，确定指标权重同样存在不确定性。

3.5　本章小结

本章介绍了现代物流管理理论、质量管理理论等相关理论知识，分析了中国物流业高质量发展的动力机制，认为各物流企业之间的竞争与协作是物流产业高质量发展的主要内生动力，市场需求、技术创新、投资规模、产业政策是物流产业高质量发展的外生动力；指出了中国物流业高质量发展的主要动力机制现状，并进一步分析了物流业高质量发展评价中不确定性的产生机理。

第4章

中国物流业高质量发展内涵 与评价指标体系构建

　　构建评价指标体系是对中国物流业高质量发展进行综合评价的重要环节，而要构建合理的物流业高质量发展评价指标体系首先需要明确物流业高质量发展的科学内涵。基于此，本章首先介绍质量与物流质量概念，界定物流业高质量发展的概念及其科学内涵；在此基础上，构建中国物流业高质量发展的评价指标体系。

4.1　中国物流业高质量发展的内涵

4.1.1　质量与物流质量的概念

（1）质量

　　质量是质量管理中的一个重要概念。根据 2000 版的 ISO 9000 系列标准规定的术语和基本概念，"质量"被定义为"产品、体系或过程的一组固有特性满足明确和隐含需要的能力之总和"（曾瑶和李晓春，2014）。

从定义可知，质量是以产品、体系或过程作为载体的；质量的内涵是由一组固有的特性组成，并通过这些固有特性表征产品、体系或过程满足需要的程度；需要包括明确需要和隐含需要两种形式，前者根据"适用质量""规格质量"和顾客所需要的其他服务内容来界定，后者则体现一种预期或潜在的需要，它随时间、环境的不同而变化；顾客和其他相关方对产品、体系或过程的质量要求是动态的、发展的和相对的，为适应顾客和其他相关方对质量的要求变化，应相应地改进产品、体系或过程的质量。

（2）物流质量

根据"质量"概念，"物流质量"可以定义为"物流服务活动本身固有的特性满足物流客户和其他相关方要求的能力"。

物流质量是一个系统的概念。一方面，物流活动涉及运输、装卸、仓储、搬运等环节，需要运用技术、设备、人力等多种资源，各环节、各种资源的质量可以用相关的质量标准描述；另一方面，物流系统是一个开放性系统，物流质量既与系统内的资源配置、运行效率有关，又受经济环境、国家政策以及人民群众对物流需求的期望等外部因素影响；同时，物流活动的目的是为客户提供具有时间效应和空间效应的服务，物流服务质量是影响物流质量的重要变量，而服务质量水平的高低需要根据有关的考核体系和客户对服务的感知进行评价。

物流质量是一种全面的质量观。物流质量既包含物流对象质量，又包含物流手段、物流方法的质量，还包含物流协作质量，它是物流产品质量、物流服务质量、物流工作质量及物流工程质量的综合反映。其中，物流产品质量反映物流服务活动保证产品在物流过程中不受损坏的能力；物流服务质量表示提供的物流服务使客户满意的程度；物流工作质量体现物流活动各环节具体工作满足规范要求的程度；物流工程质量则说明整个"物流质量体系"的质量，是从系统的角度描述物流活动"系统"质量。

4.1.2 经济高质量发展

（1）高质量发展的提出

1978 年，随着党的十一届三中全会的胜利召开，中国进入了改革开放的历史新时期。经过 40 多年的持续高速增长，中国经济发展发生了翻天覆地的变化，取得了举世瞩目的伟大成就，目前已经成为世界第二大经济体。虽然体量上已经成为名副其实的经济大国，但我国经济发展的质量却亟待提高。在此背景下，党的十九大报告指出："我国经济已由高速增长阶段转向高质量发展阶段，正处在转变发展方式、优化经济结构、转换增长动力的攻关期，建设现代化经济体系是跨越关口的迫切要求和我国发展的战略目标。必须坚持质量第一、效益优先，以供给侧结构性改革为主线，推动经济发展质量变革、效率变革、动力变革，提高全要素生产率，着力加快建设实体经济、科技创新、现代金融、人力资源协同发展的产业体系，着力构建市场机制有效、微观主体有活力、宏观调控有度的经济体制，不断增强我国经济创新力和竞争力。"[1] 2017 年 12 月 8 日，在中共中央政治局会议上，习近平总书记做出重要部署，指出高质量发展是我国当前和今后一个时期确定发展思想、制定经济改革、实施宏观调控的根本要求。[2] 2017 年 12 月 20 日，在中央经济工作会议上，习近平总书记又进一步强调推动高质量发展，是保持经济持续健康发展的必然要求，是适应我国社会主要矛盾变化和全面建成小康社会、全面建设社会主义现代化国家的必然要求，是遵循经济规律发展的必然要求。[3] 习近平总书记有关高质量发展的一系列论述为我们深刻理解高质量发展内涵奠定了基础。

（2）高质量发展的释义

中国特色社会主义进入新时代，我国经济也进入新时代。推动高质量发展，既是保持经济持续健康发展的必然要求，也是适应我国社会主要矛盾变化和全面建成小康社会、全面建设社会主义现代化国家的必然要求。

第一，高质量发展是集约高效的发展。在面临越来越严重的资源和能源约束的背景下，高质量发展必须是集约高效的发展。集约高效不仅要看经济总量的增长，更要看投入产出比、看单位能源或资源消耗带来的

---

① 张自然，张平，袁富华，等. 中国经济增长报告（2017—2018）［M］. 北京：社会科学文献出版社，2018.

② 习近平 2017 年 12 月 8 日在中央政治局会议上讲话［R/OL］.（2018 - 01 - 08）（2022 - 08 - 09）. 新华网.

③ 江晓东，周小苑，钱一彬. 必须把发展质量问题摆在更突出位置［R］. 人民日报，2020 - 12 - 17.

产出。

第二，高质量发展是平衡充分的发展。中国特色社会主义进入新时代，我国社会主要矛盾已经转化为人民日益增长的美好生活需要和不平衡不充分的发展之间的矛盾。不平衡不充分的发展是发展质量不高的直接表现，着力解决发展不平衡不充分的问题，是我国作为社会主义国家的内在要求。不平衡、不充分主要是指结构性问题，以经济发展的客观规律来看，只有在生产上不断优化产业结构，在分配上避免贫富分化，才能实现经济健康、可持续的增长。

第三，高质量发展是贯彻新发展理念的发展。党的十八大以来，以习近平同志为核心的党中央直面我国经济发展的深层次矛盾和问题，提出创新、协调、绿色、开放、共享的新发展理念。高质量发展，是创新成为第一动力、协调成为内生特点、绿色成为普遍形态、开放成为必由之路、共享成为根本目的的发展。高质量发展，是能够很好满足人民日益增长的美好生活需要的发展，是体现新发展理念的发展。

第四，高质量发展是质量第一、效益优先的发展，高质量发展要立足满足人民对产品、服务质量需求的提升，以最小的要素投入获取最大的产出，并使资源、环境、生态付出的代价最小，实现经济可持续发展（孙秋鹏，2019）。要实现建设现代化经济体系的战略目标，必须坚持质量第一、效益优化，推动经济发展、质量变革、效率变革、动力变革，提高全要素生产率，不断增强我国经济创新力和竞争力，归根结底，就是要推动高质量发展。

第五，高质量发展是创新驱动的发展。党的十九大报告指出："创新是引领发展的第一动力，是建设现代化经济体系的战略支撑。"[①] 创新驱动发展是高质量发展的首要内涵，不仅因为创新驱动发展的模式具有高附加值、高效率等特征，更因为原来的要素驱动不能解决经济发展中的"生产要素报酬递减和稀缺资源瓶颈"这两个基本问题。以创新驱动为核心的经济高质量发展，不仅能够节省资源投入，而且能够提高资源效率和生态环境保护水平，科技创新是实现高质量发展的必要条件。

---

① 李凌. 创新驱动高质量发展 [M]. 上海：上海社会科学出版社，2018.

4.1.3 中国物流业高质量发展的内涵

（1）历史背景

改革开放 40 多年来，中国经济取得了举世瞩目的伟大成就，中国 GDP 由 1980 年的 4587.6 亿元上涨到 2020 年的 1013567 亿元。[①] 但是，在中国经济高速增长的背后，能源过度耗费、环境质量恶化、经济结构失衡、收入差距扩大等发展质量问题不断凸显（肖周燕，2019），中国传统的数量型、粗放型经济增长方式已经不适应经济社会、资源和环境发展的要求，必须向高质量发展方式转变。物流是经济社会这个大系统的一个重要子系统，中国物流业发展与中国经济发展之间存在极其密切的关系。伴随着我国经济的快速增长，中国物流业取得长足进步，全国社会物流总额由 1991 年的 3 万亿元上升到 2020 年的 300.1 万亿元；但与此同时，中国社会物流总费用也由 1991 年的 5128 亿元上升到 2020 年的 149000 亿元，[②]表明中国物流业发展主要依靠粗放型增长模式，在资源消耗、运行效率、运行质量、创新能力、服务能力和水平、行业和地区结构等方面，还有许多不平衡、不协调、不充分的地方，与现代化经济体系建设和人民对美好生活向往的物流需求还有许多的不相适应。在以高质量发展为核心目标构建现代化经济体系的背景下，传统的以数量规模、要素驱动为特征的粗放型发展模式难以为继，物流业要坚定不移地贯彻高质量发展的新理念，全面推进物流业高质量发展。

（2）物流业高质量发展的概念

高质量发展具有丰富的理论内涵。波金斯（2018）指出经济增长与经济发展在内涵上有着根本区别，经济增长通常是一个国家总收入或人均收入的增加，而经济发展则包含更加广泛的多维内容，除了收入增长外，还包括健康的改善、教育水平的提高、人民福利的增进以及经济结构的优化等。高传胜和李善同（2019）认为高质量发展与高速增长存在本质的差

---

① 资料来源：由《中国统计年鉴》相关数据计算得到。

② 资料来源：由中国物流与采购联合会发布的历年《全国物流运行情况通报》相关数据计算得到。

异，这既体现在发展与增长的本质区别上，也反映在高质量与高速度的根本不同上；高质量发展是对高速度增长的突破与超越，实现高质量发展必须超出收入增长的维度，追求多方面统筹协调增长、各地区和谐协同共进，全面推进包容性发展与可持续发展。王春新（2018）提出高质量发展应具备提质增效、创新驱动、绿色低碳、协同共享等四大内涵，并指出在上述四大内涵中，提质增效、创新驱动及绿色低碳是发达经济体共同拥有的发展经验和展现高质量发展的基本特征，而谋求更加公平和协调的发展，则是新时代中国特色社会主义的基本要求和特色所在。王永昌和尹江燕（2019）认为中国经济高质量发展的基本内涵及其趋向主要体现在发展的中高速趋向、发展的优质化趋向、发展的科技化趋向、发展的金融化趋向、发展的美好生活趋向、发展的包容化趋向、发展的绿色生态趋向、发展的全球化趋向等八个方面。吕守军和代政（2019）提出高质量发展是追求更高的使用价值的发展，主要涵盖经济发展高质量、城乡发展高质量、生态环境高质量、改革开放高质量与人民生活高质量五个领域。总之，高质量发展要全面体现创新、协调、绿色、开发、共享新发展理念，即创新成为第一动力、协调成为内生特点、绿色成为普遍形态、开放成为必由之路、共享成为根本目的的发展。

本研究认为物流业高质量发展是指在一定资源环境约束下，通过物流活动及其结果能够很好地满足现代化经济体系建设和人民日益增长的高品质物流服务需求的发展，是体现创新、协调、绿色、开放、共享新发展理念的发展。在微观层面上，物流业高质量发展主要体现在物流企业提供的物流产品和物流服务高质量上；在中观层面上，物流业高质量主要体现在物流业创新驱动、协调发展高质量上；在宏观层面上，物流业高质量主要体现在物流业整体效率和效益高质量上。

（3）中国物流业高质量发展的科学内涵

物流业是国民经济发展的重要基础，中国物流业高质量发展是相对于过去高速度增长而言的，是适应我国社会主要矛盾变化、全面建成小康社会和全面建成社会主义现代化强国的必然要求。中国物流业高质量发展的科学内涵可以总结为以下几个方面。

首先，中国物流业高质量发展是创新活力更强、效率更高的发展。高质量发展要坚持质量第一、效益优先的原则，推动新旧动能转换，从要素驱动转向创新驱动，改革以往依赖资源消耗的粗放式高速增长（张洪昌，2019）。物流业作为生产性服务业的重要组成部分，已经成为我国国民经济的战略性支柱产业，对我国经济发展具有极其重要的支撑作用。但是，当前我国物流业发展主要依靠粗放型增长模式，优质物流供给服务存在不足，科技含量较低，创新能力较弱，急需通过创新驱动来全面推进物流业技术创新、管理创新和制度创新，提升物流业全要素生产率及其整体产出效率。以创新驱动为核心的物流业高质量发展，通过创新提供更好的产品和服务，不仅能够节省资源的投入，提高运行效率，而且技术进步和创新还有利于降低"三废"排放，提高环保水平。

其次，中国物流业高质量发展是更加全面协调可持续的发展。习近平总书记强调："协调发展，就是要找到短板，通过补齐短板挖掘发展潜力、增强发展后劲。"[1] 中国是一个人口众多、城乡区域差距较大的发展中国家，虽然近年来我国物流业得到快速发展，但是地区之间、物流产业涉及的各部门之间仍存在平衡性、协调性、结构性的问题。现阶段，推行落实物流业高质量发展，涵盖众多利益相关者，需要在城乡之间、产业内各部门之间、物流产业与其他产业之间进行多方面的统筹协调，全面推进包容性发展和可持续发展。物流业高质量发展既包括提高产业部门之间的协调性、联动性和均衡性，实现城乡区域之间融合发展、联动发展、均衡发展，不断缩小城乡区域之间的差距，又包括全面解决物流产业发展不平衡问题。

再次，中国物流业高质量发展是绿色环保、生态文明的发展。党的十九大报告明确提出，中国"要建设的现代化是人与自然和谐共生的现代化，既要创造更多物质财富和精神财富以满足人民日益增长的美好生活需要，也要提供更多优质生态产品以满足人民日益增长的优美生态环境需要"。[2] 习近平总书记强调，"绿水青山就是金山银山""加快生态文明体制改革，建设美丽中国"。[3] 这些重要论述彰显了党和国家对经济社会发展规律的深刻认识和转型期生态文明建设的根本要求（张洪昌，2019）。物

---

[1] 深入理解新发展理念 [J]. 内蒙古宣传思想文化工作，2019（4）.
[2] 这是人与自然和谐共生的现代化 [R]. 人民日报，2022–11–09.
[3] 张育文. 绿水青山就是金山银山 [R]. 南方日报，2014–12–06.

流业高质量发展就是要使用最少的要素投入创造更多的价值，并且使环境、生态付出最小的代价。就是要彻底改变过去的粗放型发展方式，在物流活动各环节大力发展并运用新技术、新材料、新能源，降低消耗及对生态环境的负面影响，并能够较好地满足人民和经济发展对物流服务的需求。物流业高质量发展必须坚持节约资源和保护环境的基本国策，这符合经济社会发展的现实规律。

最后，中国物流业高质量发展是开放、共享的发展。习近平总书记强调，"现代化"意味着城乡、地区和国家之间，越来越成为一个"你中有我""我中有你"的共同体，要坚持"引进来"和"走出去"并重，更好地利用全球资源和市场，遵循共商共建共享原则，积极推进"一带一路"框架下的国际交流合作（夏春玉，2018）。[①] 共享发展的目标是解决社会公平正义问题，必须坚持发展为了人民、发展依靠人民、发展成果由人民共享，这是中国特色社会主义的本质要求。坚持物流业的开放发展，就是继续推进全面对外开放，积极参与"一带一路"建设，特别是对于交通运输行业，更要坚定不移地推动海运业更高水平地对外开放，为全球贸易和投资便利化提供有力支撑，着力打造高质量发展的物流强国。坚持物流业共享物流发展，就是为广大人民群众提供优质的物流服务，更好地满足人民和经济社会对高品质物流服务多层次、多样化的要求。

4.2 中国物流业高质量发展的影响因素分析

物流业高质量发展涵盖供给需求、投入产出、资源配置、收入分配、环境保护等多层面的内容，相关学者主要从社会矛盾变化和新发展理念视角、宏中微观视角、供求和投入产出视角等对其阐述，内容十分丰富，但目前尚无统一认识（王彤，2019）。本研究借鉴经济高质量发展的内涵特

---

① 夏春玉. 中国高质量发展——基于新发展理念的指数评价与比较分析［M］. 大连：东北财经大学出版社，2018.

征，认为中国物流业高质量发展是一定资源约束条件下，通过物流活动及其结果能够很好地满足现代化经济体系建设和人民日益增长的高品质物流服务需求的发展，是体现创新、协调、绿色、开放、共享新发展理念的发展。物流业高质量发展首先具有生产型服务业的服务特质，以质量第一、效益优先为原则，为中国经济高质量发展和为人民提供美好生活需要提供高品质的物流服务；其次还要充分体现经济、社会、生态效益的有机统一，实现生产要素投入少、资源配置效率高、资源环境成本低、经济社会效益好的发展。基于物流业高质量发展动力机制和物流业高质量发展内涵特征的分析，本研究认为：物流基础实力是物流业高质量发展的物质基础，是实现中国物流业高质量发展的根本保证；新发展理念体现了高质量发展的本质特征，是实现中国物流业高质量发展的根本动力；物流发展潜力反映社会对高品质物流服务的现实需求，是实现中国物流业高质量发展的客观要求。因此，中国物流业高质量发展的影响因素可以归纳为物流业发展实力、物流业发展驱动力、物流业发展潜力三个方面。

4.2.1 物流业发展实力影响因素

物流业发展实力主要通过物流基础设施和物流产业规模反映。物流业发展实力的提升是中国物流业高质量发展的物质保障，是提高物流产业效率效益，实现创新、协调、绿色、开放、共享新发展的坚实基础。周璇和胡思雨（2022）认为经济有效发展是区域经济全面、均衡发展基础上实现有效率、有增益的发展，而公路货运量、水路货运量是反映经济有效发展的重要指标；林双娇和王健（2021）指出物流运行规模包括物流运行总量规模、物流运行支撑规模，物流周转量、物流从业人员数、物流业固定资产投资是体现物流运行规模的基础指标；朱翔宇（2021）认为测度中国物流业高质量发展水平应考虑基本建设因素，内容包括网络建设、运输能力、基础建设等，具体指标包括货运周转量、货运量、营业网点数、物流从业人员数、基本建设投资等。参考相关学者的观点，本研究构建物流业发展实力影响因素包括物流基础设施、物流产业规模两个主要影响因素，具体包括公路密度、铁路密度、水路密度、港口码头泊位数、邮政业网点数、邮电业务量、货运量、货物周转量、物流业增加值、物流业从业人员数等十个指标项目。物流业发展实力影响因素具体汇总如表4-1所示。

表4-1 物流业发展实力影响因素

	主要影响因素	影响因素的主要指标项目	指标来源主要文献
物流业发展实力	物流基础设施	公路密度	周璇和胡思雨（2022） 林双娇和王健（2021） 朱翔宇（2021） 王一斐（2020） 张文韬等（2021）
		铁路密度	
		水路密度	
		港口码头泊位数	
		邮政业网点数	
	物流产业规模	邮电业务量	
		货物周转量	
		货运量	
		物流业增加值	
		物流业从业人员数	

4.2.2 物流业发展驱动力影响因素

物流业发展驱动主要来自新发展理念。物流业高质量发展以新发展理念为核心，强调创新、协调、开放、绿色与共享发展，其中创新驱动与绿色低碳是发达经济体共同拥有的发展经验和展现高质量发展的基本特征，而谋求更加公平和协调的发展，则是新时代中国特色社会主义的基本要求和特色所在。在相关学者的研究成果中，朱翔宇（2021）构建了包括八个一级指标的中国物流业高质量发展指标体系，在反映物流业发展驱动力的指标项目中，分别用科研资金投入和科研机构数量、农村乡道里程和乡村物流配送网点覆盖率、海外投资率和进出口贸易额、财政环保支出和标准化托盘利用率、营业网点服务范围和物流园区解释物流产业的创新驱动、协调驱动、开放驱动、绿色驱动与共享驱动；王银银（2021）认为创新是经济高质量发展的主要动力，并选取科研经费投入强度、创新人才投入强度、人均专利申请授权数等刻画经济创新发展能力；王东和陈胜利（2022）将协调发展分为外部协调、内部协调和乡村协调，其指标项目包括物流业增加值占第三产业增加值比重、货运量、快递量、邮政业务总量、乡村社会消费品零售总额等；王婉和范志鹏（2022）主张开放是经济繁荣发展的必由之路，给出货物进出口总额占 GDP 百分比、外商投资总额等指标来描述经济开放发展的程度；姜亚俊（2021）研究认为，可以从资源利用、环境治理两个方面，利用单位 GDP 能耗、人均二氧化碳排放量、工业二氧化硫排放强度等指标反映经济绿色发展水平。本研究借鉴相关学者的研究观点，结合中国物流业高质量发展的科学内涵，将物流业发展驱动力影响因素从创新驱动、协调驱动、开放驱动、绿色驱动与共享驱动五个方面进行分类，共由城镇化率、城乡居民可支配收入差距指数、物流业对外直接投资、进出口贸易额等 18 个指标项目组成。物流业发展驱动力影响因素可以汇总如表 4 - 2 所示。

表 4 - 2　　　　　　　　物流业发展驱动力影响因素

	主要影响因素	影响因素的主要指标项目	指标来源主要文献
物流发展驱动因素	创新驱动因素	研发（R&D）经费增长率	朱翔宇（2021）王银银（2021）王东和陈胜利（2022）王婉和范志鹏（2022）姜亚俊（2021）孟勐珺和王应明（2022）
		技术市场成交额占 GDP 比重	
		万人专利授权数	
		信息化投资额	
	协调驱动因素	城镇化率	
		物流业投资占固定资产投资比重	
		城乡居民可支配收入差距指数	
	开放驱动因素	进出口贸易额	
		物流业外商直接投资额	
		中欧班列班次	
	绿色驱动因素	人均二氧化碳排放量	
		单位物流增加值烟尘排放量	
	共享驱动因素	平均每个营业网点服务范围	
		物流业在岗人均工资额	
		人均物流业增加值	
		人均邮电业务量	
		居民可支配收入增长率	
		劳动报酬占物流增加值比重	

4.2.3 物流业发展潜力影响因素

物流业发展潜力反映我国物流产业的成长性。党的十九大报告明确提出：我国经济已由高速增长阶段转向高质量发展阶段，必须坚持质量第一、效益优先，推动经济发展质量变革、效率变革、动力变革，提高全要素生产率。[1] 物流业高质量发展是一个动态的发展变化过程。客观上讲，当前中国物流业发展处于成长阶段，发展水平还较低，物流业发展潜力成为衡量其高质量发展水平的重要方面。目前学界的相关研究较少且比较零散，孟勐珺和王应明（2022）在研究我国物流业高质量发展水平测度与空间分布特征时，采用"物流业人均 GDP"刻画"成果共享"一级指标的发展速度；朱翔宇（2021）在构建的我国物流业高质量发展指标体系中，用"就业人员的平均工资增长率"反映"发展成果惠民"一级指标的实际程度；苏永伟和陈池波（2019）在研究经济高质量发展时，用"地区生产总值增长率"说明"质量效益提升"水平；徐娟（2021）构建了我国物流业高质量发展指标体系，并利用"人均 GDP""GDP 增长速度"等指标描述物流业高质量发展的"质效提升"水平，运用"城镇居民可支配收入增长率""劳动收入占 GDP 比重"反映一级指标"人民为中心发展"程度；周璇和胡思雨（2022）在研究区域经济高质量发展指标体系构建时，利用"人均 GDP"解释"经济有效发展"的程度。本研究参考相关学者的观点，基于生命周期理论视角，利用物流业发展潜力表征我国物流业的成长性，构建的物流业发展潜力影响因素包括物流发展环境、物流产业效率和物流产业需求三个主要影响因素，具体包括人均国内生产总值、人均财政收入、人均社会销售品零售总额、物流业对 GDP 的贡献、从业人员人均物流业增加值、物流业新增固定资产投入增长率、物流从业人员增长率、物流业增加值增长率、人均 GDP 增长率、人均快递收入增长率、货物进出口总额增长率、工业增加值增长率等 12 个指标项目。物流业发展实力影响因素具体汇总如表 4-3 所示。

---

① 迟福林. 动力变革推动高质量发展的历史跨越 [M]. 北京：中国工人出版社，2018.

表 4 - 3 物流业发展潜力影响因素

	主要影响因素	影响因素的主要指标项目	指标来源主要文献
物流业发展潜力	物流发展环境	人均国内生产总值	朱翔宇（2021） 苏永伟和陈池波（2019） 徐娟（2021） 周璇和胡思雨（2022） 孟勐珺和王应明（2022）
		物流财政支出占总支出比重	
		人均社会销售品零售总额	
	物流产业效率	物流业对 GDP 的贡献	
		从业人员人均物流业增加值	
		物流业新增固定资产投入增长率	
		物流从业人员增长率	
		物流业增加值增长率	
	物流产业需求	人均 GDP 增长率	
		人均快递收入增长率	
		货物进出口总额增长率	
		工业增加值增长率	

4.3 中国物流业高质量发展评价指标体系的构建

4.3.1 评价指标体系的构建原则

对物流业高质量发展进行综合评价，是一项较为复杂的系统工程，在选择评价指标时既要关注产出质量指标，又要考虑投入指标、效率指标。为了使所建立的评价指标体系能够综合反映中国物流业高质量发展的各个方面，在构建评价指标体系时应遵循一定的基本原则。

（1）科学性原则。科学性原则是指评价指标体系的设计要科学合理，能够充分体现物流业高质量发展的基本特征，而且评价指标体系层次清楚，内部的各指标之间边界明确，评价指标体系与评价方法之间匹配一致。

（2）代表性原则。考虑物流业高质量发展问题时，涉及物流要求、物流供给、基础设施、科技创新能力、环境状况等诸多因素选择，评价指标时应遵循代表性原则，选择能反映物流业高质量发展各方面特征的代表性指标。实际上，指标体系本身是对现实世界的一种抽象和简化，如果指标体系由于要面面俱到而设计得过于庞杂，则失去了采用指标体系简化认知的意义。

（3）可操作性原则。选取的评价指标既要符合评价目的，又要保证有数据支持。如果选取的指标没有相应的统计基础支撑，导致无法有效地搜集数据，则建立的评价指标体系只能束之高阁，无法实现物流业高质量发展评价的目的，也就不能对实际起到指导作用。

（4）系统性原则。物流产业是一个涉及交通运输、邮电、仓储、装卸、搬运信息等众多产业的聚合型产业，评价物流业高质量发展状况时还要考虑生态环境等相关因素。为保证评价结果客观、准确，在建立物流业高质量评价指标体系时，应该从系统论的观点出发，选择的指标应既能反映物流产业投入产出质量水平，又能反映绿色生态、开放创新、民生共享等相关领域的协调发展质量水平。

（5）可比性原则。对不同时间和不同地域间的物流业发展状况进行比较才能显示出各自的优势，从而找出问题。选取物流业高质量发展评价指标时，应注意指标的换算口径和方法具有可比性；在对不同时期的物流业高质量发展水平进行评价时还应注意其纵向可比性。

4.3.2 中国物流业高质量发展评价指标的初选

本研究依据物流业高质量发展的科学内涵，遵循科学性、代表性、可操作性、系统性和可比性等基本原则，借鉴有关学者在高质量发展评价指标体系方面的研究成果，根据中国物流业高质量发展影响因素的分析结果，选择从物流发展实力、物流发展驱动力、物流发展潜力三个方面出发，构建包括 3 个维度、10 个一级指标和 37 个二级指标的中国物流业高质量发展评价指标体系，具体内容如表 4-4 所示。

表 4 – 4　　　　　中国物流业高发展评价指标体系（初选）

维度	一级指标	二级指标
中国物流业高质量发展评价指标体系 —— 物流业发展实力	物流基础设施	公路密度
		铁路密度
		邮政业网点数
	物流产业规模	邮电业务量
		货物周转量
		货运量
		物流业增加值
		物流业从业人员数
物流发展驱动力	协调驱动因素	城镇化率
		物流业投资占固定资产投资比重
		城乡居民可支配收入差距指数
	开放驱动因素	进出口贸易额
		物流业外商直接投资额
	共享驱动因素	平均每个营业网点服务范围
		物流业在岗人均工资额
		人均物流业增加值
		人均邮电业务量
		居民可支配收入增长率
		劳动报酬占物流增加值比重
	创新驱动因素	R&D 经费增长率
		技术市场成交额占 GDP 比重
		万人专利授权数
		信息化投资额
	绿色驱动因素	人均二氧化碳排放量
		单位物流增加值烟尘排放量
物流发展潜力	物流发展环境	人均国内生产总值
		物流财政支出占总支出比重
		人均社会销售品零售总额
	物流产业效率	物流业对 GDP 的贡献
		从业人员人均物流业增加值
		物流业新增固定资产投入增长率
		物流从业人员增长率
		物流业增加值增长率

续表

	维度	一级指标	二级指标
中国物流业高质量发展评价指标体系	物流发展潜力	物流产业需求	人均 GDP 增长率
			人均快递收入增长率
			货物进出口总额增长率
			工业增加值增长率

需要指出的是：因为物流业高质量发展测度评价涉及面广、牵扯的影响因素众多，建立测度评价指标体系是一个复杂的系统性工作。尽管已有文献在该问题上取得了不少卓有成效的成果，但由于整个指标选择过程缺乏统一的标准，学者们因考虑问题视角与出发点的不同致使所构建的评价指标体系各有侧重、存有差异。本研究基于物流业高质量发展的科学内涵，建立中国物流业高质量发展评价指标体系时，既充分考虑源自新发展理念的创新驱动因素，又重视我国物流业基础设施建设状况和物流业成长潜力，同时要兼顾指标数据的可得性、可靠性、权威性与真实性。本研究所选择的指标测度数据均来自《中国统计年鉴》等权威统计出版物，测度评价结果的可信性、可靠性高；但同时，可能会因为数据的缺失使某些指标没有出现在评价指标体系当中。

4.3.3　中国物流业高质量发展评价指标体系的约简

考虑到所建立的中国物流业高质量发展初始评价指标体系，可能存在指标冗余或信息重复等问题，需要对物流业高质量发展初始评价指标集进行筛选与约简。本研究运用灰色关联分析对物流业高质量发展初始评价指标集进行约简。

（1）运用灰色关联度分析筛选评价指标的步骤

灰色关联度分析是一种以灰色系统理论为基础的多因素分析方法，适用于选取的样本空间小、指标关系模糊的评价体系（石震，2022）。该方法利用灰色关联度的大小对指标排序，灰色关联度反映指标包含信息量多少，灰色关联度越大，说明该指标包含的原始信息量越大。利用灰色关联分析应保留灰色关联度大的指标，删除与阈值相比关联度小的指标。具体步骤如下。

① 确定参考序列和比较序列。不失一般性，假设在 n 个时期内评价物流业高质量发展水平，评价指标体系中包括 m 个评价指标，$X_i = (X_i(1), X_i(2), \cdots, X_i(m))$ 表示第 i 时期的 m 个评价指标数据构成的向量，则 $X_i = (X_i(1), X_i(2), \cdots, X_i(m))$ 称为比较序列。

参考序列是反映系统行为特征的数据序列，通常记为：$X_0 = (X_0(1), X_0(2), \cdots, X_0(m))$，其中 $X_0(k)(k = 1, 2, \cdots, m)$ 可以是评价指标原始数据中第 k 个指标的最优值（或最劣值），也可以是各个指标的取值。

② 原始数据序列规范化处理。原始数据序列具有不同量纲或数量级，为了保证分析结果的可靠性，需要对数据序列进行无量纲化处理，常用的无量纲化方法有初值化、均值化、标准化、归一化等，基于评价指标数据特征，本研究以初值化方法对原始数据序列进行标准化处理，得到处理后的数据 $X_i'(t)$：

$$X_i'(t) = \frac{X_i(t)}{X_i(1)}$$

③ 计算灰色关联系数。

$$r_{0i}(t) = \frac{\underset{i}{min}\,\underset{t}{min}\,|X_i'(t) - X_0'(t)| + \rho\,\underset{i}{max}\,\underset{t}{max}\,|X_i'(t) - X_0'(t)|}{|X_i'(t) - X_0'(t)| + \rho\,\underset{i}{max}\,\underset{t}{max}\,|X_i'(t) - X_0'(t)|}$$

式中，$|X_i'(t) - X_0'(t)|$ 为比较序列与参考序列在 t 时期的绝对差，$\underset{i}{min}\,\underset{t}{min}\,|X_i'(t) - X_0'(t)|$ 为最小绝对差，$\underset{i}{max}\,\underset{t}{max}\,|X_i'(t) - X_0'(t)|$ 为最大绝对差。关联系数反映了比较序列与参考序列之间的密切程度，其取值区间为 $[0, 1]$；ρ 为分辨系数，通常取 0.5。

④ 计算灰色关联度。灰色关联度是比较序列与参考序列在各个时期关联程度的均值，即灰色关联系数的均值，其计算公式为：

$$r_{0i} = \frac{1}{n}\sum_{t=1}^{n} r_{0i}(t)$$

⑤ 评价指标约简。对各指标按灰色关联度大小排序，计算各指标灰色关联度的平均值作为阈值，原则上删除灰色关联度小于阈值的评价指标。

（2）运用灰色关联分析法约简评价指标

利用 2011~2020 年 37 个评价指标的国家统计数据，通过对原始数据的标准化处理，以货物周转量指标的标准化数据向量为参考序列，运用上述方法计算可得各指标的灰色关联度，计算结果如表 4-5 所示。

表 4-5   指标灰色关联度数据

序号	指标	灰色关联度	灰色关联度排序
1	公路密度	0.995	1
2	铁路密度	0.981	10
3	邮政业网点数	0.834	32
4	邮电业务量	0.791	35
5	货运量	0.995	1
6	货物周转量	—	—
7	物流业增加值	0.955	19
8	物流业从业人员数	0.987	6
9	城镇化率	0.994	3
10	物流业投资占固定资产投资比重	0.967	13
11	城乡居民可支配收入差距指数	0.969	12
12	进出口贸易额	0.993	4
13	物流业外商直接投资额	0.989	5
14	平均每个营业网点服务范围	0.910	28
15	物流业在岗人均工资额	0.944	20
16	人均物流业增加值	0.960	15
17	人均邮电业务量	0.798	34
18	居民可支配收入增长率	0.925	24
19	劳动报酬占物流增加值比重	0.982	9
20	R&D 经费增长率	0.930	23
21	技术市场成交额占 GDP 比重	0.932	22
22	万人专利授权数	0.904	29
23	信息化投资额	0.921	25
24	人均二氧化碳排放量	0.986	7
25	单位物流增加值烟尘排放量	0.961	14

序号	指标	灰色关联度	灰色关联度排序
26	人均国内生产总值	0.955	18
27	物流财政支出占总支出比重	0.959	17
28	人均社会销售品零售总额	0.937	21
29	物流业对 GDP 的贡献	0.973	11
30	从业人员人均物流业增加值	0.983	8
31	物流业新增固定资产投入增长率	0.608	36
32	物流从业人员增长率	0.833	33
33	物流业增加值增长率	0.912	26
34	人均 GDP 增长率	0.911	27
35	人均快递收入增长率	0.96	16
36	货物进出口总额增长率	0.887	31
37	工业增加值增长率	0.895	30

取 0.90 作为阈值，则灰色关联度小于阈值的应删除指标包括工业增加值增长率（0.895）、货物进出口总额增长率（0.887）、邮政业网点数（0.834）、物流从业人员增长率（0.833）、人均邮电业务量（0.798）、邮电业务量（0.791）、物流业新增固定资产投入增长率（0.608）等。

4.3.4 中国物流业高质量发展评价指标体系的确定

（1）物流业高质量发展评价指标理性补充与指标体系的确立

基于灰色关联度分析法的评价指标约简是依据指标包含信息量大小来确定的，受样本数据及其波动的影响较大，指标删除存在一定的不确定性和不合理性。定量分析方法作为一种工具可以帮助决策进行科学决策，但是，决策过程中还应依据物流业高质量发展的科学内涵及其评价的本质，通过理性分析补充具有代表性但因关联度小而被删除的指标。本研究认为最终的评价指标体系中应该包括邮政业网点数和工业增加值增长率两个指标，其主要原因是：我国推进物流高质量发展 10 项重点工作中包括实施"邮政在乡""快递下乡"工程，为响应国家号召，"邮政业网点数"指标应补充到评价指标体系；工业增加值是衡量经济发展的核心指标，能够反映工业对国内生产总值的贡献，工业增加值增长率越大说明物流业的需求越大，最终的指标体系中应该保留工业增加值增长率指标。

基于上述分析，本研究选择物流业发展实力、物流业发展驱动力和物流发展潜力三个维度，构造出包含 10 个一级指标和 32 个二级指标的中国物流业高质量发展评价指标体系，具体如表 4-6 所示。

表 4-6　　　　　　　　　中国物流业高发展评价指标体系

维度	一级指标	二级指标	计算公式	单位
物流业发展实力（X_1）	物流基础设施（B_{11}）	公路密度（C_{111}）	公路里程/土地面积	千米/平方千米
		铁路密度（C_{112}）	铁路营业里程/土地面积	千米/平方千米
		邮政业网点数（C_{113}）	无	万处
	物流产业规模（B_{12}）	货运量（C_{121}）	无	亿吨
		货物周转量（C_{122}）	无	亿吨千米
		物流业增加值（C_{123}）	无	亿元
		物流业从业人员数（C_{124}）	无	万人
物流发展驱动力（X_2）	物流协调发展（B_{21}）	城镇化率（C_{211}）	城镇人口/总人口	%
		物流业投资占固定资产投资比重（C_{212}）	物流业投资额/固定资产总投资额	%
		城乡居民可支配收入差距指数（C_{213}）	城镇居民可支配收入/乡村居民可支配收入	—
	物流开放发展（B_{22}）	进出口贸易额（C_{221}）	无	亿美元
		物流业外商直接投资额（C_{222}）	无	亿美元
	物流共享发展（B_{23}）	平均每个营业网点服务范围（C_{231}）	区域面积/营业网点个数	平方千米
		物流业在岗人均工资额（C_{232}）	物流业就业人员工资总额/物流业从业人员	万元
		人均物流业增加值（C_{233}）	物流业增加值/总人口	万元
		居民可支配收入增长率（C_{234}）	（本年居民可支配收入－上年居民可支配收入）/上年居民可支配收入	%
		劳动报酬占物流增加值比重（C_{235}）	物流业就业人员工资总额/物流业增加值	%

续表

维度	一级指标	二级指标	计算公式	单位
物流发展驱动力（X_2）	物流创新发展（B_{24}）	R&D 经费增长率（C_{241}）	（本年 R&D 经费－上年 R&D 经费）/上年 R&D 经费	%
		技术市场成交额占 GDP 比重（C_{242}）	市场技术成交额/GDP	%
		万人专利授权数（C_{243}）	无	项
		信息化投资额（C_{244}）	无	亿元
	物流绿色发展（B_{25}）	人均二氧化碳排放量（C_{251}）	二氧化碳排放量/总人口	吨碳/万人
		单位物流增加值烟尘排放量（C_{252}）	能源消耗量/物流业增加值	吨标准煤/万元
物流发展潜力（X_3）	物流发展环境（B_{31}）	人均国内生产总值（C_{311}）	无	万元/人
		物流财政支出占总支出比重（C_{312}）	物流业财政支出/总财政支出	%
		人均社会销售品零售总额（C_{313}）	社会销售品零售总额/总人口	万元/人
	物流产业效率（B_{32}）	物流业对 GDP 的贡献（C_{321}）	物流业增加值/GDP×100%	%
		从业人员人均物流业增加值（C_{322}）	物流业增加值/物流从业人员数	万元/人
		物流业增加值增长率（C_{323}）	（本年度物流业增加值－上年度物流业增加值）/上年度物流业增加值×100%	%
	物流产业需求（B_{33}）	人均 GDP 增长率（C_{331}）	（本年度人均 GDP－上年度人均 GDP）/上年度人均 GDP×100%	%
		人均快递收入增长率（C_{332}）	（本年度人均快递收入－上年度人均快递收入）/上年度人均快递收入×100%	%
		工业增加值增长率（C_{333}）	（本年度工业增加值－上年度工业增加值）/上年度工业增加值×100%	%

（2）各一级指标的解释

① 物流基础设施。物流基础设施建设是推进多式联运、降低物流成本、提高物流效率，以及实施城乡高效配送专项行动、"邮政在乡"工程，

完善城乡配送网络、提升农村物流服务质量的重要保障；构建高质量物流基础设施网络体系，是推进我国物流业高质量发展的客观要求，同时也是增强物流业高质量发展内生动力的重要举措。为了客观反映物流基础设施状况，本研究选取公路密度、铁路密度、邮政业网点数等 3 个指标综合反映物流基础设施发展质量。

② 物流产业规模。物流产业规模是提升我国物流业发展实力的前提和基础，是体现物流业发展实力的另外一方面重要内容。从辩证的角度看，物流发展规模与物流发展质量是物流业发展不可分割的两个方面，二者是相互依存、辩证统一的关系，没有一定"量"的物流发展规模，物流发展的"质"也无从谈起。本研究选择货运量、货物周转量、物流业增加值、物流业从业人员 4 个指标对物流产业规模进行测度。

③ 物流创新发展。高质量发展的核心驱动力在于科技创新，因为科技创新可以通过提高全要素生产率来提高经济增长动力，已经成为经济发展的新动能（周吉，2009）。所以，推动物流业高质量发展，必须改变过去那种数量型、粗放型的增长方式，必须从过去的要素导向、投资导向转向创新导向（高传胜和李善同，2019）。为了全面反映物流业创新发展质量，本研究选取 R&D 经费增长率、技术市场成交额占 GDP 比重、万人拥有专利授权数、信息化投资额 4 个指标综合衡量物流业创新发展质量。

④ 物流协调发展。随着中国进入新时代，我国社会主要矛盾已经转化为人民日益增长的美好生活需要和不平衡不充分的发展之间的矛盾。物流业发展中依然存在资源消耗高、运行质量低、服务能力和水平差的问题，要实现物流业协调发展的高质量，就必须解决物流业发展不平衡不充分的问题。物流业协调发展包括城乡之间、物流产业内部部门之间、物流业与其他相关产业之间的协调。所以，本研究选取城镇化率、物流业投资占固定资产投资比重、城乡居民可支配收入差距指数等 3 个指标反映物流协调发展质量。

⑤ 物流绿色发展。绿色发展是一种综合考虑资源利用、环境治理、环境质量、生态保护及绿色生活的可持续发展模式，是实现高质量发展的重要标志之一。物流绿色生态高质量发展就是以最少的要素投入创造更多的价值，并且使环境、生态付出最小的代价。物流业绿色发展质量可以用人

均二氧化碳排放量、单位物流增加值烟尘排放量等指标来测度。

⑥ 物流开放发展。改革开放 40 多年来，中国经济取得了举世瞩目的伟大成就，毫无疑问，开放是中国经济快速健康发展的重要推动力。物流业开放发展就是要坚持"引进来""走出去"并重，充分利用全球资源和市场，通过国际交流与合作，推动中国物流业向更高水平发展。本研究选取进出口贸易额、物流业外商直接投资额等指标来测度物流开放发展质量。

⑦ 物流共享发展。共享高质量是指经济发展的成果能够更充分、更公平地惠及全体居民，满足人民群众日益增长的美好生活需要，是人民生活水平和生活质量的重要反映，也是经济高质量发展的最终目标。本研究采用平均每个营业网点服务范围、物流业在岗人均工资额、人均物流业增加值、居民可支配收入增长率、劳动报酬占物流增加值比重等 5 个指标对物流共享发展质量进行综合测度。

⑧ 物流发展环境。物流发展环境主要指物流业发展的经济环境和政策环境等。一般来说，物流发展与经济发展呈正相关的关系，经济发展水平越高，由此产生的对货物运输、仓储、配送、流通加工的物流服务的需求越大；经济发展是物流业发展的源动力，经济发展不仅是物流发展的保障和支撑，而且经济发展的水平会制约物流业发展的高度；同时国家相关政策也会对物流业发展起到导向作用。本研究用人均国内生产总值、物流财政支出占总支出比重、人均社会销售品零售总额等 3 个指标衡量物流发展环境。

⑨ 物流产业效率。物流产业效率反映物流业对经济社会发展的贡献大小，是影响物流发展潜力（或物流成长潜力）的重要变量。物流业高质量发展是质量第一、效益优先的发展，要立足满足人民对物流产品、物流服务质量需求的提升，通过推动效率变革，达到以最小的要素投入获取最大的产出，并使资源、环境、生态付出的代价最小，实现经济可持续发展。本研究采用物流业对 GDP 的贡献、从业人员人均物流业增加值、物流业增加值增长率等 3 个指标测度物流产业效率。

⑩ 物流产业需求。物流产业需求主要来自工业、农业、建筑业等行业对物流服务产生的需求数量和规模，物流产业需求规模越大，说明工业总产值、农业总产值、货运总量、客运总量等指标越大，标志着具有较强的

物流供应能力和物流发展潜力。本研究选择人均 GDP 增长率、人均快递收入增长率、工业增加值增长率等 3 个指标对物流产业需求进行综合测度。

4.4 本章小结

对中国物流业高质量发展进行评价本质上属于多属性决策的研究范畴。本章界定了物流业高质量发展的概念，给出了中国物流业高质量发展的科学内涵；并基于物流业高质量发展评价指标体系的构建原则，通过梳理高质量发展评价指标体系方面的相关文献，经过指标初选和约简，从物流发展基础、物流发展驱动、物流发展潜力三个维度构建了由 10 个一级指标和 32 个二级指标组成的中国物流业高质量发展评价指标体系，为科学评价中国物流业高质量发展水平奠定了基础。

第 5 章

中国物流业高质量发展的统计测度方法

为解决中国物流业高质量发展测评过程中的模糊性与随机性问题，本章提出了基于云模型的中国物流业高质量发展测度方法。首先，介绍云模型、云模型的数字特征等相关理论知识；其次，在此基础上，通过确定中国物流业高质量发展测度评价指标的云数字特征、隶属度矩阵，构建基于云模型的中国物流业高质量发展水平测度模型；最后，以 2012~2020 年中国 30 个省市自治区的相关数据为样本，运用提出的测度方法对我国省域物流业高质量发展水平进行实证分析。

5.1 云模型相关理论

中国物流业高质量发展水平测度评价是一个复杂多元体系，影响因素很多，各个指标变化规律各有特点，指标与指标之间还可能存在着复杂的关系，具有不可公度性和矛盾性特点，测度评价过程存在着一定的模糊性和随机性。针对概率论和模糊数学在处理不确定性方面的不足，李德毅院士在 1995 年提出了云模型这一新理论，该理论基于云的运算、推理和控制，通过特定的算法，形成由定性概念与定量描述之间相互表示的不确定性转换模型（李德毅，2005），揭示了随机性和模糊性的内在联系，并被各界学者广泛应用于风险评估、数据挖掘、效能评价等方面（Xu Q W，2018；Yan F，2021；Lin C J，2020；Cong X H，2018）；它将传统模糊隶属函数中一对一的关系扩展到一对多，用确定度代替隶属度，表达了定性概念的随机性。云模型是对事物特征相应的量值所具有的模糊性和随机性加以分析、综合，从而获得解决这类模糊问题的一种新方法，特别适用于定性、定量相结合的多指标量化问题。

5.1.1 云模型的概念

定义 5.1 设 O 是一个由数值代表的定量集合，I 为 O 空间中的定性概念，若定量值 $x \in O$，且 x 为定性概念 I 中的一次随机实现，x 对 I 的确定度 $\mu(x) \in [0,1]$ 是具有稳定性倾向的随机数，即：

$$\mu: O \rightarrow [0,1], \forall x \in O, x \rightarrow \mu(x)$$

那么，x 在集合 O 中的分布称为云模型，每一个 x 为一个云滴。

定义 5.2 设 x 是定量集合 O 中的云滴，若 x 满足 $x \sim N(Ex, En'^2)$，$En' \sim N(En, He^2)$，x 对 I 的确定度满足 $\mu(x) = \exp\left\{-\dfrac{(x-Ex)^2}{2En'^2}\right\}$，则称 x 在论域 O 上的分布 $C(Ex, En, He)$ 为正态云。

云具有以下性质：

（1）论域的维度不唯一。

（2）定义中的随机实现，为概率意义下的实现；确定度是指模糊集中的隶属度，同时又具有概率意义下的分布。

（3）关于任意 $x \in O$ 到区间 $[0,1]$ 上的映射都是一对多的变换，对应的确定度并非固定数值，而是一个概率分布。

（4）云由云滴构成，云滴之间没有规律性，每个云滴都是定性概念在量化上的一次实现，云滴量越大，越能体现这个定性概念的总体特点。

（5）云滴出现的概率越大，云滴的确定度越大，云滴对概念的贡献越大。

5.1.2　云模型的数字特征

云模型表示自然语言中的基元—语言值，它的数字特征分别为期望（Ex）、熵（En）、超熵（He），云模型利用其数字特征表示语言值的量化特点，以实现集成研究对象模糊性和随机性的目的。如图 5 - 1 所示，是期望为 $Ex = 10$，$En = 2$，$He = 0.1$ 的云模型示意图。

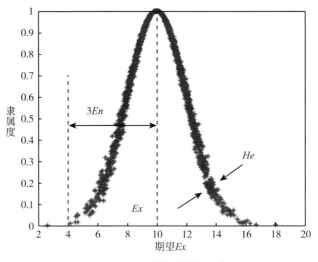

图 5 - 1　云的数字特征示意

期望 Ex：云滴在论域空间分布的期望值，是在给定集合空间分布上的中心值；期望值是衡量定性概念 C 的最典型样本，也是最能代表定性概念的点。

熵 En：反映云滴的取值范围，是用于衡量定性概念 I 的不确定性度量，体现云滴的离散程度，由定性概念的模糊性和随机性共同决定。

超熵 He：表示熵的不确定性程度，即熵的熵，其大小间接反映云滴厚度，是熵的模糊性和随机性的反映（李国、张亚和王怀超，2020；孙永波和张悦，2020）。超熵 He 越大，熵 En 的不确定性程度越高，云滴的离散程度越高，云层厚度也就越大。

5.1.3　云发生器

云模型中定性概念与定量表示间的转换需要通过云发生器来实现。一般来说，云发生器包含正向云发生器、逆向云发生器及 X 条件云发生器（王国胤和李德毅，2012）。

（1）正向云发生器：从定性概念到定量值的映射，即由云模型的数字特征值产生云滴的过程，如图 5 - 2 所示。

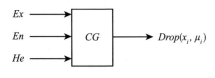

图 5 - 2　正向云发生器

图 5 - 2 中 CG 表示正向云发生器，x_i 为云滴，μ_i 为其隶属度。

正向云发生器的算法步骤：

输入：期望值 Ex、熵 En、超熵 He 及云滴数 N；

输出：N 个云滴 x_i 的定量值，以及每个云滴代表定性概念 I 的确定度 μ_i。

① 生成一个期望值为 En，标准差为 He 的正态随机数 En'；

② 生成一个期望值为 Ex，标准差为 En'的正态随机数 x_i；

③ 计算 $\mu_i = \exp\left\{ -\dfrac{(x - Ex)^2}{2En'^2} \right\}$；

④ 令 (x_i, μ_i) 为一个水滴；

⑤ 重复步骤①到步骤④，直到产生满足要求数目的云滴数。

（2）逆向云发生器：从定量值到定性概念的映射，即把精确数据转换为适当的定性语言 (Ex, En, He)，如图 5 - 3 所示。

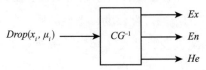

图 5 - 3　逆向云发生器

图 5 – 3 中 CG^{-1} 表示逆向云发生器，x_i 为云滴，μ_i 为其隶属度。

逆向云发生器的算法步骤：

输入：N 个云滴 x_i 的定量值，以及每个云滴的确定度 μ_i；

输出：N 个云滴表示的定性概念 I 的期望值 Ex、熵 En、超熵 He。

① 计算得出数据的样本均值 $\bar{X} = \dfrac{1}{n} \sum\limits_{i=1}^{n} x_i$，一阶样本绝对中心矩

$\dfrac{1}{n} \sum\limits_{i=1}^{n} | x_i - \bar{X} |$，样本方差 $S^2 = \dfrac{1}{n-1} \sum\limits_{i=1}^{n} (x_i - \bar{X})^2$；

② 由步骤①计算 $Ex = \bar{X}$；

③ 同样由步骤①样本均值可得熵 $En = \sqrt{\dfrac{\pi}{2}} \times \dfrac{1}{n} \sum\limits_{i=1}^{n} | x_i - \bar{X} |$；

④ 由步骤①的样本方差和步骤③的熵，可得超熵 $He = \sqrt{| En^2 - S^2 |}$。

（3）X 条件云发生器：在给定集合的数域空间里，已知云的 3 个数字特征值 Ex，En，He，且包含特定条件 $x = x_0$，则称作 X 条件云发生器，如图 5 – 4 所示。

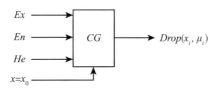

图 5 – 4 X 条件云发生器

5.1.4 云的代数运算

设某论域上有两朵云 $C_1(Ex_1, En_1, He_1)$、$C_2(Ex_2, En_2, He_2)$，其熵和超熵均不小于 0，代数运算结果为 $C(Ex, En, He)$，则其运算法则为（李德毅和杜鹢，2005）：

（1）加法运算：$Ex = Ex_1 + Ex_2$，$En = \sqrt{En_1^2 + En_2^2}$，$He = \sqrt{He_1^2 + He_2^2}$；

（2）减法运算：$Ex = Ex_1 - Ex_2$，$En = \sqrt{En_1^2 + En_2^2}$，$He = \sqrt{He_1^2 + He_2^2}$；

（3）乘法运算：$Ex = Ex_1 \times Ex_2$，$En = \sqrt{En_1^2 \times Ex_2^2 + En_2^2 \times Ex_1^2}$，

$He = \sqrt{He_1^2 \times Ex_2^2 + He_2^2 \times Ex_1^2}$；

（4）除法运算：$Ex = Ex_1 \div Ex_2$，$En = \sqrt{En_1^2 \div Ex_2^2 + En_2^2 \div Ex_1^2}$，$He = \sqrt{He_1^2 \div Ex_2^2 + He_2^2 \div Ex_1^2}$。

5.2 基于云模型的中国物流业高质量发展测度模型构建

5.2.1 确定云数字特征

（1）确定测度评价对象及指标论域

本研究将中国物流业高质量发展水平作为评价对象，依照第 4 章所构建的中国物流业高质量发展评价指标体系，确定维度层的因素论域为 $X = \{X_1, X_2, X_3\}$，一级指标层的因素论域为 $X_1 = \{B_{11}, B_{12}\}$，$X_2 = \{B_{21}, B_{22}, \cdots, B_{25}\}$，$X_3 = \{B_{31}, B_{32}, B_{33}\}$；二级指标层的因素论域记为 $B_{11} = \{C_{111}, C_{112}, C_{113}\}$，$B_{12} = \{C_{121}, C_{122}, C_{123}, C_{124}\}$，$B_{21} = \{C_{211}, C_{212}, C_{213}\}$，$B_{22} = \{C_{221}, C_{222}\}$，$B_{23} = \{C_{231}, C_{232}, C_{233}, C_{234}, C_{235}\}$，$B_{24} = \{C_{241}, C_{242}, C_{243}, C_{244}\}$，$B_{25} = \{C_{251}, C_{252}\}$，$B_{31} = \{C_{311}, C_{312}, C_{313}\}$，$B_{32} = \{C_{321}, C_{322}, C_{323}\}$，$B_{33} = \{C_{331}, C_{332}, C_{333}\}$。

通过查找中国物流业高质量发展水平相关数据，并利用计算公式计算部分指标的指标数据，可以分别确定所有指标的论域。

（2）确定各指标测度评价等级

若将测度评价等级数设为 p，则各项指标的测度评价等级论域为 $T = \{T_1, T_2, \cdots, T_p\}$。为了更加清晰地表示中国物流业高质量发展的平均水平及其区分度，一般将等级数 p 设定为小于 8 的奇数。本研究根据相关文献及物流业高质量发展测度评价指标的特点，将等级数设为 5，即 $T = \{$低，较低，一般，较高，高$\}$。明确测度评价等级后，对上一步骤中确定的指标论域进行合理划分，确定测度评价指标的各等级论域。

（3）确定各测度评价指标的云数字特征值

根据各指标等级论域得到各项指标不同等级的上下临界值之后，通过正向云发生器生成云数字特征值，得到模糊关系矩阵。设测度评价指标 C 所对应的等级 $T_k(k=1,2,\cdots,p)$ 的上下临界值为 $[G_{\min},G_{\max}]$，则该测度评价指标 C 所对应的等级 T_k 的期望 Ex 为：

$$Ex = (G_{\min} + G_{\max})/2 \tag{5.1}$$

等级论域中的最大值、最小值是上下等级的过渡值，同时存在于两个等级，所以过渡值隶属于两个等级的程度相等，即：

$$\exp\left[-\frac{(G_{\max}-G_{\min})^2}{8(E_n)^2}\right] = 0.5 \tag{5.2}$$

通过对式（5.2）进行推导，得到云模型的熵 En 的计算公式：

$$En = \frac{G_{\max}-G_{\min}}{2.355} \tag{5.3}$$

超熵 He 表现为云层的厚度，是对熵不确定性的度量，可根据熵的大小反复试验确定其最终取值。最后根据所得到的模糊关系矩阵，通过 Matlab 编程，得到指标 C 对于不同等级 T_k 的正态云 $C_k(Ex_k,En_k,He_k)$，如表 5-1 所示。

表 5-1 各指标不同等级的云模型

评价指标	等级			
	T_1	T_2	$\cdots$	T_p
C_1	$(Ex_{11},En_{11},He_{11})$	$(Ex_{12},En_{12},He_{12})$	$\cdots$	$(Ex_{1p},En_{1p},He_{1p})$
C_2	$(Ex_{21},En_{21},He_{21})$	$(Ex_{22},En_{22},He_{22})$	$\cdots$	$(Ex_{2p},En_{2p},He_{2p})$
$\vdots$	$\vdots$	$\vdots$	$\vdots$	$\vdots$
C_n	$(Ex_{n1},En_{n1},He_{n1})$	$(Ex_{n2},En_{n2},He_{n2})$	$\cdots$	$(Ex_{np},En_{np},He_{np})$

5.2.2 确定各测度评价指标隶属度矩阵

针对某地区第 i 年的物流业高质量发展测度评价指标相关数据，利用 X 条件云发生器，计算得到指标 C_j 所对应不同等级 T_k 的云隶属度，记为

v_{jk}，计算公式为：

$$v_{jk} = \exp\left\{ - \frac{(x_j - Ex_{jk})^2}{2\,(En'_{jk})^2} \right\} \tag{5.4}$$

其中，v_{jk} 表示第 j 个测度评价指标隶属于第 k 个等级的程度，En'_{jk} 是以 En_{jk} 为期望值、He^2_{jk} 为方差的正态随机数，即 $En'_{jk} \sim N(En_{jk}, He^2_{jk})$。

设第 i 年的隶属度矩阵为 $V_i = (V_{jk})_{n \times p}$，为有效提高评价结果准确度，将条件云发生器反复计算 N 次得到多个 v_{jk}，取其均值作为最终隶属度 V_{jk}，即：

$$V_{jk} = \frac{1}{N}\sum_{q=1}^{N} v_{jk}^q \tag{5.5}$$

其中，v_{jk}^q 表示第 $q(q = 1,2,\cdots,N)$ 次运行条件云发生器得到的云隶属度。云模型隶属度矩阵形成后，选择指标最大的隶属度作为物流业高质量发展测度评价指标的评价等级。

5.2.3 确定地区物流业高质量发展综合评价等级

根据云隶属度矩阵，求得第 i 年某地区物流业高质量发展水平在等级 T_k 的综合确定度 C_{ik}：

$$C_{ik} = \sum_j w_j^* \times V_{jk}, \ i = 1,2,\cdots,m \tag{5.6}$$

其中，指标权重 W 可以利用熵值法求取，具体步骤为如下。

（1）数据标准化处理：假设有 m 个评价对象，n 个评价指标，得到原始评价矩阵 $X = (X_{ij})_{m \times n}$，令：

$$U_{ij} = \begin{cases} \dfrac{X_{ij} - \min\limits_i X_{ij}}{\max\limits_i X_{ij} - \min\limits_i X_{ij}}, & \text{正向指标} \\[4mm] \dfrac{\max\limits_i X_{ij} - X_{ij}}{\max\limits_i X_{ij} - \min\limits_i X_{ij}}, & \text{负向指标} \end{cases} \tag{5.7}$$

其中，X_{ij} 表示某地第 i 个评价对象的第 j 个指标，U_{ij} 为其标准化后的数据。

（2）计算各指标的比重：

$$P_{ij} = \frac{U_{ij}}{\sum\limits_{i=1}^{m} U_{ij}} \qquad (5.8)$$

（3）计算各指标的熵值：

$$e_j = -\frac{1}{\ln m} \sum_{i=1}^{m} P_{ij} \ln P_{ij} \qquad (5.9)$$

（4）确定各指标的权重：

$$\omega_j = \frac{1 - e_j}{n - \sum\limits_{j=1}^{n} e_j} \qquad (5.10)$$

针对中国物流业高质量发展测度评价问题的所有评价对象，分别计算其综合确定度后得到综合确定度矩阵 $C = (C_{ik})_{m \times p}$，如表 5 - 2 所示。

表 5 - 2 中国物流业高质量发展水平综合确定度

评价对象	等级			
	T_1	T_2	$\cdots$	T_p
第 1 年	C_{11}	C_{12}	$\cdots$	C_{1p}
第 2 年	C_{21}	C_{22}	$\cdots$	C_{2p}
$\vdots$	$\vdots$	$\vdots$	$\vdots$	$\vdots$
第 m 年	C_{m1}	C_{m2}	$\cdots$	C_{mp}

根据最大确定度原则，选出最大确定度所在等级，作为某地区物流业高质量发展综合测度评价的最终等级。

5.3 中国物流业高质量发展水平的统计测度

本小节利用 2012～2020 年的相关统计数据，以中国 30 个省、自治区和直辖市（未含我国港澳台和西藏数据）的物流业高质量发展水平为研究对象，利用提出的正态云模型方法，对中国省域物流业高质量发展水平进行测度。

5.3.1 资料来源及碳排放测算

（1）资料来源

本研究相关原始数据均来源于国家统计局分省年度数据、《中国经济统计年鉴》及《中国能源统计年鉴》等。

（2）各省市碳排放测算

在第4章所建立的中国物流业高质量发展测度评价指标体系中，包括人均二氧化碳排放量这一指标，所以需要对二氧化碳排放量进行专门测算。本研究采用运用比较广泛的 IPCC 测算法（又称 IPCC 清单系数法）对碳排量进行测算，具体做法为：将物流业的各种能源消耗量乘以各自的折标准煤系数，再乘以各自的碳排放系数，相加后得到地区某年的总碳排放量如下：

$$C = \sum_i C_i = \sum_i \delta_i \theta_i E_i \tag{5.11}$$

其中，C_i 表示第 i 种能源的碳排放量，E_i 表示第 i 种能源的消耗量，θ_i 表示第 i 种能源的折标准煤系数，δ_i 表示第 i 种能源的碳排放系数，$\theta_i E_i$ 表示第 i 种能源的折标准煤量。

根据《中国能源统计年鉴》，区域物流业消耗的能源主要有11种，但液化天然气、热力及其他能源的碳排放系数暂未找到相关参考资料，且这三种能源消耗量占比很少，故本研究不统计其碳排放量，其余8种能源的折标准煤参考系数及碳排放系数如表5-3所示。

表5-3　　　　　各种能源的折标准煤参考系数及碳排放系数

能源名称	折标准煤系数	单位	碳排放系数	单位
原煤	0.7143	万吨标准煤/万吨	0.7559	吨碳/万吨标准煤
汽油	1.4714	万吨标准煤/万吨	0.5538	吨碳/万吨标准煤
煤油	1.4714	万吨标准煤/万吨	0.5714	吨碳/万吨标准煤
柴油	1.4571	万吨标准煤/万吨	0.5821	吨碳/万吨标准煤
燃料油	1.4286	万吨标准煤/万吨	0.6185	吨碳/万吨标准煤

能源名称	折标准煤系数	单位	碳排放系数	单位
液化石油气	1.7143	万吨标准煤/万吨	0.5042	吨碳/万吨标准煤
天然气	13.3	万吨标准煤/亿立方米	0.4483	吨碳/万吨标准煤
电力	1.229	万吨标准煤/亿千瓦小时	2.2132	吨碳/万吨标准煤

资料来源:《2006 年 IPCC 国家温室气体清单指南》。

基于上述碳排放量测算方法,查阅《中国能源统计表》得到中国 30 个省、自治区和直辖市的物流业各能源消耗量,连同表 5-3 中的数据代入式 (5.11) 进行计算,可以得到各地 2012~2020 年的物流业碳排放量,将计算结果作为计算"人均碳排放量"指标的原始数据。表 5-4 是以北京地区为例的相关统计数据及计算得到的 2012~2020 年碳排放量,其他地区的计算结果见附录 A。

表 5-4 　　　　　　　　　　　北京地区各能源消耗量及碳排放量

能源名称	2012 年	2013 年	2014 年	2015 年	2016 年	2017 年	2018 年	2019 年	2020 年
原煤（万吨）	15.47	15.86	16.03	12.30	7.97	3.22	0.94	0.41	0.2
汽油（万吨）	44.03	45.40	46.45	44.65	41.62	42.41	42.57	49.74	28.42
煤油（万吨）	442.79	476.51	507.07	543.78	593.66	643.31	690.47	697.17	457.30
柴油（万吨）	117.34	124.28	126.56	118.00	109.92	106.98	110.11	99.81	67.36
燃料油（万吨）	1.28	1.59	1.88	1.79	1.49	1.50	0.08	0.27	0.15
液化石油气（万吨）	0.34	0.35	0.32	0.38	0.28	1.17	1.55	17.41	4.12
天然气（亿立方米）	3.54	2.35	3.17	2.11	1.99	1.80	3.72	3.42	2.81
电力（亿千瓦小时）	69.11	44.64	45.02	47.31	50.61	53.29	55.87	57.98	58.57
碳排放量	726.55	688.74	723.47	743.47	781.66	825.92	884.67	904.95	644.64

5.3.2 物流业高质量发展水平测度

（1）确认指标原始数据

根据第 4 章构建的中国物流业高质量发展测度评价指标体系,选取 2012~2020 年我国 30 个省份的统计数据,经过整理和计算得到指标原始数据。表 5-5 是北京地区的指标数据,其他地区的数据表具体见附录 B。

表 5 - 5 　　　　　　　　　　　　北京地区各指标原始数据

指标	2012 年	2013 年	2014 年	2015 年	2016 年	2017 年	2018 年	2019 年	2020 年
C_{111}	1. 3101	1. 3223	1. 3284	1. 3345	1. 3406	1. 3528	1. 3589	1. 3650	1. 3589
C_{112}	0. 1138	0. 1148	0. 1157	0. 1159	0. 1167	0. 1177	0. 1179	0. 1185	0. 1179
C_{113}	0. 3086	0. 3838	0. 4129	0. 6121	0. 7156	0. 5106	0. 5425	0. 4927	0. 4495
C_{121}	2. 6162	2. 5748	2. 6551	2. 0078	2. 0734	2. 0110	2. 0873	2. 2808	2. 2203
C_{122}	1001. 13	1051. 14	1036. 71	901. 41	825. 43	958. 42	1034. 22	1089. 4	1032. 78
C_{123}	635. 5	670. 6	724. 8	739. 8	790. 8	901	1015. 9	1010. 8	836. 5
C_{124}	57. 8	59. 2	60. 2	60	58. 2	57. 7	60. 2	59	56
C_{211}	0. 8629	0. 8639	0. 8650	0. 8671	0. 8676	0. 8693	0. 8709	0. 8735	0. 8755
C_{212}	0. 1137	0. 0969	0. 1026	0. 1063	0. 1152	0. 1508	0. 1863	0. 1615	0. 1432
C_{213}	- 2. 6232	- 2. 6059	- 2. 5723	- 2. 5698	- 2. 5672	- 2. 5745	- 2. 5666	- 2. 5529	- 2. 5095
C_{221}	4081. 0732	4289. 95812	4155. 18593	3194. 4057	2823. 4896	3240. 17423	4124. 87938	4164. 56752	3364. 7808
C_{222}	80. 4160	85. 2418	90. 4085	129. 9635	130. 2858	243. 2909	173. 1089	142. 1299	141. 0441
C_{231}	- 5. 3176	- 4. 2757	- 3. 9743	- 2. 6809	- 2. 2932	- 3. 2139	- 3. 0249	- 3. 3306	- 3. 6507
C_{232}	6. 5986	7. 2006	7. 8183	8. 1695	9. 0682	9. 7567	10. 7828	12. 3277	12. 2947
C_{233}	0. 3059	0. 3155	0. 3338	0. 3381	0. 3602	0. 4106	0. 4635	0. 4615	0. 3821
C_{234}	0. 1097	0. 1090	0. 0896	0. 0892	0. 0840	0. 0895	0. 0897	0. 0865	0. 0248
C_{235}	0. 5960	0. 6296	0. 6382	0. 6670	0. 6677	0. 6483	0. 6836	0. 7344	0. 8357
C_{241}	0. 1971	0. 0796	0. 0959	0. 0453	0. 0441	0. 0559	0. 0183	0. 0408	0. 0429
C_{242}	0. 1292	0. 1349	0. 1368	0. 1394	0. 1457	0. 1501	0. 1498	0. 1607	0. 1757
C_{243}	24. 3134	29. 4867	34. 3886	42. 9699	45. 8131	48. 7368	56. 3471	60. 1415	74. 3828
C_{244}	252. 7103	293. 1908	297. 1203	305. 3943	322. 6374	345. 4456	360. 2685	424. 4502	452. 3146
C_{251}	- 0. 3497	- 0. 3241	- 0. 3332	- 0. 3397	- 0. 3560	- 0. 3764	- 0. 4036	- 0. 4132	- 0. 2945
C_{252}	- 2. 4136	- 2. 2247	- 1. 9133	- 1. 7744	- 1. 5799	- 1. 3365	- 1. 1276	- 1. 2219	- 1. 4177
C_{311}	9. 1575	9. 9438	10. 5596	11. 3234	12. 3172	13. 6178	15. 1052	16. 1842	16. 4200
C_{312}	0. 0615	0. 0681	0. 0476	0. 0472	0. 0420	0. 0384	0. 0370	0. 0428	0. 0428
C_{313}	4. 5440	4. 8850	5. 2296	5. 6080	5. 9829	6. 3497	6. 5804	6. 8781	6. 2661
C_{321}	0. 0334	0. 0317	0. 0316	0. 0299	0. 0292	0. 0302	0. 0307	0. 0285	0. 0233
C_{222}	10. 9948	11. 3277	12. 0399	12. 3300	13. 5876	15. 6153	16. 8754	17. 1322	14. 9375
C_{323}	- 0. 0028	0. 0552	0. 0808	0. 0207	0. 0689	0. 1394	0. 1275	- 0. 0050	- 0. 1724
C_{331}	0. 0782	0. 0859	0. 0619	0. 0723	0. 0878	0. 1056	0. 1092	0. 0714	0. 0146
C_{332}	0. 1878	0. 2020	0. 5406	0. 2209	0. 4078	0. 1848	0. 0909	0. 0252	- 0. 0230
C_{333}	0. 0806	0. 0798	0. 0558	- 0. 0181	0. 0511	0. 0689	0. 0654	0. 0250	- 0. 0063

注：为方便后续等级划分，将负项指标 C_{213}、C_{231}、C_{251}、C_{252} 相关数据加负号使其变为正项指标。

（2）确认各评价指标等级

本研究将评价指标论域划分为 5 个评价等级，根据全国 30 个省份的指标数据确定各等级上下临界值，具体等级划分结果如表 5-6 所示。

表 5-6 各指标评价等级划分

等级	低	较低	一般	较高	高
C_{111}	$(0,0.5)$	$(0.5,1)$	$(1,1.5)$	$(1.5,2)$	$(2,2.5)$
C_{112}	$(0,0.04)$	$(0.04,0.08)$	$(0.08,0.12)$	$(0.12,0.16)$	$(0.016,0.2)$
C_{113}	$(0,0.7)$	$(0.7,1.4)$	$(1.4,2.1)$	$(2.1,2.8)$	$(2.8,3.5)$
C_{121}	$(0,9)$	$(9,18)$	$(18,27)$	$(27,36)$	$(36,45)$
C_{122}	$(0,7000)$	$(7000,14000)$	$(14000,21000)$	$(21000,28000)$	$(28000,35000)$
C_{123}	$(0,800)$	$(800,1600)$	$(1600,2400)$	$(2400,3200)$	$(3200,4000)$
C_{124}	$(0,20)$	$(20,40)$	$(40,60)$	$(60,80)$	$(80,100)$
C_{211}	$(0,0.2)$	$(0.2,0.4)$	$(0.4,0.6)$	$(0.6,0.8)$	$(0.8,1)$
C_{212}	$(0,0.06)$	$(0.06,0.12)$	$(0.12,0.18)$	$(0.18,0.24)$	$(0.24,0.3)$
C_{213}	$(-5,-4)$	$(-4,-3)$	$(-3,-2)$	$(-2,-1)$	$(-1,0)$
C_{221}	$(0,2200)$	$(2200,4400)$	$(4400,6600)$	$(6600,8800)$	$(8800,11000)$
C_{222}	$(0,80)$	$(80,160)$	$(160,240)$	$(240,320)$	$(320,400)$
C_{231}	$(-4000,-3200)$	$(-3200,-2400)$	$(-2400,-1600)$	$(-1600,-800)$	$(-800,0)$
C_{232}	$(0,3)$	$(3,6)$	$(6,9)$	$(9,12)$	$(12,15)$
C_{233}	$(0,0.2)$	$(0.2,0.4)$	$(0.4,0.6)$	$(0.6,0.8)$	$(0.8,1)$
C_{234}	$(-0.3,-0.18)$	$(-0.18,-0.06)$	$(-0.06,0.06)$	$(0.06,0.24)$	$(0.24,0.3)$
C_{235}	$(0,0.2)$	$(0.2,0.4)$	$(0.4,0.6)$	$(0.6,0.8)$	$(0.8,1)$
C_{241}	$(-1,-0.6)$	$(-0.6,-0.2)$	$(-0.2,0.2)$	$(0.2,0.6)$	$(0.6,1)$
C_{242}	$(0,0.04)$	$(0.04,0.08)$	$(0.08,0.12)$	$(0.12,0.16)$	$(0.16,0.2)$
C_{243}	$(0,16)$	$(16,32)$	$(32,48)$	$(48,64)$	$(64,80)$
C_{244}	$(0,840)$	$(840,1680)$	$(1680,2520)$	$(2520,3360)$	$(3360,4200)$
C_{251}	$(-1,-0.8)$	$(-0.8,-0.6)$	$(-0.6,-0.4)$	$(-0.4,-0.2)$	$(-0.2,0)$
C_{252}	$(-15,-12)$	$(-12,-9)$	$(-9,-6)$	$(-6,-3)$	$(-3,0)$
C_{311}	$(0,4)$	$(4,8)$	$(8,12)$	$(12,16)$	$(16,20)$
C_{312}	$(0,0.04)$	$(0.04,0.08)$	$(0.08,0.12)$	$(0.12,0.16)$	$(0.16,0.2)$
C_{313}	$(0,2)$	$(2,4)$	$(4,6)$	$(6,8)$	$(8,10)$
C_{321}	$(0,0.2)$	$(0.2,0.4)$	$(0.4,0.6)$	$(0.6,0.8)$	$(0.8,1)$
C_{222}	$(-0.5,-0.2)$	$(-0.2,0.1)$	$(0.1,0.4)$	$(0.4,0.7)$	$(0.7,1)$
C_{323}	$(-0.5,-0.3)$	$(-0.3,-0.1)$	$(-0.1,0.1)$	$(0.1,0.3)$	$(0.3,0.5)$
C_{331}	$(-0.1,-0.02)$	$(-0.02,0.06)$	$(0.06,0.14)$	$(0.14,0.22)$	$(0.22,0.3)$
C_{332}	$(-1,-0.2)$	$(-0.2,0.6)$	$(0.6,1.4)$	$(1.4,2.2)$	$(2.2,3)$
C_{333}	$(-0.5,-0.3)$	$(-0.3,-0.1)$	$(-0.1,0.1)$	$(0.1,0.3)$	$(0.3,0.5)$

（3）计算各评价指标云模型数字特征

根据表5－6对物流业高质量发展测度评价指标不同等级的划分，运用 Matlab 编程计算各项指标的云数字特征值。计算的云模型数字特征值如表5－7所示。

表5－7　　　　物流业高质量发展测度评价指标云模型数字特征值

等级	低	较低	一般	较高	高
C_{111}	(0.25,0.2123,0.03)	(0.75,0.2123,0.03)	(1.25,0.2123,0.03)	(1.75,0.2123,0.03)	(2.25,0.2123,0.03)
C_{112}	(0.02,0.0170,0.003)	(0.06,0.0170,0.003)	(0.1,0.0170,0.003)	(0.14,0.0170,0.003)	(0.18,0.0170,0.003)
C_{113}	(0.35,0.2972,0.05)	(1.05,0.2972,0.05)	(1.75,0.2972,0.05)	(2.45,0.2972,0.05)	(3.15,0.2972,0.05)
C_{121}	(4.5,3.8217,0.6)	(13.5,3.8217,0.6)	(22.5,3.8217,0.6)	(31.5,3.8217,0.6)	(40.5,3.8217,0.6)
C_{122}	(3500,2972.3991,495)	(10500,2972.3991,495)	(17500,2972.3991,495)	(24500,2972.3991,495)	(31500,2972.3991,495)
C_{123}	(400,339.7027,57)	(1200,339.7027,57)	(2000,339.7027,57)	(2800,339.7027,57)	(3600,339.7027,57)
C_{124}	(10,8.4926,1.4)	(30,8.4926,1.4)	(50,8.4926,1.4)	(70,8.4926,1.4)	(90,8.4926,1.4)
C_{211}	(0.1,0.0849,0.01)	(0.3,0.0849,0.01)	(0.5,0.0849,0.01)	(0.7,0.0849,0.01)	(0.9,0.0849,0.01)
C_{212}	(0.03,0.0255,0.004)	(0.09,0.0255,0.004)	(0.15,0.0255,0.004)	(0.21,0.0255,0.004)	(0.27,0.0255,0.004)
C_{213}	(−4.5,0.4246,0.07)	(−3.5,0.4246,0.07)	(−2.5,0.4246,0.07)	(−1.5,0.4246,0.07)	(−0.5,0.4246,0.07)
C_{221}	(1100,934.1826,155)	(3300,934.1826,155)	(5500,934.1826,155)	(7700,934.1826,155)	(9900,934.1826,155)
C_{222}	(40,33.9703,6)	(120,33.9703,6)	(200,33.9703,6)	(280,33.9703,6)	(360,33.9703,6)
C_{231}	(−3600,339.7027,56)	(−2800,339.7027,56)	(−2000,339.7027,56)	(−1200,339.7027,56)	(−400,339.7027,56)
C_{232}	(1.5,1.2739,0.2)	(4.5,1.2739,0.2)	(7.5,1.2739,0.2)	(10.5,1.2739,0.2)	(13.5,1.2739,0.2)
C_{233}	(0.1,0.0849,0.01)	(0.3,0.0849,0.01)	(0.5,0.0849,0.01)	(0.7,0.0849,0.01)	(0.9,0.0849,0.01)
C_{234}	(−0.24,0.051,0.01)	(−0.12,0.051,0.01)	(0,0.051,0.01)	(0.12,0.051,0.01)	(0.24,0.051,0.01)
C_{235}	(0.1,0.0849,0.01)	(0.3,0.0849,0.01)	(0.5,0.0849,0.01)	(0.7,0.0849,0.01)	(0.9,0.0849,0.01)
C_{241}	(−0.8,0.1699,0.03)	(−0.4,0.1699,0.03)	(0,0.1699,0.03)	(0.4,0.1699,0.03)	(0.8,0.1699,0.03)
C_{242}	(0.02,0.017,0.003)	(0.06,0.017,0.003)	(0.1,0.017,0.003)	(0.14,0.017,0.003)	(0.18,0.017,0.003)
C_{243}	(8,6.7941,1)	(24,6.7941,1)	(40,6.7941,1)	(56,6.7941,1)	(72,6.7941,1)
C_{244}	(420,356.6879,60)	(1260,356.6879,60)	(2100,356.6879,60)	(2940,356.6879,60)	(3780,356.6879,60)
C_{251}	(−0.9,0.0849,0.01)	(−0.7,0.0849,0.01)	(−0.5,0.0849,0.01)	(−0.3,0.0849,0.01)	(−0.1,0.0849,0.01)
C_{252}	(−13.5,1.2739,0.2)	(−10.5,1.2739,0.2)	(−7.5,1.2739,0.2)	(−4.5,1.2739,0.2)	(−1.5,1.2739,0.2)
C_{311}	(2,1.6985,0.3)	(6,1.6985,0.3)	(10,1.6985,0.3)	(14,1.6985,0.3)	(18,1.6985,0.3)
C_{312}	(0.02,0.0170,0.003)	(0.06,0.0170,0.003)	(0.1,0.0170,0.003)	(0.14,0.0170,0.003)	(0.18,0.0170,0.003)
C_{313}	(1,0.8493,0.1)	(3,0.8493,0.1)	(5,0.8493,0.1)	(7,0.8493,0.1)	(9,0.8493,0.1)
C_{321}	(0.01,0.0085,0.001)	(0.03,0.0085,0.001)	(0.05,0.0085,0.001)	(0.07,0.0085,0.001)	(0.09,0.0085,0.001)
C_{222}	(11,9.3418,1.6)	(33,9.3418,1.6)	(55,9.3418,1.6)	(77,9.3418,1.6)	(99,9.3418,1.6)
C_{323}	(−0.4,0.0849,0.01)	(−0.2,0.0849,0.01)	(0,0.0849,0.01)	(0.2,0.0849,0.01)	(0.4,0.0849,0.01)
C_{331}	(−0.06,0.0340,0.006)	(0.02,0.0340,0.006)	(0.1,0.0340,0.006)	(0.18,0.0340,0.006)	(0.26,0.0340,0.006)
C_{332}	(−0.6,0.3397,0.06)	(0.2,0.3397,0.06)	(1,0.3397,0.06)	(1.8,0.3397,0.06)	(2.6,0.3397,0.06)
C_{333}	(−0.4,0.0849,0.01)	(−0.2,0.0849,0.01)	(0,0.0849,0.01)	(0.2,0.0849,0.01)	(0.4,0.0849,0.01)

（4）计算各指标隶属度

在得到我国物流业高质量发展测度评价指标体系中各评价指标的云模型数字特征后，通过 Matlab 编程，利用云模型的 X 条件云发生器，取 $N = 3000$，得到 30 个省份各评价指标所对应的不同等级的隶属度。根据最大隶属度原则，选取隶属度最大值所对应等级为指标等级。限于篇幅，仅以 2012 年北京市为例，32 个指标的隶属度如表 5 - 8 所示。

表 5 - 8　　　　北京地区 2012 年物流业高质量发展的指标隶属度

指标	低	较低	一般	较高	高	等级
C_{111}	0.0001	0.0373	0.9586	0.1237	0.0003	一般
C_{112}	0.0000	0.0134	0.7008	0.3007	0.0022	一般
C_{113}	0.9893	0.0560	0.0001	0.0000	0.0000	低
C_{121}	0.8773	0.0252	0.0000	0.0000	0.0000	低
C_{122}	0.6863	0.0119	0.0000	0.0000	0.0000	低
C_{123}	0.7730	0.2506	0.0015	0.0000	0.0000	低
C_{124}	0.0000	0.0094	0.6391	0.3488	0.0025	一般
C_{211}	0.0000	0.0000	0.0004	0.1612	0.9057	高
C_{212}	0.0091	0.6335	0.3554	0.0025	0.0000	较低
C_{213}	0.0005	0.1281	0.9547	0.0403	0.0001	一般
C_{221}	0.0122	0.6883	0.3084	0.0022	0.0000	较低
C_{222}	0.4777	0.4899	0.0057	0.0000	0.0000	较低
C_{231}	0.0000	0.0000	0.0000	0.0050	0.4949	高
C_{232}	0.0014	0.2523	0.7674	0.0153	0.0000	一般
C_{233}	0.0589	0.9975	0.0788	0.0001	0.0000	较低
C_{234}	0.0000	0.0006	0.1111	0.9769	0.0539	较高
C_{235}	0.0000	0.0042	0.5206	0.4639	0.0031	一般
C_{241}	0.0000	0.0059	0.4933	0.4754	0.0053	一般
C_{242}	0.0000	0.0014	0.2283	0.8012	0.0196	较高
C_{243}	0.0648	0.9989	0.0793	0.0002	0.0000	较低
C_{244}	0.8861	0.0280	0.0001	0.0000	0.0000	低
C_{251}	0.0000	0.0006	0.2087	0.8379	0.0174	较高
C_{252}	0.0000	0.0000	0.0014	0.2625	0.7609	高

续表

指标	低	较低	一般	较高	高	等级
C_{311}	0.0010	0.1831	0.8737	0.0259	0.0001	一般
C_{312}	0.0633	0.9956	0.0902	0.0003	0.0000	较低
C_{313}	0.0005	0.1931	0.8597	0.0196	0.0000	一般
C_{321}	0.0276	0.9198	0.1532	0.0003	0.0000	较低
C_{222}	1.0000	0.0746	0.0002	0.0000	0.0000	低
C_{323}	0.0001	0.0738	0.9994	0.0641	0.0001	一般
C_{331}	0.0014	0.2298	0.8013	0.0201	0.0101	一般
C_{332}	0.0787	0.9993	0.0699	0.0002	0.0001	较低
C_{333}	0.0000	0.0068	0.6292	0.3704	0.1862	一般

（5）计算各指标的权重

利用熵权法计算系统内各指标权重，通过 Matlab 编程将各指标数据代入式（5.7）~式（5.10），计算可得出各指标权重。全国 30 个省份的各指标权重的计算结果如表 5-9 所示。

表 5-9　　　　我国各地区物流业高质量发展测度评价指标权重

指标	北京	天津	河北	山西	内蒙古	辽宁	吉林	黑龙江
C_{111}	0.0248	0.0192	0.0176	0.0202	0.0348	0.0197	0.0304	0.0276
C_{112}	0.0237	0.0231	0.0186	0.0281	0.0293	0.0364	0.0872	0.0546
C_{113}	0.0273	0.0366	0.0373	0.0212	0.0348	0.0351	0.0238	0.0405
C_{121}	0.0564	0.0179	0.0201	0.0266	0.0499	0.0220	0.0388	0.0306
C_{122}	0.0192	0.0883	0.0172	0.0528	0.0467	0.0141	0.0218	0.0299
C_{123}	0.0359	0.0513	0.0300	0.0435	0.0318	0.0295	0.0223	0.0311
C_{124}	0.0198	0.0152	0.0368	0.0242	0.0161	0.0222	0.0139	0.0196
C_{211}	0.0364	0.0228	0.0271	0.0235	0.0264	0.0284	0.0306	0.0289
C_{212}	0.0466	0.0314	0.0296	0.0500	0.0206	0.0298	0.0292	0.0281
C_{213}	0.0243	0.0135	0.0145	0.0233	0.0317	0.0404	0.0195	0.0578
C_{221}	0.0262	0.0346	0.0256	0.0418	0.0339	0.0216	0.0698	0.0382
C_{222}	0.0474	0.0503	0.0388	0.0240	0.0254	0.0753	0.0143	0.0301
C_{231}	0.0191	0.0196	0.0194	0.0144	0.0208	0.0264	0.0154	0.0272
C_{232}	0.0356	0.0230	0.0367	0.0304	0.0367	0.0292	0.0269	0.0309

续表

指标	北京	天津	河北	山西	内蒙古	辽宁	吉林	黑龙江
C_{233}	0.0427	0.0424	0.0308	0.0437	0.0318	0.0298	0.0230	0.0378
C_{234}	0.0146	0.0154	0.0166	0.0342	0.0179	0.0220	0.0297	0.0223
C_{235}	0.0369	0.0185	0.0215	0.0151	0.0147	0.0366	0.0214	0.0171
C_{241}	0.0480	0.0174	0.0412	0.0160	0.0179	0.0141	0.0200	0.0176
C_{242}	0.0360	0.0341	0.0739	0.0427	0.1079	0.0269	0.0611	0.0507
C_{243}	0.0318	0.0375	0.0412	0.0516	0.0533	0.0575	0.0487	0.0343
C_{244}	0.0315	0.0403	0.0398	0.0354	0.0306	0.0267	0.0417	0.0192
C_{251}	0.0286	0.0407	0.0283	0.0348	0.0168	0.0687	0.0408	0.0267
C_{252}	0.0254	0.0233	0.0544	0.0340	0.0265	0.0201	0.0401	0.0309
C_{311}	0.0354	0.0322	0.0319	0.0608	0.0300	0.0281	0.0237	0.0297
C_{312}	0.0501	0.0243	0.0227	0.0215	0.0298	0.0337	0.0260	0.0335
C_{313}	0.0269	0.0212	0.0331	0.0229	0.0241	0.0193	0.0196	0.0270
C_{321}	0.0158	0.0574	0.0258	0.0238	0.0247	0.0368	0.0184	0.0198
C_{222}	0.0411	0.0298	0.0404	0.0427	0.0342	0.0325	0.0317	0.0288
C_{323}	0.0164	0.0199	0.0180	0.0182	0.0164	0.0165	0.0260	0.0504
C_{331}	0.0164	0.0216	0.0233	0.0350	0.0150	0.0429	0.0199	0.0198
C_{332}	0.0347	0.0502	0.0603	0.0222	0.0419	0.0320	0.0197	0.0432
C_{333}	0.0251	0.0273	0.0275	0.0212	0.0274	0.0258	0.0447	0.0163
指标	上海	江苏	浙江	安徽	福建	江西	山东	河南
C_{111}	0.0118	0.0154	0.0274	0.0329	0.0205	0.0704	0.0224	0.0575
C_{112}	0.0713	0.0384	0.0184	0.0333	0.0210	0.0246	0.0459	0.0407
C_{113}	0.0587	0.0289	0.0371	0.0337	0.0302	0.0341	0.0439	0.0369
C_{121}	0.0634	0.0306	0.0491	0.0202	0.0227	0.0348	0.0312	0.0360
C_{122}	0.0257	0.0217	0.0381	0.0397	0.0415	0.0264	0.0411	0.0348
C_{123}	0.0321	0.0390	0.0281	0.0276	0.0384	0.0356	0.0365	0.0272
C_{124}	0.0123	0.0120	0.0246	0.0149	0.0145	0.0143	0.0138	0.0145
C_{211}	0.0143	0.0247	0.0269	0.0284	0.0279	0.0289	0.0265	0.0292
C_{212}	0.0231	0.0237	0.0356	0.0299	0.0202	0.0458	0.0545	0.0374
C_{213}	0.0236	0.0186	0.0235	0.0186	0.0241	0.0218	0.0186	0.0320
C_{221}	0.0396	0.0258	0.0350	0.0373	0.0399	0.0248	0.0340	0.0238
C_{222}	0.0182	0.0529	0.0245	0.0282	0.0377	0.0318	0.0231	0.0230
C_{231}	0.0257	0.0162	0.0190	0.0173	0.0198	0.0190	0.0286	0.0200

续表

指标	上海	江苏	浙江	安徽	福建	江西	山东	河南
C_{232}	0.0266	0.0269	0.0256	0.0338	0.0337	0.0370	0.0293	0.0414
C_{233}	0.0346	0.0466	0.0279	0.0272	0.0400	0.0354	0.0357	0.0268
C_{234}	0.0130	0.0156	0.0136	0.0212	0.0177	0.0222	0.0167	0.0173
C_{235}	0.0129	0.0132	0.0240	0.0161	0.0140	0.0151	0.0158	0.0249
C_{241}	0.0258	0.0429	0.0534	0.0468	0.0365	0.0161	0.0201	0.0248
C_{242}	0.0656	0.0656	0.0770	0.0333	0.0438	0.0583	0.0589	0.0945
C_{243}	0.0542	0.0437	0.0487	0.0484	0.0452	0.0462	0.0618	0.0491
C_{244}	0.0308	0.0336	0.0343	0.0350	0.0448	0.0498	0.0173	0.0332
C_{251}	0.0451	0.0357	0.0342	0.0526	0.0399	0.0399	0.0150	0.0251
C_{252}	0.0282	0.0486	0.0318	0.0441	0.0531	0.0250	0.0311	0.0214
C_{311}	0.0310	0.0277	0.0298	0.0331	0.0363	0.0316	0.0254	0.0324
C_{312}	0.0278	0.0288	0.0424	0.0377	0.0392	0.0362	0.0331	0.0288
C_{313}	0.0303	0.0255	0.0249	0.0339	0.0314	0.0286	0.0256	0.0292
C_{321}	0.0203	0.0515	0.0168	0.0190	0.0366	0.0174	0.0302	0.0179
C_{222}	0.0308	0.0481	0.0428	0.0347	0.0335	0.0371	0.0277	0.0367
C_{323}	0.0166	0.0151	0.0118	0.0191	0.0196	0.0189	0.0279	0.0169
C_{331}	0.0212	0.0175	0.0149	0.0208	0.0194	0.0172	0.0204	0.0154
C_{332}	0.0269	0.0378	0.0441	0.0604	0.0324	0.0271	0.0500	0.0371
C_{333}	0.0387	0.0276	0.0150	0.0206	0.0245	0.0287	0.0379	0.0139
指标	湖北	湖南	广东	广西	海南	重庆	四川	贵州
C_{111}	0.0336	0.0230	0.0202	0.0264	0.0476	0.0412	0.0347	0.0223
C_{112}	0.0275	0.0257	0.0221	0.0242	0.0438	0.0235	0.0323	0.0345
C_{113}	0.0384	0.0206	0.0329	0.0377	0.0241	0.0418	0.0306	0.0285
C_{121}	0.0297	0.0387	0.0237	0.0266	0.0277	0.0338	0.0260	0.0155
C_{122}	0.0314	0.0252	0.0351	0.0530	0.0646	0.0279	0.0357	0.0375
C_{123}	0.0303	0.0246	0.0347	0.0311	0.0316	0.0301	0.0308	0.0309
C_{124}	0.0195	0.0169	0.0151	0.0506	0.0218	0.0174	0.0145	0.0156
C_{211}	0.0335	0.0334	0.0339	0.0269	0.0494	0.0407	0.0275	0.0288
C_{212}	0.0315	0.0124	0.0297	0.0393	0.0372	0.0330	0.0315	0.0312
C_{213}	0.0240	0.0136	0.0166	0.0237	0.0207	0.0208	0.0201	0.0191
C_{221}	0.0341	0.0458	0.0270	0.0303	0.0217	0.0250	0.0414	0.0336
C_{222}	0.0294	0.0284	0.0329	0.0319	0.0186	0.0365	0.0222	0.0503

指标	湖北	湖南	广东	广西	海南	重庆	四川	贵州
C_{231}	0.0246	0.0577	0.0220	0.0223	0.0172	0.0226	0.0176	0.0163
C_{232}	0.0537	0.0290	0.0353	0.0310	0.0271	0.0321	0.0344	0.0287
C_{233}	0.0298	0.0240	0.0344	0.0304	0.0311	0.0302	0.0305	0.0307
C_{234}	0.0171	0.0175	0.0194	0.0235	0.0185	0.0211	0.0254	0.0168
C_{235}	0.0253	0.0317	0.0166	0.0160	0.0173	0.0141	0.0521	0.0142
C_{241}	0.0402	0.0511	0.0396	0.0233	0.0225	0.0213	0.0429	0.0202
C_{242}	0.0242	0.0498	0.0717	0.0420	0.0523	0.0420	0.0491	0.0644
C_{243}	0.0653	0.0484	0.0634	0.0383	0.0623	0.0315	0.0388	0.0433
C_{244}	0.0516	0.0362	0.0443	0.0569	0.0601	0.0309	0.0381	0.0567
C_{251}	0.0460	0.0450	0.0510	0.0478	0.0129	0.0388	0.0380	0.0601
C_{252}	0.0179	0.0493	0.0335	0.0222	0.0278	0.0638	0.0246	0.0314
C_{311}	0.0365	0.0275	0.0367	0.0321	0.0289	0.0305	0.0318	0.0294
C_{312}	0.0337	0.0398	0.0503	0.0249	0.0211	0.0471	0.0260	0.0415
C_{313}	0.0344	0.0261	0.0296	0.0276	0.0256	0.0298	0.0279	0.0333
C_{321}	0.0164	0.0205	0.0178	0.0184	0.0430	0.0272	0.0201	0.0360
C_{222}	0.0453	0.0311	0.0298	0.0367	0.0293	0.0475	0.0272	0.0336
C_{323}	0.0164	0.0173	0.0156	0.0161	0.0164	0.0163	0.0389	0.0163
C_{331}	0.0172	0.0157	0.0183	0.0145	0.0147	0.0212	0.0325	0.0205
C_{332}	0.0250	0.0325	0.0281	0.0508	0.0382	0.0302	0.0216	0.0359
C_{333}	0.0167	0.0416	0.0186	0.0237	0.0249	0.0303	0.0354	0.0228

指标	云南	陕西	甘肃	青海	宁夏	新疆
C_{111}	0.0393	0.0238	0.0278	0.0238	0.0205	0.0264
C_{112}	0.0404	0.0354	0.0280	0.0403	0.1079	0.0242
C_{113}	0.0406	0.0404	0.0266	0.0209	0.0263	0.0155
C_{121}	0.0172	0.0317	0.0192	0.0444	0.0211	0.0269
C_{122}	0.0204	0.0380	0.0241	0.0269	0.0343	0.0433
C_{123}	0.0322	0.0404	0.0419	0.0387	0.0146	0.0301
C_{124}	0.0209	0.0134	0.0146	0.0187	0.0192	0.0112
C_{211}	0.0274	0.0269	0.0258	0.0368	0.0268	0.0279
C_{212}	0.0323	0.0577	0.0294	0.0337	0.0361	0.0291
C_{213}	0.0221	0.0212	0.0183	0.0203	0.0237	0.0505
C_{221}	0.0364	0.0285	0.0333	0.0332	0.0255	0.0266

指标	云南	陕西	甘肃	青海	宁夏	新疆
C_{222}	0.0570	0.0301	0.1362	0.0565	0.0191	0.0557
C_{231}	0.0239	0.0230	0.0183	0.0140	0.0173	0.0127
C_{232}	0.0348	0.0326	0.0286	0.0430	0.0325	0.0253
C_{233}	0.0321	0.0394	0.0389	0.0396	0.0217	0.0296
C_{234}	0.0182	0.0223	0.0214	0.0223	0.0194	0.0172
C_{235}	0.0411	0.0140	0.0190	0.0243	0.0262	0.0288
C_{241}	0.0239	0.0485	0.0234	0.0231	0.0261	0.0172
C_{242}	0.0155	0.0235	0.0193	0.0337	0.0342	0.0610
C_{243}	0.0423	0.0282	0.0420	0.0626	0.0439	0.0211
C_{244}	0.0290	0.0277	0.0251	0.0233	0.0523	0.0274
C_{251}	0.0347	0.0147	0.0604	0.0416	0.0368	0.1208
C_{252}	0.0174	0.0223	0.0329	0.0346	0.0208	0.0396
C_{311}	0.0305	0.0285	0.0256	0.0320	0.0337	0.0242
C_{312}	0.0379	0.0493	0.0193	0.0216	0.0604	0.0511
C_{313}	0.0291	0.0272	0.0216	0.0265	0.0230	0.0193
C_{321}	0.0374	0.0425	0.0233	0.0252	0.0417	0.0255
C_{222}	0.0380	0.0344	0.0498	0.0183	0.0249	0.0262
C_{323}	0.0194	0.0218	0.0200	0.0367	0.0218	0.0160
C_{331}	0.0278	0.0246	0.0199	0.0171	0.0396	0.0255
C_{332}	0.0486	0.0589	0.0508	0.0414	0.0308	0.0258
C_{333}	0.0319	0.0293	0.0152	0.0250	0.0176	0.0184

（6）确定各省市自治区物流业高质量发展指数综合评价等级

将各省份物流业高质量发展测度评价指标的权重及隶属度代入式（5.6），计算可得各省份物流业高质量发展综合确定度及测度等级；然后遵循最大确定度原则，选择最大确定度所在的评价等级作为各地区的最终综合测度结果。例如，表 5 – 10 为北京地区 2012～2020 年的物流业高质量发展综合确定度及测度等级，其中 2012 年各评价等级确定度为 $C =$（0.2208，0.2913，0.3019，0.1505，0.0691），最终测度结果为"一般"。其他地区的综合确定度与测度等级结果如表 5 – 11～表 5 – 39 所示。

表 5 – 10　　　　北京 2012～2020 年物流业高质量发展测度结果

年份	低	较低	一般	较高	高	测度结果
2012	0.2208	0.2913	0.3019	0.1505	0.0691	一般
2013	0.2138	0.2823	0.3218	0.1617	0.0726	一般
2014	0.2148	0.2507	0.3280	0.1686	0.0736	一般
2015	0.1909	0.2802	0.3216	0.1771	0.0734	一般
2016	0.1890	0.2481	0.2942	0.2107	0.0791	一般
2017	0.1931	0.1656	0.3071	0.2791	0.0858	一般
2018	0.1874	0.1625	0.2884	0.2976	0.0983	较高
2019	0.1850	0.1987	0.2951	0.2035	0.1455	一般
2020	0.2074	0.2380	0.2472	0.1272	0.2095	一般

表 5 – 11　　　　天津 2012～2020 年物流业高质量发展测度结果

年份	低	较低	一般	较高	高	测度结果
2012	0.3061	0.3142	0.2068	0.1461	0.0540	较低
2013	0.3346	0.2649	0.2395	0.1343	0.0519	低
2014	0.3443	0.2360	0.2731	0.1225	0.0459	低
2015	0.3276	0.2381	0.2888	0.1186	0.0404	低
2016	0.3303	0.2782	0.2515	0.1135	0.0392	低
2017	0.3258	0.2753	0.2583	0.1262	0.0398	低
2018	0.3656	0.1929	0.3151	0.1320	0.0409	低
2019	0.3586	0.2142	0.2995	0.1354	0.0366	低
2020	0.3457	0.2169	0.2740	0.1670	0.0386	低

表 5 – 12　　　　河北 2012～2020 年物流业高质量发展测度结果

年份	低	较低	一般	较高	高	测度结果
2012	0.3549	0.2801	0.1745	0.0824	0.0935	低
2013	0.3401	0.3029	0.1760	0.0984	0.0745	低
2014	0.3297	0.2990	0.2051	0.0881	0.0722	低
2015	0.3429	0.2921	0.2054	0.0823	0.0727	低
2016	0.3368	0.2430	0.2393	0.0913	0.0758	低
2017	0.3177	0.2786	0.2172	0.0778	0.0926	低
2018	0.2935	0.3124	0.2282	0.0849	0.0832	较低
2019	0.2557	0.3424	0.2046	0.1156	0.0922	较低
2020	0.2477	0.3623	0.2186	0.1130	0.0867	较低

表5-13　　　　　　山西2012~2020年物流业高质量发展测度结果

年份	低	较低	一般	较高	高	测度结果
2012	0.3773	0.2570	0.1869	0.0819	0.0730	低
2013	0.3910	0.3189	0.1434	0.0632	0.0665	低
2014	0.3943	0.2961	0.1597	0.0574	0.0649	低
2015	0.3837	0.3193	0.1198	0.0686	0.0676	低
2016	0.3600	0.3148	0.1638	0.0665	0.0608	低
2017	0.3182	0.3042	0.1429	0.1128	0.0854	低
2018	0.3055	0.3024	0.2063	0.1135	0.0624	低
2019	0.2707	0.3324	0.2111	0.1047	0.0596	较低
2020	0.2594	0.3683	0.2012	0.0895	0.0621	较低

表5-14　　　　　内蒙古2012~2020年物流业高质量发展测度结果

年份	低	较低	一般	较高	高	测度结果
2012	0.3823	0.2299	0.1831	0.0981	0.0669	低
2013	0.3596	0.2534	0.1709	0.0930	0.0590	低
2014	0.3447	0.2164	0.2216	0.0865	0.0569	低
2015	0.3476	0.2497	0.2041	0.0850	0.0526	低
2016	0.3362	0.2306	0.2268	0.0838	0.0564	低
2017	0.3243	0.2027	0.2682	0.0988	0.0566	低
2018	0.3262	0.1804	0.2811	0.1155	0.0540	低
2019	0.3294	0.2025	0.2320	0.1267	0.0518	低
2020	0.3311	0.2517	0.2260	0.1105	0.0470	低

表5-15　　　　　　辽宁2012~2020年物流业高质量发展测度结果

年份	低	较低	一般	较高	高	测度结果
2012	0.3016	0.2758	0.2156	0.2008	0.0591	低
2013	0.2725	0.2945	0.2127	0.1940	0.0691	较低
2014	0.2538	0.3335	0.2081	0.1984	0.0523	较低
2015	0.3129	0.3852	0.1793	0.1249	0.0455	较低
2016	0.3099	0.3561	0.1887	0.1416	0.0443	较低
2017	0.2896	0.3512	0.2231	0.1440	0.0466	较低
2018	0.2968	0.3303	0.2431	0.1456	0.0502	较低
2019	0.2999	0.3515	0.2218	0.1368	0.0461	较低
2020	0.2831	0.3950	0.1967	0.1282	0.0449	较低

表 5 – 16　　　吉林 2012 ~ 2020 年物流业高质量发展测度结果

年份	低	较低	一般	较高	高	测度结果
2012	0.4568	0.1719	0.1183	0.1030	0.1102	低
2013	0.4525	0.1821	0.1574	0.0741	0.0946	低
2014	0.4352	0.1794	0.1752	0.0691	0.0911	低
2015	0.4359	0.2147	0.1822	0.0471	0.0817	低
2016	0.4450	0.2053	0.1960	0.0510	0.0826	低
2017	0.4419	0.2209	0.1965	0.0511	0.0830	低
2018	0.4225	0.2426	0.1973	0.0448	0.0843	低
2019	0.3994	0.2469	0.2101	0.0561	0.0840	低
2020	0.4128	0.2448	0.2034	0.0518	0.0861	低

表 5 – 17　　　黑龙江 2012 ~ 2020 年物流业高质量发展测度结果

年份	低	较低	一般	较高	高	测度结果
2012	0.4847	0.1990	0.1438	0.1020	0.0766	低
2013	0.4814	0.2010	0.1791	0.0834	0.0654	低
2014	0.4607	0.2272	0.1414	0.1080	0.0622	低
2015	0.4599	0.2090	0.1992	0.0706	0.0577	低
2016	0.4387	0.2104	0.1971	0.0833	0.0562	低
2017	0.4328	0.2262	0.1941	0.0783	0.0608	低
2018	0.4251	0.2407	0.1856	0.0804	0.0670	低
2019	0.4191	0.2172	0.1917	0.0949	0.0635	低
2020	0.4098	0.2587	0.1655	0.0990	0.0627	低

表 5 – 18　　　上海 2012 ~ 2020 年物流业高质量发展测度结果

年份	低	较低	一般	较高	高	测度结果
2012	0.2558	0.3969	0.3006	0.0539	0.0338	较低
2013	0.2598	0.3654	0.3364	0.0421	0.0346	较低
2014	0.2450	0.3357	0.3511	0.0735	0.0381	一般
2015	0.1778	0.3868	0.3806	0.0702	0.0371	较低
2016	0.1627	0.3698	0.3806	0.0903	0.0440	一般
2017	0.1251	0.3534	0.3674	0.1449	0.0625	一般
2018	0.1806	0.2958	0.3490	0.1428	0.0845	一般
2019	0.1518	0.3324	0.3440	0.1222	0.0956	一般
2020	0.1386	0.3437	0.3050	0.1511	0.0944	较低

表 5 – 19　　　　　　江苏 2012 ~ 2020 年物流业高质量发展测度结果

年份	低	较低	一般	较高	高	测度结果
2012	0.1880	0.3060	0.2785	0.1575	0.1063	较低
2013	0.1769	0.3372	0.3207	0.1151	0.0846	较低
2014	0.1445	0.3554	0.3347	0.1661	0.0494	较低
2015	0.1698	0.3282	0.3667	0.1265	0.0438	一般
2016	0.1664	0.3242	0.3734	0.1395	0.0425	一般
2017	0.1493	0.3005	0.3755	0.1898	0.0488	一般
2018	0.1430	0.2657	0.3560	0.2268	0.0475	一般
2019	0.1341	0.2583	0.3188	0.2743	0.0550	一般
2020	0.1412	0.2599	0.2406	0.3484	0.0704	较高

表 5 – 20　　　　　　浙江 2012 ~ 2020 年物流业高质量发展测度结果

年份	低	较低	一般	较高	高	测度结果
2012	0.2048	0.4130	0.2555	0.0776	0.0421	较低
2013	0.1844	0.3916	0.2981	0.0728	0.0422	较低
2014	0.1676	0.4060	0.2997	0.0731	0.0420	较低
2015	0.1451	0.3785	0.3661	0.0771	0.0410	较低
2016	0.1464	0.3841	0.3636	0.0826	0.0406	较低
2017	0.1596	0.3210	0.3574	0.1286	0.0506	一般
2018	0.1577	0.2797	0.3467	0.1830	0.0480	一般
2019	0.1585	0.2689	0.3357	0.1979	0.0558	一般
2020	0.1478	0.2942	0.3213	0.2209	0.0613	一般

表 5 – 21　　　　　　安徽 2012 ~ 2020 年物流业高质量发展测度结果

年份	低	较低	一般	较高	高	测度结果
2012	0.3551	0.2457	0.1724	0.1774	0.0651	低
2013	0.3368	0.2551	0.2275	0.1264	0.0760	低
2014	0.3226	0.2293	0.2962	0.0860	0.0662	低
2015	0.2777	0.2738	0.3103	0.0807	0.0531	一般
2016	0.2577	0.2870	0.3057	0.0889	0.0612	一般
2017	0.2585	0.3045	0.2729	0.1066	0.0735	较低
2018	0.2466	0.3050	0.2654	0.1421	0.0772	较低
2019	0.2296	0.3120	0.2886	0.1277	0.0657	较低
2020	0.1926	0.3634	0.2730	0.1171	0.0789	较低

表 5 – 22　　　　福建 2012 ~ 2020 年物流业高质量发展测度结果

年份	低	较低	一般	较高	高	测度结果
2012	0.3246	0.2526	0.2324	0.1093	0.1064	低
2013	0.2970	0.3134	0.2244	0.0819	0.1030	较低
2014	0.2764	0.3296	0.2353	0.0824	0.1002	较低
2015	0.2330	0.3625	0.2438	0.0758	0.0925	较低
2016	0.2130	0.3783	0.2489	0.0853	0.0916	较低
2017	0.1940	0.3821	0.2449	0.1101	0.0943	较低
2018	0.1841	0.3802	0.2524	0.1299	0.0958	较低
2019	0.1854	0.3740	0.2593	0.1268	0.0821	较低
2020	0.1800	0.3673	0.2715	0.1211	0.0785	较低

表 5 – 23　　　　江西 2012 ~ 2020 年物流业高质量发展测度结果

年份	低	较低	一般	较高	高	测度结果
2012	0.4098	0.2487	0.1747	0.0627	0.0841	低
2013	0.3939	0.2803	0.1650	0.0621	0.0833	低
2014	0.3754	0.2798	0.1973	0.0482	0.0785	低
2015	0.3716	0.3020	0.1955	0.0447	0.0759	低
2016	0.3536	0.2984	0.2059	0.0550	0.0768	低
2017	0.3381	0.3188	0.2070	0.0658	0.0789	低
2018	0.3314	0.2924	0.2361	0.0767	0.0757	低
2019	0.3181	0.2910	0.2566	0.0893	0.0737	低
2020	0.2953	0.3287	0.2624	0.0720	0.0714	较低

表 5 – 24　　　　山东 2012 ~ 2020 年物流业高质量发展测度结果

年份	低	较低	一般	较高	高	测度结果
2012	0.2975	0.3090	0.2371	0.1171	0.0635	较低
2013	0.2818	0.3360	0.2387	0.0876	0.0724	较低
2014	0.2733	0.3263	0.2518	0.0986	0.0606	较低
2015	0.2412	0.3280	0.2814	0.1004	0.0614	较低
2016	0.2410	0.3326	0.2601	0.1312	0.0599	较低
2017	0.2101	0.3289	0.2491	0.1649	0.0817	较低
2018	0.1922	0.3494	0.2713	0.1271	0.0958	较低
2019	0.1797	0.3648	0.2457	0.1539	0.0978	较低
2020	0.1376	0.4204	0.2688	0.1493	0.0920	较低

表5－25　　　　河南2012～2020年物流业高质量发展测度结果

年份	低	较低	一般	较高	高	测度结果
2012	0.3565	0.2701	0.1920	0.0954	0.0620	低
2013	0.3503	0.2743	0.2080	0.0801	0.0579	低
2014	0.3295	0.2432	0.2562	0.0799	0.0571	低
2015	0.3177	0.2460	0.2788	0.0677	0.0557	低
2016	0.3011	0.2403	0.2844	0.0931	0.0561	低
2017	0.2924	0.2342	0.2879	0.1160	0.0568	低
2018	0.2817	0.2273	0.2598	0.1759	0.0593	低
2019	0.2700	0.2318	0.2914	0.1578	0.0624	一般
2020	0.2609	0.2593	0.3025	0.1416	0.0561	一般

表5－26　　　　湖北2012～2020年物流业高质量发展测度结果

年份	低	较低	一般	较高	高	测度结果
2012	0.3728	0.3050	0.1869	0.0806	0.0809	低
2013	0.3417	0.3307	0.2005	0.0646	0.0898	低
2014	0.3138	0.3215	0.2381	0.0732	0.0728	较低
2015	0.2759	0.3579	0.2598	0.0661	0.0674	较低
2016	0.2572	0.3562	0.2891	0.0788	0.0587	较低
2017	0.2582	0.2995	0.3462	0.0908	0.0576	一般
2018	0.2371	0.2931	0.3418	0.1182	0.0585	一般
2019	0.2203	0.3006	0.2830	0.1715	0.0493	较低
2020	0.1969	0.4024	0.2606	0.1253	0.0461	较低

表5－27　　　　湖南2012～2020年物流业高质量发展测度结果

年份	低	较低	一般	较高	高	测度结果
2012	0.3278	0.2193	0.1842	0.0996	0.1438	低
2013	0.3176	0.2156	0.2318	0.0742	0.1349	低
2014	0.3075	0.2370	0.2482	0.0640	0.1333	低
2015	0.2996	0.2725	0.2332	0.0575	0.1298	低
2016	0.2877	0.2622	0.2673	0.0477	0.1246	低
2017	0.2854	0.2586	0.2588	0.0722	0.1229	低
2018	0.2886	0.2525	0.2653	0.0769	0.1181	低
2019	0.2847	0.2603	0.2504	0.0896	0.1269	较低
2020	0.2796	0.2726	0.2793	0.0649	0.1169	较低

表 5 - 28 广东 2012~2020 年物流业高质量发展测度结果

年份	低	较低	一般	较高	高	测度结果
2012	0.1828	0.3857	0.1976	0.1376	0.1160	较低
2013	0.1622	0.3395	0.2372	0.1460	0.1177	较低
2014	0.1380	0.2906	0.2833	0.1674	0.1315	较低
2015	0.1161	0.2880	0.2478	0.2228	0.1595	较低
2016	0.1083	0.3031	0.2702	0.2130	0.1398	较低
2017	0.1040	0.3067	0.2066	0.2425	0.1809	较低
2018	0.1271	0.2362	0.2501	0.2091	0.2028	一般
2019	0.1440	0.2058	0.2557	0.1682	0.2602	一般
2020	0.1252	0.2505	0.1828	0.2295	0.2347	较低

表 5 - 29 广西 2012~2020 年物流业高质量发展测度结果

年份	低	较低	一般	较高	高	测度结果
2012	0.4195	0.2706	0.1343	0.0473	0.0908	低
2013	0.4099	0.2938	0.1320	0.0448	0.0860	低
2014	0.4093	0.2875	0.1459	0.0479	0.0891	低
2015	0.4019	0.2863	0.1692	0.0394	0.0840	低
2016	0.3839	0.2574	0.1981	0.0406	0.0832	低
2017	0.3644	0.2733	0.1926	0.0562	0.0840	低
2018	0.3481	0.2686	0.2178	0.0533	0.0827	低
2019	0.3351	0.2747	0.2015	0.0618	0.0797	较低
2020	0.3543	0.2851	0.2242	0.0541	0.0776	较低

表 5 - 30 海南 2012~2020 年物流业高质量发展测度结果

年份	低	较低	一般	较高	高	测度结果
2012	0.4071	0.2512	0.1313	0.0662	0.0501	低
2013	0.3923	0.2656	0.1526	0.0465	0.0435	低
2014	0.3786	0.2335	0.1786	0.0574	0.0522	低
2015	0.3575	0.2413	0.2196	0.0393	0.0465	低
2016	0.3472	0.2512	0.2226	0.0329	0.0462	低
2017	0.3351	0.2574	0.2213	0.0492	0.0502	低
2018	0.3327	0.2636	0.1909	0.0674	0.0572	低
2019	0.3532	0.2620	0.2201	0.0545	0.0462	低
2020	0.3811	0.2934	0.2218	0.0432	0.0372	低

表 5 – 31   重庆 2012 ~ 2020 年物流业高质量发展测度结果

年份	低	较低	一般	较高	高	测度结果
2012	0.3613	0.2609	0.1680	0.0941	0.1314	低
2013	0.3487	0.2458	0.2009	0.0896	0.1185	低
2014	0.3394	0.2751	0.1885	0.0938	0.1195	低
2015	0.3065	0.2987	0.1988	0.0960	0.1096	低
2016	0.2881	0.3263	0.2062	0.1019	0.1075	较低
2017	0.2583	0.3518	0.2097	0.1025	0.1061	较低
2018	0.2538	0.3516	0.2303	0.0827	0.1119	较低
2019	0.2292	0.3354	0.2355	0.0797	0.1327	较低
2020	0.2171	0.3575	0.2371	0.0664	0.1402	较低

表 5 – 32   四川 2012 ~ 2020 年物流业高质量发展测度结果

年份	低	较低	一般	较高	高	测度结果
2012	0.3671	0.2522	0.1622	0.1212	0.0840	低
2013	0.3457	0.2589	0.2361	0.0802	0.0732	低
2014	0.3219	0.2973	0.2198	0.0555	0.1145	低
2015	0.3107	0.3214	0.2415	0.0606	0.0728	较低
2016	0.3020	0.2853	0.2700	0.0889	0.0760	低
2017	0.2990	0.2956	0.2679	0.0953	0.0771	低
2018	0.2941	0.2971	0.2530	0.1254	0.0794	较低
2019	0.3047	0.2872	0.2525	0.1299	0.0793	低
2020	0.2900	0.3223	0.2534	0.0878	0.0801	较低

表 5 – 33   贵州 2012 ~ 2020 年物流业高质量发展测度结果

年份	低	较低	一般	较高	高	测度结果
2012	0.3570	0.1744	0.1710	0.1122	0.1165	低
2013	0.3571	0.1693	0.1866	0.1086	0.1129	低
2014	0.3574	0.1421	0.1781	0.1307	0.1089	低
2015	0.3579	0.1675	0.2258	0.0783	0.1059	低
2016	0.3486	0.1796	0.2279	0.0700	0.1011	低
2017	0.3446	0.1707	0.2460	0.0735	0.1033	低
2018	0.3496	0.1680	0.2494	0.0905	0.1008	低
2019	0.3468	0.2085	0.2386	0.0758	0.0969	低
2020	0.3411	0.2272	0.2411	0.0535	0.0823	低

表 5 - 34　　　　云南 2012~2020 年物流业高质量发展测度结果

年份	低	较低	一般	较高	高	测度结果
2012	0.4066	0.2704	0.0983	0.1134	0.0858	低
2013	0.3878	0.2683	0.1092	0.1228	0.0784	低
2014	0.3749	0.2387	0.1852	0.0886	0.0729	低
2015	0.3757	0.2252	0.2188	0.0811	0.0668	低
2016	0.3557	0.2076	0.2809	0.0688	0.0646	低
2017	0.3259	0.2455	0.2284	0.1223	0.0685	低
2018	0.2775	0.3103	0.1698	0.1707	0.0710	较低
2019	0.2909	0.3004	0.1830	0.1688	0.0727	较低
2020	0.2939	0.3047	0.2337	0.1113	0.0577	较低

表 5 - 35　　　　陕西 2012~2020 年物流业高质量发展测度结果

年份	低	较低	一般	较高	高	测度结果
2012	0.3584	0.3480	0.1453	0.1199	0.0696	低
2013	0.3511	0.3694	0.1826	0.0711	0.0610	较低
2014	0.3208	0.3483	0.2378	0.0697	0.0556	较低
2015	0.3006	0.3905	0.2369	0.0458	0.0510	较低
2016	0.2761	0.4025	0.2458	0.0507	0.0527	较低
2017	0.2478	0.4535	0.2163	0.0795	0.0617	较低
2018	0.2357	0.4631	0.2177	0.0783	0.0573	较低
2019	0.2105	0.4974	0.2116	0.0787	0.0519	较低
2020	0.1974	0.5191	0.2075	0.0685	0.0492	较低

表 5 - 36　　　　甘肃 2012~2020 年物流业高质量发展测度结果

年份	低	较低	一般	较高	高	测度结果
2012	0.4475	0.2143	0.0753	0.0787	0.1169	低
2013	0.4470	0.1998	0.1117	0.0718	0.1017	低
2014	0.4288	0.2089	0.1486	0.0577	0.0970	低
2015	0.4278	0.2270	0.1424	0.0452	0.0956	低
2016	0.4320	0.1854	0.1887	0.0419	0.0961	低
2017	0.4193	0.1962	0.1768	0.0589	0.0944	低
2018	0.4177	0.1871	0.1982	0.0653	0.0980	低
2019	0.4101	0.1998	0.1924	0.0670	0.0929	低
2020	0.4001	0.2296	0.1605	0.0652	0.0913	低

表5-37　　　　青海2012~2020年物流业高质量发展测度结果

年份	低	较低	一般	较高	高	测度结果
2012	0.3725	0.1759	0.1760	0.0838	0.0811	低
2013	0.3753	0.1580	0.1841	0.0802	0.0898	低
2014	0.3669	0.1405	0.2123	0.0920	0.0764	低
2015	0.3889	0.1590	0.1828	0.0959	0.0714	低
2016	0.3606	0.1431	0.2110	0.1107	0.0743	低
2017	0.3471	0.1903	0.1704	0.1276	0.0753	低
2018	0.3486	0.2025	0.1835	0.1218	0.0638	低
2019	0.3636	0.1635	0.1787	0.1361	0.0590	低
2020	0.3570	0.1856	0.1711	0.0999	0.0888	低

表5-38　　　　宁夏2012~2020年物流业高质量发展测度结果

年份	低	较低	一般	较高	高	测度结果
2012	0.4054	0.1694	0.1454	0.0781	0.1189	低
2013	0.4269	0.1820	0.1610	0.0760	0.0764	低
2014	0.3861	0.2133	0.1667	0.0860	0.0642	低
2015	0.3763	0.2041	0.1981	0.0872	0.0577	低
2016	0.3780	0.2251	0.1780	0.0991	0.0578	低
2017	0.3704	0.1933	0.1990	0.1147	0.0655	低
2018	0.3659	0.2337	0.2243	0.0650	0.0615	低
2019	0.3731	0.2561	0.1817	0.0841	0.0595	低
2020	0.3723	0.2722	0.1889	0.0753	0.0575	低

表5-39　　　　新疆2012~2020年物流业高质量发展测度结果

年份	低	较低	一般	较高	高	测度结果
2012	0.3575	0.1874	0.1664	0.0828	0.1529	低
2013	0.3517	0.1753	0.2144	0.1129	0.1025	低
2014	0.3224	0.2410	0.1780	0.1273	0.1035	低
2015	0.3215	0.2666	0.1690	0.1431	0.0735	低
2016	0.3001	0.2923	0.1796	0.1434	0.0714	低
2017	0.2703	0.2664	0.1771	0.2087	0.0796	低
2018	0.2436	0.2275	0.2321	0.2099	0.0870	低
2019	0.2470	0.2434	0.2278	0.2012	0.0724	较低
2020	0.2979	0.3724	0.1763	0.0714	0.0697	较低

5.3.3 中国物流业高质量发展测度结果分析

根据综合测度结果，总的来看中国物流业高质量发展存有较大上升空间。从时间维度上看，2012～2020 年中国物流业高质量发展总体呈缓慢上升趋势，但部分地区呈现出较明显的逐步提升态势。例如，北京市物流业高质量发展由 2012 年的一般水平发展至 2018 年的较高水平，江苏省物流业高质量发展由 2012 年的较低水平发展至 2020 年的较高水平，上海市物流业高质量发展由 2012 年的较低水平发展至 2016 年后基本保持在一般水平；相对来说，天津市物流业高质量发展缓慢，与其经济水平不符。从综合测度结果空间维度来看，中国省域物流业高质量发展并不均衡，北京、江苏、上海、浙江、安徽、广东、湖北等地发展水平较高，升势也较为明显，而贵州、青海、宁夏、甘肃、海南、新疆、天津基本处于低发展水平。

5.4 本章小结

本章研究了中国物流业高质量发展水平的统计测度问题。基于云模型理论，确定了中国物流业高质量发展测度评价指标的云数字特征与隶属度矩阵；提出了中国物流业高质量发展水平的云模型测度方法；最后利用 2012～2020 年中国 30 个省份的相关数据进行实证分析，实证结果表明：尽管从时间维度上看，中国物流业高质量发展总体呈缓慢上升趋势，但各省市物流业高质量发展并不均衡，整体上还存有较大提升空间。

第 6 章

基于平均算子的中国物流业高质量发展直觉模糊评价方法

决策信息、偏好等集结方法是管理决策问题研究中的重要内容之一。1988 年耶格尔（Yager）推广线性加权算子提出了有序加权集结（ordered weighted averaging，OWA）算子；2004 年耶格尔在有序加权集结算子基础上，提出了广义有序加权集结（generalized ordered weighted averaging，GOWA）算子；之后，徐泽水（2006，2007）、李登峰（2009，2010，2011）给出了直觉模糊平均算子、直觉模糊加权集结算子、直觉模糊有序加权集结算子等一系列集成算子，并探讨了它们在直觉模糊多属性决策中的应用。本章是第 7 章、第 8 章的基础章节，将利用直觉模糊混合平均算子、直觉模糊混合几何算子等，讨论中国物流业高质量发展的评价方法。

6.1 直觉模糊集理论基础

6.1.1 直觉模糊集的概念及其运算

阿塔纳索夫（Atanassov）把扎德（Zadeh）的模糊集进行了推广，给出了直觉模糊集的定义。

定义 6.1（Atanassov，1986）　设 X 是一个非空经典集合，则称

$$\tilde{A} = \{ <x,\mu_{\tilde{A}}(x),\nu_{\tilde{A}}(x) > |x \in X \} \tag{6.1}$$

为 X 上的一个直觉模糊集，其中 $\mu_{\tilde{A}}(x)$ 和 $\nu_{\tilde{A}}(x)$ 分别为元素 x 属于 $\tilde{A}$ 的隶属度和非隶属度，即：

$$\mu_{\tilde{A}}:X \to [0,1], x \in X \to \mu_{\tilde{A}}(x) \in [0,1]$$

$$\nu_{\tilde{A}}:X \to [0,1], x \in X \to \nu_{\tilde{A}}(x) \in [0,1]$$

且满足：

$$0 \leq \mu_{\tilde{A}}(x) + \nu_{\tilde{A}}(x) \leq 1, x \in X$$

这里，$\mu_{\tilde{A}}(x)$ 和 $\nu_{\tilde{A}}(x)$ 分别表示支持元素 x 属于集合 A 的证据所导出的肯定隶属度的下界和反对元素 x 属于集合 A 的证据所导出的否定隶属度的下界。X 上所有直觉模糊集的集合记为 $F(X)$。

直觉模糊集可以简记为 $\tilde{A} = <x,\mu_{\tilde{A}},\nu_{\tilde{A}}>$ 或者 $\tilde{A} = <\mu_{\tilde{A}},\nu_{\tilde{A}}>/x$。显然，每一个模糊集 $\tilde{A}$ 对应于下列直觉模糊集：

$$\tilde{A} = \{ <x,\mu_{\tilde{A}}(x),1-\mu_{\tilde{A}}(x)>|x \in X \} \tag{6.2}$$

对于任一 $x \in X$，称 $\pi_{\tilde{A}}(x) = 1 - \mu_{\tilde{A}}(x) - \nu_{\tilde{A}}(x)$ 为直觉模糊集 $\tilde{A}$ 中元素 x 的直觉指数（intuitionistic index），它表示元素 x 对 $\tilde{A}$ 的犹豫度（hesitancy degree）。显然，对于每一个 $x \in X$，$0 \leq \pi_A(x) \leq 1$。特别地，如果：

$$\pi_{\tilde{A}}(x) = 1 - \mu_{\tilde{A}}(x) - [1 - \nu_{\tilde{A}}(x)] = 0, x \in X \tag{6.3}$$

则直觉模糊集 $\tilde{A}$ 退化为扎德的模糊集。因此，扎德的模糊集是直觉模糊集的一个特例。

6.1.2　直觉模糊集的运算法则

定义 6.2（Atanassov，1999）设 $\tilde{A}$、$\tilde{B}$ 是论域 X 上的两个直觉模糊集，$\tilde{A} = \{ <x,\mu_{\tilde{A}}(x),\nu_{\tilde{A}}(x)>|x \in X \}$，$\tilde{B} = \{ <x,\mu_{\tilde{B}}(x),\nu_{\tilde{B}}(x)>|x \in X \}$，$\lambda > 0$ 是任意实数，则：

(1) 直觉模糊集的包含关系：$\tilde{A} \subseteq \tilde{B}$ 当且仅当 $\forall x \in X$，$\mu_{\tilde{A}}(x) \leqslant \mu_{\tilde{B}}(x)$ 且 $\nu_{\tilde{A}}(x) \geqslant \nu_{\tilde{B}}(x)$；

(2) 直觉模糊集的相等关系：$\tilde{A} = \tilde{B}$ 当且仅当 $\forall x \in X$，$\mu_{\tilde{A}}(x) = \mu_{\tilde{B}}(x)$ 且 $\nu_{\tilde{A}}(x) = \nu_{\tilde{B}}(x)$；

(3) 直觉模糊集的补：$(\tilde{A})^c = \{ <x, \nu_{\tilde{A}}(x), \mu_{\tilde{A}}(x)> | x \in X \}$；

(4) 直觉模糊集的交：$\tilde{A} \cap \tilde{B} = \{ <x, \mu_{\tilde{A}}(x) \wedge \mu_{\tilde{B}}(x), \nu_{\tilde{A}}(x) \vee \nu_{\tilde{B}}(x)> | x \in X \}$，式中符号"$\wedge$""$\vee$"分别表示取小或取大算子，即 min 和 max 算子。

(5) 直觉模糊集的并：$\tilde{A} \cup \tilde{B} = \{ <x, \mu_{\tilde{A}}(x) \vee \mu_{\tilde{B}}(x), \nu_{\tilde{A}}(x) \wedge \nu_{\tilde{B}}(x)> | x \in X \}$；

(6) 直觉模糊集的和：

$$\tilde{A} + \tilde{B} = \{ <x, \mu_{\tilde{A}}(x) + \mu_{\tilde{B}}(x) - \mu_{\tilde{A}}(x)\mu_{\tilde{B}}(x),$$
$$\nu_{\tilde{A}}(x)\nu_{\tilde{B}}(x)> | x \in X \};$$

(7) 直觉模糊集的积：

$$\tilde{A} \cdot \tilde{B} = \{ <x, \mu_{\tilde{A}}(x)\mu_{\tilde{B}}(x), \nu_{\tilde{A}}(x) + \nu_{\tilde{B}}(x)$$
$$- \nu_{\tilde{A}}(x)\nu_{\tilde{B}}(x)> | x \in X \};$$

(8) 直觉模糊集与数的乘积：$\lambda\tilde{A} = \{ <x, 1 - (1 - \mu_{\tilde{A}}(x))^{\lambda}, (\nu_{\tilde{A}}(x))^{\lambda}> | x \in X \}$；

(9) 直觉模糊集的乘方：$(\tilde{A})^{\lambda} = \{ <x, (\mu_{\tilde{A}}(x))^{\lambda}, 1 - (1 - \nu_{\tilde{A}}(x))^{\lambda}> | x \in X \}$.

6.1.3 直觉模糊集的距离测度

定义 6.3（李登峰，2011）设 $d: F(X) \times F(X) \rightarrow [0, 1]$ 是一映射，对于任意直觉模糊集 $\tilde{A} \in F(X)$、$\tilde{B} \in F(X)$、$\tilde{C} \in F(X)$，称 $d(\tilde{A}, \tilde{B})$ 为直觉模糊集 $\tilde{A}$ 与 $\tilde{B}$ 的距离，如果它满足条件：

(1) $0 \leqslant d(\tilde{A}, \tilde{B}) \leqslant 1$；

(2) $d(\tilde{A}, \tilde{B}) = 0$ 当且仅当 $\tilde{A} = \tilde{B}$；

(3) $d(\tilde{A}, \tilde{B}) = d(\tilde{B}, \tilde{A})$；

（4）如果 $\tilde{A} \subseteq \tilde{B} \subseteq \tilde{C}$，则 $d(\tilde{A},\tilde{C}) \geqslant d(\tilde{A},\tilde{B})$，$d(\tilde{A},\tilde{C}) \geqslant d(\tilde{C},\tilde{B})$。

常见距离测度包括 Euclidean 距离、Hamming 距离、Minkowski 距离、Chebyshev 距离等（李登峰，2012）。

6.1.4　直觉模糊数及其排序规则

直觉模糊数是一个数量概念，在直觉模糊决策中具有重要的应用前景（李登峰，2012）。

为了方便起见，称 $\tilde{\alpha} = (\mu_{\tilde{\alpha}},\nu_{\tilde{\alpha}})$ 为直觉模糊数，其中，$\mu_{\tilde{\alpha}} \in [0,1]$，$\nu_{\tilde{\alpha}} \in [0,1]$，$\mu_{\tilde{\alpha}} + \nu_{\tilde{\alpha}} \leqslant 1$。

显然，$\tilde{\alpha}^{+} = (1,0)$ 是最大的直觉模糊数，而 $\tilde{\alpha}^{-} = (0,1)$ 是最小的直觉模糊数。

定义 6.4（李登峰，2012）　设 $\tilde{\alpha}_1 = (\mu_{\tilde{\alpha}_1},\nu_{\tilde{\alpha}_1})$，$\tilde{\alpha}_2 = (\mu_{\tilde{\alpha}_2},\nu_{\tilde{\alpha}_2})$ 为 2 个直觉模糊数，$s(\tilde{\alpha}_1) = \mu_{\tilde{\alpha}_1} - \nu_{\tilde{\alpha}_1}$，$s(\tilde{\alpha}_2) = \mu_{\tilde{\alpha}_2} - \nu_{\tilde{\alpha}_2}$ 分别为 $\tilde{\alpha}_1$ 和 $\tilde{\alpha}_2$ 的得分值，$h(\tilde{\alpha}_1) = \mu_{\tilde{\alpha}_1} + \nu_{\tilde{\alpha}_1}$，$h(\tilde{\alpha}_2) = \mu_{\tilde{\alpha}_2} + \nu_{\tilde{\alpha}_2}$ 分别为 $\tilde{\alpha}_1$ 和 $\tilde{\alpha}_2$ 的精确度，则有：

（1）若 $s(\tilde{\alpha}_1) < s(\tilde{\alpha}_2)$，则 $\tilde{\alpha}_1$ 小于 $\tilde{\alpha}_2$，即 $\tilde{\alpha}_1 < \tilde{\alpha}_2$；

（2）若 $s(\tilde{\alpha}_1) = s(\tilde{\alpha}_2)$，则有：

1）若 $h(\tilde{\alpha}_1) = h(\tilde{\alpha}_2)$，则 $\tilde{\alpha}_1$ 等于 $\tilde{\alpha}_2$，即 $\tilde{\alpha}_1 = \tilde{\alpha}_2$；

2）若 $h(\tilde{\alpha}_1) < h(\tilde{\alpha}_2)$，则 $\tilde{\alpha}_1$ 小于 $\tilde{\alpha}_2$，即 $\tilde{\alpha}_1 < \tilde{\alpha}_2$；

3）若 $h(\tilde{\alpha}_1) > h(\tilde{\alpha}_2)$，则 $\tilde{\alpha}_1$ 大于 $\tilde{\alpha}_2$，即 $\tilde{\alpha}_1 > \tilde{\alpha}_2$.

定理 6.1（李登峰，2012）　设 $\tilde{\alpha}_1 = (\mu_{\tilde{\alpha}_1},\nu_{\tilde{\alpha}_1})$，$\tilde{\alpha}_2 = (\mu_{\tilde{\alpha}_2},\nu_{\tilde{\alpha}_2})$ 为 2 个直觉模糊数，则有：

$$\tilde{\alpha}_1 \leqslant \tilde{\alpha}_2 \Leftrightarrow \mu_{\tilde{\alpha}_1} \leqslant \mu_{\tilde{\alpha}_2} \text{且} \nu_{\tilde{\alpha}_1} \geqslant \nu_{\tilde{\alpha}_2}.$$

6.2 基于直觉模糊混合平均算子的物流业高质量发展评价方法

6.2.1 直觉模糊加权平均算子

记论域 X 上所有直觉模糊数为 $F(X)$。

定义 6.5 设 $\tilde{A}_j = <\mu_j, \nu_j>$ $(j=1,2,\cdots,n)$ 是一组直觉模糊数，直觉模糊加权平均算子 $IFWA$ 是一个映射：$F^n \rightarrow F$，使得：

$$IFWA_\omega(\tilde{A}_1, \tilde{A}_2, \cdots, \tilde{A}_n) = \omega_1 \tilde{A}_1 \oplus \omega_2 \tilde{A}_2 \oplus \cdots \oplus \omega_n \tilde{A}_n \tag{6.4}$$

则称 IFWA 为直觉模糊加权平均算子，其中，$\omega = (\omega_1, \omega_2, \cdots, \omega_n)^T$ 为 $\tilde{A}_j = <\mu_j, \nu_j>$ $(j=1,2,\cdots,n)$ 的权重向量，$\omega_j \in [0,1]$ $(j=1,2,\cdots,n)$，$\sum_{j=1}^{n} \omega_j = 1$。

特别地，若 $\omega = (1/n, 1/n, \cdots, 1/n)^T$，则 $IFWA$ 算子退化为直觉模糊平均（IFA）算子：

$$IFA(\tilde{A}_1, \tilde{A}_2, \cdots, \tilde{A}_n) = \frac{1}{n}(\tilde{A}_1 \oplus \tilde{A}_2 \oplus \cdots \oplus \tilde{A}_n) \tag{6.5}$$

利用数学归纳法，可以证明下面定理：

定理 6.2 设 $\tilde{A}_j = <\mu_j, \nu_j>$ $(j=1,2,\cdots,n)$ 是一组直觉模糊数，则由 $IFWA$ 算子运算得到的结果仍然是直觉模糊数，且：

$$IFWA_\omega(\tilde{A}_1, \tilde{A}_2, \cdots, \tilde{A}_n) = < 1 - \prod_{j=1}^{n}(1-\mu_j)^{\omega_j}, \prod_{j=1}^{n}(\nu_j)^{\omega_j} >$$

$$\tag{6.6}$$

例 6.1 设 $\tilde{A}_1 = <0.2, 0.6>$，$\tilde{A}_2 = <0.4, 0.5>$，$\tilde{A}_3 = <0.6, 0.3>$，$\tilde{A}_4 = <0.3, 0.7>$ 为 4 个直觉模糊数，$\omega = (0.2, 0.4, 0.1, 0.3)^T$ 为其权重向量，则：

$$IFWA_{\omega}(\tilde{A}_1, \tilde{A}_2, \tilde{A}_3, \tilde{A}_4)$$

$$= \omega_1 \tilde{A}_1 \oplus \omega_2 \tilde{A}_2 \oplus \omega_3 \tilde{A}_3 \oplus \omega_4 \tilde{A}_4$$

$$= <1 - \prod_{j=1}^{4}(1 - \mu_j)^{\omega_j}, \prod_{j=1}^{4}(\nu_j)^{\omega_j}>$$

$$= <1 - (1 - 0.2)^{0.2} \times (1 - 0.4)^{0.4} \times (1 - 0.6)^{0.1} \times (1 - 0.3)^{0.3},$$

$$0.6^{0.2} \times 0.5^{0.4} \times 0.3^{0.1} \times 0.7^{0.3}>$$

$$= <0.361, 0.545>.$$

6.2.2 直觉模糊有序加权平均算子

定义 6.6 设 $\tilde{A}_j = <\mu_j, \nu_j>(j = 1, 2, \cdots, n)$ 是一组直觉模糊数，直觉模糊有序加权平均算子 $IFOWA$ 是一个映射：$IFOWA: F^n \rightarrow F$，使得：

$$IFOWA_w(\tilde{A}_1, \tilde{A}_2, \cdots, \tilde{A}_n) = w_1 \tilde{A}_{\sigma(1)} \oplus w_2 \tilde{A}_{\sigma(2)} \oplus \cdots \oplus w_n \tilde{A}_{\sigma(n)} \quad (6.7)$$

则称 $IFOWA$ 为直觉模糊有序加权平均算子，其中，$w = (w_1, w_2, \cdots, w_n)^T$ 为与 $IFOWA$ 算子相关联的权重向量，$w_j \in [0, 1](j = 1, 2, \cdots, n)$，$\sum_{j=1}^{n} w_j = 1$，$(\sigma(1), \sigma(2), \cdots, \sigma(n))$ 为数组 $(1, 2, \cdots, n)$ 的一个置换，使得对任意 k，有 $\tilde{A}_{\sigma(k-1)} \geqslant \tilde{A}_{\sigma(k)}$，即 $\tilde{A}_{\sigma(k)}$ 是直觉模糊数 $\tilde{A}_j = <\mu_j, \nu_j>(j = 1, 2, \cdots, n)$ 按直觉模糊数的排序规则确定的第 k 个最大直觉模糊数。

特别地，若 $w = (1/n, 1/n, \cdots, 1/n)^T$，则 $IFOWA$ 算子退化为直觉模糊平均（IFA）算子：

$$IFA(\tilde{A}_1, \tilde{A}_2, \cdots, \tilde{A}_n) = \frac{1}{n}(\tilde{A}_1 \oplus \tilde{A}_2 \oplus \cdots \oplus \tilde{A}_n).$$

类似定理 6.2，可以证明定理 6.3。

定理 6.3 设 $\tilde{A}_j = <\mu_j, \nu_j>(j = 1, 2, \cdots, n)$ 是一组直觉模糊数，$\tilde{A}_{\sigma(k)}$ 是直觉模糊数 $\tilde{A}_j = <\mu_j, \nu_j>(j = 1, 2, \cdots, n)$ 按其排序规则确定的第 k 个最大直觉模糊数，则由 $IFOWA$ 算子运算得到的结果仍然是直觉模糊数，且：

$$IFWA_w(\tilde{A}_1, \tilde{A}_2, \cdots, \tilde{A}_n) = <1 - \prod_{j=1}^{n}(1 - \mu_{\sigma(j)})^{w_j}, \prod_{j=1}^{n}(\nu_{\sigma(j)})^{w_j}>$$

$$(6.8)$$

其中，$w = (w_1, w_2, \cdots, w_n)^T$ 为与 $IFOWA$ 算子相关联的权重向量，$w_j \in [0,1]$ $(j = 1, 2, \cdots, n)$，$\sum\limits_{j=1}^{n} w_j = 1$。

例 6.2 设 $\tilde{A}_1 = <0.1, 0.2>$，$\tilde{A}_2 = <0.2, 0.4>$，$\tilde{A}_3 = <0.6, 0.2>$，$\tilde{A}_4 = <0.4, 0.2>$ 为 4 个直觉模糊数，$w = (0.2, 0.3, 0.3, 0.2)^T$ 为与 $IFOWA$ 算子相关联的权重向量。

为了对 $\tilde{A}_j = <\mu_j, \nu_j> (j = 1, 2, 3, 4)$ 进行排序，首先根据定义 6.4 计算直觉模糊数 $\tilde{A}_j = <\mu_j, \nu_j> (j = 1, 2, 3, 4)$ 的得分值：

$$s(\tilde{A}_1) = 0.1 - 0.2 = -0.1, s(\tilde{A}_2) = 0.2 - 0.4 = -0.2,$$
$$s(\tilde{A}_3) = 0.6 - 0.2 = 0.4, s(\tilde{A}_4) = 0.4 - 0.2 = 0.2.$$

所以：

$$s(\tilde{A}_3) > s(\tilde{A}_4) > s(\tilde{A}_1) > s(\tilde{A}_2)$$

于是得到：

$$\tilde{A}_{\sigma(1)} = <0.6, 0.2>, \tilde{A}_{\sigma(2)} = <0.4, 0.2>,$$
$$\tilde{A}_{\sigma(3)} = <0.1, 0.2>, \tilde{A}_{\sigma(4)} = <0.2, 0.4>.$$

因此：

$$IFOWA_w(\tilde{A}_1, \tilde{A}_2, \tilde{A}_3, \tilde{A}_4)$$
$$= \omega_1 \tilde{A}_{\sigma(1)} \oplus \omega_2 \tilde{A}_{\sigma(2)} \oplus \omega_3 \tilde{A}_{\sigma(3)} \oplus \omega_4 \tilde{A}_{\sigma(4)}$$
$$= < 1 - \prod_{j=1}^{4} (1 - \mu_{\sigma(j)})^{\omega_j}, \prod_{j=1}^{4} (\nu_{\sigma(j)})^{\omega_j} >$$
$$= < 1 - (1 - 0.6)^{0.2} \times (1 - 0.4)^{0.3} \times (1 - 0.1)^{0.3} \times (1 - 0.2)^{0.2},$$
$$0.2^{0.2} \times 0.2^{0.3} \times 0.2^{0.3} \times 0.4^{0.2} >$$
$$= < 0.338, 0.230 >.$$

6.2.3 直觉模糊混合平均算子

定义 6.7 设 $\tilde{A}_j = <\mu_j, \nu_j> (j = 1, 2, \cdots, n)$ 是一组直觉模糊数，直觉模糊混合平均算子 $IFHA$ 是一个映射：$IFHA: F^n \rightarrow F$，使得：

$$IFHA_{\omega,w}(\tilde{A}_1, \tilde{A}_2, \cdots, \tilde{A}_n) = w_1 \tilde{A}'_{\sigma(1)} \oplus w_2 \tilde{A}'_{\sigma(2)} \oplus \cdots \oplus w_n \tilde{A}'_{\sigma(n)} \quad (6.9)$$

则称 IFHA 为直觉模糊混合平均算子，其中，$w = (w_1, w_2, \cdots, w_n)^T$ 为与 IFHA 算子相关联的权重向量，$w_j \in [0,1](j = 1, 2, \cdots, n)$，$\sum_{j=1}^{n} w_j = 1$；$\tilde{A}'_j = n\omega_j \tilde{A}_j = < \mu'_j, \nu'_j > (j = 1, 2, \cdots, n)$，$(\tilde{A}'_{\sigma(1)}, \tilde{A}'_{\sigma(2)}, \cdots, \tilde{A}'_{\sigma(n)})$ 是加权的直觉模糊数组 $(\tilde{A}'_1, \tilde{A}'_2, \cdots, \tilde{A}'_n)$ 的一个置换，使得对任意 k，有 $\tilde{A}'_{\sigma(k-1)} \geqslant \tilde{A}'_{\sigma(k)}$，即 $\tilde{A}'_{\sigma(k)}$ 是直觉模糊数 $\tilde{A}'_j = < \mu'_j, \nu'_j > (j = 1, 2, \cdots, n)$ 按直觉模糊数的排序规则确定的第 k 个最大直觉模糊数；$\omega = (\omega_1, \omega_2, \cdots, \omega_n)^T$ 为 $\tilde{A}_j = < \mu_j, \nu_j >$ $(j = 1, 2, \cdots, n)$ 的权重向量，$\omega_j \in [0,1](j = 1, 2, \cdots, n)$，$\sum_{j=1}^{n} \omega_j = 1$；$n$ 为平衡系数。

特别地，若 $w = (1/n, 1/n, \cdots, 1/n)^T$，则 IFHA 算子退化为直觉模糊加权平均算子 IFWA；若 $\omega = (1/n, 1/n, \cdots, 1/n)^T$，则 IFHA 算子退化为直觉模糊有序加权平均算子 IFOWA。

直觉模糊混合平均算子 IFHA 是直觉模糊加权平均算子 IFWA 和直觉模糊有序加权平均算子 IFOWA 的拓展，它充分考虑了待集结直觉模糊集自身重要性及其所在位置重要程度两方面的信息。

类似于定理 6.2 和定理 6.3，可以证明定理 6.4。

定理 6.4 设 $\tilde{A}_j = < \mu_j, \nu_j > (j = 1, 2, \cdots, n)$ 是一组直觉模糊数，令 $\tilde{A}'_j = n\omega_j \tilde{A}_j = < \mu'_j, \nu'_j > (j = 1, 2, \cdots, n)$，$\tilde{A}'_{\sigma(k)}$ 是 $\tilde{A}'_j = < \mu'_j, \nu'_j > (j = 1, 2, \cdots, n)$ 中按直觉模糊数的排序规则确定的第 k 个最大直觉模糊数，则由 IFHA 算子运算得到的结果仍然是直觉模糊数，且：

$$IFHA_{\omega,w}(\tilde{A}_1, \tilde{A}_2, \cdots, \tilde{A}_n) = < 1 - \prod_{j=1}^{n} (1 - \mu'_{\sigma(j)})^{\omega_j}, \prod_{j=1}^{n} (\nu'_{\sigma(j)})^{\omega_j} >$$

(6.10)

其中，$w = (w_1, w_2, \cdots, w_n)^T$ 为与 IFOWA 算子相关联的权重向量，$w_j \in [0, 1](j = 1, 2, \cdots, n)$，$\sum_{j=1}^{n} w_j = 1$；$\omega = (\omega_1, \omega_2, \cdots, \omega_n)^T$ 为 $\tilde{A}_j = < \mu_j, \nu_j > (j = 1, 2, \cdots, n)$ 的权重向量，$\omega_j \in [0,1](j = 1, 2, \cdots, n)$，$\sum_{j=1}^{n} \omega_j = 1$；$n$ 为平衡系数。

例 6.3 设 $\tilde{A}_1 = < 0.2, 0.5 >$，$\tilde{A}_2 = < 0.3, 0.4 >$，$\tilde{A}_3 = < 0.5,$

$0.1>$，$\tilde{A}_4 = <0.7,0.2>$，$\tilde{A}_5 = <0.6,0.3>$ 为 5 个直觉模糊数，$\omega = (0.25,0.15,0.20,0.18,0.22)^T$ 为 $\tilde{A}_j(j=1,2,3,4,5)$ 的权重向量，$w = (0.112,0.236,0.304,0.236,0.112)^T$ 为与 $IFOWA$ 算子相关联的权重向量。

首先利用直觉模糊数的运算法则，计算加权的直觉模糊数 $\tilde{A}_j'$：

$$\tilde{A}_1' = n\omega_1 \tilde{A}_1 = <1-(1-0.2)^{5\times0.25},0.5^{5\times0.25}> = <0.243,0.420>,$$

$$\tilde{A}_2' = n\omega_2 \tilde{A}_2 = <1-(1-0.3)^{5\times0.15},0.4^{5\times0.15}> = <0.235,0.503>,$$

$$\tilde{A}_3' = n\omega_3 \tilde{A}_3 = <1-(1-0.5)^{5\times0.20},0.1^{5\times0.20}> = <0.50,0.10>,$$

$$\tilde{A}_4' = n\omega_4 \tilde{A}_4 = <1-(1-0.7)^{5\times0.18},0.2^{5\times0.18}> = <0.662,0.235>,$$

$$\tilde{A}_5' = n\omega_5 \tilde{A}_5 = <1-(1-0.6)^{5\times0.22},0.3^{5\times0.22}> = <0.635,0.266>.$$

利用定义 2.6，计算可得 $\tilde{A}_j'(j=1,2,3,4)$ 的得分值：

$$s(\tilde{A}_1') = 0.243 - 0.420 = -0.177, s(\tilde{A}_2') = 0.235 - 0.503 = -0.268,$$

$$s(\tilde{A}_3') = 0.50 - 0.10 = 0.40, s(\tilde{A}_4') = 0.662 - 0.235 = 0.427,$$

$$s(\tilde{A}_5') = 0.635 - 0.266 = 0.369.$$

可知：

$$s(\tilde{A}_4') > s(\tilde{A}_3') > s(\tilde{A}_5') > s(\tilde{A}_1') > s(\tilde{A}_2').$$

则有：

$$\tilde{A}_{\sigma(1)}' = <0.662,0.235>, \tilde{A}_{\sigma(2)}' = <0.50,0.10>,$$

$$\tilde{A}_{\sigma(3)}' = <0.635,0.266>, \tilde{A}_{\sigma(4)}' = <0.243,0.420>,$$

$$\tilde{A}_{\sigma(5)}' = <0.235,0.503>.$$

由 $IFHA$ 算子可得：

$$IFHA_{\omega,w}(\tilde{A}_1,\tilde{A}_2,\tilde{A}_3,\tilde{A}_4,\tilde{A}_5)$$

$$= <1 - \prod_{j=1}^{5}(1-\mu_{\sigma(j)}')^{\omega_j}, \prod_{j=1}^{5}(\nu_{\sigma(j)}')^{\omega_j}>$$

$$= <1-(1-0.662)^{0.112} \times (1-0.50)^{0.236} \times (1-0.635)^{0.304}$$

$$\times (1-0.243)^{0.236} \times (1-0.235)^{0.112}, 0.235^{0.112} \times 0.10^{0.236}$$

$$\times 0.266^{0.304} \times 0.420^{0.236} \times 0.503^{0.112}>$$

$$= <0.497,0249>.$$

6.2.4 基于直觉模糊混合平均算子的物流业高质量发展评价模型

（1）物流业高质量发展评价问题的描述

假设对中国 m 个地区的物流业高质量发展状况进行评价，用 $Y_i(i=1,$ $2,\cdots,m)$ 表示第 i 个被评价地区，所有 $Y_i(i=1,2,\cdots,m)$ 组成方案集 $Y=$ $\{Y_1,Y_2,\cdots,Y_m\}$，评价每个地区物流业高质量发展水平的一级指标包含 B_1，B_2，$\cdots$，B_r；每个一级指标 $B_j(j=1,2,\cdots,r)$ 又由二级指标 $C_{jk_j}(j=1,2,\cdots,$ $r;k_j=1,2,\cdots,n_j)$ 组成；$\omega=(\omega_1,\omega_2,\cdots,\omega_r)^T$ 表示一级评价指标 $B_j(j=1,$ $2,\cdots,r)$ 的权重向量，满足 $\omega_j\geqslant0$，且 $\sum_{j=1}^{r}\omega_j=1$；$(\omega_{j1},\omega_{j2},\cdots,\omega_{jn_j})^T$ 为二级指标 $C_{jk_j}(j=1,2,\cdots,r;k_j=1,2,\cdots,n_j)$ 的权重向量，满足 $\omega_{jk_j}\geqslant0$，且 $\sum_{k_j=1}^{n_j}\omega_{jk_j}=$ 1；权重向量均已知。如果 $\tilde{F}_{ijk_j}=<\mu_{ijk_j},\nu_{ijk_j}>(i=1,2,\cdots,m;j=1,2,\cdots,r;$ $k_j=1,2,\cdots,n_j)$ 为直觉模糊数，表示第 i 个地区 $Y_i(i=1,2,\cdots,m)$ 满足二级指标 C_{jk_j} 和不满足二级指标 C_{jk_j} 的程度，则 $\tilde{F}_j=(<\mu_{ijk_j},\nu_{ijk_j}>)_{m\times n_j}(j=$ $1,2,\cdots,r)$ 为该问题关于一级评价指标 $B_j(j=1,2,\cdots,r)$ 的直觉模糊决策矩阵（见表 6-1）。现在的问题是根据直觉模糊决策矩阵 $\tilde{F}_j(j=1,2,\cdots,$ $r)$，如何得到一个基于 $IFHA$ 的决策分析方法来对 m 个地区的物流业高质量发展状况进行评价。

表 6-1　　关于一级评价指标 B_j 的直觉模糊决策矩阵 $\tilde{F}_j$

指标	C_{j1}	C_{j2}	$\cdots$	C_{jn_j}
Y_1	$<\mu_{1j1},\nu_{1j1}>$	$<\mu_{1j2},\nu_{1j2}>$	$\cdots$	$<\mu_{1jn_j},\nu_{1jn_j}>$
Y_2	$<\mu_{2j1},\nu_{2j1}>$	$<\mu_{2j2},\nu_{2j2}>$	$\cdots$	$<\mu_{2jn_j},\nu_{2jn_j}>$
$\vdots$	$\vdots$	$\vdots$	$\vdots$	$\vdots$
Y_m	$<\mu_{mj1},\nu_{mj1}>$	$<\mu_{mj2},\nu_{mj2}>$	$\cdots$	$<\mu_{mjn_j},\nu_{mjn_j}>$

（2）基于直觉模糊混合平均算子的物流业高质量发展评价步骤

基于直觉模糊混合平均算子的物流业高质量发展评价问题的多属性决

策步骤如下。

步骤1 确定物流业高质量发展评价问题的方案集 $Y = \{Y_1, Y_2, \cdots, Y_m\}$ 和一级指标集（属性集）$B = \{B_1, B_2, \cdots, B_r\}$。

步骤2 构建一级评价指标 B_j 下的直觉模糊决策矩阵 $\tilde{F}_j$。确定物流业高质量发展评价问题的方案集 $Y = \{Y_1, Y_2, \cdots, Y_m\}$，用直觉模糊数表示各地区 $Y_i(i = 1, 2, \cdots, m)$ 关于二级指标 C_{jk_j} 的评价信息，构建 $Y_i(i = 1, 2, \cdots, m)$ 关于一级评价指标 $B_j(j = 1, 2, \cdots, r)$ 的直觉模糊决策矩阵 $\tilde{F}_j$。

步骤3 根据物流业高质量发展评价问题各二级评价指标的权重，利用直觉模糊平均算子 IFWA，计算可得物流业高质量发展问题中方案 $Y_i \in Y$ 关于一级评价指标 $B_j \in B$ 的直觉模糊特征信息。

$$
\begin{aligned}
\tilde{F}_{ij} &= <\mu_{ij}, \nu_{ij}> = IFWA_\omega(\tilde{F}_{ij1}, \tilde{F}_{ij2}, \cdots, \tilde{F}_{ijn_j}) \\
&= <1 - \prod_{k_j=1}^{n_j}(1 - \mu_{ijk_j})^{w_{jk_j}}, \prod_{k_j=1}^{n_j}(\nu_{jk_j})^{w_{jk_j}}> \\
&\quad (j = 1, 2, \cdots, r; k_j = 1, 2, \cdots, n_j) \quad\quad (6.11)
\end{aligned}
$$

于是得到物流业高质量发展评价问题的直觉模糊决策矩阵 $\tilde{F} = (\tilde{F}_{ij})_{m \times r} = (<\mu_{ij}, \nu_{ij}>)_{m \times r}$。

步骤4 利用正态分布赋权法（徐泽水，2005）等确定与 IFHA 算子相关联的权重向量（或位置向量）$w = (w_1, w_2, \cdots, w_r)^T$。

步骤5 利用式（6.10）计算方案 Y_i 的综合属性值 $\tilde{d}_i = IFHA_{\omega, w}(\tilde{F}_{i1}, \tilde{F}_{i2}, \cdots, \tilde{F}_{ir})$。首先利用一级指标的权重 $\omega = (\omega_1, \omega_2, \cdots, \omega_r)^T$ 和平衡系数 r 计算加权的直觉模糊数 $\tilde{F}'_{ij} = r\omega_j\tilde{F}_{ij}$；其次利用直觉模糊数的排序规则对 $\tilde{F}'_{ij}(j = 1, 2, \cdots, r)$ 进行排序，得到直觉模糊数组 $\tilde{F}'_{i\sigma(1)}, \tilde{F}'_{i\sigma(2)}, \cdots, \tilde{F}'_{i\sigma(r)}$；最后根据与 IFHA 算子相关联的权重向量 $w = (w_1, w_2, \cdots, w_r)^T$ 计算方案 Y_i 的综合属性值 $\tilde{d}_i = IFHA_{\omega, w}(\tilde{F}_{i1}, \tilde{F}_{i2}, \cdots, \tilde{F}_{ir})$。

步骤6 计算方案 Y_i 的综合属性值 $\tilde{d}_i$ 的得分值 $s(\tilde{d}_i)$ 和精确值

$h(\tilde{d}_i)$，确定 $\tilde{d}_i(i=1,2,\cdots,m)$ 的不增排列顺序，并利用排序结果对方案 $Y_i(i=1,2,\cdots,m)$ 的物流业高质量发展水平进行评价和优劣排序。

6.2.5 实例分析

例 6.4 考虑物流业高质量发展评价问题。现对 4 个地区的物流业高质量发展水平进行评价，Y_1，Y_2，Y_3，Y_4 代表被评价的 4 个地区，评价指标体系包括 5 个一级指标和 22 个二级指标。假设有关专家对 4 个被评价地区 $Y_i(i=1,2,3,4)$ 关于一级指标 $B_j(j=1,2,3,4,5)$ 下的二级指标 $C_{jk_j}(j=1,2,3,4,5;k_j=1,2,\cdots,n_j)$ 进行评价，各地区物流业高质量发展状况对各二级指标的满足程度可用直觉模糊数来表示，有关评价结果与权重信息如表 6-2 ~ 表 6-6 所示。

表 6-2 　　　　　　　　关于准则 B_1 的直觉模糊决策矩阵 $\tilde{F}_1$

指标	C_{11}	C_{12}	C_{13}	C_{14}	C_{15}
Y_1	<0.90,0.05>	<0.85,0.10>	<0.80,0.15>	<0.90,0.05>	<0.85,0.15>
Y_2	<0.85,0.10>	<0.80,0.20>	<0.75,0.20>	<0.90,0.05>	<0.75,0.20>
Y_3	<0.85,0.10>	<0.80,0.15>	<0.75,0.20>	<0.85,0.10>	<0.65,0.20>
Y_4	<0.80,0.15>	<0.85,0.10>	<0.70,0.25>	<0.85,0.10>	<0.70,0.25>
权重	0.25	0.25	0.20	0.15	0.15

表 6-3 　　　　　　　　关于准则 B_2 的直觉模糊决策矩阵 $\tilde{F}_2$

指标	C_{21}	C_{22}	C_{23}	C_{24}
Y_1	<0.85,0.10>	<0.90,0.05>	<0.90,0.10>	<0.85,0.15>
Y_2	<0.80,0.15>	<0.75,0.15>	<0.80,0.10>	<0.75,0.20>
Y_3	<0.75,0.20>	<0.85,0.10>	<0.70,0.25>	<0.65,0.30>
Y_4	<0.80,0.10>	<0.70,0.20>	<0.65,0.30>	<0.80,0.15>
权重	0.30	0.30	0.25	0.15

表 6 - 4　　　　　　　　关于准则 B_3 的直觉模糊决策矩阵 $\widetilde{F}_3$

指标	C_{31}	C_{32}	C_{33}	C_{34}	C_{35}
Y_1	< 0.85 , 0.10 >	< 0.90 , 0.05 >	< 0.85 , 0.15 >	< 0.90 , 0.05 >	< 0.85 , 0.10 >
Y_2	< 0.90 , 0.05 >	< 0.80 , 0.15 >	< 0.75 , 0.20 >	< 0.70 , 0.20 >	< 0.85 , 0.10 >
Y_3	< 0.85 , 0.10 >	< 0.80 , 0.15 >	< 0.80 , 0.15 >	< 0.85 , 0.10 >	< 0.75 , 0.15 >
Y_4	< 0.70 , 0.20 >	< 0.80 , 0.10 >	< 0.75 , 0.15 >	< 0.80 , 0.15 >	< 0.75 , 0.15 >
权重	0.25	0.25	0.20	0.15	0.15

表 6 - 5　　　　　　　　关于准则 B_4 的直觉模糊决策矩阵 $\widetilde{F}_4$

指标	C_{41}	C_{42}	C_{43}
Y_1	< 0.85 , 0.10 >	< 0.90 , 0.05 >	< 0.90 , 0.05 >
Y_2	< 0.90 , 0.05 >	< 0.85 , 0.10 >	< 0.90 , 0.05 >
Y_3	< 0.75 , 0.20 >	< 0.80 , 0.15 >	< 0.75 , 0.15 >
Y_4	< 0.75 , 0.15 >	< 0.75 , 0.20 >	< 0.85 , 0.10 >
权重	0.40	0.35	0.25

表 6 - 6　　　　　　　　关于准则 B_5 的直觉模糊决策矩阵 $\widetilde{F}_5$

指标	C_{51}	C_{52}	C_{53}	C_{54}	C_{55}
Y_1	< 0.75 , 0.15 >	< 0.80 , 0.20 >	< 0.65 , 0.30 >	< 0.60 , 0.25 >	< 0.80 , 0.10 >
Y_2	< 0.60 , 0.35 >	< 0.65 , 0.20 >	< 0.55 , 0.45 >	< 0.50 , 0.50 >	< 0.65 , 0.30 >
Y_3	< 0.75 , 0.20 >	< 0.70 , 0.30 >	< 0.80 , 0.15 >	< 0.60 , 0.30 >	< 0.70 , 0.20 >
Y_4	< 0.80 , 0.15 >	< 0.80 , 0.15 >	< 0.70 , 0.25 >	< 0.80 , 0.15 >	< 0.60 , 0.30 >
权重	0.25	0.25	0.20	0.15	0.15

如果一级指标的权重向量为 $\omega = (0.20, 0.23, 0.22, 0.15, 0.20)^T$，下面运用基于直觉模糊混合平均算子的多属性决策方法，对 4 个地区物流业高质量发展水平进行评价。

步骤 1　计算方案 $Y_i \in Y$ 关于一级评价指标 $B_j \in B$ 的直觉模糊特征信息。

利用直觉模糊平均算子 $IFWA$，根据公式

$$\widetilde{F}_{ij} = <\mu_{ij}, \nu_{ij}> = IFWA_\omega(\widetilde{F}_{ij1}, \widetilde{F}_{ij2}, \cdots, \widetilde{F}_{ijn})$$

$$= <1 - \prod_{k_j=1}^{n_j}(1 - \mu_{ijk_j})^{w_{jk_j}}, \prod_{k_j=1}^{n_j}(\nu_{jk_j})^{w_{jk_j}}>$$

可得物流业高质量发展问题中方案 $Y_i \in Y$ 关于一级评价指标 $B_j \in B$ 的直觉模糊特征信息 $\widetilde{F}_{ij}$：

$$\widetilde{F}_{11} = <0.865, 0.087>, \widetilde{F}_{21} = <0.819, 0.160>,$$
$$\widetilde{F}_{31} = <0.819, 0.141>, \widetilde{F}_{41} = <0.795, 0.153>;$$
$$\widetilde{F}_{12} = <0.880, 0.086>, \widetilde{F}_{22} = <0.779, 0.142>,$$
$$\widetilde{F}_{32} = <0.764, 0.183>, \widetilde{F}_{42} = <0.740, 0.172>;$$
$$\widetilde{F}_{13} = <0.872, 0.082>, \widetilde{F}_{23} = <0.821, 0.119>,$$
$$\widetilde{F}_{33} = <0.816, 0.128>, \widetilde{F}_{43} = <0.761, 0.146>;$$
$$\widetilde{F}_{14} = <0.882, 0.066>, \widetilde{F}_{24} = <0.885, 0.064>,$$
$$\widetilde{F}_{34} = <0.769, 0.168>, \widetilde{F}_{44} = <0.780, 0.150>;$$
$$\widetilde{F}_{15} = <0.738, 0.181>, \widetilde{F}_{25} = <0.599, 0.330>,$$
$$\widetilde{F}_{35} = <0.724, 0.222>, \widetilde{F}_{45} = <0.759, 0.184>.$$

于是得到物流业高质量发展评价问题的直觉模糊决策矩阵 $\widetilde{F} = (\widetilde{F}_{ij})_{m \times 5} = (<\mu_{ij}, \nu_{ij}>)_{m \times 5}$，如表 6 - 7 所示。

表 6 - 7　　物流业高质量发展评价问题的直觉模糊决策矩阵 $\widetilde{F}$

指标	B_1	B_2	B_3	B_4	B_5
Y_1	<0.865,0.087>	<0.880,0.086>	<0.872,0.082>	<0.882,0.066>	<0.738,0.181>
Y_2	<0.819,0.160>	<0.779,0.142>	<0.821,0.119>	<0.885,0.064>	<0.995,0.330>
Y_3	<0.819,0.141>	<0.764,0.183>	<0.816,0.128>	<0.769,0.168>	<0.724,0.222>
Y_4	<0.795,0.153>	<0.740,0.172>	<0.761,0.146>	<0.780,0.150>	<0.759,0.184>

注：每个列表示各地区物流业高质量发展状况关于一级指标的直觉模糊属性值，也就是各地区物流业高质量发展的一级指标质量指数。

步骤 2　计算方案 $Y_i \in Y$ 关于一级评价指标 $B_j \in B$ 的加权的直觉模糊特征信息。

利用一级评价指标 $B_j \in B$ 的权重向量 $\omega = (0.20, 0.23, 0.22, 0.15,$

$0.20)^T$ 与平衡系数 $r = 5$ ，可计算物流业高质量发展问题中方案 $Y_i \in Y$ 关于一级评价指标 $B_j \in B$ 的加权的直觉模糊特征信息 $\tilde{F}'_{ij} = r\omega_j \tilde{F}_{ij}$ ：

$$\tilde{F}'_{11} = <0.865, 0.087>, \quad \tilde{F}'_{21} = <0.819, 0.160>,$$

$$\tilde{F}'_{31} = <0.819, 0.141>, \quad \tilde{F}'_{41} = <0.795, 0.153>;$$

$$\tilde{F}'_{12} = <0.913, 0.060>, \quad \tilde{F}'_{22} = <0.834, 0.106>,$$

$$\tilde{F}'_{32} = <0.810, 0.142>, \quad \tilde{F}'_{42} = <0.788, 0.132>;$$

$$\tilde{F}'_{13} = <0.896, 0.064>, \quad \tilde{F}'_{23} = <0.849, 0.096>,$$

$$\tilde{F}'_{33} = <0.845, 0.104>, \quad \tilde{F}'_{43} = <0.793, 0.120>;$$

$$\tilde{F}'_{14} = <0.799, 0.130>, \quad \tilde{F}'_{24} = <0.803, 0.127>,$$

$$\tilde{F}'_{34} = <0.667, 0.262>, \quad \tilde{F}'_{44} = <0.679, 0.241>;$$

$$\tilde{F}'_{15} = <0.738, 0.181>, \quad \tilde{F}'_{25} = <0.599, 0.330>,$$

$$\tilde{F}'_{35} = <0.724, 0.222>, \quad \tilde{F}'_{45} = <0.759, 0.184>.$$

于是得到物流业高质量发展问题的加权的直觉模糊决策矩阵 $\tilde{F}' = (\tilde{F}'_{ij})_{m \times 5}$ ，如表 6 - 8 所示。

表 6 - 8　物流业高质量发展评价问题的加权的直觉模糊决策矩阵 $\tilde{F}'$

指标	B_1	B_2	B_3	B_4	B_5
Y_1	<0.865, 0.087>	<0.913, 0.060>	<0.896, 0.064>	<0.799, 0.130>	<0.738, 0.181>
Y_2	<0.819, 0.160>	<0.834, 0.106>	<0.849, 0.096>	<0.803, 0.127>	<0.599, 0.330>
Y_3	<0.819, 0.141>	<0.810, 0.142>	<0.845, 0.104>	<0.667, 0.262>	<0.724, 0.222>
Y_4	<0.795, 0.153>	<0.788, 0.132>	<0.793, 0.120>	<0.679, 0.241>	<0.759, 0.184>

步骤 3　计算利用直觉模糊混合平均算子 IFHA 计算方案 Y_i 的综合属性值 $\tilde{d}_i = IFHA_{\omega, w}(\tilde{F}_{i1}, \tilde{F}_{i2}, \cdots, \tilde{F}_{i5})$ 。

首先，根据直觉模糊数的得分值公式，可得 $\tilde{F}'_{ij}$ 的得分值分别为：

$$s(\tilde{F}'_{11}) = 0.778, s(\tilde{F}'_{12}) = 0.853, s(\tilde{F}'_{13}) = 0.832,$$

$$s(\tilde{F}'_{14}) = 0.669, s(\tilde{F}'_{15}) = 0.557;$$

$$s(\tilde{F}'_{21}) = 0.659, s(\tilde{F}'_{22}) = 0.728, s(\tilde{F}'_{23}) = 0.753,$$

$$s(\tilde{F}'_{24}) = 0.676, s(\tilde{F}'_{25}) = 0.269;$$

$$s(\tilde{F}'_{31}) = 0.678, s(\tilde{F}'_{32}) = 0.668, s(\tilde{F}'_{33}) = 0.741,$$

$$s(\tilde{F}'_{34}) = 0.405, s(\tilde{F}'_{35}) = 0.502;$$

$$s(\tilde{F}'_{41}) = 0.660, s(\tilde{F}'_{42}) = 0.656, s(\tilde{F}'_{43}) = 0.673,$$

$$s(\tilde{F}'_{44}) = 0.438, s(\tilde{F}'_{45}) = 0.575.$$

所以：

$$s(\tilde{F}'_{12}) > s(\tilde{F}'_{13}) > s(\tilde{F}'_{11}) > s(\tilde{F}'_{14}) > s(\tilde{F}'_{15}),$$

$$s(\tilde{F}'_{23}) > s(\tilde{F}'_{22}) > s(\tilde{F}'_{24}) > s(\tilde{F}'_{21}) > s(\tilde{F}'_{25}),$$

$$s(\tilde{F}'_{33}) > s(\tilde{F}'_{31}) > s(\tilde{F}'_{32}) > s(\tilde{F}'_{35}) > s(\tilde{F}'_{34}),$$

$$s(\tilde{F}'_{43}) > s(\tilde{F}'_{41}) > s(\tilde{F}'_{42}) > s(\tilde{F}'_{45}) > s(\tilde{F}'_{44}).$$

于是有：

$$\tilde{F}'_{1\sigma(1)} = <0.913, 0.060>, \tilde{F}'_{1\sigma(2)} = <0.896, 0.064>,$$

$$\tilde{F}'_{1\sigma(3)} = <0.865, 0.087>, \tilde{F}'_{1\sigma(4)} = <0.779, 0.130>,$$

$$\tilde{F}'_{1\sigma(5)} = <0.738, 0.181>; \tilde{F}'_{2\sigma(1)} = <0.849, 0.096>,$$

$$\tilde{F}'_{2\sigma(2)} = <0.834, 0.106>, \tilde{F}'_{2\sigma(3)} = <0.803, 0.127>,$$

$$\tilde{F}'_{2\sigma(4)} = <0.819, 0.160>, \tilde{F}'_{2\sigma(5)} = <0.599, 0.330>;$$

$$\tilde{F}'_{3\sigma(1)} = <0.845, 0.104>, \tilde{F}'_{3\sigma(2)} = <0.819, 0.141>,$$

$$\tilde{F}'_{3\sigma(3)} = <0.810, 0.142>, \tilde{F}'_{3\sigma(4)} = <0.724, 0.222>,$$

$$\tilde{F}'_{3\sigma(5)} = <0.667, 0.262>; \tilde{F}'_{4\sigma(1)} = <0.793, 0.120>,$$

$$\widetilde{F}\,'_{4\sigma(2)} \;=\; <0.795,0.135>,\;\; \widetilde{F}\,'_{4\sigma(3)} \;=\; <0.788,0.132>,$$

$$\widetilde{F}\,'_{4\sigma(4)} \;=\; <0.759,0.184>,\;\; \widetilde{F}\,'_{4\sigma(5)} \;=\; <0.679,0.241>.$$

假设有正态分布赋权法得到与 $IFHA$ 算子相关联的权重向量 $w = (0.112,0.236,0.304,0.236,0.112)^T$，则由 $IFHA$ 算子计算可得 4 个地区物流业高质量发展综合属性值 $\widetilde{d}_i(i=1,2,3,4)$ 分别为：

$$\widetilde{d}_1 = IFHA_{\omega,w}(\widetilde{F}_{11},\widetilde{F}_{12},\widetilde{F}_{13},\widetilde{F}_{14},\widetilde{F}_{15}) = <0.854,0.093>,$$

$$\widetilde{d}_2 = IFHA_{\omega,w}(\widetilde{F}_{21},\widetilde{F}_{22},\widetilde{F}_{23},\widetilde{F}_{24},\widetilde{F}_{25}) = <0.805,0.139>,$$

$$\widetilde{d}_3 = IFHA_{\omega,w}(\widetilde{F}_{31},\widetilde{F}_{32},\widetilde{F}_{33},\widetilde{F}_{34},\widetilde{F}_{35}) = <0.790,0.163>,$$

$$\widetilde{d}_4 = IFHA_{\omega,w}(\widetilde{F}_{41},\widetilde{F}_{42},\widetilde{F}_{43},\widetilde{F}_{44},\widetilde{F}_{45}) = <0.745,0.152>.$$

步骤 4 计算方案 Y_i 的综合属性值 $\widetilde{d}_i$ 的得分值 $s(\widetilde{d}_i)$，对方案进行排序。

利用直觉模糊数的得分值公式，可得 $\widetilde{d}_i$ 的得分值 $s(\widetilde{d}_i)$ 分别为：

$$s(\widetilde{d}_1)=0.761,s(\widetilde{d}_2)=0.666,s(\widetilde{d}_3)=0.627,s(\widetilde{d}_4)=0.593.$$

由于： $$s(\widetilde{d}_1)>s(\widetilde{d}_2)>s(\widetilde{d}_3)>s(\widetilde{d}_4),$$

所以： $$Y_1>Y_2>Y_3>Y_4.$$

也就是说地区 Y_1 的物流业高质量发展水平最高，其次分别是地区 Y_2、Y_3 和 Y_4。

6.3 基于直觉模糊混合几何算子的物流业高质量发展评价方法

6.3.1 直觉模糊加权几何算子

定义 6.8 设 $\widetilde{A}_j = <\mu_j,\nu_j>(j=1,2,\cdots,n)$ 是一组直觉模糊数，直觉

模糊加权几何算子 $IFWG$ 是一个映射：$F^n \to F$，使得：

$$IFWG_\omega(\tilde{A}_1, \tilde{A}_2, \cdots, \tilde{A}_n) = (\tilde{A}_1)^{\omega_1} \otimes (\tilde{A}_2)^{\omega_2} \otimes \cdots \otimes (\tilde{A}_n)^{\omega_n} \quad (6.12)$$

则称 $IFWG$ 为直觉模糊加权几何算子，其中，$\omega = (\omega_1, \omega_2, \cdots, \omega_n)^T$ 为 $\tilde{A}_j = <\mu_j, \nu_j>(j = 1, 2, \cdots, n)$ 的权重向量，$\omega_j \in [0, 1](j = 1, 2, \cdots, n)$，$\sum_{j=1}^{n} \omega_j = 1$。

特别地，若 $\omega = (1/n, 1/n, \cdots, 1/n)^T$，则 $IFWG$ 算子退化为直觉模糊几何（IFG）算子：

$$IFA(\tilde{A}_1, \tilde{A}_2, \cdots, \tilde{A}_n) = (\tilde{A}_1 \otimes \tilde{A}_2 \otimes \cdots \otimes \tilde{A}_n)^{\frac{1}{n}} \quad (6.13)$$

类似可以证明定理 6.5。

定理 6.5 设 $\tilde{A}_j = <\mu_j, \nu_j>(j = 1, 2, \cdots, n)$ 是一组直觉模糊数，则由 $IFWG$ 算子运算得到的结果仍然是直觉模糊数，且：

$$IFWG_\omega(\tilde{A}_1, \tilde{A}_2, \cdots, \tilde{A}_n) = <\prod_{j=1}^{n}(\mu_j)^{\omega_j}, 1 - \prod_{j=1}^{n}(1 - \nu_j)^{\omega_j}> \quad (6.14)$$

其中，$\omega = (\omega_1, \omega_2, \cdots, \omega_n)^T$ 为 $\tilde{A}_j = <\mu_j, \nu_j>(j = 1, 2, \cdots, n)$ 的权重向量，$\omega_j \in [0, 1](j = 1, 2, \cdots, n)$，$\sum_{j=1}^{n} \omega_j = 1$。

例 6.5 设 $\tilde{A}_1 = <0.2, 0.5>$，$\tilde{A}_2 = <0.7, 0.1>$，$\tilde{A}_3 = <0.5, 0.2>$，$\tilde{A}_4 = <0.4, 0.3>$，$\tilde{A}_5 = <0.6, 0.2>$ 为 5 个直觉模糊数，$\omega = (0.20, 0.25, 0.18, 0.22, 0.15)^T$ 为该直觉模糊数组权重向量，则：

$$IFWG_\omega(\tilde{A}_1, \tilde{A}_2, \tilde{A}_3, \tilde{A}_4, \tilde{A}_5)$$

$$= (\tilde{A}_1)^{\omega_1} \otimes (\tilde{A}_2)^{\omega_2} \otimes (\tilde{A}_3)^{\omega_3} \otimes (\tilde{A}_4)^{\omega_4} \otimes (\tilde{A}_5)^{\omega_5}$$

$$= <\prod_{j=1}^{5}(\mu_j)^{\omega_j}, 1 - \prod_{j=1}^{5}(1 - \nu_j)^{\omega_j}>$$

$$= <0.2^{0.2} \times 0.72^{0.5} \times 0.5^{0.18} \times 0.4^{0.22} \times 0.6^{0.15},$$

$$1 - (1 - 0.5)^{0.2} \times (1 - 0.1)^{0.25} \times (1 - 0.2)^{0.18} \times (1 - 0.3)^{0.22} \times$$

$$(1 - 0.2)^{0.15}>$$

$$= <0.443, 0.272>.$$

6.3.2　直觉模糊有序几何算子

定义 6.9 设 $\tilde{A}_j = <\mu_j, \nu_j>(j = 1, 2, \cdots, n)$ 是一组直觉模糊数，直觉

模糊有序加权几何算子 *IFOWG* 是一个映射：*IFOWG*: $F^n \rightarrow F$，使得：

$$IFOWG_w(\tilde{A}_1, \tilde{A}_2, \cdots, \tilde{A}_n) = (\tilde{A}_{\sigma(1)})^{w_1} \otimes (\tilde{A}_{\sigma(2)})^{w_2} \otimes \cdots \otimes (\tilde{A}_{\sigma(n)})^{w_n}$$

$$(6.15)$$

则称 *IFOWA* 为直觉模糊有序加权几何算子，其中，$w = (w_1, w_2, \cdots, w_n)^T$ 为与 *IFOWA* 算子相关联的权重向量，$w_j \in [0,1](j=1,2,\cdots,n)$，$\sum_{j=1}^{n} w_j = 1$，$(\sigma(1), \sigma(2), \cdots, \sigma(n))$ 为数组$(1, 2, \cdots, n)$ 的一个置换，使得对任意 k，有 $\tilde{A}_{\sigma(k-1)} \geqslant \tilde{A}_{\sigma(k)}$，即 $\tilde{A}_{\sigma(k)}$ 是直觉模糊数 $\tilde{A}_j = <\mu_j, \nu_j>(j=1,2,\cdots,n)$ 按其排序规则确定的第 k 个最大直觉模糊数。

特别地，若 $w = (1/n, 1/n, \cdots, 1/n)^T$，则 *IFOWG* 算子退化为直觉模糊几何（*IFG*）算子：

$$IFG(\tilde{A}_1, \tilde{A}_2, \cdots, \tilde{A}_n) = (\tilde{A}_1 \otimes \tilde{A}_2 \otimes \cdots \otimes \tilde{A}_n)^{\frac{1}{n}}.$$

类似地，可以证明下面定理。

定理 6.6 设 $\tilde{A}_j = <\mu_j, \nu_j>(j=1,2,\cdots,n)$ 是一组直觉模糊数，$\tilde{A}_{\sigma(k)}$ 是直觉模糊数 $\tilde{A}_j = <\mu_j, \nu_j>(j=1,2,\cdots,n)$ 按直觉模糊数的排序规则确定的第 k 个最大直觉模糊数，则由 *IFOWG* 算子运算得到的结果仍然是直觉模糊数，且：

$$IFOWG_w(\tilde{A}_1, \tilde{A}_2, \cdots, \tilde{A}_n) = <\prod_{j=1}^{n} (\mu_{\sigma(j)})^{w_j}, 1 - \prod_{j=1}^{n} (1 - \nu_{\sigma(j)})^{w_j}>$$

$$(6.16)$$

其中，$w = (w_1, w_2, \cdots, w_n)^T$ 为与 *IFOWG* 算子相关联的权重向量，$w_j \in [0,1]$ $(j=1,2,\cdots,n)$，$\sum_{j=1}^{n} w_j = 1$。

例 6.6 设 $\tilde{A}_1 = <0.1, 0.2>$，$\tilde{A}_2 = <0.2, 0.4>$，$\tilde{A}_3 = <0.6, 0.2>$，$\tilde{A}_4 = <0.4, 0.2>$ 为 4 个直觉模糊数，$w = (0.2, 0.3, 0.3, 0.2)^T$ 为与 *IFOWG* 算子相关联的权重向量。

为了对 $\tilde{A}_j = <\mu_j, \nu_j>(j=1,2,3,4)$ 进行排序，首先根据定义 6.4 计算直觉模糊数 $\tilde{A}_j = <\mu_j, \nu_j>(j=1,2,3,4)$ 的得分值：

$$s(\tilde{A}_1) = 0.1 - 0.2 = -0.1, s(\tilde{A}_2) = 0.2 - 0.4 = -0.2,$$
$$s(\tilde{A}_3) = 0.6 - 0.2 = 0.4, s(\tilde{A}_4) = 0.4 - 0.2 = 0.2.$$

所以：

$$s(\tilde{A}_3) > s(\tilde{A}_4) > s(\tilde{A}_1) > s(\tilde{A}_2).$$

于是得到：

$$\tilde{A}_{\sigma(1)} = <0.6,0.2>, \tilde{A}_{\sigma(2)} = <0.4,0.2>,$$

$$\tilde{A}_{\sigma(3)} = <0.1,0.2>, \tilde{A}_{\sigma(4)} = <0.2,0.4>.$$

因此：

$$IFOWG_w(\tilde{A}_1, \tilde{A}_2, \tilde{A}_3, \tilde{A}_4)$$

$$= (\tilde{A}_{\sigma(1)})^{w_1} \otimes (\tilde{A}_{\sigma(2)})^{w_2} \otimes (\tilde{A}_{\sigma(3)})^{w_3} \otimes (\tilde{A}_{\sigma(4)})^{w_4}$$

$$= < \prod_{j=1}^{4} (\mu_{\sigma(j)})^{w_j}, 1 - \prod_{j=1}^{4} (1 - \nu_{\sigma(j)})^{w_j} >$$

$$= < 0.6^{0.2} \times 0.4^{0.3} \times 0.1^{0.3} \times 0.2^{0.2}, 1 - (1 - 0.2)^{0.2}$$

$$\times (1 - 0.2)^{0.3} \times (1 - 0.2)^{0.3} \times (1 - 0.4)^{0.2} >$$

$$= < 0.249, 0.245 >.$$

6.3.3　直觉模糊混合几何算子

定义 6.10　设 $\tilde{A}_j = <\mu_j, \nu_j> (j = 1, 2, \cdots, n)$ 是一组直觉模糊数，直觉模糊混合几何算子 IFHG 是一个映射：IFHG：$F^n \to F$，使得：

$$IFHG_{\omega,w}(\tilde{A}_1, \tilde{A}_2, \cdots, \tilde{A}_n) = (\tilde{A}'_{\sigma(1)})^{w_1} \otimes (\tilde{A}'_{\sigma(2)})^{w_2} \otimes \cdots \otimes (\tilde{A}'_{\sigma(n)})^{w_n}$$

$$\tag{6.17}$$

则称 IFHG 为直觉模糊混合几何算子，其中，$w = (w_1, w_2, \cdots, w_n)^T$ 为与 IFHG 算子相关联的权重向量，$w_j \in [0, 1] (j = 1, 2, \cdots, n)$，$\sum_{j=1}^{n} w_j = 1$；$\tilde{A}'_j = (\tilde{A}_j)^{n\omega_j} = <\mu'_j, \nu'_j> (j = 1, 2, \cdots, n)$，$(\tilde{A}'_{\sigma(1)}, \tilde{A}'_{\sigma(2)}, \cdots, \tilde{A}'_{\sigma(n)})$ 是加权的直觉模糊数组 $(\tilde{A}'_1, \tilde{A}'_2, \cdots, \tilde{A}'_n)$ 的一个置换，使得对任意 k，有 $\tilde{A}'_{\sigma(k-1)} \geqslant \tilde{A}'_{\sigma(k)}$，即 $\tilde{A}'_{\sigma(k)}$ 是直觉模糊数 $\tilde{A}'_j = <\mu'_j, \nu'_j> (j = 1, 2, \cdots, n)$ 按其排序规则确定的第 k 个最大直觉模糊数；$\omega = (\omega_1, \omega_2, \cdots, \omega_n)^T$ 为 $\tilde{A}_j = <\mu_j, \nu_j> (j = 1, 2, \cdots, n)$ 的权重向量，$\omega_j \in [0, 1] (j = 1, 2, \cdots, n)$，$\sum_{j=1}^{n} \omega_j = 1$；$n$ 为平衡

系数。

特别地，若 $w = (1/n, 1/n, \cdots, 1/n)^T$，则 $IFHG$ 算子退化为直觉模糊加权几何算子 $IFWG$；若 $\omega = (1/n, 1/n, \cdots, 1/n)^T$，则 $IFHG$ 算子退化为直觉模糊有序加权几何算子 $IFOWG$。

类似于定理 6.6，可以证明定理 6.7。

定理 6.7 设 $\tilde{A}_j = <\mu_j, \nu_j> (j = 1, 2, \cdots, n)$ 是一组直觉模糊数，令 $\tilde{A}'_j = (\tilde{A}_j)^{n\omega_j} = <\mu'_j, \nu'_j> (j = 1, 2, \cdots, n)$，$\tilde{A}'_{\sigma(k)}$ 是 $\tilde{A}'_j = <\mu'_j, \nu'_j> (j = 1, 2, \cdots, n)$ 中按直觉模糊数的排序规则确定的第 k 个最大直觉模糊数，则由 $IFHG$ 算子运算得到的结果仍然是直觉模糊数，且：

$$IFHG_{\omega,w}(\tilde{A}_1, \tilde{A}_2, \cdots, \tilde{A}_n) = < \prod_{j=1}^{n} (\mu'_{\sigma(j)})^{w_j}, 1 - \prod_{j=1}^{n} (1 - \nu'_{\sigma(j)})^{w_j} >$$

(6.18)

其中，$w = (w_1, w_2, \cdots, w_n)^T$ 为与 $IFOWG$ 算子相关联的权重向量，$w_j \in [0,1]$ $(j = 1, 2, \cdots, n)$，$\sum_{j=1}^{n} w_j = 1$；$\omega = (\omega_1, \omega_2, \cdots, \omega_n)^T$ 为 $\tilde{A}_j = <\mu_j, \nu_j> (j = 1, 2, \cdots, n)$ 的权重向量，$\omega_j \in [0,1] (j = 1, 2, \cdots, n)$，$\sum_{j=1}^{n} \omega_j = 1$；$n$ 为平衡系数。

例 6.7 设 $\tilde{A}_1 = <0.2, 0.5>$，$\tilde{A}_2 = <0.3, 0.4>$，$\tilde{A}_3 = <0.5, 0.1>$，$\tilde{A}_4 = <0.7, 0.2>$，$\tilde{A}_5 = <0.6, 0.3>$ 为 5 个直觉模糊数，$\omega = (0.25, 0.15, 0.20, 0.18, 0.22)^T$ 为 $\tilde{A}_j (j = 1, 2, 3, 4, 5)$ 的权重向量，$w = (0.112, 0.236, 0.304, 0.236, 0.112)^T$ 为与 $IFOWG$ 算子相关联的权重向量。

首先利用直觉模糊数的运算法则，计算加权的直觉模糊数 $\tilde{A}'_j$：

$$\tilde{A}'_1 = (\tilde{A}_1)^{n\omega_1} = <0.2^{5 \times 0.25}, 1 - (1 - 0.5)^{5 \times 0.25}> = <0.134, 0.580>,$$

$$\tilde{A}'_2 = (\tilde{A}_2)^{n\omega_2} = <0.3^{5 \times 0.15}, 1 - (1 - 0.4)^{5 \times 0.15}> = <0.405, 0.318>,$$

$$\tilde{A}'_3 = (\tilde{A}_3)^{n\omega_3} = <0.5^{5 \times 0.20}, 1 - (1 - 0.1)^{5 \times 0.20}> = <0.50, 0.10>,$$

$$\tilde{A}'_4 = (\tilde{A}_4)^{n\omega_4} = <0.7^{5 \times 0.18}, 1 - (1 - 0.2)^{5 \times 0.18}> = <0.725, 0.182>,$$

$$\tilde{A}'_5 = (\tilde{A}_5)^{n\omega_5} = <0.6^{5 \times 0.22}, 1 - (1 - 0.3)^{5 \times 0.22}> = <0.570, 0.325>.$$

根据定义 6.4，计算可得 $\tilde{A}'_j (j = 1, 2, 3, 4)$ 的得分值：

$$s(\tilde{A}_1') = 0.134 - 0.580 = -0.446, s(\tilde{A}_2') = 0.405 - 0.318 = 0.087,$$

$$s(\tilde{A}_3') = 0.50 - 0.10 = 0.40, s(\tilde{A}_4') = 0.725 - 0.182 = 0.543,$$

$$s(\tilde{A}_5') = 0.570 - 0.325 = 0.245.$$

可知:

$$s(\tilde{A}_4') > s(\tilde{A}_3') > s(\tilde{A}_5') > s(\tilde{A}_2') > s(\tilde{A}_1').$$

则有:

$$\tilde{A}_{\sigma(1)}' = <0.725, 0.182>, \tilde{A}_{\sigma(2)}' = <0.50, 0.10>,$$

$$\tilde{A}_{\sigma(3)}' = <0.570, 0.325>, \tilde{A}_{\sigma(4)}' = <0.405, 0.318>,$$

$$\tilde{A}_{\sigma(5)}' = <0.134, 0.580>.$$

由 $IFHG$ 算子可得:

$$IFHG_{\omega,w}(\tilde{A}_1, \tilde{A}_2, \tilde{A}_3, \tilde{A}_4, \tilde{A}_5)$$

$$= <\prod_{j=1}^{5}(\mu'_{\sigma(j)})^{\omega_j}, 1 - \prod_{j=1}^{5}(1-\nu'_{\sigma(j)})^{\omega_j}>$$

$$= <0.725^{0.112} \times 0.50^{0.236} \times 0.570^{0.304} \times 0.405^{0.236} \times 0.134^{0.112},$$

$$1 - (1-0.182)^{0.112} \times (1-0.10)^{0.236} \times (1-0.325)^{0.304}$$

$$\times (1-0.318)^{0.236} \times (1-0.580)^{0.112}>$$

$$= <0.445, 0298>.$$

6.3.4　基于直觉模糊混合几何算子的物流业高质量发展评价模型

（1）物流业高质量发展评价问题的描述

假设对中国 m 个地区的物流业高质量发展状况进行评价，用 $Y_i(i=1, 2, \cdots, m)$ 表示第 i 个被评价地区，所有 $Y_i(i=1, 2, \cdots, m)$ 组成方案集 $Y = \{Y_1, Y_2, \cdots, Y_m\}$，评价每个地区物流业高质量发展水平的一级指标包含 B_1，$B_2, \cdots, B_r$；每个一级指标 $B_j(j=1, 2, \cdots, r)$ 又由二级指标 $C_{jk_j}(j=1, 2, \cdots, r; k_j=1, 2, \cdots, n_j)$ 组成；$\omega = (\omega_1, \omega_2, \cdots, \omega_r)^T$ 表示一级评价指标 $B_j(j=1, 2, \cdots, r)$ 的权重向量，满足 $\omega_j \geq 0$，且 $\sum_{j=1}^{r} \omega_j = 1$；$(\omega_{j1}, \omega_{j2}, \cdots, \omega_{jn_j})^T$ 为二级指标

$C_{jk_j}(j=1,2,\cdots,r;k_j=1,2,\cdots,n_j)$ 的权重向量，满足 $\omega_{jk_j}\geq 0$，且 $\sum_{k_j=1}^{n_j}\omega_{jk_j}=1$；权重向量均已知。如果 $\tilde{F}_{ijk_j}=<\mu_{ijk_j},\nu_{ijk_j}>(i=1,2,\cdots,m;j=1,2,\cdots,r;k_j=1,2,\cdots,n_j)$ 为直觉模糊数，表示第 i 个地区 $Y_i(i=1,2,\cdots,m)$ 满足二级指标 C_{jk_j} 和不满足二级指标 C_{jk_j} 的程度，则 $\tilde{F}_j=(<\mu_{ijk_j},\nu_{ijk_j}>)_{m\times n_j}(j=1,2,\cdots,r)$ 为该问题关于一级评价指标 $B_j(j=1,2,\cdots,r)$ 的直觉模糊决策矩阵（见表 6-1）。现在的问题是根据直觉模糊决策矩阵 $\tilde{F}_j(j=1,2,\cdots,r)$，如何得到一个基于 $IFHG$ 的决策分析方法来对 m 个地区的物流业高质量发展状况进行评价。

（2）基于直觉模糊混合几何算子的物流业高质量发展评价步骤

基于直觉模糊混合平均算子的物流业高质量发展评价问题的多属性决策步骤如下。

步骤 1 确定物流业高质量发展评价问题的方案集 $Y=\{Y_1,Y_2,\cdots,Y_m\}$ 和一级指标集 $B=\{B_1,B_2,\cdots,B_r\}$。

步骤 2 构建一级评价指标 B_j 下的直觉模糊决策矩阵 $\tilde{F}_j$。确定物流业高质量发展评价问题的方案集 $Y=\{Y_1,Y_2,\cdots,Y_m\}$，用直觉模糊数表示各地区 $Y_i(i=1,2,\cdots,m)$ 关于二级指标 C_{jk_j} 的评价信息，构建 $Y_i(i=1,2,\cdots,m)$ 关于一级评价指标 $B_j(j=1,2,\cdots,r)$ 的直觉模糊决策矩阵 $\tilde{F}_j$。

步骤 3 根据物流业高质量发展评价问题各二级评价指标的权重，利用直觉模糊混合几何算子 $IFWG$，计算可得物流业高质量发展问题中方案 $Y_i\in Y$ 关于一级评价指标 $B_j\in B$ 的直觉模糊特征信息：

$$\tilde{F}_{ij}=<\mu_{ij},\nu_{ij}>=IFWG_\omega(\tilde{F}_{ij1},\tilde{F}_{ij2},\cdots,\tilde{F}_{ijn_j})$$
$$=<\prod_{k_j=1}^{n_j}(\mu_{ijk_j})^{w_{jk_j}},1-\prod_{k_j=1}^{n_j}(1-\nu_{jk_j})^{w_{jk_j}}>$$
$$(j=1,2,\cdots,r;k_j=1,2,\cdots,n_j) \qquad (6.19)$$

于是得到物流业高质量发展评价问题的直觉模糊决策矩阵 $\tilde{F}=(\tilde{F}_{ij})_{m\times r}=(<\mu_{ij},\nu_{ij}>)_{m\times r}$。

步骤 4 利用正态分布赋权法（徐泽水，2005）等确定与 $IFHG$ 算子相关联的权重向量（或位置向量）$w=(w_1,w_2,\cdots,w_r)^T$。

步骤 5　利用式（6.18）计算方案 Y_i 的综合属性值 $\tilde{d}_i = IFHA_{\omega,w}$ $(\tilde{F}_{i1}, \tilde{F}_{i2}, \cdots, \tilde{F}_{ir})$。首先利用一级指标的权重 $\omega = (\omega_1, \omega_2, \cdots, \omega_r)^T$ 和平衡系数 n 计算加权的直觉模糊数 $\tilde{F}'_{ij} = n\omega_j \tilde{F}_{ij}$；其次利用直觉模糊数的排序规则对 $\tilde{F}'_{ij}(j=1,2,\cdots,r)$ 进行排序，得到直觉模糊数组 $\tilde{F}'_{\sigma(1)}, \tilde{F}'_{\sigma(2)}, \cdots$，$\tilde{F}'_{\sigma(r)}$；最后根据与 IFHG 算子相关联的权重向量 $w = (w_1, w_2, \cdots, w_r)^T$ 计算方案 Y_i 的综合属性值 $\tilde{d}_i = IFHG_{\omega,w}(\tilde{F}_{i1}, \tilde{F}_{i2}, \cdots, \tilde{F}_{ir})$。

步骤 6　计算方案 Y_i 的综合属性值 $\tilde{d}_i$ 的得分值 $s(\tilde{d}_i)$ 和精确值 $h(\tilde{d}_i)$，确定 $\tilde{d}_i(i=1,2,\cdots,m)$ 的不增排列顺序，并利用排序结果对方案 $Y_i(i=1,2,\cdots,m)$ 的物流业高质量发展水平进行评价和优劣排序。

6.3.5　实例分析

例 6.8　考虑物流业高质量发展评价问题。现对 4 个地区的物流业高质量发展水平进行评价，Y_1，Y_2，Y_3，Y_4 代表被评价的 4 个地区，评价指标体系包括 5 个一级指标和 22 个二级指标。假设有关专家对 4 个被评价地区 $Y_i(i=1,2,3,4)$ 关于一级指标 $B_j(j=1,2,3,4,5)$ 下的二级指标 $C_{jk_j}(j=1,2,3,4,5; k_j=1,2,\cdots,n_j)$ 进行评价，各地区物流业高质量发展状况对各二级指标的满足程度可用直觉模糊数来表示，有关评价结果与权重信息如表 6-9 ~ 表 6-13 所示。

表 6-9　　　　　关于准则 B_1 的直觉模糊决策矩阵 $\tilde{F}_1$

指标	C_{11}	C_{12}	C_{13}	C_{14}	C_{15}
Y_1	<0.90,0.05>	<0.85,0.10>	<0.80,0.15>	<0.90,0.05>	<0.85,0.15>
Y_2	<0.85,0.10>	<0.80,0.20>	<0.75,0.20>	<0.90,0.05>	<0.75,0.20>
Y_3	<0.85,0.10>	<0.80,0.15>	<0.75,0.20>	<0.85,0.10>	<0.65,0.20>
Y_4	<0.80,0.15>	<0.85,0.10>	<0.70,0.25>	<0.85,0.10>	<0.70,0.25>
权重	0.25	0.25	0.20	0.15	0.15

表 6 – 10　　　　　　　关于准则 B_2 的直觉模糊决策矩阵 $\widetilde{F}_2$

指标	C_{21}	C_{22}	C_{23}	C_{24}
Y_1	<0.85,0.10>	<0.90,0.05>	<0.90,0.10>	<0.85,0.15>
Y_2	<0.80,0.15>	<0.75,0.15>	<0.80,0.10>	<0.75,0.20>
Y_3	<0.75,0.20>	<0.85,0.10>	<0.70,0.25>	<0.65,0.30>
Y_4	<0.80,0.10>	<0.70,0.20>	<0.65,0.30>	<0.80,0.15>
权重	0.30	0.30	0.25	0.15

表 6 – 11　　　　　　　关于准则 B_3 的直觉模糊决策矩阵 $\widetilde{F}_3$

指标	C_{31}	C_{32}	C_{33}	C_{34}	C_{35}
Y_1	<0.85,0.10>	<0.90,0.05>	<0.85,0.15>	<0.90,0.05>	<0.85,0.10>
Y_2	<0.90,0.05>	<0.80,0.15>	<0.75,0.20>	<0.70,0.20>	<0.85,0.10>
Y_3	<0.85,0.10>	<0.80,0.15>	<0.80,0.15>	<0.85,0.10>	<0.75,0.15>
Y_4	<0.70,0.20>	<0.80,0.10>	<0.75,0.15>	<0.80,0.15>	<0.75,0.15>
权重	0.25	0.25	0.20	0.15	0.15

表 6 – 12　　　　　　　关于准则 B_4 的直觉模糊决策矩阵 $\widetilde{F}_4$

指标	C_{41}	C_{42}	C_{43}
Y_1	<0.85,0.10>	<0.90,0.05>	<0.90,0.05>
Y_2	<0.90,0.05>	<0.85,0.10>	<0.90,0.05>
Y_3	<0.75,0.20>	<0.80,0.15>	<0.75,0.15>
Y_4	<0.75,0.15>	<0.75,0.20>	<0.85,0.10>
权重	0.40	0.35	0.25

表 6 – 13　　　　　　　关于准则 B_5 的直觉模糊决策矩阵 $\widetilde{F}_5$

指标	C_{51}	C_{52}	C_{53}	C_{54}	C_{55}
Y_1	<0.75,0.15>	<0.80,0.20>	<0.65,0.30>	<0.60,0.25>	<0.80,0.10>
Y_2	<0.60,0.35>	<0.65,0.20>	<0.55,0.45>	<0.50,0.50>	<0.65,0.30>
Y_3	<0.75,0.20>	<0.70,0.30>	<0.80,0.15>	<0.60,0.30>	<0.70,0.20>
Y_4	<0.80,0.15>	<0.80,0.15>	<0.70,0.25>	<0.80,0.15>	<0.60,0.30>
权重	0.25	0.25	0.20	0.15	0.15

如果一级指标的权重向量为 $\omega = (0.20, 0.23, 0.22, 0.15, 0.20)^T$，下面运用基于直觉模糊混合几何算子的多属性决策方法，对 4 个地区物流业高质量发展水平进行评价。

步骤 1 计算方案 $Y_i \in Y$ 关于一级评价指标 $B_j \in B$ 的直觉模糊特征信息。

利用直觉模糊平均算子 *IFWA*，根据公式

$$\tilde{F}_{ij} = <\mu_{ij}, \nu_{ij}> = IFWG_\omega(\tilde{F}_{ij1}, \tilde{F}_{ij2}, \cdots, \tilde{F}_{ijn})$$

$$= < \prod_{k_j=1}^{n_j} (\mu_{ijk_j})^{w_{jk_j}}, 1 - \prod_{k_j=1}^{n_j} (1 - \nu_{jk_j})^{w_{jk_j}} >$$

可得物流业高质量发展问题中方案 $Y_i \in Y$ 关于一级评价指标 $B_j \in B$ 的直觉模糊特征信息 $\tilde{F}_{ij}$：

$$\tilde{F}_{11} = <0.859, 0.099>, \quad \tilde{F}_{21} = <0.808, 0.155>,$$

$$\tilde{F}_{31} = <0.784, 0.149>, \quad \tilde{F}_{41} = <0.782, 0.168>;$$

$$\tilde{F}_{12} = <0.877, 0.093>, \quad \tilde{F}_{22} = <0.777, 0.146>,$$

$$\tilde{F}_{32} = <0.749, 0.201>, \quad \tilde{F}_{42} = <0.730, 0.191>;$$

$$\tilde{F}_{13} = <0.870, 0.091>, \quad \tilde{F}_{23} = <0.804, 0.137>,$$

$$\tilde{F}_{33} = <0.812, 0.130>, \quad \tilde{F}_{43} = <0.756, 0.151>;$$

$$\tilde{F}_{14} = <0.880, 0.070>, \quad \tilde{F}_{24} = <0.882, 0.068>,$$

$$\tilde{F}_{34} = <0.767, 0.170>, \quad \tilde{F}_{44} = <0.774, 0.156>;$$

$$\tilde{F}_{15} = <0.723, 0.203>, \quad \tilde{F}_{25} = <0.592, 0.356>,$$

$$\tilde{F}_{35} = <0.715, 0.232>, \quad \tilde{F}_{45} = <0.746, 0.195>.$$

于是得到物流业高质量发展评价问题的直觉模糊决策矩阵 $\tilde{F} = (\tilde{F}_{ij})_{m \times 5} = (<\mu_{ij}, \nu_{ij}>)_{m \times 5}$，如表 6-14 所示。

表 6 – 14   物流业高质量发展评价问题的直觉模糊决策矩阵 $\tilde{F}$

指标	B_1	B_2	B_3	B_4	B_5
Y_1	<0.859,0.099>	<0.877,0.093>	<0.870,0.091>	<0.880,0.070>	<0.723,0.203>
Y_2	<0.808,0.155>	<0.777,0.146>	<0.804,0.137>	<0.882,0.068>	<0.592,0.356>
Y_3	<0.784,0.149>	<0.749,0.201>	<0.812,0.130>	<0.767,0.170>	<0.715,0.232>
Y_4	<0.782,0.168>	<0.730,0.191>	<0.756,0.151>	<0.774,0.156>	<0.746,0.195>

注：每个列表示各地区物流业高质量发展状况关于一级指标的直觉模糊属性值，也就是各地区物流业高质量发展的一级指标质量指数。

步骤2　计算方案 $Y_i \in Y$ 关于一级评价指标 $B_j \in B$ 的加权的直觉模糊特征信息。

利用一级评价指标 $B_j \in B$ 的权重向量 $\omega = (0.20, 0.23, 0.22, 0.15, 0.20)^T$ 与平衡系数 $r = 5$，可计算物流业高质量发展问题中方案 $Y_i \in Y$ 关于一级评价指标 $B_j \in B$ 的加权的直觉模糊特征信息 $\tilde{F}'_{ij} = (\tilde{F}_{ij})^{n\omega_j}$：

$$\tilde{F}'_{11} = <0.859, 0.099>,\ \tilde{F}'_{21} = <0.808, 0.155>,$$

$$\tilde{F}'_{31} = <0.784, 0.149>,\ \tilde{F}'_{41} = <0.782, 0.168>;$$

$$\tilde{F}'_{12} = <0.860, 0.106>,\ \tilde{F}'_{22} = <0.748, 0.166>,$$

$$\tilde{F}'_{32} = <0.717, 0.227>,\ \tilde{F}'_{42} = <0.696, 0.216>;$$

$$\tilde{F}'_{13} = <0.858, 0.100>,\ \tilde{F}'_{23} = <0.787, 0.150>,$$

$$\tilde{F}'_{33} = <0.795, 0.142>,\ \tilde{F}'_{43} = <0.735, 0.165>;$$

$$\tilde{F}'_{14} = <0.909, 0.053>,\ \tilde{F}'_{24} = <0.910, 0.051>,$$

$$\tilde{F}'_{34} = <0.820, 0.130>,\ \tilde{F}'_{44} = <0.825, 0.119>;$$

$$\tilde{F}'_{15} = <0.723, 0.203>,\ \tilde{F}'_{25} = <0.592, 0.356>,$$

$$\tilde{F}'_{35} = <0.715, 0.232>,\ \tilde{F}'_{45} = <0.746, 0.195>.$$

于是得到物流业高质量发展问题的加权的直觉模糊决策矩阵 $\tilde{F}' = (\tilde{F}'_{ij})_{m \times 5}$，如表 6 – 15 所示。

表 6 – 15　　　　物流业高质量发展评价问题的加权的直觉模糊决策矩阵 $\widetilde{F}'$

指标	B_1	B_2	B_3	B_4	B_5
Y_1	<0.859,0.099>	<0.860,0.106>	<0.858,0.100>	<0.909,0.053>	<0.723,0.203>
Y_2	<0.808,0.155>	<0.748,0.166>	<0.787,0.150>	<0.910,0.051>	<0.592,0.356>
Y_3	<0.784,0.149>	<0.717,0.227>	<0.795,0.142>	<0.820,0.130>	<0.715,0.232>
Y_4	<0.782,0.168>	<0.696,0.216>	<0.735,0.165>	<0.825,0.119>	<0.746,0.195>

步骤 3　计算利用直觉模糊混合几何算子 $IFHG$ 计算方案 Y_i 的综合属性值 $\widetilde{d}_i = IFHG_{\omega,w}(\widetilde{F}_{i1}, \widetilde{F}_{i2}, \cdots, \widetilde{F}_{i5})$。

首先，根据直觉模糊数的得分值公式，可得 $\widetilde{F}'_{ij}$ 的得分值分别为：

$$s(\widetilde{F}'_{11}) = 0.760, s(\widetilde{F}'_{12}) = 0.754, s(\widetilde{F}'_{13}) = 0.758,$$

$$s(\widetilde{F}'_{14}) = 0.856, s(\widetilde{F}'_{15}) = 0.520;$$

$$s(\widetilde{F}'_{21}) = 0.653, s(\widetilde{F}'_{22}) = 0.582, s(\widetilde{F}'_{23}) = 0.637,$$

$$s(\widetilde{F}'_{24}) = 0.859, s(\widetilde{F}'_{25}) = 0.236;$$

$$s(\widetilde{F}'_{31}) = 0.635, s(\widetilde{F}'_{32}) = 0.490, s(\widetilde{F}'_{33}) = 0.653,$$

$$s(\widetilde{F}'_{34}) = 0.690, s(\widetilde{F}'_{35}) = 0.483;$$

$$s(\widetilde{F}'_{41}) = 0.614, s(\widetilde{F}'_{42}) = 0.480, s(\widetilde{F}'_{43}) = 0.570,$$

$$s(\widetilde{F}'_{44}) = 0.706, s(\widetilde{F}'_{45}) = 0.551.$$

所以：

$$s(\widetilde{F}'_{14}) > s(\widetilde{F}'_{11}) > s(\widetilde{F}'_{13}) > s(\widetilde{F}'_{12}) > s(\widetilde{F}'_{15}),$$

$$s(\widetilde{F}'_{24}) > s(\widetilde{F}'_{21}) > s(\widetilde{F}'_{23}) > s(\widetilde{F}'_{22}) > s(\widetilde{F}'_{25}),$$

$$s(\widetilde{F}'_{34}) > s(\widetilde{F}'_{33}) > s(\widetilde{F}'_{31}) > s(\widetilde{F}'_{32}) > s(\widetilde{F}'_{35}),$$

$$s(\widetilde{F}'_{44}) > s(\widetilde{F}'_{41}) > s(\widetilde{F}'_{43}) > s(\widetilde{F}'_{45}) > s(\widetilde{F}'_{42}).$$

于是有：

$$\tilde{F}'_{1\sigma(1)} = \,<0.909,0.053>,\ \tilde{F}'_{1\sigma(2)} = \,<0.859,0.099>,$$

$$\tilde{F}'_{1\sigma(3)} = \,<0.858,0.100>,\ \tilde{F}'_{1\sigma(4)} = \,<0.860,0.106>,$$

$$\tilde{F}'_{1\sigma(5)} = \,<0.723,0.203>;\ \tilde{F}'_{2\sigma(1)} = \,<0.910,0.051>,$$

$$\tilde{F}'_{2\sigma(2)} = \,<0.808,0.155>,\ \tilde{F}'_{2\sigma(3)} = \,<0.787,0.150>,$$

$$\tilde{F}'_{2\sigma(4)} = \,<0.748,0.166>,\ \tilde{F}'_{2\sigma(5)} = \,<0.592,0.356>;$$

$$\tilde{F}'_{3\sigma(1)} = \,<0.820,0.130>,\ \tilde{F}'_{3\sigma(2)} = \,<0.795,0.142>,$$

$$\tilde{F}'_{3\sigma(3)} = \,<0.784,0.149>,\ \tilde{F}'_{3\sigma(4)} = \,<0.717,0.227>,$$

$$\tilde{F}'_{3\sigma(5)} = \,<0.715,0.232>;\ \tilde{F}'_{4\sigma(1)} = \,<0.825,0.119>,$$

$$\tilde{F}'_{4\sigma(2)} = \,<0.782,0.168>,\ \tilde{F}'_{4\sigma(3)} = \,<0.735,0.165>,$$

$$\tilde{F}'_{4\sigma(4)} = \,<0.746,0.195>,\ \tilde{F}'_{4\sigma(5)} = \,<0.696,0.216>.$$

假设由正态分布赋权法得到与 $IFHG$ 算子相关联的权重向量 $w = (0.112,0.236,0.304,0.236,0.112)^T$，则由 $IFHG$ 算子计算可得 4 个地区物流业高质量发展综合属性值 $\tilde{d}_i(i=1,2,3,4)$ 分别为：

$$\tilde{d}_1 = IFHG_{\omega,w}(\tilde{F}_{11},\tilde{F}_{12},\tilde{F}_{13},\tilde{F}_{14},\tilde{F}_{15}) = \,<0.848,0.107>,$$

$$\tilde{d}_2 = IFHG_{\omega,w}(\tilde{F}_{21},\tilde{F}_{22},\tilde{F}_{23},\tilde{F}_{24},\tilde{F}_{25}) = \,<0.770,0.171>,$$

$$\tilde{d}_3 = IFHG_{\omega,w}(\tilde{F}_{31},\tilde{F}_{32},\tilde{F}_{33},\tilde{F}_{34},\tilde{F}_{35}) = \,<0.766,0.174>,$$

$$\tilde{d}_4 = IFHG_{\omega,w}(\tilde{F}_{41},\tilde{F}_{42},\tilde{F}_{43},\tilde{F}_{44},\tilde{F}_{45}) = \,<0.754,0.171>.$$

步骤 4　计算方案 Y_i 的综合属性值 $\tilde{d}_i$ 的得分值 $s(\tilde{d}_i)$，对方案进行排序。

利用直觉模糊数的得分值公式，可得 $\tilde{d}_i$ 的得分值 $s(\tilde{d}_i)$ 分别为：

$$s(\tilde{d}_1) = 0.741, s(\tilde{d}_2) = 0.599, s(\tilde{d}_3) = 0.586, s(\tilde{d}_4) = 0.583.$$

由于：
$$s(\tilde{d}_1) > s(\tilde{d}_2) > s(\tilde{d}_3) > s(\tilde{d}_4),$$

所以：
$$Y_1 > Y_2 > Y_3 > Y_4,$$

也就是说地区 Y_1 的物流业高质量发展水平最高，其次分别是地区 Y_2、Y_3 和 Y_4。

6.4 本章小结

物流业高质量发展测度评价问题是典型的多属性决策问题，加权平均方法是多属性决策问题中最常用的信息集结方法。本章在属性权重已知条件下，运用直觉模糊混合平均算子（$IFHA$）和直觉模糊混合几何算子（$IFHG$），探讨了中国物流业高质量发展的模糊多属性综合评价方法。

基于直觉模糊TOPSIS法的中国物流业高质量发展评价方法

权重大小反映多属性决策中评价指标的重要程度，是影响物流业高质量发展综合评价的重要因素之一。本章将首先讨论权重已知时基于 TOPSIS 法的中国物流业高质量发展评价方法，在此基础上提出基于直觉模糊熵、基于最优化模型的属性赋权方法，进一步讨论权重未知情形下的中国物流业高质量发展评价问题，为第 8 章的实证分析奠定基础。

7.1 TOPSIS 法基本原理与步骤

7.1.1 TOPSIS 法基本原理

TOPSIS 法是逼近理想解的排序方法（technique for order preference by similarity to ideal solution，TOPSIS）的英文缩写，是由黄和尹（Hwang & Yoon）于1981年提出的。该方法借助多属性决策问题正理想点和负理想点给方案集 X 中各方案排序。其中心思想为：设想一个正理想点（最优方案）

和一个负理想点（最差方案），然后分别计算各方案与正理想点、负理想点之间的距离，与正理想点最近且与负理想点距离最远的方案即为最优方案。

正理想点 Y^+ 是一个方案集 Y 中并不存在的虚拟的最佳方案，它的每个属性值都是决策矩阵中该属性的最好的值；而负理想点 Y^- 则是虚拟的最差方案，它的每个属性值都是决策矩阵中该属性的最差的值。在 n 维空间中将方案集 Y 中的各备选方案 Y_i 与正理想点 Y^+ 和负理想点 Y^- 的距离进行比较，既靠近理想方案又远离负理想方案的方案就是方案集 Y 中的最佳方案，并可以据此排定方案集 Y 中各备选方案的优先序。

用理想方案求解多属性决策问题的概念简单，只要在属性空间定义适当的距离测度就能计算备选方案与理想方案，TOPSIS 法所用的距离测度包括 Euclidean 距离、Hamming 距离、Minkowski 距离等。至于既用正理想点又用负理想点是因为在仅仅使用正理想点时有时会出现某两个备选方案与正理想点的距离相同的情况，为了区分这两个方案的优劣，引入负理想点并计算这两个方案与负理想点的距离，与正理想点的距离相同的方案中离负理想点远者为优（张强，2009）。

7.1.2　TOPSIS 法的步骤

设多属性决策问题有 m 个方案 $Y_i(i=1,2,\cdots,m)$ 组成方案集 $Y=\{Y_1,Y_2,\cdots,Y_m\}$，评价每个方案的属性（或指标）为 $B_j(j=1,2,\cdots,n)$，记属性集为 $B=\{B_1,B_2,\cdots,B_n\}$。如果 f_{ij} 表示方案 $Y_i\in Y$ 在属性 $B_j\in B$ 的评价指标值，矩阵 $F=(f_{ij})_{m\times n}$ 为该多属性决策问题的决策矩阵，则基于 TOPSIS 法的多属性决策方法的步骤如下。

步骤 1　确定多属性决策问题的方案集 $Y=\{Y_1,Y_2,\cdots,Y_m\}$ 和属性集 $B=\{B_1,B_2,\cdots,B_n\}$，构建决策矩阵 $F=(f_{ij})_{m\times n}$，并利用适当的方法将其规范化为 $R'=(r'_{ij})_{m\times n}$，这里：

$$r'_{ij}=f_{ij}\Big/\sqrt{\sum_{i=1}^{m}f_{ij}^2},i=1,\cdots,m;j=1,\cdots,n \qquad (7.1)$$

步骤 2　对规范化矩阵 $R'=(r'_{ij})_{m\times n}$ 进行加权处理，得到加权规范化矩阵 $R=(r_{ij})_{m\times n}$，其中，$r_{ij}=\omega_j r'_{ij}$，$i=1,\cdots,m$，$j=1,\cdots,n$；$\omega=(\omega_1,\omega_2,\cdots,$

$\omega_n)^T$ 为属性 $B_j(j=1,2,\cdots,n)$ 的权重向量。

步骤3 确定正理想点 Y^+ 和负理想点 Y^-。

设理想方案 Y^+ 的第 j 个属性值为 r_j^+，负理想方案 Y^- 的第 j 个属性值为 r_j^-，则：

$$正理想方案\ r_j^+ = \begin{cases} \max_i r_{ij}, j\ 为效益型属性 \\ \min_i r_{ij}, j\ 为成本型属性 \end{cases}, j=1,\cdots,n \qquad (7.2)$$

$$负理想方案\ r_j^- = \begin{cases} \max_i r_{ij}, j\ 为成本型属性 \\ \min_i r_{ij}, j\ 为效益型属性 \end{cases}, j=1,\cdots,n \qquad (7.3)$$

步骤4 计算各方案到正理想点与负理想点的距离。

以 Euclidean 距离为例，备选方案 Y_i 到正理想点的距离为：

$$d_i^+ = \sqrt{\sum_{j=1}^n (r_{ij} - r_j^+)^2}, i=1,\cdots,m \qquad (7.4)$$

到负理想点的距离为：

$$d_i^- = \sqrt{\sum_{j=1}^n (r_{ij} - r_j^-)^2}, i=1,\cdots,m \qquad (7.5)$$

步骤5 计算各方案的相对贴近度：

$$C_i = \frac{d_i^-}{(d_i^- + d_i^+)}, i=1,\cdots,m \qquad (7.6)$$

步骤6 按 C_i 值由大到小排列方案的优劣次序。

7.2 基于直觉模糊 TOPSIS 法的物流业高质量发展评价方法

7.2.1 物流业高质量发展评价问题的描述

假设对中国 m 个地区的物流业高质量发展状况进行评价，用 $Y_i(i=1,$

$2, \cdots, m)$ 表示第 i 个被评价地区，所有 $Y_i (i = 1, 2, \cdots, m)$ 组成方案集 $Y = \{ Y_1, Y_2, \cdots, Y_m \}$，评价每个地区物流业高质量发展水平的一级指标包括 B_1，$B_2, \cdots, B_r$，每个一级指标 $B_j (j = 1, 2, \cdots, r)$ 又由二级指标 $C_{jk_j} (j = 1, 2, \cdots, r; k_j = 1, 2, \cdots, n_j)$ 组成；$\omega = (\omega_1, \omega_2, \cdots, \omega_r)^T$ 表示一级评价指标 $B_j (j = 1, 2, \cdots, r)$ 的权重向量，满足 $\omega_j \geq 0$，且 $\sum_{j=1}^{r} \omega_j = 1$；$(\omega_{j1}, \omega_{j2}, \cdots, \omega_{jn_j})^T$ 为二级指标 $C_{jk_j} (j = 1, 2, \cdots, r; k_j = 1, 2, \cdots, n_j)$ 的权重向量，满足 $\omega_{jk_j} \geq 0$，且 $\sum_{k_j=1}^{n_j} \omega_{jk_j} = 1$；权重向量可由熵值法等赋权方法确定。如果 $\widetilde{F}_{ijk_j} = <\mu_{ijk_j}, \nu_{ijk_j}>$ $(i = 1, 2, \cdots, m; j = 1, 2, \cdots, r; k_j = 1, 2, \cdots, n_j)$ 为直觉模糊数，表示第 i 个地区 $Y_i (i = 1, 2, \cdots, m)$ 满足二级指标 C_{jk_j} 和不满足二级指标 C_{jk_j} 的程度，则 $\widetilde{F}_j = (<\mu_{ijk_j}, \nu_{ijk_j}>)_{m \times n_j} (j = 1, 2, \cdots, r)$ 为该问题关于一级评价指标 $B_j (j = 1, 2, \cdots, r)$ 的直觉模糊决策矩阵（见表 6 - 1）。现在的问题是根据直觉模糊决策矩阵 $\widetilde{F}_j (j = 1, 2, \cdots, r)$，如何得到一个决策分析方法来对 m 个地区的物流业高质量发展状况进行评价。

7.2.2　基于直觉模糊 TOPSIS 法的物流业高质量发展评价步骤

基于直觉模糊 TOPSIS 法的物流业高质量发展评价问题的多属性决策步骤如下。

步骤 1　确定物流业高质量发展评价问题的方案集 $Y = \{ Y_1, Y_2, \cdots, Y_m \}$ 和一级指标集 $B = \{ B_1, B_2, \cdots, B_r \}$。

步骤 2　构建一级评价指标 B_j 下的直觉模糊决策矩阵 $\widetilde{F}_j$。确定物流业高质量发展评价问题的方案集 $Y = \{ Y_1, Y_2, \cdots, Y_m \}$，用直觉模糊数表示各地区 $Y_i (i = 1, 2, \cdots, m)$ 关于二级指标 C_{jk_j} 的评价信息，构建 $Y_i (i = 1, 2, \cdots, m)$ 关于一级评价指标 $B_j (j = 1, 2, \cdots, r)$ 的直觉模糊决策矩阵 $\widetilde{F}_j$。

步骤 3　根据物流业高质量发展评价指标中各二级评价指标的权重，利用直觉模糊平均算子 IFWA 或直觉模糊几何算子 IFWG，计算可得物流业高质量发展问题中方案 $Y_i \in Y$ 关于一级评价指标 $B_j \in B$ 的直觉模糊特征

信息 $\tilde{F}_{ij}$：

$$\tilde{F}_{ij} = <\mu_{ij}, \nu_{ij}> = IFWA_\omega(\tilde{F}_{ij1}, \tilde{F}_{ij2}, \cdots, \tilde{F}_{ijn_j})$$

$$= <1 - \prod_{k_j=1}^{n_j}(1 - \mu_{ijk_j})^{w_{jk_j}}, \prod_{k_j=1}^{n_j}(\nu_{jk_j})^{w_{jk_j}}>$$

$$(j = 1,2,\cdots,r; k_j = 1,2,\cdots,n_j)$$

或 $\tilde{F}_{ij} = <\mu_{ij}, \nu_{ij}> = IFWG_\omega(\tilde{F}_{ij1}, \tilde{F}_{ij2}, \cdots, \tilde{F}_{ijn_j})$

$$= <\prod_{k_j=1}^{n_j}(\mu_{ijk_j})^{w_{jk_j}}, 1 - \prod_{k_j=1}^{n_j}(1 - \nu_{jk_j})^{w_{jk_j}}>$$

$$(j = 1,2,\cdots,r; k_j = 1,2,\cdots,n_j)$$

于是得到物流业高质量发展评价问题的直觉模糊决策矩阵 $\tilde{F} = (\tilde{F}_{ij})_{m \times r} = (<\mu_{ij}, \nu_{ij}>)_{m \times r}$。

步骤 4 根据直觉模糊多属性决策矩阵 F 确定物流业高质量发展评价问题的正理想点 Y^+ 和负理想点 Y^-：

$$Y^+ = (<\mu_1^+, \nu_1^+>, <\mu_2^+, \nu_2^+>, \cdots, <\mu_r^+, \nu_r^+>)$$

$$= (<\max_i\mu_{i1}, \min_i\nu_{i1}>, <\max_i\mu_{i2}, \min_i\nu_{i2}>, \cdots, <\max_i\mu_{ir}, \min_i\nu_{ir}>)$$

$$(7.7)$$

$$Y^- = (<\mu_1^-, \nu_1^->, <\mu_2^-, \nu_2^->, \cdots, <\mu_r^-, \nu_r^->)$$

$$= (<\min_i\mu_{i1}, \max_i\nu_{i1}>, <\min_i\mu_{i2}, \max_i\nu_{i2}>, \cdots, <\min_i\mu_{ir}, \max_i\nu_{ir}>)$$

$$(7.8)$$

或者 Y^+、Y^- 分别取 $Y^+ = (<1,0>, <1,0>, \cdots, <1,0>)$，$Y^- = (<0,1>, <0,1>, \cdots, <0,1>)$，以下同。

步骤 5 计算各方案 $Y_i(i=1,2,\cdots,m)$ 到正理想点 Y^+ 和负理想点 Y^- 的距离 d_i^+ 和 d_i^-。

本研究选择 Hamming 距离计算各方案 $Y_i(i=1,2,\cdots,m)$ 到 Y^+ 和 Y^- 的距离：

$$d_i^+ = \frac{1}{2}\sum_{j=1}^r \omega_j[|\mu_{ij} - \mu_j^+| + |\nu_{ij} - \nu_j^+| + |\pi_{ij} - \pi_j^+|] \qquad (7.9)$$

$$d_i^- = \frac{1}{2} \sum_{j=1}^{r} \omega_j [\, |\, \mu_{ij} - \mu_j^- \,| + |\, \nu_{ij} - \nu_j^- \,| + |\, \pi_{ij} - \pi_j^- \,| \,] \qquad (7.10)$$

步骤 6　计算方案 $Y_i(i = 1, 2, \cdots, m)$ 的贴近度 c_i：

$$c_i = \frac{d_i^-}{d_i^- + d_i^+}, i = 1, 2, \cdots, m \qquad (7.11)$$

利用贴近度 c_i 的大小对方案 $Y_i(i = 1, 2, \cdots, m)$ 进行排序，c_i 越大表明方案 Y_i 离正理想点越近、离负理想点越远，相应的地区物流业高质量发展水平越高。

7.2.3　实例分析

例 7.1　考虑物流业高质量发展评价问题。现对 4 个地区的物流业高质量发展水平进行评价，Y_1，Y_2，Y_3，Y_4 代表被评价的 4 个地区，评价指标体系包括 5 个一级指标和 22 个二级指标。假设有关专家对 4 个被评价地区 $Y_i(i = 1, 2, 3, 4)$ 关于一级指标 $B_j(j = 1, 2, 3, 4, 5)$ 下的二级指标 $C_{jk_j}(j = 1, 2, 3, 4, 5; k_j = 1, 2, \cdots, n_j)$ 进行评价，各地区物流业高质量发展状况对各二级指标的满足程度可用直觉模糊数来表示，有关评价结果如表 7 - 1 和表 7 - 2 所示。

如果一级指标的权重向量为 $\omega = (0.20, 0.23, 0.22, 0.15, 0.20)^T$，下面运用基于直觉模糊 TOPSIS 法的多属性决策方法，对 4 个地区物流业高质量发展水平进行评价。

步骤 1　计算方案 $Y_i \in Y$ 关于一级评价指标 $B_j \in B$ 的直觉模糊特征信息。

利用直觉模糊平均算子 IFWA 或直觉模糊几何算子 IFWG，可以对各方案在二级评价指标下的直觉模糊信息进行集结。本例利用直觉模糊平均算子 IFWA 进行处理，计算公式为：

$$\tilde{F}_{ij} = \langle \mu_{ij}, \nu_{ij} \rangle = IFWA_\omega(\tilde{F}_{ij1}, \tilde{F}_{ij2}, \cdots, \tilde{F}_{ijn_j})$$
$$= \langle 1 - \prod_{k_j=1}^{n_j} (1 - \mu_{ijk_j})^{w_{jk_j}}, \prod_{k_j=1}^{n_j} (\nu_{jk_j})^{w_{jk_j}} \rangle.$$

计算可得物流业高质量发展问题中方案 $Y_i \in Y$ 关于一级评价指标 $B_j \in B$ 的直觉模糊特征信息 $\tilde{F}_{ij}$ 分别为：

$$\tilde{F}_{11} = <0.865, 0.087>, \tilde{F}_{21} = <0.819, 0.160>,$$

$$\tilde{F}_{31} = <0.819, 0.141>, \tilde{F}_{41} = <0.795, 0.153>;$$

$$\tilde{F}_{12} = <0.880, 0.086>, \tilde{F}_{22} = <0.779, 0.142>,$$

$$\tilde{F}_{32} = <0.764, 0.183>, \tilde{F}_{42} = <0.740, 0.172>;$$

$$\tilde{F}_{13} = <0.872, 0.082>, \tilde{F}_{23} = <0.821, 0.119>,$$

$$\tilde{F}_{33} = <0.816, 0.128>, \tilde{F}_{43} = <0.761, 0.146>;$$

$$\tilde{F}_{14} = <0.882, 0.066>, \tilde{F}_{24} = <0.885, 0.064>,$$

$$\tilde{F}_{34} = <0.769, 0.168>, \tilde{F}_{44} = <0.780, 0.150>;$$

$$\tilde{F}_{15} = <0.738, 0.181>, \tilde{F}_{25} = <0.599, 0.330>,$$

$$\tilde{F}_{35} = <0.724, 0.222>, \tilde{F}_{45} = <0.759, 0.184>.$$

相应得到物流业高质量发展评价问题的直觉模糊决策矩阵 $\tilde{F}$，如表 7 - 1 所示。

表 7 - 1   物流业高质量发展评价问题的直觉模糊决策矩阵 $\tilde{F}$

指标	B_1	B_2	B_3	B_4	B_5
Y_1	<0.865,0.087>	<0.880,0.086>	<0.872,0.082>	<0.882,0.066>	<0.738,0.181>
Y_2	<0.819,0.160>	<0.779,0.142>	<0.821,0.119>	<0.885,0.064>	<0.995,0.330>
Y_3	<0.819,0.141>	<0.764,0.183>	<0.816,0.128>	<0.769,0.168>	<0.724,0.222>
Y_4	<0.795,0.153>	<0.740,0.172>	<0.761,0.146>	<0.780,0.150>	<0.759,0.184>

注：每个列表示各地区物流业高质量发展状况关于一级指标的直觉模糊属性值。

步骤 2   计算确定正理想点 Y^+ 和负理想点 Y^-。

由表 7 - 1 及式 (7.7) 和式 (7.8) 可知，物流业高质量发展评价问题的正理想点 Y^+ 和负理想点 Y^- 分别为：

$$Y^+ = (<0.819,0.087>, <0.880,0.068>, <0.872,0.082>,$$
$$<0.885,0.064>, <0.759,0.181>)$$

$$Y^- = (<0.748,0.160>, <0.740,0.183>, <0.761,0.146>,$$
$$<0.769,0.168>, <0.599,0.330>)$$

步骤3 计算各方案 Y_i 到正理想点 Y^+ 和负理想点 Y^- 的距离 d_i^+ 和 d_i^-，确定贴近度 c_i。利用式（7.9）~式（7.11），计算各方案 $Y_i(i=1,2,3,4)$ 到正理想点 Y^+ 和负理想点 Y^- 的距离 d_i^+ 和 d_i^-，确定贴近度 c_i，计算结果如表 7-2 所示。

表 7-2　　各方案到正理想点和负理想点的距离 d_i^+ 和 d_i^- 及贴近度 c_i

指标	d_i^-	d_i^+	c_i	排序
Y_1	0.1180	0.0189	0.862	1
Y_2	0.0542	0.0292	0.401	3
Y_3	0.1136	0.0754	0.601	2
Y_4	0.0466	0.0803	0.367	4

即各方案的排序为：

$$Y_1 > Y_3 > Y_2 > Y_4,$$

故地区 Y_1 的物流业高质量发展水平最高，其次分别是地区 Y_3、Y_2 和 Y_4。

7.3　权重完全未知下基于直觉模糊熵的物流业高质量发展评价方法

熵是系统不确定性的度量指标，熵值越小，表明评价指标上的信息量越有效；相应的，评价指标在综合评价中越重要，指标权重也就越大。本小节利用直觉模糊熵确定指标权重，提出基于直觉模糊熵-TOPSIS 法的物流业高质量发展评价方法。

7.3.1　物流业高质量发展评价问题的描述

假设对中国 m 个地区的物流业高质量发展状况进行评价，用 $Y_i(i=1,$ $2,\cdots,m)$ 表示第 i 个被评价地区，所有 $Y_i(i=1,2,\cdots,m)$ 组成方案集 $Y=\{Y_1,Y_2,\cdots,Y_m\}$ ，评价每个地区物流业高质量发展水平的一级指标包含 $B_1,$ $B_2,\cdots,B_r$ ；每个一级指标 $B_j(j=1,2,\cdots,r)$ 又由二级指标 $C_{jk_j}(j=1,2,\cdots,$ $r;k_j=1,2,\cdots,n_j)$ 组成； $\omega=(\omega_1,\omega_2,\cdots,\omega_r)^T$ 表示一级评价指标 $B_j(j=1,$ $2,\cdots,r)$ 的权重向量，满足 $\omega_j\geq0$ ，且 $\sum_{j=1}^{r}\omega_j=1$ ； $(\omega_{j1},\omega_{j2},\cdots,\omega_{jn_j})^T$ 为二级指标 $C_{jk_j}(j=1,2,\cdots,r;k_j=1,2,\cdots,n_j)$ 的权重向量，满足 $\omega_{jk_j}\geq0$ ，且 $\sum_{k_j=1}^{n_j}\omega_{jk_j}=1$ ；权重向量均完全未知。如果 $\widetilde{F}_{ijk_j}=<\mu_{ijk_j},\nu_{ijk_j}>(i=1,2,\cdots,$ $m;j=1,2,\cdots,r;k_j=1,2,\cdots,n_j)$ 为直觉模糊数，表示第 i 个地区 $Y_i(i=1,$ $2,\cdots,m)$ 满足二级指标 C_{jk_j} 和不满足二级指标 C_{jk_j} 的程度，则 $\widetilde{F}_j=$ $(\widetilde{F}_{ijk_j})_{m\times n_j}=(<\mu_{ijk_j},\nu_{ijk_j}>)_{m\times n_j}(j=1,2,\cdots,r)$ 为该问题关于一级评价指标 $B_j(j=1,2,\cdots,r)$ 的直觉模糊决策矩阵（见表 7-3）。现在的问题是根据直觉模糊决策矩阵 $\widetilde{F}_j(j=1,2,\cdots,r)$ ，如何通过确定属性权重，得到一个决策分析方法来对 m 个地区的物流业高质量发展状况进行评价。

表 7-3　　　　　关于一级评价指标 B_j 的直觉模糊决策矩阵 $\widetilde{F}_j$

指标	C_{j1}	C_{j2}	$\cdots$	C_{jn_j}
Y_1	$<\mu_{1j1},\nu_{1j1}>$	$<\mu_{1j2},\nu_{1j2}>$	$\cdots$	$<\mu_{1jn_j},\nu_{1jn_j}>$
Y_2	$<\mu_{2j1},\nu_{2j1}>$	$<\mu_{2j2},\nu_{2j2}>$	$\cdots$	$<\mu_{2jn_j},\nu_{2jn_j}>$
$\vdots$	$\vdots$	$\vdots$	$\vdots$	$\vdots$
Y_m	$<\mu_{mj1},\nu_{mj1}>$	$<\mu_{mj2},\nu_{mj2}>$	$\cdots$	$<\mu_{mjn_j},\nu_{mjn_j}>$

7.3.2　基于直觉模糊熵的指标权重确定方法

对于一级评价指标 B_j 的二级评价指标 $C_{jk_j}(j=1,2,\cdots,r;k_j=1,2,\cdots,n_j)$ ，

这里采用直觉模糊熵确定其权重。模糊熵是 Shannon 信息熵在模糊数学领域的扩展，被用来解释模糊集所包含的信息量，信息量越多，则模糊性越低，它能够为决策者提供的信息也就越多（范建平、薛坤和吴美琴，2018）。模糊熵是用来刻画直觉模糊集的不确定程度和未知程度，其度量主要从隶属度与非隶属度的距离和犹豫度两个方面来考虑。直觉模糊熵最早由布里洛（Burillo）等提出，后来西米德（Szimidt）等给出了直觉模糊熵的计算公式，并考虑了犹豫度的影响，其后很多学者对直觉模糊熵进行了较深入的研究。

定义 7.1 设 $\widetilde{A} = \{ < x_i, \mu_A(x_i), \nu_A(x_i) > | x_i \in X \}$，$\widetilde{B} = \{ < x_i, \mu_B(x_i), \nu_B(x_i) > | x_i \in X \}$ 为论域 X 上的两个直觉模糊集，记函数 $E: IFS(X) \to [0,1]$ 为直觉模糊熵，它满足以下准则：

1）$E(\widetilde{A}) = 0$ 当且仅当 $\widetilde{A}$ 为清晰集，即有 $\mu_A(x_i) = 1, \nu_A(x_i) = 0$ 或者 $\mu_A(x_i) = 0, \nu_A(x_i) = 1$；

2）$E(\widetilde{A}) = 1$ 当且仅当 $x_i \in X$，有 $\mu_A(x_i) = \nu_A(x_i)$；

3）$E(\widetilde{A}) = E(\widetilde{A}^c)$，对任意 $x_i \in X$；

4）$E(\widetilde{A}) \leqslant E(\widetilde{B})$，如果直觉模糊集 $\widetilde{B}$ 比 $\widetilde{A}$ 更模糊。

定义 7.2（刘满凤和任海平，2015）设 $\widetilde{A} = \{ < x_i, \mu_A(x_i), \nu_A(x_i) > | x_i \in X, i = 1, 2, \cdots, n \}$ 为论域 X 上的直觉模糊集，则 $E(\widetilde{A})$ 为一个直觉模糊熵：

$$E(\widetilde{A}) = \frac{1}{n} \sum_{i=1}^{n} \cos \frac{\mu_A^2(x_i) - \nu_A^2(x_i)}{2} \pi$$

$$= \frac{1}{n} \sum_{i=1}^{n} \cos \frac{(\mu_A(x_i) - \nu_A(x_i))(1 - \pi_A(x_i))}{2} \pi \qquad (7.12)$$

由式（7.12）容易看出，$E(\widetilde{A})$ 不仅考虑了直觉模糊集的隶属度与非隶属度的偏差 $\mu_A(x_i) - \nu_A(x_i)$，而且考虑了其犹豫度 $\pi_A(x_i)$ 的信息。

定义 7.3 假设利用属性 $G_j(j = 1, 2, \cdots, n)$ 的模糊熵为 E_j，则由直觉模糊熵计算属性 $G_j(j = 1, 2, \cdots, n)$ 的权重 ω_j 为：

$$\omega_j = \frac{1 - E_j}{n - \sum\limits_{j=1}^{n} E_j}, j = 1, 2, \cdots, n \qquad (7.13)$$

根据定义 7.2，可知 $\tilde{F}_{ijk_j} = <\mu_{ijk_j}, \nu_{ijk_j}>$ 的直觉模糊熵为：

$$E(\tilde{F}_{ijk_j}) = \frac{1}{m}\sum_{i=1}^{m}\cos\frac{\mu_{ijk_j}^2 - \nu_{ijk_j}^2}{2}\pi = \frac{1}{m}\sum_{i=1}^{m}\cos\frac{(\mu_{ijk_j} - \nu_{ijk_j})(1 - \pi_{ijk_j})}{2}\pi$$

$$(7.14)$$

利用定义 7.3，可以得到二级评价指标 $C_{jk_j}(j = 1,2,3,4,5; k_j = 1,2,\cdots, n_j)$ 的权重计算公式为：

$$\omega_{jk_j} = \frac{1 - E(\tilde{F}_{ijk_j})}{n_j - \sum_{k_j=1}^{n_j} E(\tilde{F}_{ijk_i})}$$

$$(7.15)$$

7.3.3 物流业高质量发展评价问题的直觉模糊信息集结

表 7-3 给出的是地区 $Y_i(i = 1,2,\cdots, m)$ 在一级评价指标 B_j 下关于二级评价指标 $C_{jk_j}(j = 1,2,\cdots, r; k_j = 1,2,\cdots, n_j)$ 的直觉模糊属性信息 $\tilde{F}_{ijk_j}$，为了得到各地区 $Y_i(i = 1,2,\cdots, m)$ 在一级评价指标的直觉模糊属性信息 $\tilde{F}_{ij}$，本研究采用直觉模糊平均算子 IFWA 或者直觉模糊几何算子 IFWG 进行处理。$\tilde{F}_{ij}$ 的计算公式为：

$$\tilde{F}_{ij} = IFWA_\omega(\tilde{F}_{ijk_1}, \tilde{F}_{ijk_2}, \cdots, F_{ijn_j})$$

$$= <1 - \prod_{k_j=1}^{n_j}(1 - \mu_{ijk_j})^{\omega_{jk_j}}, \prod_{k_j=1}^{n_j}(\nu_{ijk_j})^{\omega_{jk_j}}>$$

$$(7.16)$$

或　　　　$$\tilde{F}_{ij} = IFWG_\omega(\tilde{F}_{ijk_1}, F_{ijk_2}, \cdots, \tilde{F}_{ijn_j})$$

$$= <\prod_{k_j=1}^{n_j}(\mu_{ijk_j})^{\omega_{jk_j}}, 1 - \prod_{k_j=1}^{n_j}(1 - \nu_{ijk_j})^{\omega_{jk_j}}>$$

$$(7.17)$$

于是得到各地区 $Y_i(i = 1,2,\cdots, m)$ 关于一级评价指标 $B_j(j = 1,2,\cdots, r)$ 的直觉模糊决策矩阵 $\tilde{F} = (\tilde{F}_{ij})_{m \times r}$，如表 7-4 所示。

表 7 - 4   物流业高质量发展评价问题的直觉模糊决策矩阵 $\widetilde{F}$

指标	B_1	B_2	$\cdots$	B_r
Y_1	$<\mu_{11},\nu_{11}>$	$<\mu_{12},\nu_{12}>$	$\cdots$	$<\mu_{1r},\nu_{1r}>$
Y_2	$<\mu_{21},\nu_{21}>$	$<\mu_{22},\nu_{22}>$	$\cdots$	$<\mu_{2r},\nu_{2r}>$
$\vdots$	$\vdots$	$\vdots$	$\vdots$	$\vdots$
Y_m	$<\mu_{m1},\nu_{m1}>$	$<\mu_{m2},\nu_{m2}>$	$\cdots$	$<\mu_{mr},\nu_{mr}>$

同理，可以求得一级评价指标 B_j $(j=1,2,\cdots,r)$ 直觉模糊熵为：

$$E(\widetilde{F}_{ij}) = \frac{1}{m}\sum_{i=1}^{m}\cos\frac{\mu_{ij}^2 - \nu_{ij}^2}{2}\pi = \frac{1}{m}\sum_{i=1}^{m}\cos\frac{(\mu_{ijk_j}-\nu_{ijk_j})(1-\pi_{ijk_j})}{2}\pi$$

(7.18)

评价指标 $B_j(j=1,2,\cdots,r)$ 的权重为：

$$\omega_j = \frac{1 - E(\widetilde{F}_{ij})}{r - \sum_{j=1}^{r}E(\widetilde{F}_{ij})}$$

(7.19)

7.3.4   基于模糊熵–TOPSIS 的物流业高质量发展评价步骤

基于模糊熵–TOPSIS 的物流业高质量发展评价问题的决策步骤如下。

步骤 1   确定物流业高质量发展评价问题的方案集 $Y=\{Y_1,Y_2,\cdots,Y_m\}$ 和一级指标集 $B=\{B_1,B_2,\cdots,B_r\}$。

步骤 2   构建一级评价指标 B_j 下的直觉模糊决策矩阵 F_j。确定物流业高质量发展评价问题的方案集 $Y=\{Y_1,Y_2,\cdots,Y_m\}$，用直觉模糊数表示各地区 $Y_i(i=1,2,\cdots,m)$ 关于二级指标 C_{jk_j} 的评价信息，构建 $Y_i(i=1,2,\cdots,m)$ 关于一级评价指标 $B_j(j=1,2,\cdots,r)$ 的直觉模糊决策矩阵 $\widetilde{F}_j$。

步骤 3   根据式（7.14）和式（7.15）计算物流业高质量发展评价问题的各二级评价指标的权重 ω_{jk_j}：

$$\omega_{jk_j} = \frac{1 - E(\widetilde{F}_{ijk_j})}{n_j - \sum_{k_j=1}^{n_j}E(\widetilde{F}_{ijk_i})}, k_j = 1,2,\cdots,n_j$$

步骤4　根据物流业高质量发展评价问题的各二级评价指标权重，利用直觉模糊平均算子 $IFWA$ 或直觉模糊几何算子 $IFWG$，对方案 $Y_i(i=1,2,\cdots,m)$ 在二级评价指标的直觉模糊信息集结，可得物流业高质量发展问题中方案 $Y_i \in Y$ 关于一级评价指标 $B_j \in B$ 的直觉模糊特征信息 $\tilde{F}_{ij}$：

$$\tilde{F}_{ij} = <\mu_{ij}, \nu_{ij}> = IFWA_\omega(\tilde{F}_{ij1}, \tilde{F}_{ij2}, \cdots, \tilde{F}_{ijn_j})$$

$$= <1 - \prod_{k_j=1}^{n_j}(1-\mu_{ijk_j})^{\omega_{jk_j}}, \prod_{k_j=1}^{n_j}(\nu_{ijk_j})^{\omega_{jk_j}}>$$

$$(j=1,2,\cdots,r; k_j=1,2,\cdots,n_j),$$

或

$$\tilde{F}_{ij} = <\mu_{ij}, \nu_{ij}> = IFWG_\omega(\tilde{F}_{ij1}, \tilde{F}_{ij2}, \cdots, \tilde{F}_{ijn_j})$$

$$= <\prod_{k_j=1}^{n_j}(\mu_{ijk_j})^{\omega_{jk_j}}, 1 - \prod_{k_j=1}^{n_j}(1-\nu_{ijk_j})^{\omega_{jk_j}}>$$

$$(j=1,2,\cdots,r; k_j=1,2,\cdots,n_j).$$

于是得到物流业高质量发展评价问题的直觉模糊决策矩阵 $\tilde{F} = (\tilde{F}_{ij})_{m \times r} = (<\mu_{ij}, \nu_{ij}>)_{m \times r}$。

步骤5　根据直觉模糊多属性决策矩阵 $\tilde{F}$ 确定物流业高质量发展评价问题的正理想点 Y^+ 和负理想点 Y^-：

$$Y^+ = (<\mu_1^+, \nu_1^+>, <\mu_2^+, \nu_2^+>, \cdots, <\mu_r^+, \nu_r^+>)$$

$$= (<\max_i\mu_{i1}, \min_i\nu_{i1}>, <\max_i\mu_{i2}, \min_i\nu_{i2}>, \cdots, <\max_i\mu_{ir}, \min_i\nu_{ir}>)$$

$$(7.20)$$

$$Y^- = (<\mu_1^-, \nu_1^->, <\mu_2^-, \nu_2^->, \cdots, <\mu_r^-, \nu_r^->)$$

$$= (<\min_i\mu_{i1}, \max_i\nu_{i1}>, <\min_i\mu_{i2}, \max_i\nu_{i2}>, \cdots, <\min_i\mu_{ir}, \max_i\nu_{ir}>)$$

$$(7.21)$$

步骤6　计算各方案 $Y_i(i=1,2,\cdots,m)$ 到正理想点 Y^+ 和负理想点 Y^- 的距离 d_i^+ 和 d_i^- 以及贴近度 c_i，对方案进行排序。

首先利用式（7.16）和式（7.17）计算一级评价指标 $B_j(j=1,2,\cdots,r)$ 的权重为：

$$\omega_j = \frac{1 - E(\widetilde{F}_{ij})}{r - \sum_{j=1}^{r} E(\widetilde{F}_{ij})},$$

然后，根据式（7.22）～式（7.24）计算 d_i^+、d_i^- 及 c_i：

$$d_i^+ = \frac{1}{2} \sum_{j=1}^{r} \omega_j [\, |\mu_{ij} - \mu_j^+| + |\nu_{ij} - \nu_j^+| + |\pi_{ij} - \pi_j^+|\,] \qquad (7.22)$$

$$d_i^- = \frac{1}{2} \sum_{j=1}^{r} \omega_j [\, |\mu_{ij} - \mu_j^-| + |\nu_{ij} - \nu_j^-| + |\pi_{ij} - \pi_j^-|\,] \qquad (7.23)$$

$$c_i = \frac{d_i^-}{d_i^- + d_i^+}, i = 1, 2, \cdots, m \qquad (7.24)$$

利用贴近度 c_i 的大小对方案 $Y_i(i = 1, 2, \cdots, m)$ 进行排序，c_i 越大表明方案 Y_i 离正理想点越近、离负理想点越远，相应的地区物流业高质量发展水平越高。

7.3.5 实例分析

例 7.2 考虑物流业高质量发展评价问题。现对 4 个地区的物流业高质量发展水平进行评价，Y_1，Y_2，Y_3，Y_4 代表被评价的 4 个地区，评价指标体系包括 5 个一级指标和 22 个二级指标。假设有关专家对 4 个被评价地区 $Y_i(i = 1, 2, 3, 4)$ 关于一级指标 $B_j(j = 1, 2, 3, 4, 5)$ 下的二级指标 $C_{jk_j}(j = 1, 2, 3, 4, 5; k_j = 1, 2, \cdots, n_j)$ 进行评价，各地区物流业高质量发展状况对各二级指标的满足程度可用直觉模糊数来表示，有关评价结果如表 7 - 5 ～ 表 7 - 9 所示。

表 7 - 5　　　　　关于准则 B_1 的直觉模糊决策矩阵 $\widetilde{F}_1$

指标	C_{11}	C_{12}	C_{13}	C_{14}	C_{15}
Y_1	<0.90,0.05>	<0.85,0.10>	<0.80,0.15>	<0.90,0.05>	<0.85,0.15>
Y_2	<0.85,0.10>	<0.80,0.20>	<0.75,0.20>	<0.90,0.05>	<0.75,0.20>
Y_3	<0.85,0.10>	<0.80,0.15>	<0.75,0.20>	<0.85,0.10>	<0.65,0.20>
Y_4	<0.80,0.15>	<0.85,0.10>	<0.70,0.25>	<0.85,0.10>	<0.70,0.25>

表 7 - 6   关于准则 B_2 的直觉模糊决策矩阵 $\tilde{F}_2$

指标	C_{21}	C_{22}	C_{23}	C_{24}
Y_1	<0.85,0.10>	<0.90,0.05>	<0.90,0.10>	<0.85,0.15>
Y_2	<0.80,0.15>	<0.75,0.15>	<0.80,0.10>	<0.75,0.20>
Y_3	<0.75,0.20>	<0.85,0.10>	<0.70,0.25>	<0.65,0.30>
Y_4	<0.80,0.10>	<0.70,0.20>	<0.65,0.30>	<0.80,0.15>

表 7 - 7   关于准则 B_3 的直觉模糊决策矩阵 $\tilde{F}_3$

指标	C_{31}	C_{32}	C_{33}	C_{34}	C_{35}
Y_1	<0.85,0.10>	<0.90,0.05>	<0.85,0.15>	<0.90,0.05>	<0.85,0.10>
Y_2	<0.90,0.05>	<0.80,0.15>	<0.75,0.20>	<0.70,0.20>	<0.85,0.10>
Y_3	<0.85,0.10>	<0.80,0.15>	<0.80,0.15>	<0.85,0.10>	<0.75,0.15>
Y_4	<0.70,0.20>	<0.80,0.10>	<0.75,0.15>	<0.80,0.15>	<0.75,0.15>

表 7 - 8   关于准则 B_4 的直觉模糊决策矩阵 $\tilde{F}_4$

指标	C_{41}	C_{42}	C_{43}
Y_1	<0.85,0.10>	<0.90,0.05>	<0.90,0.05>
Y_2	<0.90,0.05>	<0.85,0.10>	<0.90,0.05>
Y_3	<0.75,0.20>	<0.80,0.15>	<0.75,0.15>
Y_4	<0.75,0.15>	<0.75,0.20>	<0.85,0.10>

表 7 - 9   关于准则 B_5 的直觉模糊决策矩阵 $\tilde{F}_5$

指标	C_{51}	C_{52}	C_{53}	C_{54}	C_{55}
Y_1	<0.75,0.15>	<0.80,0.20>	<0.65,0.30>	<0.60,0.25>	<0.80,0.10>
Y_2	<0.60,0.35>	<0.65,0.20>	<0.55,0.45>	<0.50,0.50>	<0.65,0.30>
Y_3	<0.75,0.20>	<0.70,0.30>	<0.80,0.15>	<0.60,0.30>	<0.70,0.20>
Y_4	<0.80,0.15>	<0.80,0.15>	<0.70,0.25>	<0.80,0.15>	<0.60,0.30>

下面运用基于直觉模糊 TOPSIS 法的多属性决策方法，对 4 个地区物流业高质量发展水平进行评价。

步骤 1　计算各二级指标的权重。

根据表 7 - 5 ~ 表 7 - 9，利用式（7.14）和式（7.15）计算各二级指标 $C_{jk_j}(j=1,2,3,4;k_j=1,2,\cdots,n_j)$ 的模糊熵 E_{jk_j} 和权重 w_{jk_j}，计算结果如表 7 - 10 ~ 表 7 - 14 所示。

表 7 - 10　　　　　准则 B_1 下二级指标的模糊熵与权重

指标	C_{11}	C_{12}	C_{13}	C_{14}	C_{15}
E_{jk_j}	0.4340	0.5065	0.6779	0.3671	0.6859
w_{jk_j}	0.243	0.212	0.138	0.272	0.135

表 7 - 11　　　　　准则 B_2 下二级指标的模糊熵与权重

指标	C_{21}	C_{22}	C_{23}	C_{24}
E_{jk_j}	0.5581	0.5390	0.6269	0.6420
w_{jk_j}	0.270	0.282	0.228	0.220

表 7 - 12　　　　　准则 B_3 下二级指标的模糊熵与权重

指标	C_{31}	C_{32}	C_{33}	C_{34}	C_{35}
E_{jk_j}	0.9422	0.9465	0.9555	0.9461	0.9505
w_{jk_j}	0.223	0.206	0.172	0.208	0.191

表 7 - 13　　　　　准则 B_4 下二级指标的模糊熵与权重

指标	C_{41}	C_{42}	C_{43}
E_{jk_j}	0.9467	0.9439	0.9351
w_{jk_j}	0.306	0.322	0.372

表 7 - 14　　　　　准则 B_5 下二级指标的模糊熵与权重

指标	C_{51}	C_{52}	C_{53}	C_{54}	C_{55}
E_{jk_j}	0.9717	0.9675	0.9760	0.9832	0.9857
w_{jk_j}	0.244	0.280	0.207	0.145	0.124

步骤 2　确定物流业高质量发展评价问题的直觉模糊决策矩阵 F。利用式（7.16）计算各方案 $Y_i(i=1,2,3,4)$ 在准则 $B_j(j=1,2,3,4)$ 下的二级指标 $C_{jk_j}(j=1,2,3,4;k_j=1,2,\cdots,n_j)$ 的综合直觉模糊评价值 $\widetilde{F}_{ij}$：

$$\tilde{F}_{11} = IFWA_{\omega}(\tilde{F}_{111}, \tilde{F}_{112}, \cdots, \tilde{F}_{115}) = <0.873, 0.078>,$$

$$\tilde{F}_{21} = IFWA_{\omega}(\tilde{F}_{211}, \tilde{F}_{212}, \cdots, \tilde{F}_{215}) = <0.836, 0.116>,$$

$$\tilde{F}_{31} = IFWA_{\omega}(\tilde{F}_{311}, \tilde{F}_{312}, \cdots, \tilde{F}_{315}) = <0.808, 0.132>,$$

$$\tilde{F}_{41} = IFWA_{\omega}(\tilde{F}_{411}, \tilde{F}_{412}, \cdots, \tilde{F}_{415}) = <0.806, 0.142>;$$

$$\tilde{F}_{12} = IFWA_{\omega}(\tilde{F}_{121}, \tilde{F}_{122}, \cdots, \tilde{F}_{124}) = <0.878, 0.090>,$$

$$\tilde{F}_{22} = IFWA_{\omega}(\tilde{F}_{221}, \tilde{F}_{222}, \cdots, \tilde{F}_{224}) = <0.776, 0.146>,$$

$$\tilde{F}_{32} = IFWA_{\omega}(\tilde{F}_{321}, \tilde{F}_{322}, \cdots, \tilde{F}_{324}) = <0.757, 0.189>,$$

$$\tilde{F}_{42} = IFWA_{\omega}(\tilde{F}_{421}, \tilde{F}_{422}, \cdots, \tilde{F}_{424}) = <0.745, 0.171>;$$

$$\tilde{F}_{13} = IFWA_{\omega}(\tilde{F}_{131}, \tilde{F}_{132}, \cdots, \tilde{F}_{135}) = <0.873, 0.080>,$$

$$\tilde{F}_{23} = IFWA_{\omega}(\tilde{F}_{231}, \tilde{F}_{232}, \cdots, \tilde{F}_{235}) = <0.817, 0.121>,$$

$$\tilde{F}_{33} = IFWA_{\omega}(\tilde{F}_{331}, \tilde{F}_{332}, \cdots, \tilde{F}_{335}) = <0.813, 0.126>,$$

$$\tilde{F}_{43} = IFWA_{\omega}(\tilde{F}_{431}, \tilde{F}_{432}, \cdots, \tilde{F}_{435}) = <0.763, 0.147>;$$

$$\tilde{F}_{14} = IFWA_{\omega}(\tilde{F}_{141}, \tilde{F}_{142}, \tilde{F}_{143}) = <0.887, 0.062>,$$

$$\tilde{F}_{24} = IFWA_{\omega}(\tilde{F}_{241}, \tilde{F}_{242}, \tilde{F}_{243}) = <0.886, 0.063>,$$

$$\tilde{F}_{34} = IFWA_{\omega}(\tilde{F}_{341}, \tilde{F}_{342}, \tilde{F}_{343}) = <0.767, 0.164>,$$

$$\tilde{F}_{44} = IFWA_{\omega}(\tilde{F}_{441}, \tilde{F}_{442}, \tilde{F}_{443}) = <0.793, 0.165>;$$

$$\tilde{F}_{15} = IFWA_{\omega}(\tilde{F}_{151}, \tilde{F}_{152}, \cdots, \tilde{F}_{155}) = <0.738, 0.192>,$$

$$\tilde{F}_{25} = IFWA_{\omega}(\tilde{F}_{251}, \tilde{F}_{252}, \cdots, \tilde{F}_{255}) = <0.599, 0.325>,$$

$$\tilde{F}_{35} = IFWA_{\omega}(\tilde{F}_{351}, \tilde{F}_{352}, \cdots, \tilde{F}_{355}) = <0.725, 0.224>,$$

$$\tilde{F}_{45} = IFWA_{\omega}(\tilde{F}_{451}, \tilde{F}_{452}, \cdots, \tilde{F}_{455}) = <0.763, 0.182>.$$

于是，得到直觉模糊决策矩阵 $\tilde{F}$ 如表 7-15 所示。

表 7 – 15　　　　物流业高质量发展评价问题的直觉模糊决策矩阵 $\widetilde{F}$

指标	B_1	B_2	B_3	B_4	B_5
Y_1	< 0.873,0.078 >	< 0.878,0.090 >	< 0.873,0.080 >	< 0.887,0.062 >	< 0.738,0.192 >
Y_2	< 0.836,0.116 >	< 0.776,0.146 >	< 0.817,0.121 >	< 0.886,0.063 >	< 0.599,0.325 >
Y_3	< 0.808,0.132 >	< 0.757,0.189 >	< 0.813,0.126 >	< 0.767,0.164 >	< 0.725,0.224 >
Y_4	< 0.806,0.142 >	< 0.745,0.171 >	< 0.763,0.147 >	< 0.793,0.165 >	< 0.763,0.182 >

步骤 3　确定正理想点 Y^+ 和负理想点 Y^-。由表 7 – 15 可知，其正理想点 Y^+ 和负理想点 Y^- 分别为：

$$Y^+ = (\ < 0.873,0.078 >, < 0.878,0.090 >, < 0.873,0.080 >,$$
$$< 0.887,0.062 >, < 0.763,0.182 >\ )$$

$$Y^- = (\ < 0.806,0.142 >, < 0.745,0.189 >, < 0.763,0.147 >,$$
$$< 0.767,0.165 >, < 0.599,0.325 >\ )$$

步骤 4　计算一级评价指标 $B_j(j = 1,2,3,4,5)$ 的权重。将表 7 – 15 的数据代入式 (7.18) 和式 (7.19)，可计算一级评价指标 $B_j(j = 1,2,3,4,5)$ 的模糊熵 E_j 和权重 ω_j 分别为：

$$E_1 = 0.9526, E_2 = 0.9536, E_3 = 0.9465, E_4 = 0.9413, E_5 = 0.9736;$$
$$\omega_1 = 0.204, \omega_2 = 0.200, \omega_3 = 0.230, \omega_4 = 0.252, \omega_5 = 0.114.$$

步骤 5　计算各方案 $Y_i(i = 1,2,3,4,5)$ 到正理想点 Y^+ 和负理想点 Y^- 的距离及贴近度 c_i。利用式 (7.22) ~ 式 (7.24)，计算各方案 $Y_i(i = 1,2,3,4,5)$ 到正理想点 Y^+ 和负理想点 Y^- 的距离 d_i^+ 和 d_i^- 以及贴近度 c_i，计算结果如表 7 – 16 所示。

表 7 –16　　　　　　　　各方案的 d_i^+、d_i^- 和 c_i

指标	d_i^-	d_i^+	c_i	排序
Y_1	0.1117	0.0029	0.975	1
Y_2	0.0571	0.0600	0.488	3
Y_3	0.0785	0.0801	0.495	2
Y_4	0.0289	0.0915	0.240	4

由表 7 – 16 可知，4 个地区物流业高质量发展的优劣排序为 $Y_1 > Y_3 >$

$Y_2 > Y_4$，即地区 Y_1 的物流业高质量发展水平为最佳。

7.4 权重完全未知下基于偏差最优化的物流业高质量发展评价方法

从对决策方案进行排序的角度考虑，方案属性值偏差越大，说明其对方案决策与排序所起的作用越重要，相应的属性应该赋予越大的权重。本小节通过构建以偏差最大化为目标的最优化模型，用以确定评价指标权重，提出基于偏差最优化 – TOPSIS 法的物流业高质量发展评价方法。

7.4.1 物流业高质量发展评价问题的描述

假设对中国 m 个地区的物流业高质量发展状况进行评价，用 $Y_i(i=1,2,\cdots,m)$ 表示第 i 个被评价地区，所有 $Y_i(i=1,2,\cdots,m)$ 组成方案集 $Y = \{Y_1,Y_2,\cdots,Y_m\}$，评价每个地区物流业高质量发展水平的一级指标 $B_1, B_2,\cdots,B_r$；每个一级指标 $B_j(j=1,2,\cdots,r)$ 又由二级指标 $C_{jk_j}(j=1,2,\cdots,r; k_j=1,2,\cdots,n_j)$ 组成；$\omega = (\omega_1,\omega_2,\cdots,\omega_r)^T$ 表示一级评价指标 $B_j(j=1, 2,\cdots,r)$ 的权重向量，满足 $\omega_j \geq 0$，且 $\sum_{j=1}^{r} \omega_j = 1$；$(\omega_{j1},\omega_{j2},\cdots,\omega_{jn_j})^T$ 为二级指标 $C_{jk_j}(j=1,2,\cdots,r; k_j=1,2,\cdots,n_j)$ 的权重向量，满足 $\omega_{jk_j} \geq 0$，且 $\sum_{k_j=1}^{n_j} \omega_{jk_j} = 1$；权重向量均完全未知。如果 $\tilde{F}_{ijk_j} = <\mu_{ijk_j},\nu_{ijk_j}>(i=1,2,\cdots,m;j=1,2,\cdots,r; k_j=1,2,\cdots,n_j)$ 为直觉模糊数，表示第 i 个地区 $Y_i(i=1,2,\cdots,m)$ 满足二级指标 C_{jk_j} 和不满足二级指标 C_{jk_j} 的程度，则 $\tilde{F}_j = (\tilde{F}_{ijk_j})_{m \times n_j} = (<\mu_{ijk_j},\nu_{ijk_j}>)_{m \times n_j}$ $(j=1,2,\cdots,r)$ 为该问题关于一级评价指标 $B_j(j=1,2,\cdots,r)$ 的直觉模糊决策矩阵（见表 7–3）。现在的问题是根据直觉模糊决策矩阵 $\tilde{F}_j(j=1,2,\cdots,r)$，如何通过确定各属性权重，得到一个决策分析方法来对 m 个地区的物流业

高质量发展状况进行评价。

7.4.2　基于离差最优化的指标权重确定方法

（1）二级评价指标权重的确定

设方案 $Y_i(i=1,2,\cdots,m)$ 关于一级评价指标 B_j 的直觉模糊决策矩阵如表 7 – 3 所示。对于二级评价指标 $C_{jk_j}(k_j=1,2,\cdots,n_j)$，用 $D_{ik_j}(\omega)$ 表示方案 Y_i 与其他方案 Y_l 之间的距离，则可定义：

$$
\begin{aligned}
D_{ik_j}(\omega) &= \sum_{l=1}^{m} d(\widetilde{F}_{ijk_j},\widetilde{F}_{ljk_j})\omega_{k_j} \\
&= \frac{1}{2}\sum_{l=1}^{m}\omega_{k_j}(\mid \mu_{ijk_j}-\mu_{ljk_j}\mid +\mid \nu_{ijk_j}-\nu_{ljk_j}\mid) \\
&\quad (i=1,2,\cdots,m;k_j=1,2,\cdots,n_j) \qquad (7.25)
\end{aligned}
$$

令　　$$
\begin{aligned}
D_{k_j}(\omega) &= \sum_{i=1}^{m} D_{ik_j}(\omega) = \sum_{i=1}^{m}\sum_{l=1}^{m} d(\widetilde{F}_{ijk_j},\widetilde{F}_{ljk_j})\omega_{k_j} \\
&= \frac{1}{2}\sum_{i=1}^{m}\sum_{l=1}^{m}\omega_{k_j}(\mid \mu_{ijk_j}-\mu_{ljk_j}\mid +\mid \nu_{ijk_j}-\nu_{ljk_j}\mid) \\
&\quad (i=1,2,\cdots,m;k_j=1,2,\cdots,n_j) \qquad (7.26)
\end{aligned}
$$

则 $D_{k_j}(\omega)$ 表示对属性 $C_{jk_j}(k_j=1,2,\cdots,n_j)$ 而言，所有方案与其他方案的总离差。根据上述分析，权重向量 $\omega=(\omega_{j1},\omega_{j2},\cdots,\omega_{jn_j})^T$ 的选择应是所有属性对所有方案的总离差最大。为此构建以下目标函数：

$$
\max D(\omega) = \sum_{k_j=1}^{n_j} D_{k_j}(\omega) = \frac{1}{2}\sum_{k_j=1}^{n_j}\sum_{i=1}^{m}\sum_{l=1}^{m}\omega_{k_j}(\mid \mu_{ijk_j}-\mu_{ljk_j}\mid +\mid \nu_{ijk_j}-\nu_{ljk_j}\mid)
$$

$$(7.27)$$

于是，求解权重向量 $\omega=(\omega_1,\omega_2,\cdots,\omega_n)^T$ 就等价于求解如下最优化模型：

$$
\begin{cases}
\max D(\omega) = \displaystyle\sum_{k_j=1}^{n_j} D_{k_j}(\omega) = \frac{1}{2}\sum_{k_j=1}^{n_j}\sum_{i=1}^{m}\sum_{l=1}^{m}\omega_{k_j}(\mid \mu_{ijk_j}-\mu_{ljk_j}\mid +\mid \nu_{ijk_j}-\nu_{ljk_j}\mid) \\
s.t.\ \displaystyle\sum_{k_j=1}^{n_j}\omega_{k_j}^2=1,\omega_{k_j}\geqslant 0(k_j=1,2,\cdots,n_j)
\end{cases}
$$

$$(7.28)$$

为了求解最优化模型（7.28），可构造拉格朗日（Lagrange）函数

$$L(\omega,\lambda) = \frac{1}{2}\sum_{k_j=1}^{n_j}\sum_{i=1}^{m}\sum_{l=1}^{m}\omega_{k_j}(\mid\mu_{ijk_j}-\mu_{ljk_j}\mid+\mid\nu_{ijk_j}-\nu_{ljk_j}\mid)+\frac{\lambda}{4}(\sum_{k_j=1}^{n_j}\omega_{k_j}^2-1)$$

（7.29）

对其求偏导数，并令偏导数等于 0，可得：

$$\begin{cases} \dfrac{\partial L}{\partial\omega_{k_j}} = \dfrac{1}{2}\sum_{i=1}^{m}\sum_{l=1}^{m}(\mid\mu_{ijk_j}-\nu_{ljk_j}\mid+\mid\nu_{ijk_j}-\nu_{ljk_j}\mid)+\dfrac{1}{2}\lambda\omega_{k_j} = 0 \\[3mm] \dfrac{\partial L}{\partial\lambda} = \dfrac{1}{4}(\sum_{k_j=1}^{n_j}\omega_{k_j}^2-1) = 0 \end{cases}$$

（7.30）

解之可得：

$$\omega_{jk_j}^* = \frac{\displaystyle\sum_{i=1}^{m}\sum_{l=1}^{m}(\mid\mu_{ijk_j}-\mu_{ljk_j}\mid+\mid\nu_{ijk_j}-\nu_{ljk_j}\mid)}{\sqrt{\displaystyle\sum_{k_j=1}^{n_j}\Big[\sum_{i=1}^{m}\sum_{l=1}^{m}(\mid\mu_{ijk_j}-\mu_{ljk_j}\mid+\mid\nu_{ijk_j}-\nu_{ljk_j}\mid)\Big]^2}}$$

（7.31）

对 $\omega_{jk_j}^*$ 进行归一化处理，可得属性权重：

$$\omega_{jk_j} = \frac{\displaystyle\sum_{i=1}^{m}\sum_{l=1}^{m}(\mid\mu_{ijk_j}-\mu_{ljk_j}\mid+\mid\nu_{ijk_j}-\nu_{ljk_j}\mid)}{\displaystyle\sum_{k_j=1}^{n_j}\sum_{i=1}^{m}\sum_{l=1}^{m}(\mid\mu_{ijk_j}-\mu_{ljk_j}\mid+\mid\nu_{ijk_j}-\nu_{ljk_j}\mid)}$$

（7.32）

（2）一级评价指标权重的确定

假设通过直觉模糊信息的集结，得到方案 $Y_i(i=1,2,\cdots,m)$ 的直觉模糊决策矩阵如表 7-4 所示。

如果 $\omega = (\omega_1,\omega_2,\cdots,\omega_r)^T$ 表示一级评价指标 $B_j(j=1,2,\cdots,r)$ 的权重向量，则基于总离差最大化原则，同理可得一级评价指标 $B_j(j=1,2,3,4,5)$ 的权重分别为：

$$\omega_j = \frac{\displaystyle\sum_{i=1}^{m}\sum_{l=1}^{m}(\mid\mu_{ij}-\mu_{lj}\mid+\mid\nu_{ij}-\nu_{lj}\mid)}{\displaystyle\sum_{j=1}^{n}\sum_{i=1}^{m}\sum_{l=1}^{m}(\mid\mu_{ij}-\mu_{lj}\mid+\mid\nu_{ij}-\nu_{lj}\mid)},\ j=1,2,\cdots,r \quad (7.33)$$

7.4.3　物流业高质量发展评价问题的直觉模糊信息集结

根据表 7 - 3 给出的是地区 $Y_i(i=1,2,\cdots,m)$ 在一级评价指标 B_j 下关于二级评价指标 $C_{jk_j}(j=1,2,\cdots,r;\ k_j=1,2,\cdots,n_j)$ 的直觉模糊属性信息 $\widetilde{F}_{ijk_j}$，采用直觉模糊平均算子 $IFWA$ 或者直觉模糊几何算子 $IFWG$，计算可以得到各地区 $Y_i(i=1,2,\cdots,m)$ 在一级评价指标的直觉模糊属性信息 $\widetilde{F}_{ij}$：

$$
\begin{aligned}
\widetilde{F}_{ij} &= IFWA_\omega(\widetilde{F}_{ijk_1},\widetilde{F}_{ijk_2},\cdots,F_{ijn_j}) \\
&= \ <1-\prod_{k_j=1}^{n_j}(1-\mu_{ijk_j})^{\omega_{jk_j}},\prod_{k_j=1}^{n_j}(\nu_{ijk_j})^{\omega_{jk_j}}>
\end{aligned}
$$

或

$$
\begin{aligned}
\widetilde{F}_{ij} &= IFWG_\omega(\widetilde{F}_{ijk_1},F_{ijk_2},\cdots,\widetilde{F}_{ijn_j}) \\
&= \ <\prod_{k_j=1}^{n_j}(\mu_{ijk_j})^{\omega_{jk_j}},1-\prod_{k_j=1}^{n_j}(1-\nu_{ijk_j})^{\omega_{jk_j}}>
\end{aligned}
$$

于是得到各地区 $Y_i(i=1,2,\cdots,m)$ 的直觉模糊决策矩阵 $F=(\widetilde{F}_{ij})_{m\times r}$，如表 7 - 4 所示。

7.4.4　基于偏差最优化 - TOPSIS 的物流业高质量发展评价步骤

基于偏差最优化 - TOPSIS 的物流业高质量发展评价问题的决策步骤如下。

步骤 1　确定物流业高质量发展评价问题的方案集 $Y=\{Y_1,Y_2,\cdots,Y_m\}$ 和一级指标集 $B=\{B_1,B_2,\cdots,B_r\}$。

步骤 2　构建一级评价指标 B_j 下的直觉模糊决策矩阵 $\widetilde{F}_j$。确定物流业高质量发展评价问题的方案集 $Y=\{Y_1,Y_2,\cdots,Y_m\}$，用直觉模糊数表示各地区 $Y_i(i=1,2,\cdots,m)$ 关于二级指标 C_{jk_j} 的评价信息，构建 $Y_i(i=1,2,\cdots,m)$ 关于一级评价指标 $B_j(j=1,2,\cdots,r)$ 的直觉模糊决策矩阵 $\widetilde{F}_j$。

步骤 3 根据式（7.32）计算物流业高质量发展评价问题的各二级评价指标的权重 ω_{jk_j}：

$$\omega_{jk_j} = \frac{\sum_{i=1}^{m}\sum_{l=1}^{m}(|\mu_{ijk_j} - \mu_{ljk_j}| + |\nu_{ijk_j} - \nu_{ljk_j}|)}{\sum_{k_j=1}^{n_j}\sum_{i=1}^{m}\sum_{k=1}^{m}(|\mu_{ijk_j} - \mu_{ljk_j}| + |\nu_{ijk_j} - \nu_{ljk_j}|)}, k_j = 1,2,\cdots,n_j$$

步骤 4 根据物流业高质量发展评价问题的各二级评价指标权重，利用直觉模糊平均算子 *IFWA* 或直觉模糊几何算子 *IFWG*，对方案 $Y_i(i = 1,2,\cdots,m)$ 在二级评价指标的直觉模糊信息集结，可得物流业高质量发展问题中方案 $Y_i \in Y$ 关于一级评价指标 $B_j \in B$ 的直觉模糊特征信息 $\tilde{F}_{ij}$：

$$\tilde{F}_{ij} = <\mu_{ij}, \nu_{ij}> = IFWA_\omega(\tilde{F}_{ij1}, \tilde{F}_{ij2}, \cdots, \tilde{F}_{ijn_j})$$

$$= <1 - \prod_{k_j=1}^{n_j}(1 - \mu_{ijk_j})^{\omega_{jk_j}}, \prod_{k_j=1}^{n_j}(\nu_{jk_j})^{\omega_{jk_j}}>$$

$$(j = 1,2,\cdots,r; k_j = 1,2,\cdots,n_j)$$

或 $\quad \tilde{F}_{ij} = <\mu_{ij}, \nu_{ij}> = IFWG_\omega(\tilde{F}_{ij1}, \tilde{F}_{ij2}, \cdots, \tilde{F}_{ijn_j})$

$$= <\prod_{k_j=1}^{n_j}(\mu_{ijk_j})^{\omega_{jk_j}}, 1 - \prod_{k_j=1}^{n_j}(1 - \nu_{jk_j})^{\omega_{jk_j}}> (j = 1,2,\cdots,r; k_j = 1,2,\cdots,n_j)$$

于是得到物流业高质量发展评价问题的直觉模糊决策矩阵 $\tilde{F} = (\tilde{F}_{ij})_{m \times r} = (<\mu_{ij}, \nu_{ij}>)_{m \times r}$。

步骤 5 根据直觉模糊多属性决策矩阵 $\tilde{F}$ 确定物流业高质量发展评价问题的正理想点 Y^+ 和负理想点 Y^-：

$$Y^+ = (<\mu_1^+, \nu_1^+>, <\mu_2^+, \nu_2^+>, \cdots, <\mu_r^+, \nu_r^+>)$$

$$= (<\max_i\mu_{i1}, \min_i\nu_{i1}>, <\max_i\mu_{i2}, \min_i\nu_{i2}>, \cdots, <\max_i\mu_{ir}, \min_i\nu_{ir}>)$$

$$Y^- = (<\mu_1^-, \nu_1^->, <\mu_2^-, \nu_2^->, \cdots, <\mu_r^-, \nu_r^->)$$

$$= (<\min_i\mu_{i1}, \max_i\nu_{i1}>, <\min_i\mu_{i2}, \max_i\nu_{i2}>, \cdots, <\min_i\mu_{ir}, \max_i\nu_{ir}>)$$

步骤 6 计算各方案 $Y_i(i = 1,2,\cdots,m)$ 到正理想点 Y^+ 和负理想点 Y^- 的距离 d_i^+ 和 d_i^- 以及贴近度 c_i，对方案进行排序。

首先，利用式（7.33）计算一级评价指标 $B_j(j = 1,2,\cdots,r)$ 的权重为：

$$\omega_j = \frac{\sum_{i=1}^{m} \sum_{l=1}^{m} (|\mu_{ij} - \mu_{lj}| + |\nu_{ij} - \nu_{lj}|)}{\sum_{j=1}^{n} \sum_{i=1}^{m} \sum_{l=1}^{m} (|\mu_{ij} - \mu_{lj}| + |\nu_{ij} - \nu_{lj}|)}, j = 1, 2, \cdots, r$$

然后，根据式（7.22）、式（7.23）和式（7.24）计算 d_i^+、d_i^- 以及 c_i：

$$d_i^+ = \frac{1}{2} \sum_{j=1}^{r} \omega_j [|\mu_{ij} - \mu_j^+| + |\nu_{ij} - \nu_j^+| + |\pi_{ij} - \pi_j^+|]$$

$$d_i^- = \frac{1}{2} \sum_{j=1}^{r} \omega_j [|\mu_{ij} - \mu_j^-| + |\nu_{ij} - \nu_j^-| + |\pi_{ij} - \pi_j^-|]$$

$$c_i = \frac{d_i^-}{d_i^- + d_i^+}, i = 1, 2, \cdots, m$$

利用贴近度 c_i 的大小对方案 $Y_i(i = 1, 2, \cdots, m)$ 进行排序，c_i 越大表明方案 Y_i 离正理想点越近、离负理想点越远，相应的地区物流业高质量发展水平越高。

7.4.5　实例分析

例7.3　考虑物流业高质量发展评价问题。现对 4 个地区的物流业高质量发展水平进行评价，Y_1，Y_2，Y_3，Y_4 代表被评价的 4 个地区，评价指标体系包括 5 个一级指标和 22 个二级指标。假设有关专家对 4 个被评价地区 $Y_i(i = 1, 2, 3, 4)$ 关于决策准则 $B_j(j = 1, 2, 3, 4, 5)$ 下的二级指标 $C_{jk_j}(j = 1, 2, 3, 4, 5; k_j = 1, 2, \cdots, n_j)$ 进行评价，各地区物流业高质量发展状况对各二级指标的满足程度可用直觉模糊数来表示，有关评价结果如表 7 - 5 ~ 表 7 - 9 所示。

下面运用基于偏差最优化-TOPSIS 法的多属性决策方法，对 4 个地区物流业高质量发展水平进行评价。

步骤 1　计算各二级指标的权重。

根据表 7 - 5 ~ 表 7 - 9，利用式（7.32）计算各二级指标 $C_{jk_j}(j = 1, 2, 3, 4; k_j = 1, 2, \cdots, n_j)$ 的模糊熵 E_{jk_j} 和权重 w_{jk_j}，计算结果如表 7 - 17 ~

表 7 – 21 所示。

表 7 – 17 准则 B_1 下二级指标的模糊熵与权重

指标	C_{11}	C_{12}	C_{13}	C_{14}	C_{15}
w_{jk_j}	0. 195	0. 171	0. 195	0. 130	0. 309

表 7 – 18 准则 B_2 下二级指标的模糊熵与权重

指标	C_{21}	C_{22}	C_{23}	C_{24}
w_{jk_j}	0. 141	0. 261	0. 348	0. 250

表 7 – 19 准则 B_3 下二级指标的模糊熵与权重

指标	C_{31}	C_{32}	C_{33}	C_{34}	C_{35}
w_{jk_j}	0. 271	0. 142	0. 129	0. 303	0. 155

表 7 – 20 准则 B_4 下二级指标的模糊熵与权重

指标	C_{41}	C_{42}	C_{43}
w_{jk_j}	0. 362	0. 345	0. 293

表 7 – 21 准则 B_5 下二级指标的模糊熵与权重

指标	C_{51}	C_{52}	C_{53}	C_{54}	C_{55}
w_{jk_j}	0. 190	0. 136	0. 238	0. 252	0. 184

步骤 2 确定物流业高质量发展评价问题的直觉模糊决策矩阵 $\tilde{F}$ 。利用式 (7. 16) 计算各方案 $Y_i(i=1,2,3,4)$ 在准则 $B_j(j=1,2,3,4)$ 下的二级指标 $C_{jk_j}(j=1,2,3,4;k_j=1,2,\cdots,n_j)$ 的综合直觉模糊评价值 $\tilde{F}_{ij}$:

$$\tilde{F}_{11} = IFWA_{\omega}(\tilde{F}_{111},\tilde{F}_{112},\cdots,\tilde{F}_{115}) = <0.861,0.098>,$$

$$\tilde{F}_{21} = IFWA_{\omega}(\tilde{F}_{211},\tilde{F}_{212},\cdots,\tilde{F}_{215}) = <0.807,0.146>,$$

$$\tilde{F}_{31} = IFWA_{\omega}(\tilde{F}_{311},\tilde{F}_{312},\cdots,\tilde{F}_{315}) = <0.774,0.152>,$$

$$\tilde{F}_{41} = IFWA_{\omega}(\tilde{F}_{411},\tilde{F}_{412},\cdots,\tilde{F}_{415}) = <0.775,0.172>;$$

$$\widetilde{F}_{12} = IFWA_\omega(\widetilde{F}_{121}, \widetilde{F}_{122}, \cdots, \widetilde{F}_{124}) = \ <0.883, 0.092>,$$

$$\widetilde{F}_{22} = IFWA_\omega(\widetilde{F}_{221}, \widetilde{F}_{222}, \cdots, \widetilde{F}_{224}) = \ <0.776, 0.140>,$$

$$\widetilde{F}_{32} = IFWA_\omega(\widetilde{F}_{321}, \widetilde{F}_{322}, \cdots, \widetilde{F}_{324}) = \ <0.746, 0.200>,$$

$$\widetilde{F}_{42} = IFWA_\omega(\widetilde{F}_{421}, \widetilde{F}_{422}, \cdots, \widetilde{F}_{424}) = \ <0.730, 0.194>;$$

$$\widetilde{F}_{13} = IFWA_\omega(\widetilde{F}_{131}, \widetilde{F}_{132}, \cdots, \widetilde{F}_{135}) = \ <0.875, 0.077>,$$

$$\widetilde{F}_{23} = IFWA_\omega(\widetilde{F}_{231}, \widetilde{F}_{232}, \cdots, \widetilde{F}_{235}) = \ <0.816, 0.118>,$$

$$\widetilde{F}_{33} = IFWA_\omega(\widetilde{F}_{331}, \widetilde{F}_{332}, \cdots, \widetilde{F}_{335}) = \ <0.824, 0.119>,$$

$$\widetilde{F}_{43} = IFWA_\omega(\widetilde{F}_{431}, \widetilde{F}_{432}, \cdots, \widetilde{F}_{435}) = \ <0.762, 0.153>;$$

$$\widetilde{F}_{14} = IFWA_\omega(\widetilde{F}_{141}, \widetilde{F}_{142}, \widetilde{F}_{143}) = \ <0.884, 0.064>,$$

$$\widetilde{F}_{24} = IFWA_\omega(\widetilde{F}_{241}, \widetilde{F}_{242}, \widetilde{F}_{243}) = \ <0.885, 0.064>,$$

$$\widetilde{F}_{34} = IFWA_\omega(\widetilde{F}_{341}, \widetilde{F}_{342}, \widetilde{F}_{343}) = \ <0.769, 0.166>,$$

$$\widetilde{F}_{44} = IFWA_\omega(\widetilde{F}_{441}, \widetilde{F}_{442}, \widetilde{F}_{443}) = \ <0.785, 0.147>;$$

$$\widetilde{F}_{15} = IFWA_\omega(\widetilde{F}_{151}, \widetilde{F}_{152}, \cdots, \widetilde{F}_{155}) = \ <0.716, 0.194>,$$

$$\widetilde{F}_{25} = IFWA_\omega(\widetilde{F}_{251}, \widetilde{F}_{252}, \cdots, \widetilde{F}_{255}) = \ <0.583, 0.366>,$$

$$\widetilde{F}_{35} = IFWA_\omega(\widetilde{F}_{351}, \widetilde{F}_{352}, \cdots, \widetilde{F}_{355}) = \ <0.717, 0.219>,$$

$$\widetilde{F}_{45} = IFWA_\omega(\widetilde{F}_{451}, \widetilde{F}_{452}, \cdots, \widetilde{F}_{455}) = \ <0.747, 0.192>.$$

于是，得到直觉模糊决策矩阵 $\widetilde{F}$，如表 7 – 22 所示。

表 7 – 22　物流业高质量发展评价问题的直觉模糊决策矩阵 $\widetilde{F}$

指标	B_1	B_2	B_3	B_4	B_5
Y_1	<0.861,0.098>	<0.883,0.092>	<0.875,0.077>	<0.884,0.064>	<0.716,0.194>
Y_2	<0.807,0.146>	<0.776,0.140>	<0.816,0.118>	<0.885,0.064>	<0.583,0.366>
Y_3	<0.774,0.152>	<0.746,0.200>	<0.824,0.119>	<0.769,0.166>	<0.717,0.219>
Y_4	<0.775,0.172>	<0.730,0.194>	<0.762,0.153>	<0.785,0.147>	<0.747,0.192>

步骤3 确定正理想点 Y^+ 和负理想点 Y^-。由表7-22可知，其正理想点 Y^+ 和负理想点 Y^- 分别为：

$$Y^+ = (\, <0.861, 0.098> \, , \, <0.883, 0.092> \, , \, <0.875, 0.077> \, ,$$
$$<0.884, 0.064> \, , \, <0.747, 0.192> \,)$$

$$Y^- = (\, <0.774, 0.172> \, , \, <0.730, 0.200> \, , \, <0.762, 0.153> \, ,$$
$$<0.769, 0.166> \, , \, <0.583, 0.366> \,)$$

步骤4 计算一级评价指标 $B_j(j=1,2,3,4,5)$ 的权重。将表7-22的数据代入式（7.33），可计算一级评价指标 $B_j(j=1,2,3,4,5)$ 的权重 ω_j 分别为：

$$\omega_1 = 0.135, \omega_2 = 0.236, \omega_3 = 0.142, \omega_4 = 0.217, \omega_5 = 0.270.$$

步骤5 计算各方案 $Y_i(i=1,2,3,4,5)$ 到正理想点 Y^+ 和负理想点 Y^- 的距离及贴近度 c_i。利用式（7.22）~式（7.24），计算各方案 $Y_i(i=1,2,3,4,5)$ 到正理想点 Y^+ 和负理想点 Y^- 的距离 d_i^+ 和 d_i^- 以及贴近度 c_i，计算结果如表7-23所示。

表7-23 各方案的 d_i^+、d_i^- 和 c_i

指标	d_i^-	d_i^+	c_i	排序
Y_1	0.1353	0.0084	0.942	1
Y_2	0.0515	0.0921	0.359	2
Y_3	0.0438	0.0844	0.342	3
Y_4	0.0527	0.1050	0.260	4

由表7-19可知，4个地区物流业高质量发展的优劣排序为 $Y_1 > Y_2 > Y_3 > Y_4$，即地区 Y_1 的物流业高质量发展水平为最佳。

7.5 权重完全未知下考虑决策者偏好的物流业高质量发展评价方法

由于种种条件的限制，决策者对方案的偏好与对方案各属性的偏好之间往往存在一定的差距，为了使决策具有合理性，属性权重的选择应使对方案的偏好与对方案各属性的偏好之间的总偏差最小化（徐泽水，2008；卫贵武，2010；李登峰，2012）。本小节将讨论指标权重未知情形下，决策者对方案的偏好和属性值均为直觉模糊数时的物流业高质量发展评价方法。

7.5.1 物流业高质量发展评价问题的描述

假设对中国 m 个地区的物流业高质量发展状况进行评价，用 $Y_i(i=1,2,\cdots,m)$ 表示第 i 个被评价地区，所有 $Y_i(i=1,2,\cdots,m)$ 组成方案集 $Y=\{Y_1,Y_2,\cdots,Y_m\}$，评价每个地区物流业高质量发展水平的一级指标包含 B_1，B_2，$\cdots$，B_r；每个一级指标 $B_j(j=1,2,\cdots,r)$ 由二级指标 $C_{jk_j}(j=1,2,\cdots,r; k_j=1,2,\cdots,n_j)$ 组成；$\omega=(\omega_1,\omega_2,\cdots,\omega_r)^T$ 表示一级评价指标 $B_j(j=1,2,\cdots,r)$ 的权重向量，满足 $\omega_j\geq0$，且 $\sum_{j=1}^{r}\omega_j=1$；$(\omega_{j1},\omega_{j2},\cdots,\omega_{jn_j})^T$ 为二级指标 $C_{jk_j}(j=1,2,\cdots,r; k_j=1,2,\cdots,n_j)$ 的权重向量，满足 $\omega_{jk_j}\geq0$，且 $\sum_{k_j=1}^{n_j}\omega_{jk_j}=1$；所有属性的权重未知。如果 $\widetilde{F}_{ijk_j}=<\mu_{ijk_j},\nu_{ijk_j}>(i=1,2,\cdots,m; j=1,2,\cdots,r; k_j=1,2,\cdots,n_j)$ 为直觉模糊数，表示第 i 个地区 $Y_i(i=1,2,\cdots,m)$ 满足二级指标 C_{jk_j} 和不满足二级指标 C_{jk_j} 的程度，则 $\widetilde{F}_j=(\widetilde{F}_{ijk_j})_{m\times n_j}=(<\mu_{ijk_j},\nu_{ijk_j}>)_{m\times n_j}(j=1,2,\cdots,r)$ 为该问题关于一级评价指标 $B_j(j=1,2,\cdots,r)$ 的直觉模糊决策矩阵（见表 7-3）。

假设决策者对方案 $Y_i(i=1,2,\cdots,m)$ 有一定的主观偏好，设主观偏好值为直觉模糊数 $\widetilde{\theta}_i=<\alpha_i,\beta_i>(i=1,2,\cdots,m)$。现在的问题是根据直觉模糊决策矩阵 $\widetilde{F}_j(j=1,2,\cdots,r)$，如何通过确定各属性权重，得到一个决策分析方法来对 m 个地区的物流业高质量发展状况进行评价。

7.5.2 二级指标权重确定方法

（1）二级评价指标权重的确定

对于属性 $C_{jk_j}(j=1,2,\cdots,r; k_j=1,2,\cdots,n_j)$，如果 $d(\widetilde{F}_{ijk_j},\widetilde{\theta}_i)$ 表示决

策者对方案 $Y_i(i=1,2,\cdots,m)$ 的主观偏好值 $\tilde{\theta}_i$ 与相应的客观偏好值（属性值）$\tilde{F}_{ijk_j}$ 之间的偏差，则可定义：

$$d(\tilde{F}_{ijk_j}, \tilde{\theta}_i) = \frac{1}{2}\omega_{jk_j}(|\mu_{ijk_j} - \alpha_i| + |\nu_{ijk_j} - \beta_i|)(i=1,2,\cdots,m;k_j=1,2,\cdots,n_j)$$

(7.34)

则对属性 $C_{jk_j}(j=1,2,\cdots,r;k_j=1,2,\cdots,n_j)$ 来说，所有方案的主观偏好值与客观偏好值（属性值）之间的偏差为：

$$D_{jk_j}(\omega) = \sum_{i=1}^{m} d(\tilde{F}_{ijk_j}, \tilde{\theta}_i) = \frac{1}{2}\sum_{i=1}^{m}\omega_{jk_j}(|\mu_{ijk_j} - \alpha_i| + |\nu_{ijk} - \beta_i|)$$

$$(i=1,2,\cdots,m;k_j=1,2,\cdots,n_j) \qquad (7.35)$$

那么，所有方案 $Y_i(i=1,2,\cdots,m)$ 对所有属性 $C_{jk_j}(j=1,2,\cdots,r;k_j=1,2,\cdots,n_j)$ 的主观偏好值与客观偏好值（属性值）之间的总偏差为：

$$D_j(\omega) = \sum_{k_j=1}^{n_j} D_j(\omega) = \frac{1}{2}\sum_{k_j=1}^{n_j}\sum_{i=1}^{m}\omega_{jk_j}(|\mu_{ijk_j} - \alpha_i| + |\nu_{ijk_j} - \beta_i|)$$

$$(i=1,2,\cdots,m;k_j=1,2,\cdots,n_j) \qquad (7.36)$$

这样，权重向量 ω 的选择应使 $D_j(\omega)$ 最小化，即：

$$\min D_j(\omega) = \frac{1}{2}\sum_{k_j=1}^{n_j}\sum_{i=1}^{m}\omega_{jk_j}(|\mu_{ijk_j} - \alpha_i| + |\nu_{ijk_j} - \beta_i|)$$

$$(i=1,2,\cdots,m;k_j=1,2,\cdots,n_j) \qquad (7.37)$$

当属性权重完全未知时，可以建立如下最优化模型：

$$\begin{cases} \min D_j(\omega) = \frac{1}{2}\sum_{k_j=1}^{n_j}\sum_{i=1}^{m}\omega_{jk_j}(|\mu_{ijk_j} - \alpha_i| + |\nu_{ijk_j} - \beta_i|) \\ s.t. \sum_{k_j=1}^{n_j}\omega_{jk_j}^2 = 1, \omega_{jk_j} \geq 0, k_j = 1,2,\cdots,n_j \end{cases}$$

(7.38)

为了求解最优化模型（7.38），构造拉格朗日（Lagrange）函数：

$$L(\omega,\lambda) = \frac{1}{2}\sum_{k_j=1}^{n_j}\sum_{i=1}^{m}\omega_{jk_j}(|\mu_{ijk_j} - \alpha_i| + |\nu_{ijk_j} - \beta_i|) + \frac{\lambda}{4}(\sum_{k_j=1}^{n_j}\omega_{jk_j}^2 - 1)$$

(7.39)

对其求偏导数，并令偏导数等于 0，可得：

$$\begin{cases} \dfrac{\partial L}{\partial \omega_{jk_j}} = \dfrac{1}{2} \sum_{i=1}^{m} (\mid \mu_{ijk_j} - \alpha_i \mid + \mid \nu_{ijk_j} - \beta_i \mid) + \dfrac{1}{2} \lambda \omega_{jk_j} = 0 \\ \dfrac{\partial L}{\partial \lambda} = \dfrac{1}{4} (\sum_{k_j=1}^{n_j} \omega_{jk_j}^2 - 1) = 0 \end{cases} \tag{7.40}$$

则有：

$$\omega_{jk_j}^* = \frac{\displaystyle\sum_{i=1}^{m} (\mid \mu_{ijk_j} - \alpha_i \mid + \mid \nu_{ijk_j} - \beta_i \mid)}{\sqrt{\displaystyle\sum_{k_j=1}^{n_j} \left[\sum_{i=1}^{m} (\mid \mu_{ijk_j} - \alpha_i \mid + \mid \nu_{ijk_j} - \beta_i \mid) \right]^2}}, k_j = 1,2,\cdots,n_j$$

$$\tag{7.41}$$

对 $\omega_{jk_j}^*$ 进行归一化处理，可得属性权重：

$$\omega_{jk_j} = \frac{\displaystyle\sum_{i=1}^{m} (\mid \mu_{ijk_j} - \alpha_i \mid + \mid \nu_{ijk_j} - \beta_i \mid)}{\displaystyle\sum_{k_j=1}^{n_j} \sum_{i=1}^{m} (\mid \mu_{ijk_j} - \alpha_i \mid + \mid \nu_{ijk_j} - \beta_i \mid)}, k_j = 1,2,\cdots,n_j \tag{7.42}$$

（2）一级评价指标权重的确定

假设通过直觉模糊信息的集结，得到方案 $Y_i(i=1,2,\cdots,m)$ 的直觉模糊决策矩阵如表 7-4 所示。

如果 $\omega = (\omega_1,\omega_2,\cdots,\omega_r)^T$ 表示一级评价指标 $B_j(j=1,2,\cdots,r)$ 的权重向量，则同理可得一级评价指标 $B_j(j=1,2,\cdots,r)$ 的权重分别为：

$$\omega_j = \frac{\displaystyle\sum_{i=1}^{m} (\mid \mu_{ij} - \alpha_i \mid + \mid \nu_{ij} - \beta_i \mid)}{\displaystyle\sum_{j=1}^{n} \sum_{i=1}^{m} (\mid \mu_{ij} - \alpha_i \mid + \mid \nu_{ij} - \beta_i \mid)}, j = 1,2,\cdots,r \tag{7.43}$$

7.5.3　物流业高质量发展评价问题的直觉模糊信息集结

根据表 7-3 给出的是地区 $Y_i(i=1,2,\cdots,m)$ 在一级评价指标 B_j 下关于二级评价指标 $C_{jk_j}(j=1,2,\cdots,r;k_j=1,2,\cdots,n_j)$ 的直觉模糊属性信息 $\tilde{F}_{ijk_j}$，采用直觉模糊平均算子 IFWA 或者直觉模糊几何算子 IFWG，计算可以得到

各地区 $Y_i(i=1,2,\cdots,m)$ 在一级评价指标的直觉模糊属性信息 $\tilde{F}_{ij}$:

$$\tilde{F}_{ij} = IFWA_\omega(\tilde{F}_{ijk_1}, \tilde{F}_{ijk_2}, \cdots, F_{ijn_j})$$

$$= \left\langle 1 - \prod_{k_j=1}^{n_j} (1 - \mu_{ijk_j})^{\omega_{jk_j}}, \prod_{k_j=1}^{n_j} (\nu_{ijk_j})^{\omega_{jk_j}} \right\rangle$$

或

$$\tilde{F}_{ij} = IFWG_\omega(\tilde{F}_{ijk_1}, F_{ijk_2}, \cdots, \tilde{F}_{ijn_j})$$

$$= \left\langle \prod_{k_j=1}^{n_j} (\mu_{ijk_j})^{\omega_{jk_j}}, 1 - \prod_{k_j=1}^{n_j} (1 - \nu_{ijk_j})^{\omega_{jk_j}} \right\rangle$$

于是得到各地区 $Y_i(i=1,2,\cdots,m)$ 的直觉模糊决策矩阵 $\tilde{F} = (\tilde{F}_{ij})_{m \times r}$, 如表 7 - 4 所示。

7.5.4 对方案有偏好的物流业高质量发展评价步骤

基于决策者对各方案的偏好和 TOPSIS 法的物流业高质量发展评价问题的决策步骤如下。

步骤 1 确定物流业高质量发展评价问题的方案集 $Y = \{Y_1, Y_2, \cdots, Y_m\}$ 和一级指标集 $B = \{B_1, B_2, \cdots, B_r\}$。

步骤 2 构建一级评价指标 B_j 下的直觉模糊决策矩阵 $\tilde{F}_j$。确定物流业高质量发展评价问题的方案集 $Y = \{Y_1, Y_2, \cdots, Y_m\}$, 用直觉模糊数表示各地区 $Y_i(i=1,2,\cdots,m)$ 关于二级指标 C_{jk_j} 的评价信息, 构建 $Y_i(i=1,2,\cdots,m)$ 关于一级评价指标 $B_j(j=1,2,\cdots,r)$ 的直觉模糊决策矩阵 $\tilde{F}_j$。

步骤 3 根据式 (7.42) 计算物流业高质量发展评价问题的各二级评价指标的权重 ω_{jk_j}:

$$\omega_{jk_j} = \frac{\sum_{i=1}^{m} (|\mu_{ijk_j} - \alpha_i| + |\nu_{ijk_j} - \beta_i|)}{\sum_{k_j=1}^{n_j} \sum_{i=1}^{m} (|\mu_{ijk_j} - \alpha_i| + |\nu_{ijk_j} - \beta_i|)}, k_j = 1,2,\cdots,n_j$$

步骤 4 根据物流业高质量发展评价问题的各二级评价指标权重, 利用直觉模糊平均算子 $IFWA$ 或直觉模糊几何算子 $IFWG$, 对方案 $Y_i(i=1, 2,\cdots,m)$ 在二级评价指标的直觉模糊信息集结, 可得物流业高质量发展问题中方案 $Y_i \in Y$ 关于一级评价指标 $B_j \in B$ 的直觉模糊特征信息 $\tilde{F}_{ij}$:

$$\widetilde{F}_{ij} = <\mu_{ij}, \nu_{ij}> = IFWA_\omega(\widetilde{F}_{ij1}, \widetilde{F}_{ij2}, \cdots, \widetilde{F}_{ijn_j})$$

$$= <1 - \prod_{k_j=1}^{n_j}(1 - \mu_{ijk_j})^{\omega_{jk_j}}, \prod_{k_j=1}^{n_j}(\nu_{ijk_j})^{\omega_{jk_j}}>$$

$$(j = 1, 2, \cdots, r; k_j = 1, 2, \cdots, n_j)$$

或

$$\widetilde{F}_{ij} = <\mu_{ij}, \nu_{ij}> = IFWG_\omega(\widetilde{F}_{ij1}, \widetilde{F}_{ij2}, \cdots, \widetilde{F}_{ijn_j})$$

$$= <\prod_{k_j=1}^{n_j}(\mu_{ijk_j})^{\omega_{jk_j}}, 1 - \prod_{k_j=1}^{n_j}(1 - \nu_{ijk_j})^{\omega_{jk_j}}>$$

$$(j = 1, 2, \cdots, r; k_j = 1, 2, \cdots, n_j)$$

于是得到物流业高质量发展评价问题的直觉模糊决策矩阵 $\widetilde{F} = (\widetilde{F}_{ij})_{m \times r} = (<\mu_{ij}, \nu_{ij}>)_{m \times r}$。

步骤 5 根据直觉模糊多属性决策矩阵 F 确定物流业高质量发展评价问题的正理想点 Y^+ 和负理想点 Y^-：

$$Y^+ = (<\mu_1^+, \nu_1^+>, <\mu_2^+, \nu_2^+>, \cdots, <\mu_r^+, \nu_r^+>)$$

$$= (<\max_i \mu_{i1}, \min_i \nu_{i1}>, <\max_i \mu_{i2}, \min_i \nu_{i2}>, \cdots, <\max_i \mu_{ir}, \min_i \nu_{ir}>)$$

$$Y^- = (<\mu_1^-, \nu_1^->, <\mu_2^-, \nu_2^->, \cdots, <\mu_r^-, \nu_r^->)$$

$$= (<\min_i \mu_{i1}, \max_i \nu_{i1}>, <\min_i \mu_{i2}, \max_i \nu_{i2}>, \cdots, <\min_i \mu_{ir}, \max_i \nu_{ir}>)$$

步骤 6 计算各方案 $Y_i(i = 1, 2, \cdots, m)$ 到正理想点 Y^+ 和负理想点 Y^- 的距离 d_i^+ 和 d_i^- 以及贴近度 c_i，对方案进行排序。

首先，利用式（7.43）计算一级评价指标 $B_j(j = 1, 2, \cdots, r)$ 的权重为：

$$\omega_j = \frac{\sum_{i=1}^m(|\mu_{ij} - \alpha_i| + |\nu_{ij} - \beta_i|)}{\sum_{j=1}^n \sum_{i=1}^m(|\mu_{ij} - \alpha_i| + |\nu_{ij} - \beta_i|)}, j = 1, 2, \cdots, r$$

然后，根据式（7.22）~式（7.24）计算 d_i^+、d_i^- 以及 c_i：

$$d_i^+ = \frac{1}{2}\sum_{j=1}^r \omega_j[|\mu_{ij} - \mu_j^+| + |\nu_{ij} - \nu_j^+| + |\pi_{ij} - \pi_j^+|]$$

$$d_i^- = \frac{1}{2}\sum_{j=1}^r \omega_j[|\mu_{ij} - \mu_j^-| + |\nu_{ij} - \nu_j^-| + |\pi_{ij} - \pi_j^-|]$$

$$c_i = \frac{d_i^-}{d_i^- + d_i^+}, i = 1, 2, \cdots, m$$

利用贴近度 c_i 的大小对方案 $Y_i(i=1,2,\cdots,m)$ 进行排序，c_i 越大表明方案 Y_i 离正理想点越近、离负理想点越远，相应的地区物流业高质量发展水平越高。

7.5.5　实例分析

例7.4　考虑物流业高质量发展评价问题。现对 4 个地区的物流业高质量发展水平进行评价，Y_1，Y_2，Y_3，Y_4 代表被评价的 4 个地区，评价指标体系包括 5 个一级指标和 22 个二级指标。假设有关专家对 4 个被评价地区 $Y_i(i=1,2,3,4)$ 关于一级指标 $B_j(j=1,2,3,4,5)$ 下的二级指标 $C_{jk_j}(j=1,2,3,4,5;k_j=1,2,\cdots,n_j)$ 进行评价，各地区物流业高质量发展状况对各二级指标的满足程度可用直觉模糊数来表示，有关评价结果如表 7-5 ~ 表 7-9 所示。

如果决策者对 $Y_i(i=1,2,3,4)$ 的主观偏好值为直觉模糊数，分别为 $\theta_1=<0.5,0.2>$，$\theta_2=<0.4,0.3>$，$\theta_3=<0.7,0.2>$，$\theta_4=<0.6,0.3>$。下面运用基于偏差最优化-TOPSIS 法的多属性决策方法，对 4 个地区物流业高质量发展水平进行评价。

步骤1　计算各二级指标的权重。

根据表 7-5 ~ 表 7-9，利用式（7.31）计算各二级指标 $C_{jk_j}(j=1,2,3,4;k_j=1,2,\cdots,n_j)$ 的权重 w_{jk_j}，计算结果如表 7-24 ~ 表 7-28 所示。

表 7-24　　　　　　　准则 B_1 下二级指标的模糊熵与权重

指标	C_{11}	C_{12}	C_{13}	C_{14}	C_{15}
w_{jk_j}	0.248	0.214	0.138	0.255	0.145

表 7-25　　　　　　　准则 B_2 下二级指标的模糊熵与权重

指标	C_{21}	C_{22}	C_{23}	C_{24}
w_{jk_j}	0.264	0.273	0.218	0.245

表 7 – 26　　　　　　　准则 B_3 下二级指标的模糊熵与权重

指标	C_{31}	C_{32}	C_{33}	C_{34}	C_{35}
w_{jk_j}	0. 209	0. 209	0. 196	0. 196	0. 190

表 7 – 27　　　　　　　准则 B_4 下二级指标的模糊熵与权重

指标	C_{41}	C_{42}	C_{43}
w_{jk_j}	0. 310	0. 320	0. 370

表 7 – 28　　　　　　　准则 B_5 下二级指标的模糊熵与权重

指标	C_{51}	C_{52}	C_{53}	C_{54}	C_{55}
w_{jk_j}	0. 213	0. 247	0. 169	0. 225	0. 146

步骤 2　确定物流业高质量发展评价问题的直觉模糊决策矩阵 $\widetilde{F}$。利用式（7.16）计算各方案 $Y_i(i=1,2,3,4)$ 在准则 $B_j(j=1,2,3,4)$ 下的二级指标 $C_{jk_j}(j=1,2,3,4;k_j=1,2,\cdots,n_j)$ 的综合直觉模糊评价值 $\widetilde{F}_{ij}$：

$$\widetilde{F}_{11} = IFWA_\omega(\widetilde{F}_{111},\widetilde{F}_{112},\cdots,\widetilde{F}_{115}) = <0.873,0.079>,$$

$$\widetilde{F}_{21} = IFWA_\omega(\widetilde{F}_{211},\widetilde{F}_{212},\cdots,\widetilde{F}_{215}) = <0.719,0.118>,$$

$$\widetilde{F}_{31} = IFWA_\omega(\widetilde{F}_{311},\widetilde{F}_{312},\cdots,\widetilde{F}_{315}) = <0.806,0.133>,$$

$$\widetilde{F}_{41} = IFWA_\omega(\widetilde{F}_{411},\widetilde{F}_{412},\cdots,\widetilde{F}_{415}) = <0.804,0.143>;$$

$$\widetilde{F}_{12} = IFWA_\omega(\widetilde{F}_{121},\widetilde{F}_{122},\cdots,\widetilde{F}_{124}) = <0.877,0.091>,$$

$$\widetilde{F}_{22} = IFWA_\omega(\widetilde{F}_{221},\widetilde{F}_{222},\cdots,\widetilde{F}_{224}) = <0.775,0.147>,$$

$$\widetilde{F}_{32} = IFWA_\omega(\widetilde{F}_{321},\widetilde{F}_{322},\cdots,\widetilde{F}_{324}) = <0.754,0.192>,$$

$$\widetilde{F}_{42} = IFWA_\omega(\widetilde{F}_{421},\widetilde{F}_{422},\cdots,\widetilde{F}_{424}) = <0.748,0.170>;$$

$$\widetilde{F}_{13} = IFWA_\omega(\widetilde{F}_{131},\widetilde{F}_{132},\cdots,\widetilde{F}_{135}) = <0.873,0.082>,$$

$$\widetilde{F}_{23} = IFWA_\omega(\widetilde{F}_{231},\widetilde{F}_{232},\cdots,\widetilde{F}_{235}) = <0.815,0.097>,$$

$$\widetilde{F}_{33} = IFWA_\omega(\widetilde{F}_{331},\widetilde{F}_{332},\cdots,\widetilde{F}_{335}) = <0.814,0.127>,$$

$$\widetilde{F}_{43} = IFWA_{\omega}(\widetilde{F}_{431}, \widetilde{F}_{432}, \cdots, \widetilde{F}_{435}) = <0.763, 0.146>;$$

$$\widetilde{F}_{14} = IFWA_{\omega}(\widetilde{F}_{141}, \widetilde{F}_{142}, \widetilde{F}_{143}) = <0.887, 0.062>,$$

$$\widetilde{F}_{24} = IFWA_{\omega}(\widetilde{F}_{241}, \widetilde{F}_{242}, \widetilde{F}_{243}) = <0.889, 0.062>,$$

$$\widetilde{F}_{34} = IFWA_{\omega}(\widetilde{F}_{341}, \widetilde{F}_{342}, \widetilde{F}_{343}) = <0.767, 0.164>,$$

$$\widetilde{F}_{44} = IFWA_{\omega}(\widetilde{F}_{441}, \widetilde{F}_{442}, \widetilde{F}_{443}) = <0.793, 0.142>;$$

$$\widetilde{F}_{15} = IFWA_{\omega}(\widetilde{F}_{151}, \widetilde{F}_{152}, \cdots, \widetilde{F}_{155}) = <0.731, 0.191>,$$

$$\widetilde{F}_{25} = IFWA_{\omega}(\widetilde{F}_{251}, \widetilde{F}_{252}, \cdots, \widetilde{F}_{255}) = <0.593, 0.336>,$$

$$\widetilde{F}_{35} = IFWA_{\omega}(\widetilde{F}_{351}, \widetilde{F}_{352}, \cdots, \widetilde{F}_{355}) = <0.713, 0.231>,$$

$$\widetilde{F}_{45} = IFWA_{\omega}(\widetilde{F}_{451}, \widetilde{F}_{452}, \cdots, \widetilde{F}_{455}) = <0.763, 0.181>.$$

于是，得到直觉模糊决策矩阵 $\widetilde{F}$，如表 7 - 29 所示。

表 7 - 29   物流业高质量发展评价问题的直觉模糊决策矩阵 $\widetilde{F}$

指标	B_1	B_2	B_3	B_4	B_5
Y_1	<0.873, 0.079>	<0.877, 0.091>	<0.873, 0.082>	<0.887, 0.062>	<0.731, 0.191>
Y_2	<0.719, 0.118>	<0.775, 0.147>	<0.815, 0.097>	<0.889, 0.062>	<0.593, 0.337>
Y_3	<0.806, 0.133>	<0.754, 0.192>	<0.814, 0.127>	<0.767, 0.164>	<0.713, 0.231>
Y_4	<0.804, 0.143>	<0.748, 0.170>	<0.763, 0.146>	<0.793, 0.142>	<0.763, 0.181>

步骤3　确定正理想点 Y^+ 和负理想点 Y^-。由表 7 - 29 可知，其正理想点 Y^+ 和负理想点 Y^- 分别为：

$$Y^+ = (<0.873, 0.079>, <0.877, 0.091>, <0.873, 0.082>,$$
$$<0.889, 0.062>, <0.763, 0.181>)$$

$$Y^- = (<0.719, 0.143>, <0.748, 0.192>, <0.763, 0.146>,$$
$$<0.767, 0.164>, <0.593, 0.337>)$$

步骤4　计算一级评价指标 $B_j(j=1,2,3,4,5)$ 的权重。将表 7 - 29 的数据代入式（7.43），可计算一级评价指标 $B_j(j=1,2,3,4,5)$ 的权重 ω_j

分别为：

$$\omega_1 = 0.218, \omega_2 = 0.195, \omega_3 = 0.230, \omega_4 = 0.243, \omega_5 = 0.114.$$

步骤 5 计算各方案 $Y_i(i = 1,2,3,4,5)$ 到正理想点 Y^+ 和负理想点 Y^- 的距离及贴近度 c_i。利用式（7.22）~式（7.24），计算各方案 $Y_i(i = 1,2,3,4,5)$ 到正理想点 Y^+ 和负理想点 Y^- 的距离 d_i^+ 和 d_i^- 以及贴近度 c_i，计算结果如表 7 - 30 所示。

表 7 - 30   各方案的 d_i^+、d_i^- 和 c_i

指标	d_i^-	d_i^+	c_i	排序
Y_1	0.1303	0.0040	0.970	1
Y_2	0.0588	0.0867	0.392	3
Y_3	0.0455	0.0875	0.342	4
Y_4	0.0774	0.0888	0.466	2

由表 7 - 30 可知，4 个地区物流业高质量发展的优劣排序为 $Y_1 > Y_4 > Y_2 > Y_3$，即地区 Y_1 的物流业高质量发展水平为最佳。

7.6 本章小结

本章在探讨基于直觉模糊熵和基于最优规划的属性权重确定方法，提出二级评价指标直觉模糊属性值集结方法的基础上，从属性权重已知与完全未知两种情形，研究了基于直觉模糊 TOPSIS 法的中国物流业高质量发展评价方法。结果表明：（1）属性的不同赋权方法会对评价结果产生影响，尽管基于直觉模糊熵 - TOPSIS 的决策方法与基于偏差最优化 - TOPSIS 的决策方法在最优方案选择上是一致的，但在方案排序方面存在差别；为充分利用不同赋权方法包含的决策信息，实证研究时可考虑运用组合赋权法处理问题。（2）决策者主观偏好同样会影响决策结果，对比四种方法的决策结果，可知其最优方案结果一致；但考虑决策者主观偏好时，前三种方法中处于末位的方案 Y_4 升至第 2 位，可见决策结果对决策者主观偏好具有较强的敏感性。

第 8 章

基于云模型的中国物流业高质量
发展评价实证研究

本章在前面章节研究基础上，将云模型理论与直觉模糊多属性决策方法相结合，在定义综合云模型概念，对比分析云模型与直觉模糊集的特征，并给出利用不同等级云模型隶属度提取直觉模糊信息的方法基础上，提出基于云模型—直觉模糊多属性决策的中国物流业高质量发展评价方法，最后基于 2020 年中国 30 个省份的物流业高质量发展指标隶属度数据，对中国物流业高质量发展进行实证分析。

8.1 问题的提出

不确定分析主要涉及随机性和模糊性两个方面。为了有效解决定性概念的随机性和模糊性问题，李德毅院士于 1995 年提出了云模型理论，旨在处理定性概念与定量描述之间的不确定转换，发掘定性概念与定量描述之间的关联。从云的概念可知，它用期望、熵和超熵三个数字特征描述定性概念的总体特征，其中期望是最能体现定性概念的点，也是量化的最佳样本点；熵是对定性概念不确定性的度量，表示概念的随机性，并体现系统的模糊性；超熵是对熵的不确定性描述，反映的是定性概念中所有因素的离散状况，能够体现熵的随机性、模糊性及其关系。

由于云模型可以实现定性概念与定量描述之间相互表示的不确定性转换模型（李德毅，2005；Wang L, Zhao H & Liu X, 2021），且能兼顾到评价指标的模糊性和隶属度不确定性的特点，目前已被广泛应用于土地生态安全评价、水环境质量评价、灾害风险评估、矿产资源可持续力评价、产业发展水平综合评价、风险评估等诸多领域。龚艳冰和张继国（2012）针对人口发展过程中存在的模糊性和随机性问题，建立了基于正态云模型和熵权的人口发展现代化综合测度模型；高明美和孙涛（2015）在对皖江地区土地生态安全程度进行综合评价时，借助正态云模型的云隶属度描述评价等级的模糊性，采用超熵概念刻画隶属度本身存在的随机性，提出基于正态云模型的皖江地区土地安全评价方法；董会忠、张峰和宋晓娜（2015）以云模型作为指导理论，通过建立"投入—产出—协调—发展"科技创新与区域竞争力动态关联多指标评价模型，对关联性进行了纵向和横向评价，并完成2017年科技创新与区域竞争力的关联性预测；刘健和杨仲江等（2016）针对雷电致灾机理和布达拉宫建筑实际特征，采用正态云模型解决评价指标的不确定性和模糊性，研究了布达拉宫雷灾风险评估问题；薛黎明和崔超群（2017）在对区域矿产资源可持续力定量测度研究时，针对现有评价方法不能同时兼顾指标的模糊性与随机性的难题，将正态云模型引入区域矿产资源可持续力综合评价，提出了基于正态云模型的综合评价方法；为解决评价过程中存在的模糊性与随机性问题，塞令香、曹章露和张可意（2019）构建了基于正态云模型的广东省港口产业发展水平综合评价模型，通过生成评价指标的正态云标准值，利用 X 条件云发生器计算不同年份各指标对应不同评价等级的隶属度，并把最大隶属度对应等级作为当年评价指标的评价结果，去测算广东省各年份港口产业发展水平综合评价结果。此外，高玉琴和赖丽娟（2018）与王栋等（2016）基于正态云模型研究了水环境质量评价问题，林春金等（2020）提出了基于改进云模型的隧道施工风险评估方法，闫放等（2021）提出了一种云聚类分析的高寒高海拔地区地下金属矿山通风系统评估方法，温小霞和聂毅（2022）基于云模型讨论了跨座式单轨车辆系统操作安全评估问题，余建星等（2023）利用云模型研究了单点锚泊系统风险评估问题。

尽管面对具有模糊性与随机性问题的不确定系统时，云模型可以实现定性与定量之间的转化及具有可视化程度高的优势，但在实际运用中仍存在一定的局限性。分析上述文献可以发现，运用云模型对相关问题进行评价时，通常的做法是首先建立评价指标体系，然后结合样本数据确定指标不同评价等级的正态云标准值以及不同评价等级的隶属度，在此基础上以最大隶属度对应等级作为指标评价结果，进一步确定评价对象的综合确定度与综合评价结果。该方法在实际运用过程中存在以下主要问题：一是没有充分利用所有信息，评价结果取决于隶属度大的评价结果对应的信息；二是可以大致反映评价对象最大可能的总体状况，评价结果难以准确进行横向比较；三是一般不能对评价对象进行完全排序。针对以上问题，本研究提出基于云模型—直觉模糊多属性决策的中国物流业高质量发展评价方法，首先考虑将基于样本数据的云模型隶属度信息转化成直觉模糊信息，然后再运用直觉模糊多属性决策方法，对中国物流业高质量发展问题进行评价，以充分利用样本信息，并实现对评价对象的完全排序。

8.2 基于云模型—直觉模糊多属性决策的物流业高质量发展评价方法

8.2.1 云模型的 3En 规则

对于正态云模型，由期望和熵可以确定具有正态分布形式的云期望曲线方程：

$$C_T(x_i) = e^{-\frac{(x_i - Ex)^2}{2(En_i)^2}} \tag{8.1}$$

论域 U 内，X 的任意小区间上的元素 Δx 对定性概念 T 的贡献 ΔC 为：

$$\Delta C = \frac{C_t(x) \times \Delta x}{\sqrt{2\pi} En} \quad (8.2)$$

由概率论的知识可知，论域 U 上所有元素对概念 T 的总贡献 C 为：

$$C = \frac{\int_{-\infty}^{+\infty} C_t(x)\,dx}{\sqrt{2\pi} En} = \frac{\int_{-\infty}^{+\infty} e^{-(x-Ex)^2/2(En)^2}\,dx}{\sqrt{2\pi} En} = 1$$

由于：

$$C = \frac{\int_{Ex-3En}^{Ex+3En} C_t(x)\,dx}{\sqrt{2\pi} En} = \frac{\int_{Ex-3En}^{Ex+3En} e^{-(x-Ex)^2/2(En)^2}\,dx}{\sqrt{2\pi} En} = 99.74\%$$

所以，对于论域 U 中的定性概念 T 有贡献的定量值主要落在区间 $[Ex-3En, Ex+3En]$ 内，因此完全可以忽略该区间之外的定量值对此定性概念的贡献。在设计基于云模型的多属性评价方法时，应运用此规则，忽略上述区间以外的输入，以增加评价的有效性。不难看出，对于某一定性概念或知识，其相应的云模型中位于 $[Ex-3En, Ex+3En]$ 之外的云滴元素为小概率事件，忽略并不影响云模型整体特征。

8.2.2 相邻基本云模型的综合云

定义 8.1 假设 $C_1(Ex_1, En_1, He_1)$，$C_2(Ex_2, En_2, He_2)$ 是论域 U 上的两朵相邻的基本云模型，若 $Ex_1 \leqslant Ex_2$，则 C_1 与 C_2 进行软或得到新的综合云模型 $C_3(Ex_3, En_3, He_3)$：

$$C_3 = C_1 \cup C_2 \Leftrightarrow Ex_3 = \frac{Ex_1 \times En_1 + Ex_2 \times En_2}{En_1 + En_2} \quad (8.3)$$

$$En_3 = \frac{En_1 + En_2}{4} + \frac{Ex_2 - Ex_1}{4} \quad (8.4)$$

$$He_3 = \max\{He_1, He_2\} \quad (8.5)$$

定理 8.1 假设 $C_1(Ex_1, En_1, He_1)$，$C_2(Ex_2, En_2, He_2)$ 是论域 U 上的两朵相邻的基本云模型，$Ex_1 \leqslant Ex_2$，且 $C_3(Ex_3, En_3, He_3)$ 为 C_1 与 C_2 进行软

或得到的综合云。如果正态云 C_1 与 C_2 不相交，那么，$En_3 > En_1 + En_2$；否则一定有 $En_3 < En_1 + En_2$。

证明：如果正态云 C_1 与 C_2 不相交，那么，结合云模型的 3En 规则一定有 $Ex_2 - Ex_1 > 3(En_1 + En_2)$；此时，$En_3 = \dfrac{En_1 + En_2}{4} + \dfrac{Ex_2 - Ex_1}{4} > \dfrac{En_1 + En_2}{4} + \dfrac{3(En_1 + En_2)}{4} = En_1 + En_2$，即 $En_3 > En_1 + En_2$。

同理可证，当正态云 C_1 与 C_2 相交时，一定有 $En_3 < En_1 + En_2$。

8.2.3　云模型到直觉模糊信息的转换

（1）云模型与直觉模糊集的对比分析

根据直觉模糊集的定义，直觉模糊集 $\tilde{A} = \{\langle x, \mu_{\tilde{A}}(x), \nu_{\tilde{A}}(x)\rangle | x \in X\}$ 中的 $\mu_{\tilde{A}}(x)$ 和 $\nu_{\tilde{A}}(x)$ 分别表示元素 x 属于 $\tilde{A}$ 的隶属度和非隶属度，也即支持元素 x 属于 $\tilde{A}$ 的证据所导出的肯定隶属度的下界和反对元素 x 属于 $\tilde{A}$ 的证据所导出的否定隶属度的下界，通常满足条件：

$$0 \leqslant \mu_{\tilde{A}}(x) + \nu_{\tilde{A}}(x) \leqslant 1, x \in X$$

$\pi_{\tilde{A}}(x) = 1 - [\mu_{\tilde{A}}(x) + \nu_{\tilde{A}}(x)]$ 称为直觉模糊集 $\tilde{A}$ 中元素 x 的直觉指数，表示元素 x 对集合 $\tilde{A}$ 的犹豫度。可见，直觉模糊集的隶属度、非隶属度和犹豫度分别表示元素 x 属于直觉模糊集 $\tilde{A}$ 的支持、反对、中立这三种证据的程度。

对于云模型，假设评价等级数为 5，即评价等级论域 $T = \{$低，较低，一般，较高，高$\}$，即第 j 个指标不同等级的云模型为：$\{(Ex_{j1}, En_{j1}, He_{j1}), (Ex_{j2}, En_{j2}, He_{j2}), (Ex_{j3}, En_{j3}, He_{j3}), (Ex_{j4}, En_{j4}, He_{j4}), (Ex_{j5}, En_{j5}, He_{j5})\}$，其云模型如图 8-1 所示（从左到右分别代表指标的 5 个不同等级）。

由第 5 章的式（5.4）和式（5.5）计算可得第 j 个指标所对应不同等级 T_k 的云隶属度 $v_{jk}(k = 1, 2, 3, 4, 5)$，它代表的是第 j 个指标隶属于等级 T_k 的程度。

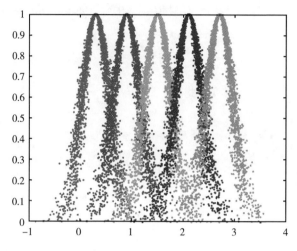

图8-1 指标不同等级的云模型

不难看出，直觉模糊集的隶属度与云模型中指标对应不同等级的隶属度，均反映研究对象隶属于某个"集合"的程度。而"较低""一般""较高"等评价等级实质上是一个模糊概念，如果将"较高"与"高"合并用模糊集 $\tilde{A}$ 表示，则指标属于 $\tilde{A}$ 的隶属度可由 v_{j4} 与 v_{j5} 确定，其非隶属度主要依赖 v_{j1} 与 v_{j2}，而 v_{j3} 一定程度上表示的是其犹豫度。

（2）云模型转换直觉模糊集的方法

由第5章中国物流业高质量发展测度的分析结果可知，目前中国物流业高质量发展总体水平一般，未来的发展空间还较大。基于此，本研究设定"较高"以上为中国物流业高质量发展的目标评价等级，按达到目标评价等级的程度对不同地区的物流业高质量发展水平进行测度、评价和排序。

设集合 $\tilde{A}$ 表示评价等级为"较高"或"高"，评价等级 T_4、T_5 对应的云模型 C_4、C_5 进行软或得到新的综合云模型 $C_{4,5} = C_4 \cup C_5 = C_{4,5}(Ex_{4,5}, En_{4,5}, He_{4,5})$，由式（5.4）和式（5.5）计算可得第 j 个指标所对应综合等级 $T_{4,5}$ 的云隶属度 $v_j^{(4,5)}$，它近似表示第 j 个指标属于集合 $\tilde{A}$ 的程度。分析可知 $v_j^{(4,5)}$ 与 v_{j4}、v_{j5} 之间具有不等关系：$v_j^{(4,5)} \leqslant v_{j4} + v_{j5}$，于是存在正数 δ：$0 \leqslant \delta \leqslant 1$，使得 $v_j^{(4,5)} = (1-\delta)(v_{j4} + v_{j5})$。

同样，若集合 $\tilde{B}$ 表示评价等级为"低"或"较低"，评价等级 T_1、

T_2 对应的云模型 C_1、C_2 进行软或得到新的综合云模型 $C_{1,2} = C_1 \cup C_2 = C_{1,2}(Ex_{1,2}, En_{1,2}, He_{1,2})$，由式（5.4）和式（5.5）计算可得第 j 个指标所对应的综合等级 $T_{1,2}$ 的云隶属度 $v_j^{(1,2)}$，根据云模型的 3En 规则，它近似表示第 j 个指标不属于集合 $\tilde{B}$ 的程度，且 $v_j^{(1,2)} \leqslant v_{j1} + v_{j2}$ 或 $v_j^{(1,2)} = (1 - \delta)(v_{j1} + v_{j2})$。

基于上述分析，由第 j 个评价指标的云模型 $C_{jk}(Ex_{jk}, En_{jk}, He_{jk})$（$k = 1, 2, \cdots, 5$），可以得到评价指标的直觉模糊信息：$\langle x, \mu(x), \nu(x) \rangle$，其中，$\mu(x) = (1 - \delta)(v_{j4} + v_{j5})$，$\nu(x) = (1 - \delta)(v_{j1} + v_{j2})$，$0 \leqslant \delta \leqslant 1$ 为调节因子，δ 的取值可以根据经验或通过试算确定。

在确定隶属度和非隶属度的公式中设置调节因子 δ，一是为了确保隶属度 $\mu(x)$、非隶属度 $\nu(x)$ 取值在 0 和 1 之间，因为有时 $v_{j1} + v_{j2}$、$v_{j4} + v_{j5}$ 均有可能大于 1；二是为了区分犹豫度，从图 8 - 1 看出，云模型 C_3 与云模型 C_2、C_4 分别都有交叉部分，在 $v_{j1} + v_{j2}$、$v_{j4} + v_{j5}$ 基础上，用系数 $1 - \delta$ 调整，可以去除 C_3 与 C_2、C_3 与 C_4 的公共部分，能更好地反映"中立"的程度。本研究取 $\delta = 0.1$，同时规定：若 $v_{j1} = v_{j2} = v_{j3} = 0$，则 $\mu(x)$ 取 1；若 $v_{j3} = v_{j4} = v_{j5} = 0$，则 $\nu(x)$ 取 0。

8.2.4 基于云模型—直觉模糊多属性决策的评价方法

基于云模型到直觉模糊集的信息转换，可以将云模型与第 6 章和第 7 章的直觉模糊多属性决策方法相结合，对我国物流业高质量发展水平进行评价。本小节仅以属性权重已知时的直觉模糊 TOPSIS 法为例，说明其决策过程。

假设根据样本数据，已经得到不同时间各地区针对各评价指标的云模型信息（给出决策矩阵形式），则基于云模型—直觉模糊 TOPSIS 法的中国物流业高质量发展评价步骤如下。

步骤 1：根据二级评价指标的云模型信息计算确定其直觉模糊评价信息；

步骤 2：确定中国物流业高质量发展评价问题正理想点 Y^+ 和负理想点 Y^-；

步骤 3：确定各指标权重，为了全面反映评价指标的重要程度，本研究采用基于变异系数和熵值法的组合赋权法确定一级、二级指标权重；

步骤 4：利用式 (7.9)、式 (7.10) 计算中国 30 个省份 $Y_i (i = 1, 2, \cdots, 30)$ 到正理想点 Y^+ 和负理想点 Y^- 的距离 d_i^+ 和 d_i^-；

步骤 5：利用式 (7.11) 计算中国 30 个省份的贴近度 c_i；

步骤 6：对中国 30 个省份的物流业高质量发展水平进行排序，c_i 越大表明评价对象离正理想点越近、离负理想点越远，相应地区的物流业高质量发展水平越高。

8.3 ▷ 中国物流业高质量发展水平评价的实证分析

8.3.1 资料来源与数据处理

本章是在第 5 章基础上，进一步对中国物流业高质量发展水平进行评价，相关原始数据均来源于国家统计局分省年度数据、《中国经济统计年鉴》及《中国能源统计年鉴》等。在第 5 章，本研究已经利用中国 30 个省份 2012 ~ 2020 年的样本数据，得到了各省份物流业高质量发展的指标隶属度。为了更好地反映中国物流业高质量发展现状，本小节仅利用 2020 年各地的指标隶属度数据，对中国物流业高质量发展水平进行评价，相关数据如表 8 - 1 所示。

表 8 - 1　　全国 30 个省份 2020 年物流业高质量发展的指标隶属度

指标	北京					天津				
	低	较低	一般	较高	高	低	较低	一般	较高	高
C_{111}	0.0000	0.0228	0.8694	0.1879	0.0007	0.0000	0.0181	0.8287	0.2153	0.0008
C_{112}	0.0000	0.0076	0.5530	0.4160	0.0040	0.0002	0.0696	0.9990	0.0814	0.0003
C_{113}	0.9403	0.1390	0.0005	0.0000	0.0000	0.9886	0.0976	0.0003	0.0000	0.0000
C_{121}	0.8262	0.0199	0.0000	0.0000	0.0000	0.9728	0.1122	0.0004	0.0000	0.0000

续表

指标	北京					天津				
	低	较低	一般	较高	高	低	较低	一般	较高	高
C_{122}	0.6961	0.0124	0.0000	0.0000	0.0000	0.9232	0.0336	0.0001	0.0000	0.0000
C_{123}	0.4278	0.5485	0.0069	0.0000	0.0000	0.4765	0.4929	0.0054	0.0000	0.0000
C_{124}	0.0000	0.0156	0.7647	0.2558	0.0014	0.8477	0.1982	0.0009	0.0000	0.0000
C_{211}	0.0000	0.0000	0.0002	0.1221	0.9577	0.0000	0.0000	0.0007	0.2220	0.8181
C_{212}	0.0004	0.1210	0.9623	0.0412	0.0001	0.4194	0.5652	0.0067	0.0000	0.0000
C_{213}	0.0002	0.0773	0.9997	0.0700	0.0002	0.0000	0.0022	0.3073	0.6904	0.0116
C_{221}	0.0655	0.9974	0.0836	0.0003	0.0000	0.9990	0.0674	0.0002	0.0000	0.0000
C_{222}	0.0208	0.8106	0.2248	0.0013	0.0000	0.9746	0.1116	0.0005	0.0000	0.0000
C_{231}	0.0000	0.0000	0.0000	0.0049	0.4921	0.0000	0.0000	0.0000	0.0051	0.4902
C_{232}	0.0000	0.0000	0.0026	0.3643	0.6246	0.0000	0.0001	0.0475	0.9807	0.1064
C_{233}	0.0064	0.6179	0.3758	0.0019	0.0000	0.0000	0.0066	0.6288	0.3672	0.0018
C_{234}	0.0001	0.0301	0.8754	0.1823	0.0013	0.0001	0.0203	0.7784	0.2404	0.0020
C_{235}	0.0000	0.0000	0.0010	0.2758	0.7432	0.5210	0.4682	0.0032	0.0000	0.0000
C_{241}	0.0001	0.0454	0.9652	0.1201	0.0005	0.0001	0.0315	0.9049	0.1616	0.0008
C_{242}	0.0000	0.0000	0.0005	0.1203	0.9651	0.0081	0.5736	0.4006	0.0038	0.0000
C_{243}	0.0000	0.0000	0.0001	0.0341	0.9370	0.0000	0.0003	0.1150	0.9702	0.0438
C_{244}	0.9955	0.0886	0.0003	0.0000	0.0000	0.8694	0.0251	0.0000	0.0000	0.0000
C_{251}	0.0000	0.0001	0.0589	0.9978	0.0779	0.0000	0.0000	0.0337	0.9482	0.1295
C_{252}	0.0000	0.0000	0.0002	0.0644	0.9977	0.0365	0.9400	0.1404	0.0005	0.0000
C_{311}	0.0000	0.0000	0.0031	0.3519	0.6304	0.0002	0.0609	0.9950	0.0877	0.0004
C_{312}	0.3961	0.5766	0.0084	0.0000	0.0000	0.7277	0.2808	0.0019	0.0000	0.0000
C_{313}	0.0000	0.0014	0.3225	0.6799	0.0086	0.1789	0.8810	0.0221	0.0000	0.0000
C_{321}	0.2914	0.7246	0.0105	0.0000	0.0000	0.0090	0.6915	0.3188	0.0013	0.0000
C_{322}	0.9076	0.1621	0.0008	0.0000	0.0000	0.0003	0.0769	0.9996	0.0703	0.0002
C_{323}	0.0330	0.9467	0.1305	0.0003	0.0000	0.0000	0.0381	0.9657	0.1158	0.0002
C_{331}	0.1025	0.9861	0.0558	0.0002	0.0001	0.2644	0.7496	0.0164	0.0000	0.0000
C_{332}	0.2357	0.7920	0.0192	0.0000	0.0000	0.0715	0.9998	0.0781	0.0002	0.0001
C_{333}	0.0001	0.0799	0.9972	0.0582	0.0291	0.0002	0.1055	0.9784	0.0425	0.0213
C_{111}	0.0014	0.2890	0.7235	0.0121	0.0000	0.0114	0.7112	0.2963	0.0016	0.0000
C_{112}	0.4308	0.5465	0.0075	0.0000	0.0000	0.4892	0.4827	0.0053	0.0000	0.0000

续表

指标	河北					山西				
	低	较低	一般	较高	高	低	较低	一般	较高	高
C_{113}	0.0041	0.4258	0.5513	0.0069	0.0000	0.2863	0.7235	0.0134	0.0000	0.0000
C_{121}	0.0000	0.0203	0.8261	0.2157	0.0010	0.0024	0.3453	0.6422	0.0092	0.0000
C_{122}	0.0066	0.5391	0.4324	0.0042	0.0000	0.7889	0.2393	0.0013	0.0000	0.0000
C_{123}	0.0000	0.0003	0.0822	0.9981	0.0653	0.1663	0.8972	0.0294	0.0001	0.0000
C_{124}	0.1345	0.9459	0.0371	0.0001	0.0000	0.2834	0.7295	0.0135	0.0000	0.0000
C_{211}	0.0000	0.0035	0.4859	0.4966	0.0037	0.0000	0.0014	0.3352	0.6708	0.0078
C_{212}	0.1567	0.9147	0.0308	0.0001	0.0000	0.0133	0.7335	0.2805	0.0017	0.0000
C_{213}	0.0000	0.0219	0.8468	0.2013	0.0010	0.0002	0.0762	0.9998	0.0695	0.0002
C_{221}	0.8796	0.0261	0.0000	0.0000	0.0000	0.6233	0.0095	0.0000	0.0000	0.0000
C_{222}	0.1412	0.9383	0.0382	0.0001	0.0000	0.7803	0.0183	0.0000	0.0000	0.0000
C_{231}	0.0000	0.0000	0.0000	0.0057	0.5117	0.0000	0.0000	0.0000	0.0059	0.5166
C_{232}	0.0000	0.0056	0.5179	0.4544	0.0042	0.0000	0.0018	0.3044	0.7034	0.0114
C_{233}	0.0086	0.6871	0.3181	0.0015	0.0000	0.0680	1.0000	0.0699	0.0001	0.0000
C_{234}	0.0000	0.0074	0.5097	0.4453	0.0059	0.0000	0.0070	0.5011	0.4627	0.0060
C_{235}	0.9889	0.0500	0.0001	0.0000	0.0000	0.4126	0.5770	0.0055	0.0000	0.0000
C_{241}	0.0000	0.0197	0.8065	0.2262	0.0014	0.0000	0.0147	0.7232	0.2826	0.0020
C_{242}	0.9279	0.0350	0.0001	0.0000	0.0000	0.5717	0.0082	0.0000	0.0000	0.0000
C_{243}	0.4214	0.5594	0.0060	0.0000	0.0000	0.9996	0.0679	0.0001	0.0000	0.0000
C_{244}	0.9170	0.1568	0.0007	0.0000	0.0000	0.7329	0.0142	0.0000	0.0000	0.0000
C_{251}	0.0000	0.0000	0.0003	0.1548	0.9158	0.0000	0.0000	0.0018	0.3708	0.6237
C_{252}	0.3960	0.5824	0.0069	0.0000	0.0000	0.0000	0.0001	0.0287	0.8998	
C_{311}	0.2508	0.7736	0.0179	0.0000	0.0000	0.2043	0.8461	0.0240	0.0001	0.0000
C_{312}	0.1106	0.9767	0.0482	0.0001	0.0000	0.0389	0.9386	0.1400	0.0006	0.0000
C_{313}	0.7027	0.3102	0.0012	0.0000	0.0000	0.5385	0.4478	0.0030	0.0000	0.0000
C_{321}	0.0000	0.0000	0.0090	0.6921	0.3177	0.0000	0.0043	0.5354	0.4533	0.0029
C_{322}	0.0000	0.0000	0.0001	0.0398	0.9469	0.0046	0.4485	0.5227	0.0064	0.0000
C_{323}	0.0004	0.1577	0.9078	0.0254	0.0000	0.0000	0.0403	0.9709	0.1104	0.0002
C_{331}	0.0495	0.9772	0.1110	0.0005	0.0002	0.0180	0.7878	0.2380	0.0014	0.0007
C_{332}	0.0251	0.8550	0.1953	0.0010	0.0005	0.0283	0.8853	0.1755	0.0009	0.0005
C_{333}	0.0000	0.0293	0.9315	0.1419	0.0711	0.0000	0.0329	0.9447	0.1343	0.0673

续表

指标	内蒙古					辽宁				
	低	较低	一般	较高	高	低	较低	一般	较高	高
C_{111}	0.9401	0.0331	0.0000	0.0000	0.0000	0.0194	0.8350	0.2080	0.0008	0.0000
C_{112}	0.8865	0.0280	0.0001	0.0000	0.0000	0.4304	0.5463	0.0074	0.0000	0.0000
C_{113}	0.4277	0.5484	0.0067	0.0000	0.0000	0.0794	0.9992	0.0673	0.0002	0.0000
C_{121}	0.0089	0.6326	0.3560	0.0027	0.0000	0.0050	0.4990	0.4722	0.0046	0.0000
C_{122}	0.9295	0.1465	0.0006	0.0000	0.0000	0.7731	0.2501	0.0014	0.0000	0.0000
C_{123}	0.0909	0.9935	0.0613	0.0002	0.0000	0.0693	0.9996	0.0788	0.0002	0.0000
C_{124}	0.5059	0.4658	0.0047	0.0000	0.0000	0.0701	0.9997	0.0767	0.0002	0.0000
C_{211}	0.0000	0.0002	0.1242	0.9552	0.0364	0.0000	0.0000	0.0253	0.9064	0.1593
C_{212}	0.0119	0.6977	0.3066	0.0019	0.0000	0.5482	0.4321	0.0036	0.0000	0.0000
C_{213}	0.0002	0.0729	1.0000	0.0747	0.0002	0.0001	0.0291	0.9008	0.1637	0.0007
C_{221}	0.5799	0.0081	0.0000	0.0000	0.0000	0.9849	0.0535	0.0001	0.0000	0.0000
C_{222}	0.8010	0.0199	0.0000	0.0000	0.0000	0.9008	0.0308	0.0001	0.0000	0.0000
C_{231}	0.0000	0.0000	0.0000	0.0160	0.7700	0.0000	0.0000	0.0000	0.0056	0.5112
C_{232}	0.0000	0.0015	0.2711	0.7450	0.0149	0.0000	0.0040	0.4378	0.5377	0.0059
C_{233}	0.0002	0.1002	0.9815	0.0456	0.0000	0.0878	0.9934	0.0543	0.0001	0.0000
C_{234}	0.0001	0.0235	0.8189	0.2228	0.0016	0.0001	0.0253	0.8370	0.2112	0.0015
C_{235}	0.7596	0.2642	0.0009	0.0000	0.0000	0.3160	0.6919	0.0090	0.0000	0.0000
C_{241}	0.0000	0.0239	0.8502	0.1994	0.0010	0.0001	0.0294	0.8827	0.1773	0.0009
C_{242}	0.5580	0.0078	0.0000	0.0000	0.0000	0.9395	0.1415	0.0007	0.0000	0.0000
C_{243}	0.9968	0.0593	0.0001	0.0000	0.0000	0.6236	0.3644	0.0023	0.0000	0.0000
C_{244}	0.6519	0.0105	0.0000	0.0000	0.0000	0.9838	0.0523	0.0001	0.0000	0.0000
C_{251}	0.0000	0.0000	0.0139	0.7889	0.2427	0.0000	0.0001	0.0542	0.9935	0.0859
C_{252}	0.0000	0.0000	0.0000	0.0250	0.8728	0.0000	0.0000	0.0002	0.0772	0.9994
C_{311}	0.0166	0.7609	0.2593	0.0017	0.0000	0.0850	0.9976	0.0678	0.0002	0.0000
C_{312}	0.0495	0.9769	0.1130	0.0004	0.0000	0.7793	0.2451	0.0016	0.0000	0.0000
C_{313}	0.5083	0.4777	0.0033	0.0000	0.0000	0.3933	0.6007	0.0059	0.0000	0.0000
C_{321}	0.0000	0.0003	0.1397	0.9372	0.0307	0.0002	0.1060	0.9768	0.0421	0.0000
C_{322}	0.0001	0.0297	0.9025	0.1642	0.0008	0.0154	0.7358	0.2755	0.0019	0.0000
C_{323}	0.0003	0.1492	0.9239	0.0284	0.0000	0.0016	0.3493	0.6528	0.0073	0.0000
C_{331}	0.1139	0.9731	0.0481	0.0001	0.0001	0.1008	0.9867	0.0548	0.0002	0.0001
C_{332}	0.0445	0.9658	0.1198	0.0006	0.0003	0.0500	0.9750	0.1109	0.0005	0.0002
C_{333}	0.0000	0.0451	0.9808	0.1031	0.0517	0.0002	0.1070	0.9760	0.0434	0.0217

指标	吉林					黑龙江				
	低	较低	一般	较高	高	低	较低	一般	较高	高
C_{111}	0.3028	0.7048	0.0108	0.0000	0.0000	0.8728	0.1848	0.0006	0.0000	0.0000
C_{112}	0.9317	0.1448	0.0007	0.0000	0.0000	0.9415	0.0386	0.0001	0.0000	0.0000
C_{113}	0.7354	0.2747	0.0017	0.0000	0.0000	0.2620	0.7612	0.0158	0.0000	0.0000
C_{121}	0.9889	0.0964	0.0003	0.0000	0.0000	0.9559	0.1255	0.0004	0.0000	0.0000
C_{122}	0.8385	0.0213	0.0000	0.0000	0.0000	0.8575	0.0243	0.0001	0.0000	0.0000
C_{123}	0.8566	0.1982	0.0010	0.0000	0.0000	0.9562	0.1291	0.0005	0.0000	0.0000
C_{124}	0.7309	0.2774	0.0018	0.0000	0.0000	0.2852	0.7248	0.0131	0.0000	0.0000
C_{211}	0.0001	0.0844	0.9946	0.0555	0.0001	0.0000	0.0005	0.1847	0.8700	0.0206
C_{212}	0.4356	0.5393	0.0060	0.0000	0.0000	0.0914	0.9925	0.0578	0.0001	0.0000
C_{213}	0.0000	0.0084	0.5938	0.3858	0.0031	0.0000	0.0032	0.3892	0.5938	0.0079
C_{221}	0.6031	0.0086	0.0000	0.0000	0.0000	0.6269	0.0092	0.0000	0.0000	0.0000
C_{222}	0.7215	0.0138	0.0000	0.0000	0.0000	0.5773	0.0080	0.0000	0.0000	0.0000
C_{231}	0.0000	0.0000	0.0000	0.0065	0.5412	0.0000	0.0000	0.0000	0.0074	0.5867
C_{232}	0.0000	0.0240	0.8636	0.1887	0.0008	0.0000	0.0053	0.4997	0.4717	0.0045
C_{233}	0.3285	0.6749	0.0084	0.0000	0.0000	0.7924	0.2411	0.0008	0.0000	0.0000
C_{234}	0.0000	0.0108	0.6126	0.3595	0.0038	0.0001	0.0280	0.8571	0.1927	0.0012
C_{235}	0.2999	0.7141	0.0097	0.0000	0.0000	0.0017	0.3525	0.6456	0.0074	0.0000
C_{241}	0.0000	0.0139	0.7101	0.2945	0.0021	0.0001	0.0275	0.8738	0.1816	0.0009
C_{242}	0.5691	0.4092	0.0039	0.0000	0.0000	0.9993	0.0713	0.0002	0.0000	0.0000
C_{243}	0.9807	0.1037	0.0003	0.0000	0.0000	0.9889	0.0964	0.0002	0.0000	0.0000
C_{244}	0.7834	0.0171	0.0000	0.0000	0.0000	0.6366	0.0101	0.0000	0.0000	0.0000
C_{251}	0.0000	0.0000	0.0005	0.1845	0.8727	0.0000	0.0000	0.0018	0.3647	0.6345
C_{252}	0.0000	0.0000	0.0001	0.0345	0.9351	0.0000	0.0000	0.0006	0.1525	0.9208
C_{311}	0.1960	0.8505	0.0245	0.0000	0.0000	0.4011	0.5717	0.0082	0.0000	0.0000
C_{312}	0.0349	0.9256	0.1497	0.0007	0.0000	0.3144	0.6831	0.0123	0.0000	0.0000
C_{313}	0.8450	0.2043	0.0006	0.0000	0.0000	0.7679	0.2595	0.0009	0.0000	0.0000
C_{321}	0.0003	0.1307	0.9488	0.0346	0.0000	0.0119	0.7529	0.2729	0.0010	0.0000
C_{322}	0.0460	0.9674	0.1190	0.0005	0.0000	0.5345	0.4413	0.0045	0.0000	0.0000
C_{323}	0.0001	0.0476	0.9870	0.0959	0.0002	0.0001	0.0940	0.9891	0.0496	0.0001
C_{331}	0.0029	0.3533	0.6297	0.0104	0.0052	0.0413	0.9435	0.1359	0.0006	0.0003
C_{332}	0.0499	0.9775	0.1081	0.0004	0.0002	0.0768	0.9999	0.0719	0.0002	0.0001
C_{333}	0.0000	0.0194	0.8593	0.1927	0.0966	0.0010	0.2736	0.7484	0.0117	0.0059

续表

指标	上海					江苏				
	低	较低	一般	较高	高	低	较低	一般	较高	高
C_{111}	0.0000	0.0000	0.0027	0.3988	0.5865	0.0000	0.0058	0.5572	0.4227	0.0032
C_{112}	0.0078	0.5735	0.4031	0.0038	0.0000	0.5124	0.4599	0.0047	0.0000	0.0000
C_{113}	0.7009	0.3037	0.0021	0.0000	0.0000	0.0000	0.0002	0.0676	0.9987	0.0814
C_{121}	0.0587	0.9934	0.0899	0.0003	0.0000	0.0000	0.0012	0.2518	0.7749	0.0162
C_{122}	0.0000	0.0000	0.0001	0.0303	0.9014	0.0367	0.9355	0.1443	0.0006	0.0000
C_{123}	0.0078	0.5694	0.3994	0.0034	0.0000	0.0000	0.0000	0.0062	0.5186	0.4525
C_{124}	0.0004	0.1199	0.9641	0.0432	0.0001	0.0009	0.1935	0.8584	0.0235	0.0000
C_{211}	0.0000	0.0000	0.0001	0.0806	0.9966	0.0000	0.0000	0.0271	0.9178	0.1538
C_{212}	0.9986	0.0801	0.0002	0.0000	0.0000	0.8403	0.2088	0.0009	0.0000	0.0000
C_{213}	0.0000	0.0151	0.7497	0.2654	0.0016	0.0000	0.0159	0.7585	0.2636	0.0016
C_{221}	0.0009	0.1827	0.8722	0.0258	0.0000	0.0000	0.0084	0.5892	0.3888	0.0033
C_{222}	0.0002	0.0667	0.9974	0.0852	0.0003	0.0002	0.0610	0.9930	0.0944	0.0944
C_{231}	0.0000	0.0000	0.0000	0.0049	0.4846	0.0000	0.0000	0.0000	0.0052	0.4936
C_{232}	0.0000	0.0000	0.0000	0.0131	0.7283	0.0006	0.1574	0.9140	0.0309	0.0309
C_{233}	0.0000	0.0016	0.3491	0.6459	0.0076	0.0079	0.6700	0.3361	0.0015	0.0000
C_{234}	0.0000	0.0153	0.7126	0.2906	0.0026	0.0000	0.0108	0.6171	0.3637	0.0037
C_{235}	0.0007	0.2218	0.8198	0.0160	0.0000	0.8755	0.1812	0.0005	0.0000	0.0000
C_{241}	0.0001	0.0310	0.8967	0.1676	0.0009	0.0001	0.0292	0.8869	0.1746	0.0009
C_{242}	0.5745	0.4003	0.0039	0.0000	0.0000	0.9998	0.0791	0.0003	0.0000	0.0000
C_{243}	0.0000	0.0001	0.0674	0.9996	0.0751	0.0000	0.0000	0.0280	0.9079	0.1612
C_{244}	0.4355	0.5337	0.0068	0.0000	0.0000	0.0000	0.0006	0.1362	0.9426	0.0376
C_{251}	0.0143	0.7881	0.2450	0.0008	0.0000	0.0000	0.0000	0.0022	0.4043	0.5875
C_{252}	0.0001	0.0438	0.9645	0.1188	0.0004	0.0503	0.9833	0.1022	0.0003	0.0000
C_{311}	0.0000	0.0000	0.0087	0.5957	0.3833	0.0000	0.0044	0.4437	0.5280	0.0066
C_{312}	0.3857	0.5920	0.0085	0.0000	0.0000	0.4796	0.4970	0.0057	0.0000	0.0000
C_{313}	0.0000	0.0009	0.2518	0.7751	0.0130	0.0009	0.2702	0.7558	0.0119	0.0000
C_{321}	0.0037	0.5148	0.4768	0.0033	0.0000	0.0537	0.9941	0.0851	0.0001	0.0000
C_{322}	0.0853	0.9976	0.0659	0.0002	0.0000	0.0000	0.0018	0.2766	0.7329	0.0154
C_{323}	0.0001	0.0940	0.9891	0.0496	0.0001	0.0001	0.0634	0.9993	0.0734	0.0001
C_{331}	0.0642	0.9960	0.0897	0.0003	0.0002	0.0211	0.8109	0.2276	0.0013	0.0007
C_{332}	0.1235	0.9599	0.0451	0.0001	0.0001	0.1018	0.9858	0.0547	0.0002	0.0001
C_{333}	0.0001	0.0570	0.9971	0.0787	0.0394	0.0000	0.0341	0.9517	0.1291	0.0647

指标	浙江					安徽				
	低	较低	一般	较高	高	低	较低	一般	较高	高
C_{111}	0.0005	0.1529	0.9198	0.0000	0.0000	0.0000	0.0003	0.1248	0.9549	0.0383
C_{112}	0.8306	0.2119	0.0012	0.0000	0.0000	0.5589	0.4128	0.0039	0.0000	0.0000
C_{113}	0.0000	0.0001	0.0422	0.9614	0.1213	0.0022	0.3059	0.6912	0.0123	0.0000
C_{121}	0.0000	0.0006	0.1510	0.9239	0.0322	0.0000	0.0000	0.0018	0.2951	0.7136
C_{122}	0.0197	0.8152	0.2217	0.0012	0.0000	0.0893	0.9959	0.0613	0.0002	0.0000
C_{123}	0.0004	0.1183	0.9670	0.0451	0.0001	0.0008	0.1668	0.9007	0.0292	0.0001
C_{124}	0.0207	0.8179	0.2199	0.0012	0.0000	0.4307	0.5404	0.0062	0.0000	0.0000
C_{211}	0.0000	0.0000	0.0391	0.9666	0.1159	0.0000	0.0059	0.6079	0.3821	0.0021
C_{212}	0.0086	0.6259	0.3624	0.0028	0.0000	0.2714	0.7484	0.0143	0.0000	0.0000
C_{213}	0.0000	0.0040	0.4402	0.5359	0.0064	0.0001	0.0402	0.9524	0.1285	0.0005
C_{221}	0.0014	0.2373	0.7918	0.0180	0.0000	0.9403	0.0382	0.0001	0.0000	0.0000
C_{222}	0.5797	0.0081	0.0000	0.0000	0.0000	0.5359	0.0075	0.0000	0.0000	0.0000
C_{231}	0.0000	0.0000	0.0000	0.0053	0.4936	0.0000	0.0000	0.0000	0.0054	0.5025
C_{232}	0.0000	0.0000	0.0290	0.9092	0.1636	0.0000	0.0081	0.6040	0.3845	0.0031
C_{233}	0.0759	0.9990	0.0627	0.0001	0.0000	0.0627	0.9993	0.0743	0.0001	0.0000
C_{234}	0.0000	0.0100	0.5979	0.3803	0.0043	0.0000	0.0052	0.4429	0.5251	0.0079
C_{235}	0.4914	0.4945	0.0035	0.0000	0.0000	0.9999	0.0667	0.0001	0.0000	0.0000
C_{241}	0.0000	0.0180	0.7851	0.2412	0.0016	0.0000	0.0079	0.5805	0.3907	0.0039
C_{242}	0.9945	0.0911	0.0003	0.0000	0.0000	0.9860	0.0549	0.0002	0.0000	0.0000
C_{243}	0.0000	0.0000	0.0161	0.7876	0.2409	0.2337	0.8052	0.0176	0.0000	0.0000
C_{244}	0.2248	0.8112	0.0200	0.0000	0.0000	0.6366	0.3526	0.0028	0.0000	0.0000
C_{251}	0.0000	0.0067	0.6354	0.3587	0.0017	0.0001	0.0569	0.9962	0.0826	0.0001
C_{252}	0.0000	0.0000	0.0000	0.0187	0.8143	0.0000	0.0000	0.0000	0.0154	0.7753
C_{311}	0.0002	0.0737	1.0000	0.0741	0.0003	0.0588	0.9894	0.0957	0.0004	0.0000
C_{312}	0.2864	0.7209	0.0142	0.0000	0.0000	0.3432	0.6411	0.0111	0.0000	0.0000
C_{313}	0.0024	0.4112	0.5726	0.0051	0.0000	0.0675	1.0000	0.0691	0.0001	0.0000
C_{321}	0.0761	0.9988	0.0623	0.0001	0.0000	0.0002	0.0970	0.9859	0.0471	0.0001
C_{322}	0.0003	0.0824	0.9979	0.0661	0.0002	0.0000	0.0000	0.0040	0.4272	0.5457
C_{323}	0.0003	0.1478	0.9259	0.0286	0.0000	0.0007	0.2160	0.8240	0.0163	0.0000
C_{331}	0.0736	0.9997	0.0797	0.0003	0.0001	0.0398	0.9457	0.1363	0.0006	0.0003
C_{332}	0.0889	0.9964	0.0641	0.0002	0.0001	0.0530	0.9816	0.1062	0.0004	0.0002
C_{333}	0.0001	0.0608	0.9984	0.0783	0.0392	0.0001	0.0609	0.9983	0.0771	0.0386

续表

指标	福建					江西				
	低	较低	一般	较高	高	低	较低	一般	较高	高
C_{111}	0.1282	0.9549	0.0369	0.0001	0.0000	0.0001	0.0640	0.9983	0.0786	0.0002
C_{112}	0.0139	0.7162	0.2905	0.0022	0.0000	0.8389	0.2068	0.0012	0.0000	0.0000
C_{113}	0.2627	0.7588	0.0153	0.0000	0.0000	0.0749	1.0000	0.0735	0.0002	0.0000
C_{121}	0.0561	0.9910	0.0930	0.0003	0.0000	0.0212	0.8327	0.2096	0.0010	0.0000
C_{122}	0.1812	0.8749	0.0266	0.0001	0.0000	0.9840	0.1023	0.0004	0.0000	0.0000
C_{123}	0.0107	0.6642	0.3245	0.0025	0.0000	0.1802	0.8798	0.0276	0.0001	0.0000
C_{124}	0.3166	0.6831	0.0113	0.0000	0.0000	0.5834	0.3975	0.0035	0.0000	0.0000
C_{211}	0.0000	0.0002	0.0927	0.9890	0.0507	0.0000	0.0029	0.4617	0.5226	0.0042
C_{212}	0.2341	0.7983	0.0180	0.0000	0.0000	0.9707	0.1167	0.0003	0.0000	0.0000
C_{213}	0.0000	0.0225	0.8389	0.2086	0.0009	0.0000	0.0229	0.8535	0.1954	0.0010
C_{221}	0.5923	0.3900	0.0032	0.0000	0.0000	0.7520	0.0149	0.0000	0.0000	0.0000
C_{222}	0.9507	0.1298	0.0006	0.0000	0.0000	0.0151	0.7266	0.2788	0.0021	0.0000
C_{231}	0.0000	0.0000	0.0000	0.0059	0.5085	0.0000	0.0000	0.0000	0.0060	0.5135
C_{232}	0.0000	0.0012	0.2483	0.7761	0.0164	0.0000	0.0048	0.4949	0.4804	0.0047
C_{233}	0.0129	0.7738	0.2581	0.0009	0.0000	0.3116	0.6975	0.0093	0.0000	0.0000
C_{234}	0.0000	0.0131	0.6601	0.3273	0.0031	0.0000	0.0046	0.4102	0.5572	0.0090
C_{235}	0.8563	0.1985	0.0005	0.0000	0.0000	0.7629	0.2629	0.0009	0.0000	0.0000
C_{241}	0.0000	0.0186	0.7823	0.2474	0.0017	0.0001	0.0275	0.8831	0.1775	0.0009
C_{242}	0.6144	0.0094	0.0000	0.0000	0.0000	0.8000	0.0194	0.0000	0.0000	0.0000
C_{243}	0.0013	0.2620	0.7571	0.0139	0.0000	0.3510	0.6409	0.0089	0.0000	0.0000
C_{244}	0.7522	0.2641	0.0016	0.0000	0.0000	0.9906	0.0932	0.0003	0.0000	0.0000
C_{251}	0.0000	0.0000	0.0038	0.5109	0.4741	0.0000	0.0000	0.0003	0.1526	0.9185
C_{252}	0.0000	0.0000	0.0000	0.0245	0.8710	0.0000	0.0000	0.0001	0.0305	0.9081
C_{311}	0.0001	0.0379	0.9362	0.1416	0.0007	0.1074	0.9816	0.0509	0.0002	0.0000
C_{312}	0.3359	0.6507	0.0107	0.0000	0.0000	0.5179	0.4523	0.0049	0.0000	0.0000
C_{313}	0.0007	0.2200	0.8206	0.0163	0.0000	0.3113	0.7009	0.0093	0.0000	0.0000
C_{321}	0.0225	0.8860	0.1752	0.0004	0.0000	0.0033	0.4700	0.5139	0.0039	0.0000
C_{322}	0.0000	0.0058	0.5030	0.4683	0.0052	0.0002	0.0622	0.9968	0.0846	0.0003
C_{323}	0.0001	0.0511	0.9925	0.0868	0.0001	0.0010	0.2746	0.7476	0.0118	0.0000
C_{331}	0.0417	0.9524	0.1296	0.0006	0.0003	0.0202	0.8143	0.2232	0.0014	0.0007
C_{332}	0.0945	0.9925	0.0608	0.0002	0.0001	0.0285	0.8866	0.1724	0.0010	0.0005
C_{333}	0.0001	0.0581	0.9976	0.0779	0.0390	0.0000	0.0351	0.9564	0.1233	0.0617

续表

指标	山东					河南				
	低	较低	一般	较高	高	低	较低	一般	较高	高
C_{111}	0.0000	0.0000	0.0358	0.9500	0.1287	0.0000	0.0009	0.2210	0.8170	0.0173
C_{112}	0.3715	0.6100	0.0095	0.0000	0.0000	0.5977	0.3814	0.0034	0.0000	0.0000
C_{113}	0.0002	0.0670	0.9980	0.0835	0.0003	0.0000	0.0231	0.8416	0.2060	0.0011
C_{121}	0.0000	0.0003	0.0994	0.9850	0.0519	0.0003	0.0981	0.9872	0.0524	0.0001
C_{122}	0.0809	0.9991	0.0675	0.0002	0.0000	0.2227	0.8191	0.0201	0.0000	0.0000
C_{123}	0.0000	0.0000	0.0006	0.1467	0.9331	0.0000	0.0001	0.0559	0.9898	0.0954
C_{124}	0.0005	0.1241	0.9574	0.0408	0.0001	0.0026	0.3546	0.6332	0.0097	0.0000
C_{211}	0.0000	0.0013	0.3036	0.7076	0.0094	0.0000	0.0148	0.8089	0.2334	0.0007
C_{212}	0.1376	0.9393	0.0343	0.0001	0.0000	0.2775	0.7409	0.0137	0.0000	0.0000
C_{213}	0.0001	0.0322	0.9183	0.1537	0.0006	0.0000	0.0219	0.8335	0.2087	0.0011
C_{221}	0.0909	0.9939	0.0581	0.0002	0.0000	0.9898	0.0560	0.0001	0.0000	0.0000
C_{222}	0.0017	0.2537	0.7711	0.0176	0.0000	0.0002	0.0719	0.9998	0.0801	0.0003
C_{231}	0.0000	0.0000	0.0000	0.0053	0.4986	0.0000	0.0000	0.0000	0.0052	0.5017
C_{232}	0.0000	0.0017	0.2907	0.7154	0.0129	0.0001	0.0467	0.9779	0.1078	0.0003
C_{233}	0.0218	0.8792	0.1796	0.0005	0.0000	0.0960	0.9865	0.0482	0.0000	0.0000
C_{234}	0.0000	0.0145	0.7054	0.2971	0.0026	0.0000	0.0170	0.7357	0.2756	0.0023
C_{235}	0.9380	0.1373	0.0003	0.0000	0.0000	0.9843	0.0989	0.0002	0.0000	0.0000
C_{241}	0.0000	0.0156	0.7358	0.2749	0.0019	0.0000	0.0150	0.7419	0.2769	0.0018
C_{242}	0.9290	0.1439	0.0007	0.0000	0.0000	0.7263	0.0142	0.0000	0.0000	0.0000
C_{243}	0.0849	0.9970	0.0609	0.0001	0.0000	0.8042	0.2311	0.0010	0.0000	0.0000
C_{244}	0.0741	1.0000	0.0739	0.0002	0.0000	0.9522	0.1304	0.0005	0.0000	0.0000
C_{251}	0.0000	0.0000	0.0006	0.2210	0.8235	0.0000	0.0000	0.0001	0.0858	0.9939
C_{252}	0.0000	0.0000	0.0000	0.0150	0.7597	0.0000	0.0000	0.0000	0.0166	0.7864
C_{311}	0.0171	0.7699	0.2538	0.0016	0.0000	0.1230	0.9608	0.0440	0.0001	0.0000
C_{312}	0.7126	0.2911	0.0021	0.0000	0.0000	0.4156	0.5603	0.0078	0.0000	0.0000
C_{313}	0.0926	0.9891	0.0498	0.0001	0.0000	0.3265	0.6766	0.0082	0.0000	0.0000
C_{321}	0.0002	0.1169	0.9657	0.0383	0.0000	0.0000	0.0435	0.9771	0.1063	0.0002
C_{322}	0.0000	0.0007	0.1605	0.9090	0.0307	0.0000	0.0036	0.3916	0.5851	0.0084
C_{323}	0.0005	0.1830	0.8732	0.0212	0.0000	0.0010	0.2712	0.7515	0.0117	0.0000
C_{331}	0.0465	0.9732	0.1139	0.0005	0.0002	0.0751	1.0000	0.0755	0.0003	0.0001
C_{332}	0.0493	0.9737	0.1114	0.0005	0.0002	0.0367	0.9386	0.1388	0.0006	0.0003
C_{333}	0.0001	0.0527	0.9925	0.0853	0.0427	0.0005	0.1872	0.8690	0.0211	0.0106

续表

指标	湖北					湖南				
	低	较低	一般	较高	高	低	较低	一般	较高	高
C_{111}	0.0000	0.0020	0.3389	0.6582	0.0088	0.0007	0.1951	0.8567	0.0213	0.0000
C_{112}	0.8863	0.1750	0.0009	0.0000	0.0000	0.9189	0.1555	0.0008	0.0000	0.0000
C_{113}	0.0043	0.4357	0.5337	0.0066	0.0000	0.0244	0.8614	0.1888	0.0010	0.0000
C_{121}	0.0177	0.7878	0.2394	0.0013	0.0000	0.0010	0.2205	0.8229	0.0194	0.0000
C_{122}	0.8204	0.2198	0.0012	0.0000	0.0000	0.9530	0.0401	0.0001	0.0000	0.0000
C_{123}	0.0019	0.2830	0.7253	0.0139	0.0000	0.0071	0.5519	0.4199	0.0039	0.0000
C_{124}	0.0887	0.9952	0.0593	0.0002	0.0000	0.1913	0.8641	0.0246	0.0000	0.0000
C_{211}	0.0000	0.0013	0.3132	0.6962	0.0091	0.0124	0.7682	0.2574	0.0009	0.0000
C_{212}	0.0393	0.9577	0.1262	0.0004	0.0000	0.4758	0.5018	0.0052	0.0000	0.0000
C_{213}	0.0000	0.0206	0.8315	0.2100	0.0011	0.0002	0.0777	0.9994	0.0689	0.0002
C_{221}	0.8666	0.0247	0.0001	0.0000	0.0000	0.9080	0.0303	0.0001	0.0000	0.0000
C_{222}	0.1794	0.8775	0.0278	0.0001	0.0000	0.0001	0.0416	0.9534	0.1289	0.0006
C_{231}	0.0000	0.0000	0.0000	0.0059	0.5062	0.0000	0.0000	0.0000	0.0060	0.5180
C_{232}	0.0000	0.0038	0.4286	0.5408	0.0062	0.0000	0.0079	0.6010	0.3820	0.0030
C_{233}	0.0657	1.0000	0.0701	0.0001	0.0000	0.4031	0.5893	0.0055	0.0000	0.0000
C_{234}	0.0008	0.1365	0.9486	0.0433	0.0001	0.0000	0.0060	0.4639	0.4980	0.0069
C_{235}	0.8162	0.2262	0.0007	0.0000	0.0000	0.8721	0.1846	0.0005	0.0000	0.0000
C_{241}	0.0001	0.0447	0.9674	0.1194	0.0005	0.0000	0.0169	0.7599	0.2567	0.0018
C_{242}	0.5417	0.4283	0.0043	0.0000	0.0000	0.9892	0.0562	0.0001	0.0000	0.0000
C_{243}	0.2630	0.7554	0.0138	0.0000	0.0000	0.9139	0.1568	0.0005	0.0000	0.0000
C_{244}	0.6726	0.3203	0.0024	0.0000	0.0000	0.6309	0.3533	0.0028	0.0000	0.0000
C_{251}	0.0000	0.0000	0.0077	0.6574	0.3428	0.0000	0.0000	0.0006	0.2091	0.8362
C_{252}	0.0000	0.0000	0.0001	0.0371	0.9414	0.0000	0.0000	0.0001	0.0344	0.9283
C_{311}	0.0125	0.6799	0.3148	0.0024	0.0000	0.0536	0.9839	0.1053	0.0004	0.0000
C_{312}	0.0783	0.9998	0.0725	0.0003	0.0000	0.3535	0.6274	0.0097	0.0000	0.0000
C_{313}	0.0504	0.9906	0.0898	0.0001	0.0000	0.3491	0.6528	0.0075	0.0000	0.0000
C_{321}	0.0037	0.4912	0.4927	0.0035	0.0000	0.0082	0.6762	0.3311	0.0014	0.0000
C_{322}	0.0001	0.0269	0.8824	0.1796	0.0009	0.0000	0.0190	0.8010	0.2310	0.0013
C_{323}	0.0008	0.2453	0.7846	0.0142	0.0000	0.0001	0.0874	0.9918	0.0521	0.0001
C_{331}	0.6488	0.3376	0.0029	0.0000	0.0000	0.0143	0.7192	0.2867	0.0021	0.0011
C_{332}	0.1645	0.9021	0.0303	0.0001	0.0000	0.0437	0.9625	0.1234	0.0005	0.0002
C_{333}	0.0234	0.8966	0.1647	0.0004	0.0002	0.0000	0.0282	0.9209	0.1525	0.0764

续表

指标	广东					广西				
	低	较低	一般	较高	高	低	较低	一般	较高	高
C_{111}	0.0002	0.0823	0.9971	0.0607	0.0001	0.3564	0.6413	0.0086	0.0000	0.0000
C_{112}	0.9089	0.1620	0.0008	0.0000	0.0000	0.9931	0.0921	0.0003	0.0000	0.0000
C_{113}	0.0000	0.0000	0.0001	0.0420	0.9586	0.0818	0.9978	0.0641	0.0002	0.0000
C_{121}	0.0000	0.0000	0.0061	0.5465	0.4283	0.0030	0.3835	0.5991	0.0078	0.0000
C_{122}	0.0000	0.0000	0.0073	0.5691	0.4059	0.9736	0.1133	0.0004	0.0000	0.0000
C_{123}	0.0000	0.0000	0.0016	0.2568	0.7656	0.3450	0.6455	0.0099	0.0000	0.0000
C_{124}	0.0000	0.0000	0.0019	0.3001	0.7044	0.5860	0.3954	0.0036	0.0000	0.0000
C_{211}	0.0000	0.0000	0.0222	0.8834	0.1773	0.0000	0.0221	0.8798	0.1771	0.0005
C_{212}	0.0528	0.9867	0.0986	0.0003	0.0000	0.0016	0.2781	0.7393	0.0132	0.0000
C_{213}	0.0002	0.0733	0.9999	0.0727	0.0002	0.0001	0.0496	0.9811	0.1046	0.0004
C_{221}	0.0000	0.0000	0.0001	0.0341	0.9303	0.9079	0.0303	0.0001	0.0000	0.0000
C_{222}	0.0000	0.0058	0.4896	0.4781	0.0053	0.7113	0.0135	0.0000	0.0000	0.0000
C_{231}	0.0000	0.0000	0.0000	0.0054	0.4949	0.0000	0.0000	0.0000	0.0058	0.5225
C_{232}	0.0000	0.0000	0.0239	0.8627	0.1917	0.0000	0.0019	0.3064	0.6974	0.0115
C_{233}	0.1492	0.9210	0.0268	0.0000	0.0000	0.6536	0.3500	0.0016	0.0000	0.0000
C_{234}	0.0000	0.0094	0.5726	0.3915	0.0046	0.0000	0.0086	0.5589	0.4057	0.0046
C_{235}	0.1203	0.9600	0.0368	0.0000	0.0000	0.5068	0.4759	0.0032	0.0000	0.0000
C_{241}	0.0001	0.0277	0.8857	0.1763	0.0009	0.0001	0.0271	0.8700	0.1818	0.0010
C_{242}	0.8429	0.2038	0.0012	0.0000	0.0000	0.6261	0.0099	0.0000	0.0000	0.0000
C_{243}	0.0000	0.0001	0.0659	0.9994	0.0768	0.9853	0.0497	0.0001	0.0000	0.0000
C_{244}	0.0000	0.0000	0.0000	0.0083	0.6032	0.7928	0.0178	0.0000	0.0000	0.0000
C_{251}	0.0000	0.0000	0.0024	0.4095	0.5783	0.0000	0.0000	0.0003	0.1533	0.9174
C_{252}	0.0000	0.0000	0.0001	0.0319	0.9232	0.0000	0.0000	0.0001	0.0367	0.9455
C_{311}	0.0017	0.2546	0.7707	0.0175	0.0000	0.3491	0.6329	0.0101	0.0000	0.0000
C_{312}	0.5699	0.4020	0.0038	0.0000	0.0000	0.0306	0.8955	0.1692	0.0008	0.0000
C_{313}	0.0414	0.9755	0.1051	0.0002	0.0000	0.7982	0.2375	0.0008	0.0000	0.0000
C_{321}	0.0633	0.9994	0.0750	0.0001	0.0000	0.0032	0.4788	0.5074	0.0038	0.0000
C_{322}	0.0134	0.7180	0.2941	0.0021	0.0000	0.0020	0.2788	0.7269	0.0143	0.0000
C_{323}	0.0019	0.3724	0.6216	0.0066	0.0000	0.0002	0.0944	0.9865	0.0479	0.0001
C_{331}	0.1039	0.9851	0.0548	0.0002	0.0001	0.0305	0.8882	0.1741	0.0009	0.0004
C_{332}	0.0882	0.9952	0.0640	0.0002	0.0001	0.0746	1.0000	0.0756	0.0002	0.0001
C_{333}	0.0001	0.0790	0.9973	0.0585	0.0293	0.0002	0.0956	0.9857	0.0471	0.0236

续表

指标	海南					重庆				
	低	较低	一般	较高	高	低	较低	一般	较高	高
C_{111}	0.0007	0.1873	0.8692	0.0229	0.0000	0.0000	0.0000	0.0003	0.1192	0.9639
C_{112}	0.7197	0.2914	0.0001	0.0000	0.0000	0.8542	0.1971	0.0011	0.0000	0.0000
C_{113}	0.8886	0.0273	0.0001	0.0000	0.0000	0.0919	0.9930	0.0589	0.0002	0.0000
C_{121}	0.8049	0.0186	0.0000	0.0000	0.0000	0.1434	0.9327	0.0334	0.0001	0.0000
C_{122}	0.9976	0.0834	0.0002	0.0000	0.0000	1.0000	0.0764	0.0002	0.0000	0.0000
C_{123}	0.8914	0.0288	0.0001	0.0000	0.0000	0.2654	0.7542	0.0150	0.0000	0.0000
C_{124}	0.9642	0.0431	0.0001	0.0000	0.0000	0.4055	0.5762	0.0076	0.0000	0.0000
C_{211}	0.0007	0.2293	0.8100	0.0151	0.0000	0.0001	0.0820	0.9961	0.0565	0.0001
C_{212}	0.2100	0.8356	0.0211	0.0000	0.0000	0.0019	0.3091	0.6940	0.0112	0.0000
C_{213}	0.0000	0.0244	0.8635	0.1894	0.0009	0.0001	0.0577	0.9911	0.0957	0.0003
C_{221}	0.5735	0.0073	0.0000	0.0000	0.0000	0.9845	0.0524	0.0001	0.0000	0.0000
C_{222}	0.9561	0.0419	0.0001	0.0000	0.0000	0.8424	0.0231	0.0001	0.0000	0.0000
C_{231}	0.0000	0.0000	0.0000	0.0058	0.5149	0.0000	0.0000	0.0000	0.0055	0.4998
C_{232}	0.0000	0.0067	0.5576	0.4171	0.0035	0.0000	0.0051	0.5017	0.4754	0.0047
C_{233}	0.1859	0.8701	0.0209	0.0000	0.0000	0.1138	0.9691	0.0396	0.0000	0.0000
C_{234}	0.0000	0.0131	0.6448	0.3415	0.0034	0.0000	0.0049	0.4193	0.5468	0.0084
C_{235}	0.1043	0.9784	0.0429	0.0000	0.0000	0.4883	0.4957	0.0036	0.0000	0.0000
C_{241}	0.0001	0.0281	0.8805	0.1782	0.0010	0.0000	0.0197	0.8008	0.2327	0.0014
C_{242}	0.6089	0.0093	0.0000	0.0000	0.0000	0.6481	0.0107	0.0000	0.0000	0.0000
C_{243}	0.9885	0.0960	0.0002	0.0000	0.0000	0.4714	0.5059	0.0050	0.0000	0.0000
C_{244}	0.5193	0.0060	0.0000	0.0000	0.0000	0.9978	0.0660	0.0002	0.0000	0.0000
C_{251}	0.0000	0.0001	0.0802	0.9968	0.0567	0.0000	0.0000	0.0014	0.3356	0.6700
C_{252}	0.0000	0.0000	0.0001	0.0486	0.9805	0.0000	0.0000	0.0000	0.0306	0.9140
C_{311}	0.1281	0.9558	0.0413	0.0001	0.0000	0.0074	0.5456	0.4252	0.0042	0.0000
C_{312}	0.0405	0.9531	0.1272	0.0005	0.0000	0.0590	0.9923	0.0950	0.0003	0.0000
C_{313}	0.4459	0.5431	0.0046	0.0000	0.0000	0.0194	0.8618	0.1941	0.0005	0.0000
C_{321}	0.0008	0.2530	0.7789	0.0134	0.0000	0.0066	0.6273	0.3722	0.0019	0.0000
C_{322}	0.1045	0.9815	0.0506	0.0001	0.0000	0.0045	0.4388	0.5282	0.0067	0.0000
C_{323}	0.0002	0.0944	0.9865	0.0479	0.0001	0.0002	0.1237	0.9560	0.0348	0.0000
C_{331}	0.0670	0.9975	0.0853	0.0003	0.0002	0.0099	0.6305	0.3519	0.0032	0.0000
C_{332}	0.0478	0.9754	0.1126	0.0005	0.0002	0.0846	0.9980	0.0659	0.0002	0.0001
C_{333}	0.0039	0.5157	0.4701	0.0032	0.0016	0.0000	0.0104	0.7267	0.2920	0.1466

续表

指标	四川					贵州				
	低	较低	一般	较高	高	低	较低	一般	较高	高
C_{111}	0.0381	0.9564	0.1253	0.0003	0.0000	0.0004	0.1430	0.9325	0.0322	0.0000
C_{112}	0.8525	0.0249	0.0001	0.0000	0.0000	0.9923	0.0947	0.0003	0.0000	0.0000
C_{113}	0.0000	0.0000	0.0044	0.4583	0.5146	0.0003	0.0847	0.9969	0.0636	0.0002
C_{121}	0.0082	0.6117	0.3717	0.0028	0.0000	0.0082	0.6117	0.3717	0.0028	0.0000
C_{122}	0.9751	0.0473	0.0001	0.0000	0.0000	0.7409	0.0147	0.0000	0.0000	0.0000
C_{123}	0.0128	0.7084	0.2978	0.0019	0.0000	0.6172	0.3652	0.0029	0.0000	0.0000
C_{124}	0.0227	0.8532	0.1955	0.0010	0.0000	0.9262	0.1468	0.0006	0.0000	0.0000
C_{211}	0.0000	0.0104	0.7238	0.2919	0.0012	0.0000	0.0297	0.9304	0.1427	0.0003
C_{212}	0.0002	0.0824	0.9984	0.0662	0.0002	0.0029	0.3836	0.6026	0.0079	0.0000
C_{213}	0.0001	0.0463	0.9712	0.1146	0.0004	0.0094	0.6286	0.3627	0.0029	0.0000
C_{221}	0.9971	0.0865	0.0003	0.0000	0.0000	0.5325	0.0064	0.0000	0.0000	0.0000
C_{222}	0.8924	0.0290	0.0001	0.0000	0.0000	0.5599	0.0078	0.0000	0.0000	0.0000
C_{231}	0.0000	0.0000	0.0000	0.0055	0.5152	0.0000	0.0000	0.0000	0.0057	0.5121
C_{232}	0.0000	0.0013	0.2358	0.7923	0.0168	0.0000	0.0021	0.3222	0.6810	0.0110
C_{233}	0.6622	0.3409	0.0016	0.0000	0.0000	0.5781	0.4143	0.0023	0.0000	0.0000
C_{234}	0.0000	0.0036	0.3440	0.6369	0.0122	0.0000	0.0042	0.3918	0.5819	0.0092
C_{235}	0.3225	0.6826	0.0084	0.0000	0.0000	0.6943	0.3154	0.0013	0.0000	0.0000
C_{241}	0.0000	0.0218	0.8209	0.2177	0.0015	0.0000	0.0101	0.6351	0.3475	0.0029
C_{242}	0.9426	0.1379	0.0006	0.0000	0.0000	0.9342	0.0364	0.0001	0.0000	0.0000
C_{243}	0.7576	0.2658	0.0013	0.0000	0.0000	0.9870	0.0970	0.0003	0.0000	0.0000
C_{244}	0.9807	0.1057	0.0004	0.0000	0.0000	0.6443	0.0101	0.0000	0.0000	0.0000
C_{251}	0.0000	0.0000	0.0000	0.0115	0.7461	0.0000	0.0000	0.0000	0.0084	0.6797
C_{252}	0.0000	0.0000	0.0001	0.0483	0.9765	0.0000	0.0000	0.0001	0.0513	0.9839
C_{311}	0.0915	0.9933	0.0600	0.0002	0.0000	0.2976	0.7045	0.0134	0.0000	0.0000
C_{312}	0.0200	0.8033	0.2322	0.0014	0.0000	0.0779	0.9995	0.0720	0.0002	0.0000
C_{313}	0.2149	0.8284	0.0166	0.0000	0.0000	0.4714	0.5127	0.0041	0.0000	0.0000
C_{321}	0.0639	0.9993	0.0741	0.0001	0.0000	0.0028	0.4453	0.5423	0.0047	0.0000
C_{322}	0.0081	0.5795	0.4020	0.0037	0.0000	0.0002	0.0746	1.0000	0.0757	0.0002
C_{323}	0.0001	0.0695	1.0000	0.0667	0.0001	0.0000	0.0387	0.9665	0.1153	0.0002
C_{331}	0.0151	0.7451	0.2717	0.0019	0.0000	0.0065	0.5135	0.4552	0.0051	0.0000
C_{332}	0.1356	0.9472	0.0391	0.0001	0.0001	0.1108	0.9768	0.0505	0.0001	0.0001
C_{333}	0.0000	0.0410	0.9713	0.1115	0.0559	0.0000	0.0287	0.9279	0.1450	0.0727

指标	云南					陕西				
	低	较低	一般	较高	高	低	较低	一般	较高	高
C_{111}	0.0754	0.9993	0.0649	0.0001	0.0000	0.0287	0.9113	0.1560	0.0005	0.0000
C_{112}	0.8466	0.0243	0.0001	0.0000	0.0000	0.7985	0.2353	0.0015	0.0000	0.0000
C_{113}	0.0307	0.9054	0.1625	0.0007	0.0000	0.0174	0.7856	0.245	0.0013	0.0000
C_{121}	0.0939	0.9922	0.0568	0.0001	0.0000	0.0126	0.7155	0.2914	0.0019	0.0000
C_{122}	0.7934	0.0186	0.0000	0.0000	0.0000	0.9976	0.0832	0.0002	0.0000	0.0000
C_{123}	0.1219	0.9623	0.0424	0.0001	0.0000	0.1108	0.9754	0.0479	0.0001	0.0000
C_{124}	0.7528	0.2651	0.0015	0.0000	0.0000	0.0976	0.9892	0.0547	0.0001	0.0000
C_{211}	0.0001	0.0676	1.0000	0.0690	0.0001	0.0000	0.0015	0.3235	0.6804	0.0083
C_{212}	0.0000	0.0003	0.0930	0.9925	0.0574	0.1895	0.8673	0.0245	0.0000	0.0000
C_{213}	0.0031	0.3877	0.5975	0.0080	0.0000	0.0020	0.2942	0.7031	0.0121	0.0000
C_{221}	0.7339	0.0149	0.0000	0.0000	0.0000	0.8274	0.0210	0.0000	0.0000	0.0000
C_{222}	0.9950	0.0620	0.0002	0.0000	0.0000	0.4108	0.5611	0.0075	0.0000	0.0000
C_{231}	0.0000	0.0000	0.0000	0.0065	0.5451	0.0000	0.0000	0.0000	0.0114	0.6747
C_{232}	0.0000	0.0006	0.1641	0.9033	0.0291	0.0000	0.0027	0.3634	0.6183	0.0081
C_{233}	0.2813	0.7378	0.0113	0.0000	0.0000	0.0976	0.9843	0.0469	0.0000	0.0000
C_{234}	0.0000	0.0081	0.5365	0.4306	0.0055	0.0000	0.0058	0.4455	0.5162	0.0077
C_{235}	0.8650	0.1924	0.0005	0.0000	0.0000	0.2718	0.7529	0.0117	0.0000	0.0000
C_{241}	0.0000	0.0175	0.7668	0.2516	0.0017	0.0000	0.0184	0.7829	0.2438	0.0016
C_{242}	0.5530	0.0075	0.0000	0.0000	0.0000	0.0329	0.9064	0.1621	0.0008	0.0000
C_{243}	0.9606	0.0393	0.0001	0.0000	0.0000	0.5490	0.4303	0.0034	0.0000	0.0000
C_{244}	0.6772	0.0114	0.0000	0.0000	0.0000	0.9464	0.0385	0.0001	0.0000	0.0000
C_{251}	0.0000	0.0000	0.0000	0.0078	0.6588	0.0000	0.0000	0.0004	0.1643	0.9022
C_{252}	0.0000	0.0000	0.0001	0.0465	0.9754	0.0000	0.0000	0.0000	0.0250	0.8783
C_{311}	0.1792	0.8849	0.0283	0.0001	0.0000	0.0377	0.9360	0.1413	0.0007	0.0000
C_{312}	0.0012	0.2128	0.8296	0.0224	0.0001	0.2168	0.8204	0.0225	0.0000	0.0000
C_{313}	0.4447	0.5451	0.0044	0.0000	0.0000	0.2453	0.7911	0.0144	0.0000	0.0000
C_{321}	0.0006	0.1996	0.8532	0.0187	0.0000	0.0012	0.3025	0.7120	0.0097	0.0000
C_{322}	0.0000	0.0026	0.3394	0.6454	0.0102	0.0181	0.7884	0.2396	0.0015	0.0000
C_{323}	0.0001	0.0566	0.9956	0.0824	0.0001	0.0000	0.0409	0.9733	0.1065	0.0002
C_{331}	0.0090	0.5918	0.3796	0.0035	0.0000	0.1611	0.9046	0.0329	0.0001	0.0000
C_{332}	0.0475	0.9714	0.1143	0.0005	0.0002	0.0611	0.9939	0.0942	0.0004	0.0002
C_{333}	0.0001	0.0513	0.9919	0.0888	0.0445	0.0016	0.3394	0.6607	0.0078	0.0039

续表

指标	甘肃					青海				
	低	较低	一般	较高	高	低	较低	一般	较高	高
C_{111}	0.8539	0.1984	0.0007	0.0000	0.0000	0.8139	0.0172	0.0000	0.0000	0.0000
C_{112}	0.8437	0.0237	0.0000	0.0000	0.0000	0.6267	0.0096	0.0000	0.0000	0.0000
C_{113}	0.6870	0.3120	0.0022	0.0000	0.0000	0.8151	0.0201	0.0000	0.0000	0.0000
C_{121}	0.8320	0.2104	0.0010	0.0000	0.0000	0.7156	0.0120	0.0000	0.0000	0.0000
C_{122}	0.9419	0.0373	0.0001	0.0000	0.0000	0.5713	0.0077	0.0000	0.0000	0.0000
C_{123}	0.9995	0.0804	0.0003	0.0000	0.0000	0.6954	0.0123	0.0000	0.0000	0.0000
C_{124}	0.9250	0.1461	0.0006	0.0000	0.0000	0.8353	0.0213	0.0000	0.0000	0.0000
C_{211}	0.0000	0.0383	0.9648	0.1173	0.0002	0.0000	0.0034	0.4905	0.4947	0.0036
C_{212}	0.0000	0.0044	0.4722	0.4966	0.0054	0.2678	0.7508	0.0147	0.0000	0.0000
C_{213}	0.0233	0.8527	0.1976	0.0009	0.0000	0.0024	0.3340	0.6593	0.0106	0.0000
C_{221}	0.5191	0.0058	0.0000	0.0000	0.0000	0.4868	0.0052	0.0000	0.0000	0.0000
C_{222}	0.5549	0.0078	0.0000	0.0000	0.0000	0.4892	0.0057	0.0000	0.0000	0.0000
C_{231}	0.0000	0.0000	0.0000	0.0087	0.6083	0.0000	0.0000	0.0003	0.0897	0.9950
C_{232}	0.0000	0.0044	0.4627	0.5143	0.0053	0.0000	0.0001	0.0430	0.9666	0.1174
C_{233}	0.7451	0.2745	0.0010	0.0000	0.0000	0.4753	0.5111	0.0038	0.0000	0.0000
C_{234}	0.0000	0.0057	0.4540	0.5111	0.0071	0.0000	0.0057	0.4498	0.5128	0.0079
C_{235}	0.0833	0.9953	0.0553	0.0001	0.0000	0.0004	0.1763	0.8871	0.0226	0.0000
C_{241}	0.0002	0.0503	0.9817	0.1063	0.0004	0.0000	0.0207	0.8046	0.2294	0.0013
C_{242}	0.9355	0.1430	0.0006	0.0000	0.0000	0.6061	0.0098	0.0000	0.0000	0.0000
C_{243}	0.9982	0.0791	0.0002	0.0000	0.0000	0.9999	0.0702	0.0001	0.0000	0.0000
C_{244}	0.5565	0.0068	0.0000	0.0000	0.0000	0.5053	0.0057	0.0000	0.0000	0.0000
C_{251}	0.0000	0.0000	0.0009	0.2561	0.7713	0.0000	0.0000	0.0000	0.0258	0.9118
C_{252}	0.0000	0.0000	0.0002	0.0743	0.9999	0.0000	0.0000	0.0007	0.1705	0.8958
C_{311}	0.6233	0.3597	0.0031	0.0000	0.0000	0.1951	0.8530	0.0252	0.0001	0.0000
C_{312}	0.0079	0.5653	0.4069	0.0041	0.0000	0.0000	0.0039	0.4050	0.5754	0.0082
C_{313}	0.8624	0.1902	0.0005	0.0000	0.0000	0.8485	0.2030	0.0006	0.0000	0.0000
C_{321}	0.0005	0.1900	0.8639	0.0197	0.0000	0.0036	0.4918	0.4934	0.0037	0.0000
C_{322}	0.1091	0.9763	0.0487	0.0001	0.0000	0.3952	0.5819	0.0078	0.0000	0.0000
C_{323}	0.0010	0.2816	0.7374	0.0110	0.0000	0.0002	0.1227	0.9578	0.0358	0.0000
C_{331}	0.0264	0.8702	0.1854	0.0010	0.0000	0.0891	0.9953	0.0625	0.0002	0.0000
C_{332}	0.0372	0.9336	0.1438	0.0006	0.0003	0.0380	0.9372	0.1426	0.0007	0.0003
C_{333}	0.0002	0.1193	0.9608	0.0357	0.0179	0.0004	0.1587	0.9107	0.0265	0.0133

续表

指标	宁夏					新疆				
	低	较低	一般	较高	高	低	较低	一般	较高	高
C_{111}	0.3478	0.6456	0.0086	0.0000	0.0000	0.8340	0.0196	0.0000	0.0000	0.0000
C_{112}	0.9998	0.0795	0.0003	0.0000	0.0000	0.6498	0.0106	0.0000	0.0000	0.0000
C_{113}	0.8079	0.0198	0.0000	0.0000	0.0000	0.9833	0.1052	0.0004	0.0000	0.0000
C_{121}	0.9996	0.0692	0.0002	0.0000	0.0000	0.7592	0.2637	0.0015	0.0000	0.0000
C_{122}	0.6358	0.0099	0.0000	0.0000	0.0000	0.9911	0.0935	0.0003	0.0000	0.0000
C_{123}	0.8010	0.0188	0.0000	0.0000	0.0000	0.8086	0.2245	0.0013	0.0000	0.0000
C_{124}	0.7457	0.0151	0.0000	0.0000	0.0000	0.6513	0.3379	0.0026	0.0000	0.0000
C_{211}	0.0000	0.0006	0.2113	0.8316	0.0165	0.0000	0.0111	0.7382	0.2813	0.0010
C_{212}	0.2243	0.8121	0.0191	0.0000	0.0000	0.0011	0.2212	0.8181	0.0198	0.0000
C_{213}	0.0003	0.1011	0.9845	0.0529	0.0001	0.0002	0.0670	0.9986	0.0832	0.0002
C_{221}	0.4974	0.0055	0.0000	0.0000	0.0000	0.6228	0.0088	0.0000	0.0000	0.0000
C_{222}	0.5331	0.0066	0.0000	0.0000	0.0000	0.0000	0.0000	0.0056	0.4818	0.4937
C_{231}	0.0000	0.0000	0.0000	0.0071	0.5570	0.0000	0.0000	0.0003	0.0804	0.9990
C_{232}	0.0000	0.0025	0.3418	0.6496	0.0098	0.0000	0.0002	0.0727	1.0000	0.0727
C_{233}	0.2018	0.8485	0.0185	0.0000	0.0000	0.2703	0.7510	0.0115	0.0000	0.0000
C_{234}	0.0000	0.0086	0.5463	0.4210	0.0050	0.0001	0.0223	0.8011	0.2285	0.0017
C_{235}	0.5679	0.4229	0.0024	0.0000	0.0000	0.0654	0.9999	0.0706	0.0001	0.0000
C_{241}	0.0001	0.0240	0.8462	0.2034	0.0012	0.0015	0.2358	0.7902	0.0187	0.0000
C_{242}	0.6349	0.0104	0.0000	0.0000	0.0000	0.5215	0.0066	0.0000	0.0000	0.0000
C_{243}	0.9194	0.1524	0.0005	0.0000	0.0000	0.8966	0.0263	0.0000	0.0000	0.0000
C_{244}	0.5498	0.0072	0.0000	0.0000	0.0000	0.5562	0.0068	0.0000	0.0000	0.0000
C_{251}	0.0000	0.0000	0.0011	0.2855	0.7313	0.1419	0.9323	0.0302	0.0000	0.0000
C_{252}	0.0000	0.0000	0.0001	0.0324	0.9270	0.0000	0.0000	0.0000	0.0111	0.6906
C_{311}	0.1411	0.9413	0.0380	0.0001	0.0000	0.1497	0.9242	0.0335	0.0001	0.0000
C_{312}	0.0685	0.9991	0.0815	0.0003	0.0000	0.1285	0.9557	0.0413	0.0001	0.0000
C_{313}	0.6286	0.3683	0.0019	0.0000	0.0000	0.9764	0.1051	0.0002	0.0000	0.0000
C_{321}	0.0004	0.1594	0.9103	0.0266	0.0000	0.0007	0.2361	0.8045	0.0149	0.0000
C_{322}	0.0012	0.2152	0.8229	0.0213	0.0000	0.0506	0.9785	0.1072	0.0004	0.0000
C_{323}	0.0000	0.0374	0.9605	0.1211	0.0002	0.0440	0.9801	0.1023	0.0002	0.0000
C_{331}	0.0218	0.8280	0.2171	0.0013	0.0000	0.2042	0.8410	0.0242	0.0000	0.0000
C_{332}	0.0591	0.9924	0.0943	0.0004	0.0002	0.1557	0.9155	0.0325	0.0001	0.0000
C_{333}	0.0001	0.0546	0.9945	0.0840	0.0420	0.0004	0.1669	0.8985	0.0244	0.0122

8.3.2 直觉模糊信息转换

根据本章 8.2 节的方法，利用表 8 - 1 的数据，可得相应的直觉模糊信息，如表 8 - 2 所示。

表 8 - 2　　　　2020 年全国 30 个省份评价指标的直觉模糊数据

地区	C_{111}	C_{112}	C_{113}	C_{121}
北京	<0.1697,0.0205>	<0.3780,0.0068>	<0.0000,0.9714>	<0.0000,1.0000>
天津	<0.1945,0.0163>	<0.0735,0.0628>	<0.0000,0.9776>	<0.0000,0.9765>
河北	<0.0109,0.2614>	<0.0000,0.8796>	<0.0062,0.3869>	<0.1950,0.0183>
山西	<0.0014,0.6503>	<0.0000,0.8747>	<0.0000,0.9088>	<0.0083,0.3129>
内蒙古	<0.0000,1.0000>	<0.0000,0.8231>	<0.0000,0.8785>	<0.0024,0.5774>
辽宁	<0.0007,0.7690>	<0.0000,0.8790>	<0.0002,0.9707>	<0.0041,0.4536>
吉林	<0.0000,0.9068>	<0.0000,0.9689>	<0.0000,0.9091>	<0.0000,0.9768>
黑龙江	<0.0000,0.9518>	<0.0000,0.8821>	<0.0000,0.9209>	<0.0000,0.9733>
上海	<0.8868,0.0000>	<0.0034,0.5232>	<0.0000,0.9041>	<0.0003,0.9469>
江苏	<0.3833,0.0052>	<0.0000,0.8751>	<0.9721,0.0002>	<0.7120,0.0011>
浙江	<0.0000,0.1381>	<0.0000,0.9383>	<0.9744,0.0001>	<0.8605,0.0005>
安徽	<0.8939,0.0003>	<0.0000,0.8745>	<0.0111,0.2773>	<0.9078,0.0000>
福建	<0.0001,0.9748>	<0.0020,0.6571>	<0.0000,0.9194>	<0.0003,0.9424>
江西	<0.0000,0.0577>	<0.0000,0.9411>	<0.0002,0.9674>	<0.0009,0.7685>
山东	<0.9708,0.0000>	<0.0000,0.8834>	<0.0754,0.0605>	<0.9932,0.0003>
河南	<0.7509,0.0008>	<0.0000,0.8812>	<0.1864,0.0208>	<0.0473,0.0886>
湖北	<0.6003,0.0018>	<0.0000,0.9552>	<0.0059,0.3960>	<0.0012,0.7250>
湖南	<0.0192,0.1762>	<0.0000,0.9670>	<0.0009,0.7972>	<0.0175,0.1994>
广东	<0.0547,0.0743>	<0.0000,0.9638>	<0.9005,0.0000>	<0.8773,0.0000>
广西	<0.0000,0.8979>	<0.0000,0.9767>	<0.0002,0.9716>	<0.0070,0.3479>
海南	<0.0206,0.1692>	<0.0000,0.9100>	<0.0000,0.8243>	<0.0000,1.0000>
重庆	<0.9748,0.000>	<0.0000,0.9462>	<0.0002,0.9764>	<0.0001,0.9685>
四川	<0.0003,0.8951>	<0.0000,0.7897>	<0.8756,0.0000>	<0.0025,0.5579>
贵州	<0.0290,0.1291>	<0.0000,0.9783>	<0.0574,0.0765>	<0.0025,0.5579>
云南	<0.0001,0.9672>	<0.0000,0.7838>	<0.0006,0.8425>	<0.0001,0.9775>
陕西	<0.0005,0.8460>	<0.0000,0.9304>	<0.0012,0.7227>	<0.0017,0.6553>
甘肃	<0.0000,0.9471>	<0.0000,1.0000>	<0.0000,0.8991>	<0.0000,0.9382>

续表

地区	C_{111}	C_{112}	C_{113}	C_{121}
青海	< 0.0000 , 1.0000 >	< 0.0000 , 1.0000 >	< 0.0000 , 1.0000 >	< 0.0000 , 1.0000 >
宁夏	< 0.0000 , 0.8941 >	< 0.0000 , 0.9714 >	< 0.0000 , 1.0000 >	< 0.0000 , 0.9619 >
新疆	< 0.0000 , 1.0000 >	< 0.0000 , 1.0000 >	< 0.0000 , 0.9800 >	< 0.0000 , 0.9206 >

地区	C_{122}	C_{123}	C_{124}	C_{211}
北京	< 0.0000 , 1.0000 >	< 0.0000 , 0.8787 >	< 0.2315 , 0.0140 >	< 0.9718 , 0.0000 >
天津	< 0.0000 , 0.8611 >	< 0.0000 , 0.8725 >	< 0.0000 , 0.9413 >	< 0.9361 , 0.0000 >
河北	< 0.0038 , 0.4911 >	< 0.9571 , 0.0003 >	< 0.0001 , 0.9724 >	< 0.4503 , 0.0032 >
山西	< 0.0000 , 0.9254 >	< 0.0001 , 0.9572 >	< 0.0000 , 0.9116 >	< 0.6107 , 0.0013 >
内蒙古	< 0.0000 , 0.9684 >	< 0.0002 , 0.9760 >	< 0.0000 , 0.8745 >	< 0.8924 , 0.0002 >
辽宁	< 0.0000 , 0.9209 >	< 0.0002 , 0.9620 >	< 0.0002 , 0.9628 >	< 0.9591 , 0.0000 >
吉林	< 0.0000 , 1.0000 >	< 0.0000 , 0.9493 >	< 0.0000 , 0.9075 >	< 0.0500 , 0.0761 >
黑龙江	< 0.0000 , 0.7936 >	< 0.0000 , 0.9768 >	< 0.0000 , 0.9090 >	< 0.8015 , 0.0005 >
上海	< 0.8385 , 0.0000 >	< 0.0031 , 0.5195 >	< 0.0390 , 0.1083 >	< 0.9696 , 0.0000 >
江苏	< 0.0005 , 0.8750 >	< 0.8740 , 0.0000 >	< 0.0212 , 0.1750 >	< 0.9644 , 0.0000 >
浙江	< 0.0011 , 0.7514 >	< 0.0407 , 0.1068 >	< 0.0011 , 0.7547 >	< 0.9743 , 0.0000 >
安徽	< 0.0002 , 0.9767 >	< 0.0264 , 0.1508 >	< 0.0000 , 0.8740 >	< 0.3458 , 0.0053 >
福建	< 0.0001 , 0.9505 >	< 0.0023 , 0.6074 >	< 0.0000 , 0.8997 >	< 0.9357 , 0.0002 >
江西	< 0.0000 , 0.9777 >	< 0.0001 , 0.9540 >	< 0.0000 , 0.8828 >	< 0.4741 , 0.0026 >
山东	< 0.0002 , 0.9720 >	< 0.9718 , 0.0000 >	< 0.0368 , 0.1121 >	< 0.6453 , 0.0012 >
河南	< 0.0000 , 0.9376 >	< 0.9767 , 0.0001 >	< 0.0087 , 0.3215 >	< 0.2107 , 0.0133 >
湖北	< 0.0000 , 0.9362 >	< 0.0125 , 0.2564 >	< 0.0002 , 0.9755 >	< 0.6348 , 0.0012 >
湖南	< 0.0000 , 0.8938 >	< 0.0035 , 0.5031 >	< 0.0000 , 0.9499 >	< 0.0008 , 0.7025 >
广东	< 0.8775 , 0.0000 >	< 0.9202 , 0.0000 >	< 0.9041 , 0.0000 >	< 0.9546 , 0.0000 >
广西	< 0.0000 , 0.9782 >	< 0.0000 , 0.8915 >	< 0.0000 , 0.8833 >	< 0.1598 , 0.0199 >
海南	< 0.0000 , 0.9729 >	< 0.0000 , 0.8282 >	< 0.0000 , 0.9066 >	< 0.0136 , 0.2070 >
重庆	< 0.0000 , 0.9688 >	< 0.0000 , 0.9176 >	< 0.0000 , 0.8835 >	< 0.0509 , 0.0739 >
四川	< 0.0000 , 0.9202 >	< 0.0017 , 0.6491 >	< 0.0009 , 0.7883 >	< 0.2638 , 0.0094 >
贵州	< 0.0000 , 1.0000 >	< 0.0000 , 0.8842 >	< 0.0000 , 0.9657 >	< 0.1287 , 0.0267 >
云南	< 0.0000 , 1.0000 >	< 0.0001 , 0.9758 >	< 0.0000 , 0.9161 >	< 0.0622 , 0.0609 >
陕西	< 0.0000 , 0.9727 >	< 0.0001 , 0.9776 >	< 0.0001 , 0.9781 >	< 0.6198 , 0.0014 >
甘肃	< 0.0000 , 0.8813 >	< 0.0000 , 0.9719 >	< 0.0000 , 0.9640 >	< 0.1058 , 0.0345 >
青海	< 0.0000 , 1.0000 >	< 0.0000 , 1.0000 >	< 0.0000 , 1.0000 >	< 0.4485 , 0.0031 >
宁夏	< 0.0000 , 1.0000 >	< 0.0000 , 1.0000 >	< 0.0000 , 1.0000 >	< 0.7633 , 0.0005 >
新疆	< 0.0000 , 0.9761 >	< 0.0000 , 0.9298 >	< 0.0000 , 0.8903 >	< 0.2541 , 0.0100 >

续表

地区	C_{212}	C_{213}	C_{221}	C_{222}
北京	<0.0372,0.1093>	<0.0632,0.0698>	<0.0003,0.9566>	<0.0012,0.7483>
天津	<0.0000,0.8861>	<0.6318,0.0020>	<0.0000,0.9598>	<0.0000,0.9776>
河北	<0.0001,0.9643>	<0.1821,0.0197>	<0.0000,1.0000>	<0.0001,0.9716>
山西	<0.0015,0.6721>	<0.0627,0.0688>	<0.0000,1.0000>	<0.0000,1.0000>
内蒙古	<0.0017,0.6386>	<0.0674,0.0658>	<0.0000,1.0000>	<0.0000,1.0000>
辽宁	<0.0000,0.8823>	<0.1480,0.0263>	<0.0000,0.9346>	<0.0000,0.8384>
吉林	<0.0000,0.8774>	<0.3500,0.0076>	<0.0000,1.0000>	<0.0000,1.0000>
黑龙江	<0.0001,0.9755>	<0.5415,0.0029>	<0.0000,1.0000>	<0.0000,1.0000>
上海	<0.0000,0.9078>	<0.2403,0.0136>	<0.0232,0.1652>	<0.0770,0.0602>
江苏	<0.0000,0.9442>	<0.2387,0.0143>	<0.3529,0.0076>	<0.9787,0.0002>
浙江	<0.0025,0.5711>	<0.4881,0.0004>	<0.0162,0.2148>	<0.0000,1.0000>
安徽	<0.0000,0.9178>	<0.1161,0.0363>	<0.0000,0.8807>	<0.0000,1.0000>
福建	<0.0000,0.9292>	<0.1886,0.0203>	<0.0000,0.8841>	<0.0000,0.9725>
江西	<0.0000,0.9787>	<0.1768,0.0206>	<0.0000,1.0000>	<0.0019,0.6675>
山东	<0.0001,0.9692>	<0.1389,0.0291>	<0.0002,0.9763>	<0.0158,0.2299>
河南	<0.0000,0.9166>	<0.1888,0.0197>	<0.0000,0.9412>	<0.0724,0.0649>
湖北	<0.0004,0.8973>	<0.1900,0.0185>	<0.0000,0.8022>	<0.0001,0.9512>
湖南	<0.0000,0.8798>	<0.0622,0.0701>	<0.0000,0.8445>	<0.1166,0.0375>
广东	<0.0003,0.9356>	<0.0656,0.0662>	<0.8680,0.0000>	<0.4351,0.0052>
广西	<0.0119,0.2517>	<0.0945,0.0447>	<0.0000,0.8444>	<0.0000,1.0000>
海南	<0.0000,0.9410>	<0.1713,0.0220>	<0.0000,1.0000>	<0.0000,0.8982>
重庆	<0.0101,0.2799>	<0.0864,0.0520>	<0.0000,0.9332>	<0.0000,0.7790>
四川	<0.0598,0.0743>	<0.1035,0.0418>	<0.0000,0.9755>	<0.0000,0.8293>
贵州	<0.0071,0.3479>	<0.0026,0.5742>	<0.0000,1.0000>	<0.0000,1.0000>
云南	<0.9449,0.0003>	<0.0072,0.3517>	<0.0000,1.0000>	<0.0000,0.9513>
陕西	<0.0000,0.9511>	<0.0109,0.2666>	<0.0000,1.0000>	<0.0000,0.8747>
甘肃	<0.4518,0.0040>	<0.0008,0.7884>	<0.0000,1.0000>	<0.0000,1.0000>
青海	<0.0000,0.9167>	<0.0095,0.3028>	<0.0000,1.0000>	<0.0000,1.0000>
宁夏	<0.0000,0.9328>	<0.0477,0.0913>	<0.0000,1.0000>	<0.0000,1.0000>
新疆	<0.0178,0.2001>	<0.0751,0.0605>	<0.0000,1.0000>	<0.8780,0.0000>

地区	C_{231}	C_{232}	C_{233}	C_{234}
北京	< 1.0000, 0.0000 >	< 0.8900, 0.0000 >	< 0.0017, 0.5619 >	< 0.1652, 0.0272 >
天津	< 1.0000, 0.0000 >	< 0.9784, 0.0001 >	< 0.3321, 0.0059 >	< 0.2182, 0.0184 >
河北	< 1.0000, 0.0000 >	< 0.4127, 0.0050 >	< 0.0014, 0.6261 >	< 0.4061, 0.0067 >
山西	< 1.0000, 0.0000 >	< 0.6433, 0.0016 >	< 0.0001, 0.9612 >	< 0.4218, 0.0063 >
内蒙古	< 1.0000, 0.0000 >	< 0.6839, 0.0014 >	< 0.0410, 0.0904 >	< 0.2020, 0.0212 >
辽宁	< 1.0000, 0.000 >	< 0.4892, 0.0036 >	< 0.0001, 0.9731 >	< 0.1914, 0.0229 >
吉林	< 1.0000, 0.0000 >	< 0.1706, 0.0216 >	< 0.0000, 0.9031 >	< 0.3270, 0.0097 >
黑龙江	< 1.0000, 0.0000 >	< 0.4286, 0.0048 >	< 0.0000, 0.9302 >	< 0.1745, 0.0253 >
上海	< 1.0000, 0.0000 >	< 1.0000, 0.0000 >	< 0.5882, 0.0014 >	< 0.2639, 0.0138 >
江苏	< 1.0000, 0.0000 >	< 0.8504, 0.0005 >	< 0.0014, 0.6101 >	< 0.3307, 0.0097 >
浙江	< 1.0000, 0.0000 >	< 0.9655, 0.0000 >	< 0.0001, 0.9674 >	< 0.3461, 0.0090 >
安徽	< 1.0000, 0.0000 >	< 0.3488, 0.0073 >	< 0.0001, 0.9558 >	< 0.4797, 0.0047 >
福建	< 1.0000, 0.0000 >	< 0.7133, 0.0011 >	< 0.0008, 0.7080 >	< 0.2974, 0.0118 >
江西	< 1.0000, 0.0000 >	< 0.4366, 0.0043 >	< 0.0000, 0.9082 >	< 0.5096, 0.0041 >
山东	< 1.0000, 0.0000 >	< 0.6555, 0.0015 >	< 0.0005, 0.8109 >	< 0.2697, 0.0131 >
河南	< 1.0000, 0.0000 >	< 0.0973, 0.0421 >	< 0.0000, 0.9743 >	< 0.2501, 0.0153 >
湖北	< 1.0000, 0.0000 >	< 0.4923, 0.0034 >	< 0.0001, 0.9591 >	< 0.0391, 0.1236 >
湖南	< 1.0000, 0.0000 >	< 0.3465, 0.0071 >	< 0.0000, 0.8932 >	< 0.4544, 0.0045 >
广东	< 1.0000, 0.0000 >	< 0.9490, 0.0000 >	< 0.0000, 0.9632 >	< 0.3565, 0.0085 >
广西	< 1.0000, 0.0000 >	< 0.6380, 0.0017 >	< 0.0000, 0.9032 >	< 0.3693, 0.0077 >
海南	< 1.0000, 0.0000 >	< 0.3785, 0.0060 >	< 0.0000, 0.9504 >	< 0.3104, 0.0118 >
重庆	< 1.0000, 0.000 >	< 0.4321, 0.0046 >	< 0.0000, 0.9746 >	< 0.4997, 0.0044 >
四川	< 1.0000, 0.0000 >	< 0.7282, 0.0012 >	< 0.0000, 0.9028 >	< 0.5842, 0.0032 >
贵州	< 1.0000, 0.0000 >	< 0.6228, 0.0019 >	< 0.0000, 0.8932 >	< 0.5320, 0.0038 >
云南	< 1.0000, 0.0000 >	< 0.8392, 0.0005 >	< 0.0000, 0.9172 >	< 0.3925, 0.0073 >
陕西	< 1.0000, 0.0000 >	< 0.5638, 0.0024 >	< 0.0000, 0.9737 >	< 0.4715, 0.0052 >
甘肃	< 1.0000, 0.0000 >	< 0.4676, 0.0040 >	< 0.0000, 0.9176 >	< 0.4664, 0.0051 >
青海	< 0.9762, 0.0000 >	< 0.9756, 0.0001 >	< 0.0000, 0.8878 >	< 0.4686, 0.0051 >
宁夏	< 1.0000, 0.0000 >	< 0.5935, 0.0023 >	< 0.0000, 0.9453 >	< 0.3834, 0.0077 >
新疆	< 0.9715, 0.0000 >	< 0.9654, 0.0002 >	< 0.0000, 0.9192 >	< 0.2072, 0.0202 >

地区	C_{235}	C_{241}	C_{242}	C_{243}
北京	<0.9171,0.0000>	<0.1085,0.0410>	<0.9769,0.0000>	<0.8740,0.0000>
天津	<0.0000,0.8903>	<0.1462,0.0284>	<0.0034,0.5235>	<0.9126,0.0003>
河北	<0.0000,0.9350>	<0.2048,0.0177>	<0.0000,0.8667>	<0.0000,0.8827>
山西	<0.0000,0.8906>	<0.2561,0.0132>	<0.0000,1.0000>	<0.0000,0.9608>
内蒙古	<0.0000,0.9214>	<0.1804,0.0215>	<0.0000,1.0000>	<0.0000,0.9505>
辽宁	<0.000,0.9071>	<0.1604,0.0266>	<0.0000,0.9729>	<0.0000,0.8892>
吉林	<0.0000,0.9126>	<0.2669,0.0125>	<0.0000,0.8805>	<0.0000,0.9760>
黑龙江	<0.0067,0.3188>	<0.1643,0.0248>	<0.0000,0.9635>	<0.0000,0.9768>
上海	<0.0144,0.2003>	<0.1517,0.0280>	<0.0000,0.8773>	<0.9672,0.0001>
江苏	<0.0000,0.9510>	<0.1580,0.0264>	<0.0000,0.9710>	<0.9622,0.0000>
浙江	<0.0000,0.8873>	<0.2185,0.0162>	<0.0000,0.9770>	<0.9257,0.0000>
安徽	<0.0000,0.9599>	<0.3551,0.0071>	<0.0000,0.9368>	<0.0000,0.9350>
福建	<0.0000,0.9493>	<0.2242,0.0167>	<0.0000,1.0000>	<0.0125,0.2370>
江西	<0.0000,0.9232>	<0.1606,0.0248>	<0.0000,1.0000>	<0.0000,0.8927>
山东	<0.0000,0.9678>	<0.2491,0.0140>	<0.0000,0.9656>	<0.0001,0.9737>
河南	<0.0000,0.9749>	<0.2508,0.0135>	<0.0000,1.0000>	<0.0000,0.9318>
湖北	<0.0000,0.9382>	<0.1079,0.0403>	<0.0000,0.8730>	<0.0000,0.9166>
湖南	<0.0000,0.9510>	<0.2327,0.0152>	<0.0000,0.9409>	<0.0000,0.9636>
广东	<0.0000,0.9723>	<0.1595,0.0250>	<0.0000,0.9420>	<0.9686,0.0001>
广西	<0.0000,0.8844>	<0.1645,0.0245>	<0.0000,1.0000>	<0.0000,0.9315>
海南	<0.0000,0.9744>	<0.1613,0.0254>	<0.0000,1.0000>	<0.0000,0.9761>
重庆	<0.0000,0.8856>	<0.2107,0.0177>	<0.0000,1.0000>	<0.0000,0.8796>
四川	<0.0000,0.9046>	<0.1973,0.0196>	<0.0000,0.9725>	<0.0000,0.9211>
贵州	<0.0000,0.9087>	<0.3154,0.0091>	<0.0000,0.8735>	<0.0000,0.9756>
云南	<0.0000,0.9517>	<0.2280,0.0158>	<0.0000,1.0000>	<0.0000,0.8999>
陕西	<0.0000,0.9222>	<0.2209,0.0041>	<0.0007,0.8454>	<0.0000,0.8814>
甘肃	<0.0001,0.9707>	<0.0960,0.0455>	<0.0000,0.9707>	<0.0000,0.9696>
青海	<0.0203,0.1590>	<0.2076,0.0186>	<0.0000,1.0000>	<0.0000,0.9631>
宁夏	<0.0000,0.8917>	<0.1841,0.0217>	<0.0000,1.0000>	<0.0000,0.9646>
新疆	<0.0001,0.9588>	<0.0168,0.2136>	<0.0000,1.0000>	<0.0000,1.0000>

续表

地区	C_{244}	C_{251}	C_{252}	C_{311}
北京	< 0.0000,0.9757 >	< 0.9681,0.0001 >	< 0.9559,0.0000 >	< 0.8841,0.0000 >
天津	< 0.0000,1.0000 >	< 0.9699,0.0000 >	< 0.0005,0.8789 >	< 0.0793,0.0550 >
河北	< 0.0000,0.9664 >	< 0.9632,0.0000 >	< 0.0000,0.8806 >	< 0.0000,0.9220 >
山西	< 0.0000,1.0000 >	< 0.8951,0.000 >	< 0.8357,0.0000 >	< 0.0001,0.9454 >
内蒙古	< 0.0000,1.0000 >	< 0.9284,0.0000 >	< 1.0000,0.0000 >	< 0.0015,0.6998 >
辽宁	< 0.0000,0.9325 >	< 0.9715,0.0001 >	< 0.9689,0.0000 >	< 0.0002,0.9743 >
吉林	< 0.0000,1.0000 >	< 0.9515,0.00000 >	< 0.8726,0.0000 >	< 0.0000,0.9419 >
黑龙江	< 0.0000,1.0000 >	< 0.8993,0.0000 >	< 0.9660,0.0000 >	< 0.0000,0.8755 >
上海	< 0.0000,0.8723 >	< 0.0007,0.7222 >	< 0.1073,0.0396 >	< 0.8811,0.0000 >
江苏	< 0.8822,0.0005 >	< 0.8926,0.0000 >	< 0.0003,0.9302 >	< 0.4811,0.0040 >
浙江	< 0.0000,0.9324 >	< 0.3244,0.0060 >	< 1.0000,0.0000 >	< 0.0670,0.0665 >
安徽	< 0.0000,0.8903 >	< 0.0744,0.0513 >	< 1.0000,0.0000 >	< 0.0004,0.9434 >
福建	< 0.0000,0.9147 >	< 0.8865,0.0000 >	< 1.0000,0.0000 >	< 0.1281,0.0342 >
江西	< 0.0000,0.9754 >	< 0.9640,0.0000 >	< 0.8447,0.0000 >	< 0.0002,0.9801 >
山东	< 0.0002,0.9667 >	< 0.9401,0.0000 >	< 1.0000,0.0000 >	< 0.0014,0.2774 >
河南	< 0.0000,0.9743 >	< 0.9717,0.0000 >	< 1.0000,0.0000 >	< 0.0001,0.9754 >
湖北	< 0.0000,0.8936 >	< 0.9002,0.0000 >	< 0.8807,0.0000 >	< 0.0022,0.6232 >
湖南	< 0.0000,0.8858 >	< 0.9408,0.0000 >	< 0.8664,0.0000 >	< 0.0004,0.9338 >
广东	< 1.0000,0.0000 >	< 0.8890,0.0000 >	< 0.8596,0.0000 >	< 0.0158,0.2307 >
广西	< 0.0000,1.0000 >	< 0.9636,0.0000 >	< 0.8840,0.0000 >	< 0.0000,0.8838 >
海南	< 0.0000,1.0000 >	< 0.9482,0.0001 >	< 0.9262,0.0000 >	< 0.0001,0.9755 >
重庆	< 0.0000,0.9574 >	< 0.9050,0.0000 >	< 1.0000,0.0000 >	< 0.0038,0.4977 >
四川	< 0.0000,0.9778 >	< 1.0000,0.0000 >	< 0.9223,0.0000 >	< 0.0002,0.9763 >
贵州	< 0.0000,1.0000 >	< 1.0000,0.0000 >	< 0.9317,0.0000 >	< 0.0000,0.9019 >
云南	< 0.0000,1.0000 >	< 1.0000,0.000 >	< 0.9197,0.0000 >	< 0.0001,0.9577 >
陕西	< 0.0000,0.8864 >	< 0.9599,0.0000 >	< 1.0000,0.0000 >	< 0.0006,0.8763 >
甘肃	< 0.0000,1.0000 >	< 0.9247,0.0000 >	< 0.9668,0.0000 >	< 0.0000,0.8847 >
青海	< 0.0000,1.0000 >	< 1.0000,0.0000 >	< 0.9597,0.0000 >	< 0.0001,0.9433 >
宁夏	< 0.0000,1.0000 >	< 0.9151,0.0000 >	< 0.8635,0.0000 >	< 0.0001,0.9742 >
新疆	< 0.0000,1.0000 >	< 0.00000,0.9668 >	< 1.0000,0.0000 >	< 0.0001,0.9665 >

续表

地区	C_{312}	C_{313}	C_{321}	C_{322}
北京	<0.0000,0.8754>	<0.6197,0.0013>	<0.0000,0.9144>	<0.0000,0.9627>
天津	<0.0000,0.9077>	<0.0000,0.9539>	<0.2881,0.0081>	<0.0635,0.0695>
河北	<0.0001,0.9786>	<0.0000,0.9116>	<0.9088,0.0000>	<0.8880,0.0000>
山西	<0.0005,0.8798>	<0.0000,0.8877>	<0.4106,0.0039>	<0.0058,0.4078>
内蒙古	<0.0004,0.9238>	<0.0000,0.8874>	<0.8711,0.0003>	<0.1485,0.0268>
辽宁	<0.0000,0.9220>	<0.0000,0.8946>	<0.0379,0.0956>	<0.0017,0.6761>
吉林	<0.0006,0.8845>	<0.0000,0.9444>	<0.0311,0.1179>	<0.0005,0.9121>
黑龙江	<0.0000,0.8978>	<0.0000,0.9247>	<0.0009,0.6883>	<0.0000,0.8782>
上海	<0.0000,0.8799>	<0.7093,0.0008>	<0.0030,0.4667>	<0.0002,0.9746>
江苏	<0.0000,0.8789>	<0.0107,0.2440>	<0.0001,0.9430>	<0.6735,0.0016>
浙江	<0.0000,0.9066>	<0.0046,0.3722>	<0.0001,0.9674>	<0.0597,0.0744>
安徽	<0.0000,0.8859>	<0.0001,0.9608>	<0.0425,0.0875>	<0.8756,0.0000>
福建	<0.0000,0.8880>	<0.0147,0.1986>	<0.0004,0.8177>	<0.4262,0.0052>
江西	<0.0000,0.8732>	<0.0000,0.9110>	<0.0035,0.4260>	<0.0764,0.0562>
山东	<0.0000,0.9033>	<0.0001,0.9735>	<0.0345,0.1054>	<0.8457,0.0006>
河南	<0.0000,0.8783>	<0.0000,0.9028>	<0.0959,0.0392>	<0.5342,0.0032>
湖北	<0.0003,0.9703>	<0.0001,0.9369>	<0.0032,0.4454>	<0.1625,0.0243>
湖南	<0.0000,0.8828>	<0.0000,0.9017>	<0.0013,0.6160>	<0.2091,0.0171>
广东	<0.0000,0.8747>	<0.0002,0.9152>	<0.0001,0.9564>	<0.0019,0.6583>
广西	<0.0007,0.8335>	<0.0000,0.9321>	<0.0034,0.4338>	<0.0129,0.2527>
海南	<0.0005,0.8942>	<0.0000,0.8901>	<0.0121,0.2284>	<0.0001,0.9774>
重庆	<0.0003,0.9462>	<0.0005,0.7931>	<0.0017,0.5705>	<0.0060,0.3990>
四川	<0.0013,0.7410>	<0.0000,0.9390>	<0.0001,0.9569>	<0.0033,0.5288>
贵州	<0.0002,0.9697>	<0.0000,0.8857>	<0.0042,0.4033>	<0.0683,0.0673>
云南	<0.0203,0.1926>	<0.0000,0.8908>	<0.0168,0.1802>	<0.5900,0.0023>
陕西	<0.0000,0.9335>	<0.0000,0.9328>	<0.0087,0.2733>	<0.0014,0.7259>
甘肃	<0.0037,0.5159>	<0.0000,0.9473>	<0.0177,0.1715>	<0.0001,0.9769>
青海	<0.5252,0.0035>	<0.0000,0.9464>	<0.0033,0.4459>	<0.0000,0.8794>
宁夏	<0.0003,0.9608>	<0.0000,0.8972>	<0.0239,0.1483>	<0.0192,0.1948>
新疆	<0.0001,0.9758>	<0.0000,0.9734>	<0.0134,0.2131>	<0.0004,0.9262>

续表

地区	C_{323}	C_{331}	C_{332}	C_{333}
北京	< 0.0003,0.8817 >	< 0.0003,0.9797 >	< 0.0000,0.9249 >	< 0.0786,0.0720 >
天津	< 0.1044,0.0343 >	< 0.0000,0.9126 >	< 0.0003,0.9642 >	< 0.0574,0.0951 >
河北	< 0.0229,0.1423 >	< 0.0006,0.9240 >	< 0.0014,0.7921 >	< 0.1917,0.0264 >
山西	< 0.0995,0.0363 >	< 0.0019,0.7252 >	< 0.0013,0.8222 >	< 0.1814,0.0296 >
内蒙古	< 0.0256,0.1346 >	< 0.0002,0.9783 >	< 0.0008,0.9093 >	< 0.1393,0.0406 >
辽宁	< 0.0066,0.3158 >	< 0.0003,0.9788 >	< 0.0006,0.9225 >	< 0.0586,0.0965 >
吉林	< 0.0865,0.0429 >	< 0.0140,0.3206 >	< 0.0005,0.9247 >	< 0.2604,0.0175 >
黑龙江	< 0.0447,0.0847 >	< 0.0008,0.8863 >	< 0.0003,0.9690 >	< 0.0158,0.2471 >
上海	< 0.0447,0.0847 >	< 0.0005,0.9542 >	< 0.0002,0.9751 >	< 0.1063,0.0514 >
江苏	< 0.0662,0.0572 >	< 0.0018,0.7488 >	< 0.0003,0.9788 >	< 0.1744,0.0307 >
浙江	< 0.0257,0.1333 >	< 0.0004,0.9660 >	< 0.0003,0.9768 >	< 0.1058,0.0548 >
安徽	< 0.0147,0.1950 >	< 0.0008,0.8870 >	< 0.0005,0.9311 >	< 0.1041,0.0549 >
福建	< 0.0782,0.0461 >	< 0.0008,0.8947 >	< 0.0003,0.9783 >	< 0.1052,0.0524 >
江西	< 0.0106,0.2480 >	< 0.0019,0.7511 >	< 0.0014,0.8236 >	< 0.1665,0.0316 >
山东	< 0.0191,0.1652 >	< 0.0006,0.9177 >	< 0.0006,0.9207 >	< 0.1152,0.0475 >
河南	< 0.0105,0.2450 >	< 0.0004,0.9676 >	< 0.0008,0.8778 >	< 0.0285,0.1689 >
湖北	< 0.0128,0.2215 >	< 0.0000,0.8878 >	< 0.0001,0.9599 >	< 0.0005,0.8280 >
湖南	< 0.0470,0.0788 >	< 0.0029,0.6602 >	< 0.0006,0.9056 >	< 0.2060,0.0254 >
广东	< 0.0059,0.3369 >	< 0.0003,0.9801 >	< 0.0003,0.9751 >	< 0.0790,0.0712 >
广西	< 0.0432,0.0851 >	< 0.0012,0.8268 >	< 0.0003,0.9671 >	< 0.0636,0.0862 >
海南	< 0.0432,0.0851 >	< 0.0005,0.5981 >	< 0.0006,0.9209 >	< 0.0043,0.4676 >
重庆	< 0.0313,0.1115 >	< 0.0029,0.5764 >	< 0.0003,0.9743 >	< 0.3947,0.0094 >
四川	< 0.0601,0.0626 >	< 0.0017,0.6842 >	< 0.0002,0.9745 >	< 0.1507,0.0369 >
贵州	< 0.1040,0.0348 >	< 0.0046,0.4680 >	< 0.0002,0.9788 >	< 0.1959,0.0258 >
云南	< 0.0743,0.0510 >	< 0.0032,0.5407 >	< 0.0006,0.9170 >	< 0.1200,0.0463 >
陕西	< 0.0960,0.0386 >	< 0.0001,0.9591 >	< 0.0005,0.9495 >	< 0.0105,0.3069 >
甘肃	< 0.0099,0.2543 >	< 0.0009,0.8069 >	< 0.0008,0.8737 >	< 0.0482,0.1076 >
青海	< 0.0322,0.1106 >	< 0.0002,0.9760 >	< 0.0009,0.8777 >	< 0.0358,0.1432 >
宁夏	< 0.1092,0.0337 >	< 0.0012,0.7648 >	< 0.0005,0.9464 >	< 0.1134,0.0492 >
新疆	< 0.0002,0.9217 >	< 0.0000,0.9407 >	< 0.0001,0.9641 >	< 0.0329,0.1506 >

8.3.3 确定正理想点和负理想点

正理想点和负理想点分别代表最好方案与最劣方案，根据问题特点，本研究以最大直觉模糊数和最小直觉模糊数组成正理想点与负理想点，即：

$$Y^+ = (<1,0>, <1,0>, \cdots, <1,0>),$$
$$Y^- = (<0,1>, <0,1>, \cdots, <0,1>).$$

8.3.4 确定评价指标权重

利用 2012～2020 年我国 30 个省份以及全国的样本统计数据，分别运用变异系数法和熵权法计算指标权重，然后将其算术平均得到二级指标综合权重，如表 8 - 3 所示。

表 8 - 3　　　　　　　中国物流业高发展评价指标体系指标权重

一级指标	二级指标	变异系数	熵权法	综合权重	一级指标权重
物流基础设施（B_{11}）	公路密度（C_{111}）	0.0211	0.0291	0.0251	0.0867
	铁路密度（C_{112}）	0.0305	0.0283	0.0294	
	邮政业网点数（C_{113}）	0.0269	0.0374	0.0322	
物流产业规模（B_{12}）	货运量（C_{121}）	0.0255	0.0252	0.0253	0.1158
	货物周转量（C_{122}）	0.0446	0.0253	0.0349	
	物流业增加值（C_{123}）	0.0276	0.0331	0.0304	
	物流业从业人员数（C_{124}）	0.0248	0.0256	0.0252	
物流协调发展（B_{21}）	城镇化率（C_{211}）	0.0078	0.0307	0.0193	0.0537
	物流业投资占固定资产投资比重（C_{212}）	0.0174	0.0172	0.0173	
	城乡居民可支配收入差距指数（C_{213}）	0.0054	0.0288	0.0171	
物流开放发展（B_{22}）	进出口贸易额（C_{221}）	0.0603	0.0361	0.0482	0.0867
	物流业外商直接投资额（C_{222}）	0.0447	0.0323	0.0385	

一级指标	二级指标	变异系数	熵权法	综合权重	一级指标权重
物流共享发展（B_{23}）	平均每个营业网点服务范围（C_{231}）	0.0826	0.0207	0.0517	0.1342
	物流业在岗人均工资额（C_{232}）	0.0054	0.0321	0.0188	
	人均物流业增加值（C_{233}）	0.0152	0.0329	0.0240	
	居民可支配收入增长率（C_{234}）	0.0151	0.0187	0.0169	
	劳动报酬占物流增加值比重（C_{235}）	0.0249	0.0208	0.0228	
物流创新发展（B_{24}）	R&D 经费增长率（C_{241}）	0.0216	0.0729	0.0473	0.1796
	技术市场成交额占 GDP 比重（C_{242}）	0.0552	0.0369	0.0460	
	万人专利授权数（C_{243}）	0.0364	0.0435	0.0399	
	信息化投资额（C_{244}）	0.0579	0.0348	0.0464	
物流绿色发展（B_{25}）	人均二氧化碳排放量（C_{251}）	0.0504	0.0446	0.0475	0.0926
	单位物流增加值烟尘排放量（C_{252}）	0.0551	0.0351	0.0451	
物流发展环境（B_{31}）	人均国内生产总值（C_{311}）	0.0178	0.0339	0.0259	0.0798
	物流财政支出占总支出比重（C_{312}）	0.0137	0.0446	0.0291	
	人均社会销售品零售总额（C_{313}）	0.0196	0.0301	0.0248	
物流产业效率（B_{32}）	物流业对 GDP 的贡献（C_{321}）	0.0104	0.0120	0.0112	0.0843
	从业人员人均物流业增加值（C_{322}）	0.0155	0.0428	0.0292	
	物流业增加值增长率（C_{323}）	0.0625	0.0252	0.0439	
物流产业需求（B_{33}）	人均 GDP 增长率（C_{331}）	0.0290	0.0230	0.0260	0.0866
	人均快递收入增长率（C_{332}）	0.0180	0.0283	0.0231	
	工业增加值增长率（C_{333}）	0.0571	0.0180	0.0375	

8.3.5 计算到正理想点和负理想点的距离与贴近度并排序

将表 8 - 2、表 8 - 3 中数据代入式（7 - 9）~式（7 - 11），计算得到 30 个省份到正理想点、负理想点的距离及其贴近度，并对其排序，具体结果如表 8 - 4 所示。

表8-4 各省份到正负理想点距离及其贴近度

地区	到正理想点距离	到负理想点距离	贴近度	排序
北京	0.65081	0.59459	0.47743	3
天津	0.77888	0.52509	0.40268	8
河北	0.78739	0.48877	0.38300	11
山西	0.80759	0.43741	0.35134	19
内蒙古	0.80299	0.44686	0.35753	18
辽宁	0.81427	0.40488	0.33210	23
吉林	0.82112	0.40202	0.32868	26
黑龙江	0.81577	0.38749	0.32203	28
上海	0.73394	0.65035	0.46981	4
江苏	0.59215	0.70974	0.54516	2
浙江	0.72540	0.62286	0.46197	5
安徽	0.78233	0.50738	0.39340	9
福建	0.78658	0.50363	0.39035	10
江西	0.81688	0.44221	0.35122	20
山东	0.70322	0.56743	0.44657	6
河南	0.75485	0.55407	0.42330	7
湖北	0.81419	0.45858	0.36031	17
湖南	0.81671	0.50486	0.38202	12
广东	0.53506	0.71281	0.57122	1
广西	0.82680	0.43442	0.34445	21
海南	0.83556	0.38194	0.31371	29
重庆	0.79000	0.45917	0.36758	15
四川	0.78160	0.47650	0.37875	13
贵州	0.80379	0.47676	0.37231	14
云南	0.78257	0.45445	0.36738	16
陕西	0.81154	0.40259	0.33159	24
甘肃	0.82709	0.40708	0.32984	25
青海	0.79528	0.39843	0.33377	22
宁夏	0.81407	0.39464	0.32650	27
新疆	0.84052	0.32059	0.27610	30

因此，中国30个省份物流业高质量发展水平评价的排名由高到低依次

为：广东、江苏、北京、上海、浙江、山东、河南、天津、安徽、福建、河北、湖南、四川、贵州、重庆、云南、湖北、内蒙古、陕西、江西、广西、辽宁、青海、陕西、甘肃、吉林、宁夏、黑龙江、海南、新疆。

8.4 推动中国物流业高质量发展的对策建议

8.4.1 研究结果分析

（1）高质量发展评价结果分析

实证研究结果表明：中国 30 个地区物流业高质量发展并不均衡，而且整体发展水平较低。中国物流业高质量发展水平较好的 8 个地区依次为广东、江苏、北京、上海、浙江、山东、河南、天津，其贴近度取值均在 0.4 以上；发展比较差的后 10 个地区（排名第 21 ~ 第 30 位）分别为广西、辽宁、青海、陕西、甘肃、吉林、宁夏、黑龙江、海南、新疆，这些地区的贴近度取值则在 0.35 以下；贴近度取值落在 0.2760 ~ 0.5720 较小区间范围，反映出中国物流业高质量发展水平整体上尚处于较低水平，整体上存有较大的提升空间。

（2）高质量发展指数对比分析

为探讨制约中国物流业高质量发展的重要因素，基于表 8-2 的直觉模糊数据及表 8-3 的评价指标权重，运用第 6 章的直觉模糊加权平均算子，计算 30 个省份各一级指标的综合属性值，用以表示各一级指标的质量发展指数，计算结果如表 8-5 所示。

表 8-5 　　　　　　2020 年中国 30 个省份一级指标的质量指数

地区	基础设施指数	产业规模指数	协调发展指数	开放发展指数	共享发展指数
北京	< 0.1933, 0.0598 >	< 0.0557, 0.3600 >	< 0.7317, 0.0000 >	< 0.0007, 0.8577 >	< 1.0000, 0.0000 >
天津	< 0.0847, 0.1178 >	< 0.0000, 0.9055 >	< 0.7293, 0.0000 >	< 0.0000, 0.0976 >	< 1.0000, 0.0000 >
河北	< 0.0055, 0.4563 >	< 0.5831, 0.0387 >	< 0.2435, 0.0357 >	< 0.0000, 0.9873 >	< 1.0000, 0.0000 >

续表

地区	基础设施指数	产业规模指数	协调发展指数	开放发展指数	共享发展指数
山西	<0.0004,0.8143>	<0.0018,0.7343>	<0.3025,0.0340>	<0.0000,1.0000>	<1.0000,0.0000>
内蒙古	<0.0000,0.8921>	<0.0006,0.8477>	<0.5614,0.0164>	<0.0000,1.0000>	<1.0000,0.0000>
辽宁	<0.0003,0.8774>	<0.0010,0.8057>	<0.6988,0.0000>	<0.0000,0.8906>	<1.0000,0.0000>
吉林	<0.0000,0.9283>	<0.0000,0.9609>	<0.1441,0.0802>	<0.0000,1.0000>	<1.0000,0.0000>
黑龙江	<0.0000,0.9163>	<0.0000,0.9026>	<0.5638,0.0097>	<0.0000,1.0000>	<1.0000,0.0000>
上海	<0.4684,0.0000>	<0.4283,0.0000>	<0.7386,0.0000>	<0.0475,0.1055>	<1.0000,0.0000>
江苏	<0.6769,0.0000>	<0.6569,0.0000>	<1.0000,0.0000>	<0.6524,0.0123>	<0.5238,0.0000>
浙江	<0.7438,0.0173>	<0.3571,0.0927>	<0.7833,0.0000>	<0.0090,0.4253>	<1.0000,0.0000>
安徽	<0.4798,0.0550>	<0.4102,0.0000>	<0.1745,0.0515>	<0.0000,0.9318>	<1.0000,0.0000>
福建	<0.0007,0.8344>	<0.0007,0.8345>	<0.6511,0.0127>	<0.9223,0.0000>	<1.0000,0.0000>
江西	<0.0211,0.4237>	<0.0002,0.9014>	<0.2539,0.0340>	<0.0008,0.8357>	<1.0000,0.0000>
山东	<0.6509,0.0000>	<0.7849,0.0000>	<0.3430,0.0284>	<0.0072,0.5136>	<1.0000,0.0000>
河南	<0.3806,0.0289>	<0.6318,0.0391>	<0.1407,0.0590>	<0.0328,0.2870>	<1.0000,0.0000>
湖北	<0.2349,0.1120>	<0.0036,0.6358>	<0.3490,0.0240>	<0.0000,0.8652>	<1.0000,0.0000>
湖南	<0.0059,0.5498>	<0.0048,0.5612>	<0.0205,0.3626>	<0.0535,0.2119>	<1.0000,0.0000>
广东	<0.5825,0.0000>	<0.8962,0.0000>	<0.6780,0.0000>	<0.7482,0.0000>	<1.0000,0.0000>
广西	<0.0000,0.9514>	<0.0015,0.7449>	<0.0934,0.0583>	<0.0000,0.9125>	<1.0000,0.0000>
海南	<0.0060,0.5390>	<0.0000,0.9239>	<0.0627,0.1651>	<0.9534,0.0000>	<1.0000,0.0000>
重庆	<0.0213,0.2485>	<1.0000,0.0000>	<0.3455,0.0255>	<0.0997,0.1559>	<1.0000,0.0000>
四川	<0.5389,0.0000>	<0.0012,0.7278>	<0.1519,0.0294>	<0.0000,0.9075>	<1.0000,0.0000>
贵州	<0.0300,0.2112>	<0.0006,0.8458>	<0.0513,0.1623>	<0.0000,1.0000>	<1.0000,0.0000>
云南	<0.0003,0.8556>	<0.0000,0.9700>	<0.6169,0.0186>	<0.0000,0.9781>	<1.0000,0.0000>
陕西	<0.0006,0.8241>	<0.0004,0.8945>	<0.2961,0.0601>	<0.0000,0.9423>	<1.0000,0.0000>
甘肃	<0.0000,0.9463>	<0.0000,0.9347>	<0.2087,0.0465>	<0.0000,1.0000>	<1.0000,0.0000>
青海	<0.1827,0.1360>	<0.5577,0.0000>	<0.7847,0.0063>	<0.1084,0.0614>	<1.0000,0.0000>
宁夏	<0.0000,0.9586>	<0.0000,0.9916>	<0.4134,0.0305>	<0.0000,1.0000>	<1.0000,0.0000>
新疆	<0.0000,0.9924>	<0.0000,0.9326>	<0.1271,0.0466>	<0.6071,0.0000>	<0.8460,0.0000>
地区	创新发展指数	绿色发展指数	发展环境指数	产业效率指数	产业需求指数
北京	<0.7666,0.0000>	<0.9627,0.0000>	<0.6320,0.0000>	<0.0001,0.0000>	<0.0349,0.3154>
天津	<0.4424,0.0534>	<0.8344,0.0000>	<0.0265,0.3711>	<0.1178,0.0362>	<0.0254,0.3479>
河北	<0.0586,0.3213>	<0.8171,0.0000>	<0.0000,0.9389>	<0.6634,0.0000>	<0.0885,0.1901>
山西	<0.0750,0.3172>	<0.8694,0.0000>	<0.0002,0.9030>	<0.1191,0.0623>	<0.0939,0.1877>

续表

地区	创新发展指数	绿色发展指数	发展环境指数	产业效率指数	产业需求指数
内蒙古	<0.0510,0.3597>	<0.8843,0.0000>	<0.0006,0.8337>	<0.2893,0.0037>	<0.0632,0.2419>
辽宁	<0.0450,0.3653>	<0.9703,0.0000>	<0.0001,0.9299>	<0.0091,0.3507>	<0.0260,0.3533>
吉林	<0.0785,0.3036>	<0.9224,0.0000>	<0.0002,0.9136>	<0.0502,0.1415>	<0.1263,0.1206>
黑龙江	<0.0462,0.3723>	<0.9406,0.0000>	<0.0000,0.8987>	<0.0237,0.2516>	<0.0072,0.5221>
上海	<0.5520,0.0459>	<0.0541,0.1754>	<0.6587,0.0000>	<0.0240,0.2477>	<0.0477,0.2709>
江苏	<0.7286,0.0000>	<0.0052,0.4709>	<0.3492,0.0387>	<0.0953,0.1157>	<0.0000,0.0000>
浙江	<0.4740,0.0000>	<1.0000,0.000>	<0.0236,0.2945>	<0.0343,0.1418>	<0.0474,0.2797>
安徽	<0.1091,0.2555>	<1.0000,0.0000>	<0.0001,0.9772>	<0.5207,0.0000>	<0.0469,0.2694>
福建	<0.0673,0.2417>	<1.0000,0.0000>	<0.0479,0.1938>	<0.0293,0.0318>	<0.0473,0.2681>
江西	<0.0450,0.3660>	<0.9266,0.0000>	<0.0000,0.9186>	<0.0330,0.1593>	<0.0767,0.1592>
山东	<0.0728,0.3175>	<1.0000,0.0000>	<0.0005,0.8544>	<0.4842,0.0226>	<0.0520,0.2549>
河南	<0.0732,0.3146>	<1.0000,0.0000>	<0.0000,0.9165>	<0.6409,0.0429>	<0.0128,0.4428>
湖北	<0.0296,0.3950>	<0.8911,0.0000>	<0.0008,0.8313>	<0.0662,0.1130>	<0.0003,0.8795>
湖南	<0.0674,0.3142>	<0.9112,0.0000>	<0.0001,0.9050>	<0.1010,0.0610>	<0.0960,0.1752>
广东	<1.0000,0.0000>	<0.8756,0.0000>	<0.0052,0.5756>	<0.0038,0.4881>	<0.0352,0.3114>
广西	<0.0462,0.3705>	<0.9360,0.0000>	<0.0003,0.8795>	<0.0276,0.1541>	<0.0285,0.3239>
海南	<0.0453,0.3779>	<0.9384,0.0000>	<0.0002,0.9185>	<0.0243,0.2261>	<0.0022,0.6949>
重庆	<0.0016,0.6741>	<0.0184,0.2144>	<0.1454,0.1940>	<0.0000,0.0000>	<0.0000,0.0000>
四川	<0.0562,0.3341>	<1.0000,0.0000>	<0.0005,0.8722>	<0.0329,0.1884>	<0.0688,0.2123>
贵州	<0.0950,0.2785>	<1.0000,0.0000>	<0.0001,0.9208>	<0.0789,0.0606>	<0.0914,0.1625>
云南	<0.0659,0.3273>	<1.0000,0.0000>	<0.0075,0.5217>	<0.2962,0.0207>	<0.0589,0.2147>
陕西	<0.0638,0.3066>	<1.0000,0.0000>	<0.0002,0.9143>	<0.0528,0.1350>	<0.0047,0.5840>
甘肃	<0.0262,0.3664>	<0.9494,0.0000>	<0.0013,0.7423>	<0.0076,0.3847>	<0.0217,0.3444>
青海	<0.1744,0.1857>	<0.0158,0.3204>	<0.0117,0.5171>	<0.0000,0.0000>	<0.0000,0.0000>
宁夏	<0.0522,0.3617>	<0.8030,0.0000>	<0.0001,0.9948>	<0.0677,0.0750>	<0.0513,0.2468>
新疆	<0.0045,0.6659>	<1.0000,0.0000>	<0.0001,0.9720>	<0.0020,0.7600>	<0.0144,0.4283>

　　表 8-5 中的数据均为直觉模糊数,其隶属度越大,表明对应一级指标的高质量发展状况越好;反之则越差。表 8-5 的数据显示,中国物流业高质量发展具有明显"不均衡性"。一方面,各一级指标之间的质量指数差距明显,整体上看共享发展、协调发展、绿色发展的质量状况比较理想;

另一方面，即便质量状况比较差的一级指标也有地区处于比较高的水平上，如"开放发展"的质量指数整体上差距较大，但仍有海南、福建、广东等地区处于较高水平。通过计算各一级指标平均质量指数的得分值，可以按得分值由小到大对 10 个一级指标高质量发展状况进行排序，发现整体上发展质量状况"差"的因素依次为发展环境、开放发展、基础设施、产业规模、产业需求与创新发展。从高质量发展的均衡性原则与全面性原则出发，推进中国物流业高质量发展首先应从上述方面补齐短板和寻求突破。

8.4.2　中国物流业高质量发展的对策建议

（1）依靠经济增长，拉动物流业高质量发展

物流产业与区域经济是相互影响、相互依存的统一体，区域物流的发展往往与区域经济的发展呈正相关的关系，区域经济发展水平越高，由此产生的对货物运输、仓储、配送、流通加工、物流信息处理等区域性物流服务的需求越大。区域经济发展既是物流产业发展的原动力，其发展水平会制约物流业的发展高度，同时又对物流业发展具有支撑和保障作用，是影响物流业高质量发展的最主要因素。市场需求是拉动物流产业发展的最终动力，为提高中国物流业的"产业需求"质量和"发展环境"质量，应充分发挥经济增长对物流业高质量发展的拉动作用。建议进一步调整和优化产业结构，通过促进物流产业与制造业、流通业等相关产业联动发展，积极推进区域间的资源与设施共享、区域经济协同发展，稳步加快经济发展，通过拉动区域物流需求提升中国物流业高质量发展水平。

（2）坚持全面开放，驱动物流业高质量发展

对外开放是中国的基本国策，落实物流产业全面开放既要做到主动开放，又要坚持双向开放。坚持主动开放，要把开放作为物流业高质量发展的内在要求，更加积极主动地扩大对外开放；坚持双向开放，需要把"引进来"和"走出去"更好地结合起来，拓展物流业高质量发展空间。目前，中国已经成为全球最大的货物贸易国，中国利用外资和对外开放也居世界前列，但在开放发展质量上仍存在许多需要加快提升之处（夏春玉，

2018）。为全面提高中国物流业开放发展质量，物流企业在加大引进国际先进物流技术装备、积极招商引资、加强同国际领先物流企业寻求合资合作的同时，应深化"一带一路"领域的合作，积极开拓海外市场，着力推动物流产业的国际化发展；同时，政府也应通过规范市场准入制度、出台相关优惠政策，吸引国际资本流入，为物流产业高质量发展带来更多的支持动力。

（3）加强基础设施建设，保障物流业高质量发展

物流基础设施是保证物流活动高效运行的物质条件，是物流业高质量发展的重要基础。虽然近年来中国政府高度重视交通物流基础设施建设，在公路、铁路、航空物流交通基础设施建设和物流园区建设方面取得显著成效，但与不断增加的物流需求和现代物流的要求相比，现有的物流基础设施在规模、功能、质量、分布及配套上，仍存在较大差距。一方面，应继续加大对港口、铁路、公路等物流基础设施的建设，不断完善运输的硬件条件，提高区域物流需求承载能力；另一方面，要大力发展多式联运，将不同交通运输方式的企业整合起来，加快推进先进运输方式的普及，实现多种运输方式的有效衔接。为适应新的发展形势需要，建议进一步加大在物流基础设施建设方面的投入，通过完善公路、铁路、航空运输体系，推进物流园区和物流中心等基础设施建设，推动铁路港口和机场等物流枢纽点的功能升级，提高中国物流业的整体运营效率与竞争能力。

（4）加大研发投入，推动物流业高质量发展

"科学技术是第一生产力"，物流产业的高质量发展需要科技的支撑，需要将技术改造与创新贯穿于物流产业链中的每一个环节。研究表明，研发投入对技术效率具有显著的正向促进作用，科技投入增加显著地提升了产业技术效率，进而增强了产业竞争力（董晓辉，2011）。由此可见，要推进中国物流产业的高质量发展，加大物流产业研发投入，鼓励物流企业自主创新，将物流产业的增长方式转移到依靠科技进步和技术效率提升上来是十分必要的。加大研发活动投入要注意优化科技投入结构，注重发挥研发活动对技术效率的推动作用；鉴于科技进步的无限性和政府财力的有限性，还应突出物流企业科技创新的主体地位，强化物流企业自主创新意识，鼓励引导物流企业增加研发投入，开展自主创新，逐步使科技体制由

政府研究机构主导型转变为企业研究机构主导型（沈俊喜，2014）。

（5）强化政策扶持，促进物流业高质量发展

政府物流政策是影响区域物流产业发展的重要因素之一，一方面物流政策可以抑制物流产业中的垄断、信息不平衡等问题，规范物流市场行为，提高资源配置效率，为区域物流产业健康发展创造良好的政策环境；另一方面，物流政策推动区域物流产业发展总体规划的制定和实施，从宏观层面上指导区域物流整体布局、资源优化配置、物流投资建设等方面的进程，为区域物流发展提供保障（李娟，2014）。物流业涉及交通、运输、邮政、信息服务等多个领域，并且处于复杂多变的外部环境中，受经济环境、政策环境、科技环境等外部环境的影响。近年来，中国政府先后出台了一系列有关物流产业健康发展的政策，为物流企业的经营活动提供了法律保障。为了更好地贯彻落实国家物流规划、实现物流业总体发展目标，应进一步加大在财政政策、税收政策、标准化政策、土地政策、金融政策等领域的支持力度，为物流业高质量发展创造良好的宏观政策环境。

（6）构建信息平台，支撑物流业高质量发展

虽然中国大部分地区已经具备较好的信息化基础设施和通信基础设施，但整体来看，物流信息系统发展不平衡，仍存在信息化建设水平低、互联互通基础薄弱、信息化工作滞后等问题，亟需加快区域物流信息平台建设。区域物流信息平台是基于计算机通信网络技术，提供物流信息、技术、设备等资源共享服务的信息平台，具有整合区域供应链各环节物流信息、物流监管、物流技术和设备等资源，面向社会用户提供信息服务、管理服务、技术服务和交易服务的基本特征（陈成栋，2012）。区域物流信息平台的规划和建设，有助于推进相应的数据标准化和通信协议规范化，有利于物流信息集成化与物流企业敏捷反应，有利于提高政府为物流产业服务的效率，并能够推动物流交易的网络安全建设和电子商务发展。为保障区域物流信息平台建设的平稳发展，我国应在现有的"物流信息平台"基础上，制定区域物流信息化平台建设规划和具体实施方案，尽快实现在全国范围内物流信息互联、互通、信息共享。

（7）实施人才战略，加快物流业高质量发展

优秀的物流专业人才是物流产业发展创新的实践者，是推动和促进物

流产业发展的生力军（林永居，2014）。现代物流专业人才不仅是提升物流服务与管理水平的必要条件，而且也是中国物流产业健康、持续发展的重要保证。针对目前中国物流专业人才缺乏的状况，首先，要加强地方高校物流管理专业的学科建设，鼓励各地高校与科研机构在物流领域的创新活动，培养符合现代物流需要的高级专门人才；其次，支持物流行业协会举办从业和职业培训，建立规范物流行业职业终身教育系统；再次，鼓励物流企业重视物流人才的教育和培训，加强员工接受继续教育的力度，提高物流人才专业素质和可持续发展能力；最后，还应建立和完善吸引高层次人才的机制和政策，大力引进高级物流人才，从而推进中国物流从业人员的整体素质不断提高。

此外，研究结果显示：中国 30 个省份的物流业并未实现在各一级指标之间的均衡性发展，所以推进各地区物流业高质量发展，还应根据本地区实际进一步明确其建设重点。例如，上海、江苏、重庆、青海四个地区的绿色发展指数较低，还应采取有效措施提高其物流业绿色发展质量水平；而吉林、安徽、河南、湖南、广西、海南、四川、贵州、陕西、甘肃和新疆等地协调发展水平不高，还应致力于改善其协调发展质量。

8.5　本章小结

本章提出基于云模型—直觉模糊多属性决策的中国物流业高质量发展评价方法，并基于 2020 年我国 30 个省份的物流业高质量发展指标隶属度数据，实证分析中国省际物流业高质量发展状况，讨论了中国物流业高质量发展一级指标质量指数，提出促进中国物流业高质量发展的对策建议。

第 9 章

研究结论与展望

9.1 主要研究结论

　　物流业作为社会经济系统的重要子系统，是支撑中国国民经济发展的基础性、战略性产业。伴随着中国经济的快速发展，中国物流业取得长足进步的同时，社会物流总费用也大幅增长。目前，中国物流业发展主要依靠粗放型增长模式，在资源消耗、运行效率与质量、创新能力、服务能力和水平、行业和地区结构等方面，还有许多不平衡、不协调、不充分的地方，与现代化经济体系建设和人民对美好生活向往的物流需求相比，还存在许多的不适应。在以高质量发展为核心目标构建现代化经济体系的背景下，传统的以数量规模、要素驱动为特征的粗放型发展模式难以为继，坚定不移地贯彻高质量发展新理念，深入探讨我国物流业高质量发展问题，具有十分重要的现实意义和研究价值。本研究针对我国物流业高质量发展的现状与面临的现实问题，综合运用直觉模糊集、多属性决策、现代物流管理、全面质量管理等理论方法，对物流业高质量发展的动力机制、物流业高质量发展的内涵、物流业高质量发展的评价指标体系及物流业高质量发展的测度评价方法等一系列问题进行了系统、深入的研究，在中国物流业高质量发展统计测度、水平评价等方面提出了一些新的方法，研究的主要成果包括以下几个方面。

（1）研究了物流业高质量发展的动力机制。物流业本身是复杂的社会经济系统的一个子系统，物流业高质量发展动力机制包括内部动力和外部动力，内部动力主要包括物流产业内相关企业之间的竞争与协作等，外部动力包括市场需求、投资规模、技术创新和产业政策等因素。本研究分析了物流业高质量发展动力机制模型，阐述了现阶段中国物流业高质量发展的主要动力机制状况。

（2）构建了中国物流业高质量发展测度评价指标体系。界定了质量、物流质量、物流业高质量发展等概念，阐述了中国物流业高质量发展的科学内涵。在此基础上，基于物流业高质量发展评价指标体系的构建原则，通过分析中国物流业高质量发展的影响因素和梳理高质量发展评价指标体系相关文献，从物流发展实力、物流发展驱动、物流发展潜力三个维度出发，建立了包括 10 个一级指标、32 个二级指标的中国物流业高质量发展评价指标体系。

（3）提出了基于云模型的中国物流业高质量发展统计测度方法。针对物流业高质量发展测度评价过程中存在的模糊性和随机性问题，借助正态云模型的云隶属度描述评价等级的模糊性，采用超熵概念刻画隶属度本身存在的随机性，构建了基于正态云模型的中国物流业高质量发展的统计测度模型，并实证测度了中国 30 个省份的物流业高质量发展状况。

（4）建立了基于直觉模糊多属性决策的中国物流业高质量发展评价方法。定义了直觉模糊混合平均（IFHA）算子和直觉模糊混合几何（IFHG）算子，给出了运用 IFHA 算子或 IFHG 算子对二级评价指标的直觉模糊信息进行集结的方法，在此基础上提出了基于 IFHA 算子和 IFHG 算子的中国物流业高质量发展综合评价方法；讨论了基于直觉模糊熵与最优规划模型的属性权重确定方法，提出了基于直觉模糊 TOPSIS 法的中国物流业高质量发展评价方法。

（5）探讨基于云模型—直觉模糊多属性决策的中国物流业高质量发展

评价方法。定义了相邻基本云模型的综合云模型，对比分析了云模型与直觉模糊集的特征，给出了利用不同等级云模型隶属度提取直觉模糊信息的方法，在此基础上提出了基于云模型—直觉模糊多属性决策的中国物流业高质量发展评价方法。该方法可以充分利用不同等级的云模型隶属度信息，并能实现对评价对象的完全排序。

（6）对中国物流业高质量发展评价问题进行了实证分析。基于中国物流业高质量发展统计测度的研究结果，选取 2020 年我国 30 个省份的物流业高质量发展指标隶属度数据，实证分析了中国省域物流业高质量发展状况，讨论了中国物流业高质量发展一级指标的质量指数，在此基础上提出促进中国物流业高质量发展的对策建议。

9.2　本研究的局限与后续研究展望

作为一个新的研究热点，中国物流业高质量发展测度与评价问题还有许多研究课题需要展开，下一步有待研究的方向包括以下几个方面。

（1）直觉模糊信息集结是物流业高质量发展评价的主要技术手段，本研究采取直觉模糊加权集结的办法处理该问题，并未考虑评价指标之间的关联性问题，实际上有些评价指标之间往往存在一定程度的关联，下一步可针对评价指标之间具有关联性的情况，进一步探讨物流业高质量发展评价问题。

（2）本研究探讨了直觉模糊信息环境下的中国物流业高质量发展评价问题，但是，在运用多属性综合评价方法处理实际问题时，评价信息可能有实数信息、区间数信息、模糊数信息、不确定语言信息等多种形式，针对同一问题中多种评价信息共存的混合型多属性评价问题，目前的研究还较少，可以作为以后的一个研究方向。

（3）本研究关于中国物流业高质量发展综合评价问题的讨论，是通过对评价指标的直觉模糊信息进行集结，按一定的排序方法确定物流业高质量发展的程度。该方法并不反映中国物流业高质量发展程度与评价指标之间的具体数量关系，下一步可通过建立其计量经济学模型，从定量角度研究评价指标对物流业高质量发展程度的影响关系。

（4）研究物流业高质量发展的最终目的，是为了使物流业能够更好地满足现代化经济体系建设和人民日益增长的高品质物流服务需求。物流业发展与经济发展具有十分明显的互动作用和联动效应，下一步可以就物流业高质量发展与经济高质量发展的微观关系做进一步的研究。

参 考 文 献

［1］［美］德怀特·H. 波金斯著. 发展经济学（第 7 版）［M］. 彭忆欧，等译. 北京：中国人民大学出版社，2018.9.

［2］才让加，高边玛草. 甘青川滇藏区物流产业竞争力水平及其提升研究［J］. 西北民族大学学报（哲学社会科学版），2020（3）：36-43.

［3］曾瑶，李晓春. 质量管理学（第 4 版）［M］. 北京：北京邮电大学出版社，2014.11.

［4］曾佑新，杜立奎. 基于 DEA 的江苏省物流产业效率研究［J］. 中国市场，2012（41）：5-8.

［5］陈成栋. 区域物流资源整合研究——以海峡经济区为例［M］. 北京：中国物资出版社，2012.1.

［6］陈海. 基于信息技术的物流创新路径研究［J］. 物流工程与管理，2015，37（3）：101-104.

［7］陈洁. 碳强度约束下的区域物流产业效率测算［J］. 经济与管理，2014，28（3）：62-67.

［8］陈长彬，盛鑫. 供应链一体化下区域物流产业集群升级的演化博弈［J］. 科技管理研究，2014（10）：131-139.

［9］丁斌，王琨. 基于 SBM 模型的省级物流产业效率评价［J］. 统计与决策，2014（14）：64-67.

［10］丁江辉. 中日城市化高质量发展比较研究——基于两国 1985~2014 年的实证分析［J］. 江西社会科学，2018，38（5）：44-53，254.

［11］丁俊发. 中国"十二五"物流业发展的十大进步［J］. 中国流通经济，2015（12）：1-5.

［12］董会忠，张峰，宋晓娜. 基于正态云模型的科技创新与区域竞争力动态关联评价［J］. 科技进步与对策，2015，32（15）：125-131.

［13］董千里．物流工程［M］．大连：东北财经大学出版社，2007.10.

［14］董晓辉．技术效率对区域产业竞争力提升的促进机理研究［D］．大连：大连理工大学，2011.12.

［15］杜倩．流通产业升级与高质量发展的互动关系研究［J］．商业经济研究，2019（6）：177－179.

［16］段然．河北省物流产业发展问题与对策研究［D］．石家庄：河北经贸大学，2016.6.

［17］范建平，薛坤，吴美琴．基于直觉模糊熵的交叉效率评价方法［J］．计算机科学，2018，45（2）：280－286.

［18］方创琳．中国新型城镇化高质量发展的规律性与重点方向［J］．地理研究，2019，38（1）：13－22.

［19］高传胜，李善同．高质量发展：学理内核、中国要义与体制支撑［J］．经济研究参考，2019（3）：5－15.

［20］高见，刘松．新零售背景下农产品物流运输创新模式构建［J］．商业经济研究，2019（8）：104－106.

［21］高明美，孙涛，赵天燕，等．正态云模型在皖江地区土地生态安全评价中的应用［J］．湖南农业大学学报（自然科学版），2015，41（2）：196－201.

［22］高明美，孙涛，朱建军．基于改进熵权和新得分函数的区间直觉模糊多属性决策［J］．控制与决策，2016，31（10）：1757－1764.

［23］高秀丽．物流业与区域经济协调发展研究［M］．北京：中国经济出版社，2019.8.

［24］高一铭，徐映梅，季传凤，钟宇平．我国金融业高质量发展水平测度及时空分布特征研究［J］．数量经济技术经济研究，2020，37（10）：63－81.

［25］高玉琴，赖丽娟，姚敏．基于正态云—模糊可变耦合模型的水环境质量评价［J］．水资源与水工程学报，2018，29（5）：1－7.

［26］龚艳冰，张继国．基于正态云模型和熵权的人口发展现代化程度综合评价［J］．中国人口·资源与环境，2012，22（1）：138－143.

［27］顾银宽，张红侠．创新驱动研发投资短视与经济高质量发展

[J]. 安徽工业大学学报（社会科学版），2018，35（3）：3-6.

[28] 郭彩环. 物流产业对产业结构优化的实证分析——以河北省为例 [J]. 商业经济，2016（7）：60-62.

[29] 郭磊，郭湖斌. 长三角物流业与区域经济发展的 Granger 因果关系研究 [J]. 中国市场，2020（11）：1-4.

[30] 何黎明. 改善物流业发展的政策环境 [J]. 中国流通经济，2013（10）：8-11.

[31] 何黎明. 推进物流业高质量发展面临的若干问题 [J]. 中国流通经济，2018，32（10）：3-7.

[32] 何小洲，邓正华. 我国物流企业的管理创新研究 [J]. 江苏商论，2007（7）：50-51.

[33] 贺兴东. 我国物流业的发展特征——增长、周期和随机性 [M]. 北京：电子工业出版社，2015.10.

[34] 华坚，胡金昕. 中国区域科技创新与经济高质量发展耦合关系评价 [J]. 科技进步与对策，2019，36（8）：19-27.

[35] 华永剑. 基于平台机制创新的物流产业升级模式研究 [M]. 杭州：浙江工商大学出版社，2016.7.

[36] 黄福华. 国内物流产业发展理论研究现状与趋势 [J]. 经济学动态，2009（10）：74-76.

[37] 黄蕊，侯丹. 东北三省文化与旅游产业融合的动力机制与发展路径 [J]. 当代财经研究，2017（10）：81-89.

[38] 霍红，陈化飞. 现代物流业发展与战略创新研究——以黑龙江省为例 [M]. 北京：科学出版社，2016.3.

[39] 戢晓峰，陈方，郝京京，等. 产业视角下区域物流的空间分析——云南物流业发展报告 [M]. 北京：科学出版社，2016.2.

[40] 戢晓峰，刘丁硕. 物流产业效率与交通优势度耦合协调水平测度——以中国36个主要城市为例 [J]. 城市问题，2019（2）：61-68.

[41] 贾海成. 物流产业发展与区域经济关联分析——以天津和上海为例 [J]. 科技进步与对策，2012，29（23）：44-49.

[42] 蹇令香，曹章露，张可意. 基于正态云模型的广东省港口产业

发展水平综合评价［J］．科技管理研究，2019，39（18）：53－58．

［43］姜涛．产业发展的动力机制研究［J］．山西财经大学学报，2007，29（12）：53－58．

［44］金碚．关于"高质量发展"的经济学研究［J］．中国工业经济，2018（4）：5－18．

［45］晋晓琴，郭燕燕，黄毅敏．黄河流域制造业高质量发展生态位测度研究［J］．生态经济，2020，36（4）：50－55．

［46］黎新伍，徐书彬．基于新发展理念的农业高质量发展水平测度及其空间分布特征研究［J］．江西财经大学学报，2020（6）：78－94．

［47］李彩华．中国经济转向高质量发展阶段的历史必然性［J］．中南财经政法大学学报，2019（1）：9－17．

［48］李纯．无锡市现代物流产业对区域经济发展的影响研究［D］．南京：南京林业大学，2012．

［49］李德毅，杜鹢．不确定性人工智能［M］．北京：国防工业出版社，2005．7．

［50］李登峰．直觉模糊集决策与对策分析方法［M］．北京：国防工业出版社，2012．11．

［51］李国，张亚，王怀超．基于云模型及粗糙集的民航主数据识别方法［J］．计算机工程与设计，2020，41（8）：38－44．

［52］李金昌，史龙梅，徐蔼婷．高质量发展评价指标体系探讨［J］．统计研究，2019，36（1）：4－14．

［53］李静芳．现代物流管理［M］．北京：清华大学出版社，2009．8．

［54］李娟，王琴梅．我国西部地区物流业发展质量及其影响因素研究——基于物流业效率视角［J］．北京工业大学学报（社会科学版），2020，20（2）：82－91．

［55］李娟．区域经济联动视角下河北省物流需求预测研究［D］．秦皇岛：燕山大学，2014．6．

［56］李俊玲，戴朝忠，吕斌，等．新时代背景下金融高质量发展的内涵与评价——基于省际面板数据的实证研究［J］．金融监管研究，2019（1）：15－30．

［57］李丽．山东现代物流业发展的 SWOT 分析［J］．现代商贸工业，2008（10）：85 - 86.

［58］李潘，彭会萍．丝绸之路经济带区域物流产业竞争力评价［J］．西安财经学院学报，2018，31（3）：99 - 103.

［59］李晓丹．我国物流高质量发展的路径选择［J］．物流工程与管理，2018，40（12）：11 - 13.

［60］李新然，吴健妮．港口物流产业集群竞争力指标体系构建及评价分析［J］．大连理工大学学报（社会科学版），2012，33（2）：28 - 33.

［61］李馨．我国省际区域经济高质量发展的测度与分析［J］．无锡商业职业技术学院学报，2018，18（5）：20 - 24.

［62］梁红艳．中国物流业发展动力机制与路径选择［M］．北京：社会科学文献出版社，2018.12.

［63］林永居．福建物流产业竞争力的实证研究［J］．发展研究，2014（8）：63 - 68.

［64］刘东英，程姿．京津冀物流产业升级路径及对策研究［J］．经济与管理，2015，29（4）：18 - 22.

［65］刘干，郑思雨．我国区域经济高质量发展综合评价［J］．生产力研究，2018（10）：59 - 62.

［66］刘国斌，宋瑾泽．中国区域经济高质量发展研究［J］．区域经济评论，2019（2）：55 - 60.

［67］刘健，杨仲江，杨虎，等．基于正态云模型的布达拉宫雷电灾害风险评估［J］．中国安全生产科学技术，2016，12（6）：100 - 105.

［68］刘联辉，赵少波．广东物流产业升级路径与对策研究［J］．综合运输，2012（4）：34 - 37.

［69］刘满凤，任海平．基于一类新的直觉模糊熵的多属性决策方法研究［J］．系统工程理论与实践，2015，35（11）：9 - 16.

［70］刘爽．基于系统动力学的物流业与产业结构关系研究［D］．上海：上海海事大学，2010.6.

［71］刘伟华，等．基于 GVC 和 GLVC 的我国物流产业升级［J］．天津大学学报（社会科学版），2009，11（4）：289 - 293.

［72］刘现伟，刘丽华．钢铁行业去产能成效与高质量发展研究［J］．经济纵横，2019（2）：41－48，2.

［73］刘奕，夏杰长．推动中国服务业高质量发展：主要任务与政策建议［J］．国际贸易，2018（8）：53－59.

［74］刘峥．物流标准化提升物流效率的机理分析［J］．物流技术，2015，34（5）：53－55.

［75］刘志彪．理解高质量发展：基本特征、支撑要素与当前重点问题［J］．学术月刊，2018，50（7）：39－45，59.

［76］刘志恒，陈继祥．基于动力机制的我国产业集群发展研究［J］．经济地理，2005，25（5）：607－611.

［77］陆国庆．论产业演进的系统动力机理——兼论产业衰退的原因［J］．江汉论坛，2002（4）：15－18.

［78］罗峰．供给推动与现代物流产业发展——一个简单模型与例证［J］．经济管理，2007（8）：35－39.

［79］吕守军，代政．新时代高质量发展的理论意蕴及实现路径［J］．经济纵横，2019（3）：16－22.

［80］马静漪．京津冀物流业发展与产业结构升级的关系研究［D］．天津：天津商业大学，2016.6.

［81］马士华，林勇．供应链管理（第4版）［M］．北京：高等教育出版社，2015.4.

［82］马义中，汪建均．质量管理学［M］．北京：机械工业出版社，2016.9.

［83］梅国平，龚雅玲，万建香，等．基于三阶段DEA模型的华东地区物流产业效率测度研究［J］．管理评论，2019，31（10）：234－241.

［84］蒙玉玲，闫兰香．关于河北省现代物流业发展的战略思考［J］．河北学刊，2012，32（6）：225－227.

［85］孟祥兰，邢茂源．供给侧改革背景下湖北高质量发展综合评价研究——基于加权因子分析法的实证研究［J］．数理统计与管理，2019，11（5）：117.

［86］莫鸿，陈圻，刘豫．中国物流业发展中的体制下障碍因素调

查——江苏省实地调查报告［J］．统计研究，2008，25（8）：35－39．

［87］潘斌．物流业市场结构对中国工业发展的影响研究［D］．北京：中央财经大学，2017．

［88］蒲晓晔，Jarko Fidrmuc．中国经济高质量发展的动力结构优化机理研究［J］．西北大学学报（哲学社会科学版），2018，48（1）：113－118．

［89］秦现生．质量管理学［M］．北京：科学出版社，2012．5．

［90］曲永军，周晓斐．后发地区战略性新兴产业成长动力演化分析［J］．财经问题研究，2015（12）：38－44．

［91］任保平，李禹墨．新时代我国高质量发展评判体系的构建及其转型路径［J］．陕西师范大学学报（哲学社会科学版），2018（3）：105－113．

［92］任保平，宋雪纯．以新发展理念引领中国经济高质量发展的难点及实现路径［J］．经济纵横，2020（6）：45－55．

［93］茹少峰，魏博阳，刘家旗．以效率变革为核心的我国经济高质量发展的实现路径［J］．陕西师范大学学报（哲学社会科学版），2018，47（3）：114－125．

［94］沈俊喜．技术创新引领产业升级的路径研究［M］．南京：南京大学出版社，2014．9．

［95］师博，任保平．中国省际经济高质量发展的测度与分析［J］．经济问题，2018（4）：1－6．

［96］石震，李战江，刘丹．基于灰关联—秩相关的绿色经济评价指标体系构建［J］．统计与决策，2018（11）：28－32．

［97］宋国恺．新时代高质量发展的社会学研究［J］．中国特色社会主义研究，2018（5）：60－69．

［98］宋迎春．全球价值链对我国物流产业升级的影响与对策［J］．南京社会科学，2010（7）：9－14．

［99］苏永伟．中部地区制造业高质量发展评价研究——基于2007～2018年的数据分析［J］．经济问题，2020（9）：85－92．

［100］隋博文通．基于钻石模型的广西北部湾港口物流产业集群竞争力研究［J］．物流技术，2013，32（1）：12－14．

［101］孙慧．物流链整合背景下区域物流产业集群升级研究［J］．物流技术，2014，33（5）：56－58．

［102］孙秋鹏．经济高质量发展对环境保护和生态文明建设的推动作用［J］．当代经济管理，2019，41（5）：1－8

［103］孙永波，张悦．基于云模型的煤炭上市公司绿色发展评价研究［J］．中国矿业，2020，29（10）：79－85．

［104］唐晓彬，王亚男，唐孝文．中国省域经济高质量发展评价研究［J］．科研管理，2020，41（11）：44－55．

［105］田秋生．高质量发展的理论内涵和实践要求［J］．山东大学学报（哲学社会科学版），2018（6）：1－8．

［106］王春豪，胡海晨，张娜．新疆物流产业与区域经济协调发展研究［M］．大连：东北财经大学出版社，2018.8.

［107］王春新．中国经济转向高质量发展的内涵及目标［J］．金融博览，2018（5）：42－43．

［108］王恩涛，邵清东．现代物流人才的知识结构及能力要求［J］．物流技术，2003，10（5）：27－29．

［109］王国胤，李德毅．云模型与粒计算［M］．北京：科学出版社，2012.7.

［110］王佳元，李子文，洪群联．推动服务业向高质量发展［J］．宏观经济管理，2018（5）：24－29，63.

［111］王建光．我国应急产业发展动力机制模型研究［J］．中国安全生产科学技术，2015，11（3）：47－52．

［112］王健，梁红艳．中国物流业全要素生产率的影响因素及其收敛性分析［J］．福州大学学报（哲学社会科学版），2013（3）：16－24．

［113］王静．货币政策与物流产业结构优化——基于2000～2017年省际面板数据［J］．经济问题，2019（4）：18－24．

［114］王鹏，张茹琪，李彦．长三角区域物流高质量发展的测度与评价——兼论疫后时期的物流新体系建设［J］．工业技术经济，2021，40（3）：21－29．

［115］王群勇，陆凤芝．环境规制能否助推中国经济高质量发

展?——基于省际面板数据的实证检验［J］. 郑州大学学报（哲学社会科学版），2018，51（6）：64－70.

　　［116］王瑞荣，李志彬. 区域经济发展与物流产业集聚程度的相关性研究［J］. 物流技术，2014，33（6）：246－248.

　　［117］王彤. 中国区域经济高质量发展研究报告（2018）［M］. 北京：经济管理出版社，2019.1.

　　［118］王维国，马越越. 中国区域物流产业效率——基于三阶段 DEA 模型的 Malmquist－luenberger 指数方法［J］. 系统工程，2012，30（3）：66－75.

　　［119］王伟. 我国经济高质量发展评价体系构建与测度研究［J］. 宁夏社会科学，2020（6）：82－91.

　　［120］王文铭，高艳艳.“一带一路”内陆节点城市物流产业竞争力评价及建议［J］. 商业经济研究，2016（4）：92－93.

　　［121］王一鸣. 转向高质量发展的十大对策［J］. 现代国企研究，2018（9）：42－44.

　　［122］王永昌，尹江燕. 论经济高质量发展的基本内涵及趋向［J］. 浙江学刊，2019（1）：91－95.

　　［123］王长琼. 绿色物流（第 2 版）［M］. 北京：中国财富出版社，2011.11.

　　［124］王振江. 我国区域物流产业构成要素及产业效率研究［J］. 商业经济研究，2017（20）：87－89.

　　［125］王之泰. 物流发展的三大障碍：观念、体制、市场［J］. 中国改革，2002（6）：37－38.

　　［126］王之泰. 中国物流业创新的一些思考［J］. 中国流通经济，2013（4）：8－12.

　　［127］卫贵武. 对方案有偏好的区间直觉模糊多属性决策方法［J］. 系统工程与电子技术，2009（1）：116－120.

　　［128］卫贵武. 基于模糊信息的多属性决策理论与方法［M］. 北京：中国经济出版社，2010.6.

　　［129］卫宇杰，于博文，潘浩，等. 基于组合赋权法的中国物流业质

量发展指数研究 [J]. 工业工程与管理, 2019, 24 (2): 190 - 197.

[130] 魏华. 基于 DEA 的湖北省物流产业可持续发展能力评价 [J]. 物流技术, 2013, 32 (11): 303 - 306.

[131] 魏敏, 李书昊. 新时代中国经济高质量发展水平的测度研究 [J]. 数量经济技术经济研究, 2018, 35 (11): 3 - 20.

[132] 魏然, 李亚伶. "互联网+" 背景下航空物流企业经营模式创新研究 [J]. 商业经济研究, 2018 (2): 93 - 100.

[133] 吴爱东, 陈燕. 基于物联网的金融服务业创新动力机制国际比较 [J]. 现代财经, 2012 (1): 36 - 42.

[134] 吴爱东. 制度创新机制: 中国现代物流产业发展的推动力 [J]. 中国流通经济, 2010 (4): 22 - 25.

[135] 吴红霞, 吴红艳. 河北省物流产业竞争力评价 [J]. 合作经济与科技, 2013 (1): 21 - 22.

[136] 吴健妮. 熵权法筛选港口物流产业集群竞争力指标研究 [J]. 科技管理研究, 2013 (6): 45 - 49.

[137] 吴旭晓. 经济大省物流业效率动态演化及其影响因素 [J]. 中国流通经济, 2015 (3): 24 - 31.

[138] 伍之前, 李登峰. 基于 GOWA 算子的直觉模糊多属性决策方法 [J]. 运筹与管理, 2010, 19 (3): 60 - 64.

[139] 夏彩云. 陕西物流产业的发展对区域经济增长贡献评价 [J]. 物流科技, 2013 (6): 35 - 37.

[140] 夏春玉. 中国高质量发展——基于新发展理念的指数评价与比较分析 [M]. 大连: 东北财经大学出版社, 2018.10.

[141] 夏春玉. 中国物流政策体系缺失与构建 [J]. 财贸经济, 2004 (8): 45 - 50.

[142] 向吉英. 产业成长的动力机制与产业成长模式 [J]. 学术论坛, 2005 (7): 49 - 53.

[143] 向晓梅, 吴伟萍. 改革开放 40 年持续性产业升级的动力机制与路径——广东迈向高质量发展之路 [J]. 南方经济, 2018 (7): 1 - 17.

[144] 肖小虹. 西部地区物流产业升级优化研究 [J]. 物流技术,

2012，31（8）：88 - 90.

［145］肖周燕．中国高质量发展的动因分析——基于经济和社会发展视角［J］．软科学，2019，33（4）：1 - 5.

［146］谢如鹤，张得志，罗荣武．物流系统规划［M］．北京：中国物资出版社，2007.12.

［147］辛岭，安晓宁．我国农业高质量发展评价体系构建与测度分析［J］．经济纵横，2019（5）：109 - 118.

［148］徐泽水．直觉模糊信息集成理论及应用［M］．北京：科学出版社，2008.4.

［149］许良，郑欣，李美玲．基于物流一体化的河北省现代物流产业体系研究［J］．燕山大学学报（哲学社会科学版），2012，13（3）：114 - 119.

［150］许永兵，罗鹏，张月．高质量发展指标体系构建及测度——以河北省为例［J］．河北大学学报（哲学社会科学版），2019，44（3）：86 - 97.

［151］薛黎明，崔超群，李长明，等．基于正态云模型的区域矿产资源可持续力评价［J］．中国人口·资源与环境，2017，27（6）：67 - 74.

［152］杨傲，朱光远．传统"产品农业圈"对农业高质量发展的影响及解决措施［J］．粮食科技与经济，2018，43（7）：87 - 89，119.

［153］杨汉忠．中国物流业发展与经济增长的实证分析——基于全要素生产率的视角［D］．杭州：浙江大学，2010.

［154］杨守德．技术创新驱动中国物流业跨越式高质量发展研究［J］．中国流通经济，2019，33（3）：62 - 70.

［155］殷帅，谢泗薪．物流企业人力资源管理创新研究［J］．辽宁工程技术大学学报（社会科学版），2006，8（6）：614 - 616.

［156］尹胜，杨桢，陈思翼．基于改进模糊熵的区间直觉模糊多属性决策［J］．系统工程与电子技术，2018，40（5）：1079 - 1084.

［157］张宝友，黄祖庆，孟丽君．标准视角下省域物流产业竞争力比较研究——以江苏省和浙江省为例［J］．西安电子科技大学学报（社会科学版），2011，21（5）：1 - 7.

［158］张超，唐杰．中国经济高质量发展机制：制度动因、要素保障

与实现途径——兼论深圳经济高质量发展的实现路径［J］. 湖南社会科学，2021（3）：63 - 71.

［159］张春梅，王征宇，高俊霞. 基于 DEA 的内蒙古物流产业发展有效性评价［J］. 物流技术，2011，30（1）：72 - 75.

［160］张洪昌. 新时代旅游业高质量发展的治理逻辑与制度创新［J］. 当代经济管理，2019，41（3）：1 - 11.

［161］张俊山. 对经济高质量发展的马克思主义政治经济学的解析［J］. 经济纵横，2019（1）：36 - 44.

［162］张玲. 不确定环境下逆向物流系统的构建与优化［M］. 杭州：浙江大学出版社，2015.6.

［163］张梅青，周叶，周长龙. 基于共生理论的物流产业与区域经济协调发展研究［J］. 北京交通大学学报（社会科学版），2012，11（1）：27 - 33.

［164］张强. 决策理论与方法［M］. 大连：东北财经大学出版社，2009.9.

［165］张涛，姚慧芹. 新发展理念助推中国经济向高质量发展转型［J］. 河北学刊，2019，39（3）：123 - 127.

［166］张炜熙，胡玉莹. 长三角与京津冀城市群物流产业发展比较及与区域经济关联分析［J］. 现代财经，2010，30（6）：81 - 86.

［167］张文会，乔宝华. 构建我国制造业高质量发展指标体系的几点思考［J］. 工业经济论坛，2018，5（4）：27 - 32.

［168］赵松岭，宋薇. 基于钻石模型的河北省物流产业竞争力研究［J］. 物流技术，2013，32（9）：97 - 99.

［169］赵松岭. 河北省沿海地区现代物流业发展策略研究［J］. 物流技术，2012，31（10）：87 - 89.

［170］赵玉，谢启阳，丁宝根. 中国城镇化高质量发展的综合测度与演化特征［J］. 区域经济评论，2020（5）：85 - 93.

［171］中国物流与采购联合会. 中华人民共和国国家标准物流术语［J］. 中国物流与采购杂志社，2001（8）.

［172］钟昌宝，汤楠. 基于 SWOT 分析的长江经济带物流产业发展战

略研究 [J]. 常州大学学报（社会科学版），2015，16（5）：37 - 40.

［173］钟钰. 向高质量发展阶段迈进的农业发展导向 [J]. 中州学刊，2018（5）：40 - 44.

［174］周吉，吴翠青，黄慧敏，等. 基于因子分析的我国省际高质量发展水平评价——兼论江西高质量发展路径 [J]. 价格月刊，2019（5）：82 - 89.

［175］周柯，张樾，谷洲洋. 郑州航空港经济综合实验区航空物流产业效率研究 [J]. 区域研究与开发，2018，37（1）：76 - 79.

［176］周启蕾. 物流学概论 [M]. 北京：清华大学出版社，2006.4.

［177］朱道立，龚国华，罗齐. 物流和供应链管理 [M]. 上海：复旦大学出版社，2005.1.

［178］朱芳阳，谭保华，王婷婷. 生态位视角下区域物流产业竞争力评价——以"一带一路"重点省份为例 [J]. 经济与管理，2019，33（1）：30 - 35.

［179］Amer Hamdan K J.（Jamie）Rogers. Evaluating the Efficiency of 3PL Logistics Operations [J]. International Journal of Production Economics，2008，113（1）：235 - 244.

［180］Atanassov K T. Intuitionistic Fuzzy Sets [J]. Fuzzy Sets and Systems，1986，20（1）：87 - 96.

［181］Atanassov K T. Intuitionistic Fuzzy Sets [M]. New York：Physica - Verlag，Heidelberg，1999.

［182］Cheryl A. Tibus，Linda L. Brennan. RFID and Labor Management Systems Selection in the Logistics Industry [J]. Journal of Cases on Information Technology，2010（1）：101 - 121.

［183］Cong X H.，Ma L. Performance Evaluation of Public - Private Partnership Projects from the Perspective of Efficiency，Economic，Effectiveness，and Equity：A Study of Residential Renovation Projects in China [J]. Sustainability，2018（10）：10061951.

［184］C. L. Hwang，K. Yoon. Multiple Attributes Decision Making Methods and Applications [M]. Springer，Berlin Heidelberg，1981.

［185］Dietz T，Rosa E，York R．Environmentally Efficient Well – being：Is There a Kuznets Curve? ［J］．Applied Geography，2011，32（1）：21 – 28．

［186］Dong Wang，Dengfeng Liu，Hao Ding．A Cloud Model – based Approach for Water Quality Assessment ［J］．Environmental Research，2016（148）：24 – 35．

［187］Dudek W A，Davvaz B，Jun Y B．On Intuitionistic Fuzzy Sub – hyperquasigroups of Hyperquasigroups ［J］．Information Science，2005，170（4）：251 – 261．

［188］Franke R，Kalmbach P．Structural Change in the Manufacturing Sector and Its Impact on Business – related Services：An Input – output Study for Germany ［J］．Structural Change and Economic Dynamics，2005（16）：467 – 488．

［189］Hulten C R，Bennathan E，Srinivasan S．Infrastructure，Externalities and Economic Development：A Study of India Manufacturing Industry ［J］．The World Bank Economic Review，2006，20（2）：291 – 308．

［190］James Odeck，Svein Brathen．A Meta – analysis of DEA and SFA Studies of the Technical Efficiency of Seaports：A Comparison of Fixed and Random – effects regression Models ［J］．Transportation Research Part A：Policy and Practice，2012，46（10）：1574 – 1585．

［191］Jorgenson A K．Economic Development and the Carbon Intensity of Human Well – being ［J］．Nature Climate Change，2014，4（3）：186 – 189．

［192］Kumar Mondal T，Samanta S K．Topology of Interval – valued Intuitionistic Fuzzy Sets ［J］．Fuzzy Sets and Systems，2001，119（3）：483 – 495．

［193］Li Dengfeng，Wang Liling，Chen Guohong．Group Decision Making Methodology Based on the Atanassov's Intuitionistic Fuzzy Set Generalized OWA Operator ［J］．International Journal of Uncertainty，Fuzziness and Knowledge – Based Systems，2010，18（6）：801 – 817．

［194］Li Dengfeng，Wu Zhiqian．Generalized OWA Operator Based Methodology for Multi – attribute Decision Making Using Intuitionistic Fuzzy Sets ［J］．Critical View，2010（4）：13 – 34．

［195］Li Dengfeng．Multi – attribute Decision Making Method Based on

Generalized OWA Operators with Intuitionistic Fuzzy Sets [J]. Expert Systems with Applications, 2010, 37 (12): 8673 – 8678.

[196] Li Dengfeng. Representation of Level Sets and Extension Principles for Atanassov's Intuitionistic Fuzzy Sets and Algebraic Operations [J]. Critical View, 2011, 10 (1): 63 – 74.

[197] Li Dengfeng. The GOWA Operator Based Approach to Multi – attribute Decision Making Using Intuitionistic Fuzzy Sets [J]. Mathematical and Computer Modeling, 2011, 53 (5 – 6): 1182 – 1196.

[198] Lin C J, Zhang M, Li L P, Zhou Z Q, Liu S, Liu C. and Li T. Risk Assessment of Tunnel Construction Based on Improved Cloud Model [J]. Journal of Performance of Constructed Facilities, 2020 (34): 04020028.

[199] Lourdes Trujillo, Beatriz Tovar. The European Port Industry: An Analysis of Its Economic Efficiency [J]. Maritime Economics & Logistics, 2007, 9 (2): 148 – 171.

[200] Maciulis A, Vasiliauskas A V, Jakubanskas G. The Impact of Transport on the Competitiveness of National Economy [J]. Transport, 2009, 24 (2): 93 – 99.

[201] Maja Izabela, Piecyk Maria Bjorklund. Logistics Service Providers and Corporate Social Responsibility Sustainability Reporting in the Logistics Industry [J]. International Journal of Physical Distribution & Logistics Management, 2015, 45 (5): 37 – 48.

[202] Mothilal S, Gunasekaran A, Nachiappan S P and Yaram J. Key Success Factors and Their Performance Implications in the Indian Third – party Logistics (3PL) Industry [J]. International Journal of Production Research, 2012, 50 (9): 2407 – 2422.

[203] Murphy P R, Wood D F. Contemporary Logistics [M]. New York: Chapman – Hall, 2007: 125 – 127.

[204] Poon. TSC. Beyond the Global Production Networks: A Case of Further Upgrading of Taiwan's Information Technology Industry [J]. Technology and Globalization, 2004, 1 (1): 130 – 145.

［205］ Porter M. The Competitive Advantage of Nations ［M］. London and Basingstoke：MacMillan，1990.

［206］ Rabinovich E. ，Knemeyer A. M. Logistics Service Providers in Internet Supply Chains ［J］. California Management Review，2006，48 （4）：84 - 108.

［207］ Robert Lieb，Brooks A. Bentz. The North American Third Party Logistics Industry in 2004：The Provider CEO Perspective ［J］. International Journal of Physical Distribution & Logistics Management，2005，35 （7/8）：595 - 611.

［208］ Rodrigue J P，Notteboom T. Comparative North American and European Gateway Logistics：The Regionalism of Freight Distribution ［J］. Journal of Transport Geography，2010，18 （4）：497 - 507.

［209］ Ruth B. Air Transportation and Urban - economic Restructuring：Competitive Advantage in the US Carolinas ［J］. Journey of Air Transport Management，1999，5 （4）：211 - 221.

［210］ Talley W. Linkages between Transportation Infrastructure Investment and Economic Reduction ［J］. Logistics and Transportation Review，1996 （6）：78 - 83.

［211］ Wang Shuqi，Li Dengfeng，Wu Zhiqian. Generalized Ordered Weighted Averaging Operators Based Methods for MADM in Intuitionistic Fuzzy Set Setting ［J］. Journal of Systems Engineering and Electronics，2009，20 （6）：1247 - 1254.

［212］ Wang L，Zhao H，Liu X，Zhang Z L. and Xu - Hui Steve E. Optimal Remanufacturing Service Resource Allocation for Generalized Growth of Retired Mechanical Products：Maximizing Matching Efficiency ［J］. IEEE Access 2021 （9）：89655 - 89674.

［213］ Xiaoxia Wen，Yi Nie，Zixue Du and Linkui Huang. Operational Safety Assessment of Straddle - type Monorail Vehicle System Based on Cloud Model and Improved CRITIC Method ［J］. Engineering Failure Analysis，2022 （139）：106463.

［214］Xu Z S, Yager R R. Some Geometric Aggregation Operators Based on Intuitionistic Fuzzy Sets ［J］. International Journal of General Systems, 2006, 35 (4): 417 -433.

［215］Xu Z S. An Overview of Methods for Determining OWA Weights ［J］. International Journal of Intelligent Systems, 2005, 20 (8): 843 -865.

［216］Xu Z S. Intuitionistic Fuzzy Aggregation Operators ［J］. IEEE Transactions on Fuzzy Systems, 2007, 15 (6): 1179 -1187.

［217］Xu Z S. Multi - person Multi - attribute Decision Making Models under Intuitionistic Fuzzy Environment ［J］. Fuzzy Optimization and Decision Making, 2007, 6 (3): 211 -236.

［218］Yager R R. Generalized OWA Aggregation Operators ［J］. Fuzzy Optimization and Decision Making, 2004, 3 (1): 93 -107.

［219］Yager R R. On Ordered Weighted Averaging Aggregation Operators in Multi - criteria Decision Making ［J］. IEEE Transactions on Systems, Man and Cybernetics, 1988, 18 (1): 183 -190.

［220］Yan F, Li Z J, Dong L J, Huang R, Cao R H, Ge J. and Xu K L. Cloud model - clustering analysis based evaluation for ventilation system of underground metal mine in alpine region ［J］. Journal of Central South University, 2021, 28 (3): 796 -815.

［221］Yeo G T, Roe M, Dinwoodie J. Measuring the Competitiveness of Container Ports: Logisticians' Perspectives ［J］. European Journal of Marketing, 2011, 45 (3): 55 -76.

［222］Yu Jianxing, Zeng Qingze, Yu Yang. Failure mode and Effects Analysis Based on Rough Cloud Model and MULTIMOORA Method: Application to Single - point Mooring System ［J］. Applied Soft Computing, 2023 (132): 109841.

［223］Zhang Q S, Jiang S Y, Jia B G, et al. Some Information Entropy Measures for Interval Intuitionistic Fuzzy Sets ［J］. Information Sciences, 2010, 180 (24): 5130 -5145.

附录 A 30 个省份物流业碳排放量

地区	2012 年	2013 年	2014 年	2015 年	2016 年	2017 年	2018 年	2019 年	2020 年
北京	726.55	688.74	723.47	743.47	781.66	825.92	884.67	904.95	644.64
天津	337.11	283.61	302.91	326.63	339.65	350.68	362.56	377.96	344.42
河北	689.83	724.92	690.92	685.83	791.07	762.52	809.72	861.59	648.46
山西	612.63	637.17	638.68	658.66	685.28	727.81	711.74	716.75	626.38
内蒙古	974.96	728.09	735.62	755.08	518.77	543.02	567.82	585.98	554.98
辽宁	1068.81	1023.17	1091.89	1143.46	1184.80	1216.36	1213.22	1217.07	1101.62
吉林	341.64	369.00	404.43	426.39	421.69	415.48	376.14	384.43	374.37
黑龙江	565.22	622.36	665.35	685.19	711.54	658.26	579.87	598.83	532.65
上海	1220.29	1223.31	1221.72	1254.01	1400.37	1551.21	1532.67	1593.59	1348.48
江苏	1011.38	1092.54	1197.17	1255.34	1305.94	1391.32	1482.65	1576.64	1589.95
浙江	801.65	852.84	878.14	941.76	969.70	1016.43	1015.18	982.46	1018.93
安徽	504.06	553.10	610.37	625.04	646.80	691.93	725.59	721.11	714.01
福建	529.28	546.59	595.37	627.57	673.03	720.49	774.66	839.06	771.33
江西	326.12	397.63	409.46	459.28	479.62	498.49	564.22	605.91	597.78
山东	1881.44	1173.39	1217.38	1263.14	1331.05	1481.87	1484.32	1538.20	1305.59
河南	717.40	847.62	853.71	938.88	1009.36	1201.61	1088.91	1080.90	1096.61
湖北	909.59	837.81	905.58	933.83	1125.34	1159.84	1193.34	1324.01	1118.94
湖南	554.93	606.20	775.03	862.81	912.73	977.54	1049.86	1097.34	1068.79
广东	1750.05	1710.07	1791.54	1880.85	2050.09	2174.07	2252.00	2339.62	2104.65
广西	522.70	419.52	527.11	556.59	580.77	645.59	676.29	665.95	582.09
海南	182.17	166.53	160.62	166.34	160.39	171.73	169.47	174.49	185.50
重庆	436.94	484.18	459.35	541.70	576.97	616.99	572.35	597.40	557.20
四川	601.81	470.44	642.35	630.18	876.75	930.62	949.25	1003.79	980.19
贵州	432.03	409.03	436.05	467.00	513.80	475.44	513.47	546.40	782.64
云南	598.85	569.26	647.98	630.68	666.36	681.61	777.07	851.07	814.58
陕西	651.43	545.99	564.90	560.45	524.97	567.82	594.95	600.44	547.14
甘肃	297.03	386.29	393.58	380.08	375.49	390.32	392.34	402.91	400.07
青海	83.28	86.43	92.26	100.76	114.70	130.16	144.44	147.33	38.05
宁夏	111.52	114.65	119.38	122.13	122.26	121.21	108.65	118.95	120.68
新疆	371.08	459.59	497.57	595.32	614.98	662.08	686.72	688.25	572.47

附录 B 30 个省份各指标原始数据

附表 1   北京地区各指标原始数据

指标	2012 年	2013 年	2014 年	2015 年	2016 年	2017 年	2018 年	2019 年	2020 年
C_{111}	1.3101	1.3223	1.3284	1.3345	1.3406	1.3528	1.3589	1.3650	1.3589
C_{112}	0.1138	0.1148	0.1157	0.1159	0.1167	0.1177	0.1179	0.1185	0.1179
C_{113}	0.3086	0.3838	0.4129	0.6121	0.7156	0.5106	0.5425	0.4927	0.4495
C_{121}	2.6162	2.5748	2.6551	2.0078	2.0734	2.0110	2.0873	2.2808	2.2203
C_{122}	1001.13	1051.14	1036.71	901.41	825.43	958.42	1034.22	1089.4	1032.78
C_{123}	635.5	670.6	724.8	739.8	790.8	901	1015.9	1010.8	836.5
C_{124}	57.8	59.2	60.2	60	58.2	57.7	60.2	59	56
C_{211}	0.8629	0.8639	0.8650	0.8671	0.8676	0.8693	0.8709	0.8735	0.8755
C_{212}	0.1137	0.0969	0.1026	0.1063	0.1152	0.1508	0.1863	0.1615	0.1432
C_{213}	−2.6232	−2.6059	−2.5723	−2.5698	−2.5672	−2.5745	−2.5666	−2.5529	−2.5095
C_{221}	4081.0732	4289.95812	4155.18593	3194.4057	2823.4896	3240.17423	4124.87938	4164.56752	3364.7808
C_{222}	80.4160	85.2418	90.4085	129.9635	130.2858	243.2909	173.1089	142.1299	141.0441
C_{231}	−5.3176	−4.2757	−3.9743	−2.6809	−2.2932	−3.2139	−3.0249	−3.3306	−3.6507
C_{232}	6.5986	7.2006	7.8183	8.1695	9.0682	9.7567	10.7828	12.3277	12.2947
C_{233}	0.3059	0.3155	0.3338	0.3381	0.3602	0.4106	0.4635	0.4615	0.3821
C_{234}	0.1097	0.1090	0.0896	0.0892	0.0840	0.0895	0.0897	0.0865	0.0248
C_{235}	0.5960	0.6296	0.6382	0.6670	0.6677	0.6483	0.6836	0.7344	0.8357
C_{241}	0.1971	0.0796	0.0959	0.0453	0.0441	0.0559	0.0183	0.0408	0.0429
C_{242}	0.1292	0.1349	0.1368	0.1394	0.1457	0.1501	0.1498	0.1607	0.1757
C_{243}	24.3134	29.4867	34.3886	42.9699	45.8131	48.7368	56.3471	60.1415	74.3828
C_{244}	252.7103	293.1908	297.1203	305.3943	322.6374	345.4456	360.2685	424.4502	452.3146
C_{251}	−0.3497	−0.3241	−0.3332	−0.3397	−0.3560	−0.3764	−0.4036	−0.4132	−0.2945
C_{252}	−2.4136	−2.2247	−1.9133	−1.7744	−1.5799	−1.3365	−1.1276	−1.2219	−1.4177

指标	2012 年	2013 年	2014 年	2015 年	2016 年	2017 年	2018 年	2019 年	2020 年
C_{311}	9. 1575	9. 9438	10. 5596	11. 3234	12. 3172	13. 6178	15. 1052	16. 1842	16. 4200
C_{312}	0. 0615	0. 0681	0. 0476	0. 0472	0. 0420	0. 0384	0. 0370	0. 0428	0. 0428
C_{313}	4. 5440	4. 8850	5. 2296	5. 6080	5. 9829	6. 3497	6. 5804	6. 8781	6. 2661
C_{321}	0. 0334	0. 0317	0. 0316	0. 0299	0. 0292	0. 0302	0. 0307	0. 0285	0. 0233
C_{322}	10. 9948	11. 3277	12. 0399	12. 3300	13. 5876	15. 6153	16. 8754	17. 1322	14. 9375
C_{323}	− 0. 0028	0. 0552	0. 0808	0. 0207	0. 0689	0. 1394	0. 1275	− 0. 0050	− 0. 1724
C_{331}	0. 0782	0. 0859	0. 0619	0. 0723	0. 0878	0. 1056	0. 1092	0. 0714	0. 0146
C_{332}	0. 1878	0. 2020	0. 5406	0. 2209	0. 4078	0. 1848	0. 0909	0. 0252	− 0. 0230
C_{333}	0. 0806	0. 0798	0. 0558	− 0. 0181	0. 0511	0. 0689	0. 0654	0. 0250	− 0. 0063

　　注：为方便后续等级划分，将负项指标 C_{213}、C_{231}、C_{251}、C_{252} 相关数据加负号使其变为正项指标，以下同。

附表 2　　　　　　　　　　天津地区各指标原始数据

指标	2012 年	2013 年	2014 年	2015 年	2016 年	2017 年	2018 年	2019 年	2020 年
C_{111}	1. 2913	1. 3187	1. 3516	1. 3885	1. 4065	1. 3870	1. 3640	1. 3535	1. 3769
C_{112}	0. 0755	0. 0839	0. 0839	0. 0839	0. 0923	0. 0923	0. 1007	0. 1007	0. 1007
C_{113}	0. 1068	0. 1423	0. 1386	0. 1831	0. 1956	0. 2084	0. 2444	0. 3266	0. 3926
C_{121}	4. 7698	5. 1603	5. 0948	5. 3179	5. 1580	5. 2992	5. 3548	5. 6941	5. 3566
C_{122}	7635	5390	3354	2320	2117	1940	1984	2244	2371
C_{123}	679. 1	681. 2	685	669. 5	689. 2	729. 8	748. 8	787. 7	805
C_{124}	14. 1	14. 3	14. 3	15	14. 7	14. 5	13. 2	14. 9	14. 7
C_{211}	0. 8157	0. 8227	0. 8258	0. 8290	0. 8330	0. 8355	0. 8395	0. 8433	0. 8472
C_{212}	0. 0556	0. 0600	0. 0563	0. 0599	0. 0514	0. 0436	0. 0427	0. 0474	0. 0633
C_{213}	− 1. 9559	− 1. 8876	− 1. 8518	− 1. 8451	− 1. 8485	− 1. 8515	− 1. 8633	− 1. 8593	− 1. 8551
C_{221}	1156. 23	1285. 28	1339. 12	1143. 47	1026. 51	1129. 45	1225. 11	1066. 45	1059. 31
C_{222}	150. 1633	168. 2897	188. 6676	211. 3444	101. 0045	106. 0784	48. 5104	47. 3161	47. 3536
C_{231}	− 11. 1601	− 8. 3760	− 8. 5996	− 6. 5096	− 6. 0936	− 5. 7193	− 4. 8768	− 3. 6494	− 3. 0359
C_{232}	7. 4199	8. 2490	8. 3874	8. 7907	9. 1544	9. 7648	9. 8447	10. 4081	10. 7415
C_{233}	0. 4928	0. 4831	0. 4794	0. 4653	0. 4776	0. 5176	0. 5414	0. 5687	0. 5804
C_{234}	0. 1067	0. 0969	0. 0938	0. 0853	0. 0889	0. 0865	0. 0671	0. 0734	0. 0342
C_{235}	0. 1541	0. 1732	0. 1751	0. 1970	0. 1953	0. 1940	0. 1735	0. 1969	0. 1961
C_{241}	0. 2139	0. 1726	0. 0759	0. 0925	− 0. 0077	− 0. 3109	0. 0487	− 0. 1560	0. 0719

续表

指标	2012 年	2013 年	2014 年	2015 年	2016 年	2017 年	2018 年	2019 年	2020 年
C_{242}	0.0257	0.0278	0.0365	0.0463	0.0482	0.0443	0.0513	0.0647	0.0774
C_{243}	14.3556	17.6284	18.4402	25.9500	27.5357	29.5567	39.5372	41.7321	54.3864
C_{244}	219.2138	245.9585	255.9440	268.4642	285.6231	206.0101	213.7893	212.0384	238.6906
C_{251}	−0.2446	−0.2011	−0.2120	−0.2270	−0.2354	−0.2487	−0.2622	−0.2729	−0.2729
C_{252}	−10.7872	−11.5705	−11.8906	−12.4263	−11.7212	−10.7313	−10.6481	−10.4617	−10.0678
C_{311}	6.6517	7.1345	7.4960	7.5868	7.9647	8.7280	9.5689	10.1557	10.1614
C_{312}	0.0407	0.0353	0.0329	0.0306	0.0301	0.0267	0.0267	0.0228	0.0330
C_{313}	2.8457	3.1705	3.3161	2.7541	2.9024	2.9861	3.0594	3.0456	2.5832
C_{321}	0.0751	0.0685	0.0644	0.0615	0.0600	0.0586	0.0560	0.0560	0.0572
C_{322}	48.1631	47.6364	47.9021	44.6333	46.8844	50.3310	56.7273	52.8658	54.7619
C_{323}	0.0448	0.0031	0.0056	−0.0226	0.0294	0.0589	0.0260	0.0519	0.0220
C_{331}	0.0823	0.0726	0.0507	0.0121	0.0498	0.0958	0.0963	0.0613	−0.0048
C_{332}	0.1362	0.2305	0.4112	0.7365	0.4583	0.2023	0.1457	0.0959	0.2062
C_{333}	0.1064	0.0670	0.0413	−0.0396	−0.0110	0.0449	0.0848	0.0223	−0.0174

附表 3 河北地区各指标原始数据

指标	2012 年	2013 年	2014 年	2015 年	2016 年	2017 年	2018 年	2019 年	2020 年
C_{111}	0.8634	0.9240	0.9489	0.9773	0.9978	1.0151	1.0233	1.0431	1.0841
C_{112}	0.0297	0.0334	0.0334	0.0371	0.0371	0.0381	0.0392	0.0413	0.0418
C_{113}	0.2843	0.3349	0.4339	0.5663	0.6537	0.7014	0.9836	1.2352	1.4323
C_{121}	24.2886	27.7840	23.8749	19.9192	21.0994	22.9211	24.9650	24.2866	24.7800
C_{122}	10844.84	12003.78	12968.8	12024.94	12339.25	13383.62	13876.71	13568.3	13735.52
C_{123}	2207.8	2291.5	2333.5	2399.3	2410.3	2541.9	2606.5	2886	2780.1
C_{124}	24.3	27.6	29	29.2	28.7	24.3	24.6	27.5	27.3
C_{211}	0.4660	0.4802	0.4936	0.5167	0.5387	0.5574	0.5733	0.5877	0.6007
C_{212}	0.0797	0.0932	0.0774	0.0704	0.0664	0.0641	0.0738	0.0713	0.0796
C_{213}	−2.5182	−2.4192	−2.3700	−2.3666	−2.3700	−2.3716	−2.3503	−2.3247	−2.2643
C_{221}	505.6306	549.1157	598.7736	515.1375	466.7538	498.5554	539.0087	580.4328	644.7023
C_{222}	58.0486	64.472	63.7196	61.775	73.5388	84.8951	90.811	98.4795	108.5077
C_{231}	−66.4256	−56.3894	−43.5234	−33.3477	−28.8891	−26.9244	−19.1997	−15.2889	−13.1850
C_{232}	4.5540	4.6655	5.2586	5.8391	5.9438	6.7547	7.5325	8.6927	8.9277

指标	2012 年	2013 年	2014 年	2015 年	2016 年	2017 年	2018 年	2019 年	2020 年
C_{233}	0.3040	0.3144	0.3187	0.3266	0.3268	0.3431	0.3510	0.3876	0.3725
C_{234}	0.1317	0.1131	0.0959	0.0884	0.0887	0.0892	0.0913	0.0946	0.0573
C_{235}	0.0501	0.0562	0.0653	0.0710	0.0707	0.0645	0.0710	0.0827	0.0876
C_{241}	0.2488	0.1750	0.1200	0.0964	0.0800	0.1371	0.0884	0.1481	0.1069
C_{242}	0.0016	0.0013	0.0011	0.0014	0.0019	0.0027	0.0079	0.0106	0.0137
C_{243}	3.2004	3.7899	4.0967	5.9985	7.4357	8.2719	11.2821	13.6001	16.8289
C_{244}	179.8885	202.5041	233.4622	246.5369	262.6889	342.2205	386.3708	504.6187	562.1709
C_{251}	-0.0933	-0.0995	-0.0944	-0.0708	-0.0817	-0.1029	-0.1090	-0.1348	-0.1348
C_{252}	-13.0277	-12.9454	-12.5649	-12.9357	-13.0515	-12.6215	-12.3481	-11.2770	-11.7919
C_{311}	3.1778	3.3289	3.4425	3.5940	3.8609	4.1355	4.3756	4.6973	4.8251
C_{312}	0.0704	0.0650	0.0663	0.0575	0.0416	0.0531	0.0512	0.0461	0.0565
C_{313}	1.2743	1.4431	1.6142	1.2753	1.3819	1.5033	1.6123	1.7438	1.7022
C_{321}	0.0957	0.0945	0.0926	0.0909	0.0846	0.0830	0.0802	0.0825	0.0772
C_{322}	90.8489	83.0570	80.5758	82.2267	84.0649	104.7390	106.0406	105.0589	101.9588
C_{323}	0.0620	0.0379	0.0183	0.0282	0.0046	0.0546	0.0254	0.1072	-0.0367
C_{331}	0.0741	0.0472	0.0348	0.0431	0.0748	0.0714	0.0569	0.0737	0.0269
C_{332}	0.3227	0.3447	0.4223	0.3678	0.6778	0.3419	0.4292	0.3406	0.3823
C_{333}	0.0583	0.0189	0.0212	-0.0030	0.0728	0.0242	-0.0078	0.0348	0.0313

附表 4 山西地区各指标原始数据

指标	2012 年	2013 年	2014 年	2015 年	2016 年	2017 年	2018 年	2019 年	2020 年
C_{111}	0.8792	0.8898	0.8962	0.8996	0.9066	0.9116	0.9147	0.9208	0.9210
C_{112}	0.0241	0.0242	0.0318	0.0325	0.0338	0.0339	0.0346	0.0376	0.0399
C_{113}	0.2097	0.3228	0.41	0.5906	0.5972	0.6596	0.6779	0.7269	0.8185
C_{121}	14.4608	15.6045	16.4918	16.1765	16.7076	18.9516	21.1497	19.2192	19.0232
C_{122}	3341.13	3592.38	3710.81	3438.55	3565.46	4185.03	4489.44	5466.48	5711.76
C_{123}	684.6	632.2	644	721.3	745.5	853.2	983.8	1028.2	1048.9
C_{124}	22.3	23.6	24.6	24.1	23.4	23.5	21.4	21.1	23.5
C_{211}	0.5133	0.5365	0.5431	0.5587	0.5728	0.5859	0.5985	0.6129	0.6253
C_{212}	0.1446	0.1004	0.0693	0.0696	0.0700	0.0856	0.0995	0.1056	0.1095
C_{213}	-2.8641	-2.8001	-2.7323	-2.7320	-2.7130	-2.7004	-2.6413	-2.5780	-2.5071
C_{221}	150.4311	157.9098	162.3281	146.8132	166.6141	171.8688	207.6237	209.8163	218.4202

续表

指标	2012 年	2013 年	2014 年	2015 年	2016 年	2017 年	2018 年	2019 年	2020 年
C_{222}	25.0379	28.0667	29.5186	28.6985	23.3242	16.9049	23.6171	13.5904	16.9058
C_{231}	−74.7258	−48.5440	−38.2195	−26.5323	−26.2391	−23.7568	−23.1155	−21.5573	−19.1448
C_{232}	4.9792	5.4751	6.0187	6.4505	6.8837	7.6471	8.7933	9.3627	9.4622
C_{233}	0.1929	0.1788	0.1825	0.2050	0.2121	0.2430	0.2809	0.2940	0.3005
C_{234}	0.1365	0.1124	0.0938	0.0796	0.0669	0.0720	0.0769	0.0836	0.0582
C_{235}	0.1615	0.2068	0.2289	0.2167	0.2179	0.2108	0.1946	0.1915	0.2120
C_{241}	0.1939	0.1572	0.0075	−0.1909	−0.0324	0.1496	0.1695	0.0520	0.1311
C_{242}	0.0026	0.0044	0.0040	0.0043	0.0036	0.0065	0.0094	0.0065	0.0025
C_{243}	2.0281	2.4229	2.3724	2.8477	2.8630	3.2221	4.2998	4.7465	7.8201
C_{244}	102.0706	99.1958	100.4459	68.1688	68.9735	89.5493	135.4351	140.3231	148.0910
C_{251}	−0.1727	−0.1799	−0.1810	−0.1675	−0.1950	−0.2073	−0.2032	−0.2049	−0.1814
C_{252}	−1.4297	−1.6259	−1.5723	−1.4599	−1.4591	−1.3733	−1.1539	−1.1212	−0.9346
C_{311}	3.2927	3.3910	3.4277	3.3639	3.3992	4.1260	4.5563	4.8505	5.0571
C_{312}	0.0706	0.0596	0.0552	0.0610	0.0563	0.0439	0.0487	0.0681	0.0657
C_{313}	1.1444	1.3024	1.4429	1.5191	1.6216	1.7259	1.8625	2.0105	1.9328
C_{321}	0.0586	0.0527	0.0532	0.0609	0.0624	0.0589	0.0616	0.0606	0.0594
C_{322}	30.6996	26.7881	26.1789	29.9295	31.8590	36.3064	45.9720	48.7299	44.6340
C_{323}	0.1205	−0.0765	0.0187	0.1200	0.0336	0.1445	0.1531	0.0451	0.0201
C_{331}	0.0767	0.0299	0.0108	−0.0186	0.0105	0.2138	0.1043	0.0646	0.0426
C_{332}	0.1750	0.2708	0.5087	0.4815	0.4498	0.3560	0.2882	0.2841	0.3601
C_{333}	0.0127	−0.0342	−0.0564	−0.2031	−0.0339	0.3256	0.0633	0.0515	0.0282

附表 5　　　　　　　　　　内蒙古地区各指标原始数据

指标	2012 年	2013 年	2014 年	2015 年	2016 年	2017 年	2018 年	2019 年	2020 年
C_{111}	0.1384	0.1416	0.1455	0.1482	0.1657	0.1686	0.1713	0.1742	0.1777
C_{112}	0.0083	0.0088	0.0088	0.0101	0.0103	0.0105	0.0106	0.0110	0.0120
C_{113}	0.2204	0.2682	0.2981	0.3562	0.415	0.4605	0.4934	0.588	0.733
C_{121}	16.8078	17.3909	20.4299	18.6156	20.0471	22.7455	24.787	18.2707	17.0550
C_{122}	5582	4514.15	4550.29	4263.86	4453.18	5206.49	5644.16	4586.84	4431.5
C_{123}	819.59	862.7	910.15	936.27	976.53	1074.19	1130.05	1202.71	1163.1
C_{124}	16.9	21.7	21.3	20.6	22.8	21.1	20.1	19.9	19.7
C_{211}	0.5842	0.5982	0.6097	0.6209	0.6340	0.6460	0.6551	0.6646	0.6748

指标	2012 年	2013 年	2014 年	2015 年	2016 年	2017 年	2018 年	2019 年	2020 年
C_{212}	0.1399	0.1252	0.0798	0.0947	0.1139	0.1456	0.1300	0.1220	0.1110
C_{213}	− 2.9677	− 2.8942	− 2.8418	− 2.8391	− 2.8405	− 2.8346	− 2.7751	− 2.6685	− 2.4961
C_{221}	112.5667	119.9247	145.54	127.8391	117.01	138.7352	156.9027	159.438	151.8
C_{222}	39.4319	46.4456	39.7748	33.6629	39.6672	31.4951	31.5869	20.6105	18.2240
C_{231}	− 536.7514	− 441.0887	− 396.8467	− 332.1168	− 285.0602	− 256.8947	− 239.7649	− 201.1905	− 161.4576
C_{232}	5.2828	5.5452	6.2169	6.4665	6.7465	7.3957	8.2239	9.2211	9.5503
C_{233}	0.3326	0.3514	0.3716	0.3837	0.4008	0.4414	0.4665	0.4980	0.4840
C_{234}	0.1417	0.1127	0.0998	0.0852	0.0814	0.0864	0.0826	0.0768	0.0308
C_{235}	0.1089	0.1395	0.1455	0.1423	0.1575	0.1453	0.1463	0.1526	0.1618
C_{241}	0.2235	0.1700	0.0755	0.0981	0.0789	− 0.1541	− 0.0453	0.1452	0.0930
C_{242}	0.0101	0.0034	0.0011	0.0012	0.0009	0.0013	0.0012	0.0013	0.0021
C_{243}	1.2541	1.5623	1.6459	2.2627	2.3996	2.5771	3.9737	4.5787	7.4738
C_{244}	52.9251	61.9217	68.868	64.0669	72.7898	67.2557	71.0278	92.5345	100.8454
C_{251}	− 0.3957	− 0.2965	− 0.3004	− 0.3094	− 0.2129	− 0.2232	− 0.2344	− 0.2426	− 0.2426
C_{252}	− 1.9431	− 1.8885	− 1.2730	− 1.2589	− 0.9355	− 0.9184	− 0.7307	− 0.8603	− 0.8603
C_{311}	4.2441	4.632	4.9585	5.2972	5.656	6.1196	6.6491	7.117	7.2062
C_{312}	0.0879	0.0801	0.0754	0.0688	0.0664	0.0760	0.0891	0.0791	0.0635
C_{313}	1.3147	1.4496	1.5788	1.6815	1.8126	1.9079	2.0033	2.0913	1.9812
C_{321}	0.0783	0.0757	0.0749	0.0723	0.0708	0.0721	0.0700	0.0699	0.0670
C_{322}	48.4964	39.7558	42.7300	45.4500	42.8303	50.9095	56.2214	60.4377	59.0391
C_{323}	0.1020	0.0526	0.0550	0.0287	0.0430	0.1000	0.0520	0.0643	− 0.0330
C_{331}	0.1088	0.0914	0.0705	0.0683	0.0677	0.0820	0.0865	0.0704	0.0125
C_{332}	0.2983	0.1009	0.6064	0.1964	0.5061	0.2965	0.2541	0.1048	0.2854
C_{333}	0.1257	0.0716	0.0483	0.0282	0.0572	0.0723	0.0925	0.0694	0.0163

附表 6　　　　　　　　　　辽宁地区各指标原始数据

指标	2012 年	2013 年	2014 年	2015 年	2016 年	2017 年	2018 年	2019 年	2020 年
C_{111}	0.7044	0.7407	0.7706	0.8032	0.8054	0.8191	0.8213	0.8333	0.8743
C_{112}	0.0320	0.0328	0.0330	0.0359	0.0359	0.0373	0.0414	0.0413	0.0417
C_{113}	0.3087	0.3722	0.3846	0.5301	0.5937	0.7125	0.7117	0.9076	1.0385
C_{121}	21.29566	21.5375	23.1743	20.85627	21.5989	22.09164	22.96957	18.4954	17.9200
C_{122}	11616.2	12087.6	12353.5	11790.1	12221.2	12913.7	10898	9183.3	5556.5

续表

指标	2012 年	2013 年	2014 年	2015 年	2016 年	2017 年	2018 年	2019 年	2020 年
C_{123}	848	884. 5	953. 7	1045. 3	1200	1255. 7	1304. 4	1311. 2	1209. 6
C_{124}	32. 3	37	37. 1	35. 5	34. 5	35	32. 4	32. 5	30. 2
C_{211}	0. 6766	0. 6845	0. 6885	0. 6979	0. 7042	0. 7139	0. 7192	0. 7269	0. 7369
C_{212}	0. 0489	0. 0639	0. 0731	0. 0705	0. 0988	0. 0902	0. 0717	0. 0567	0. 0574
C_{213}	− 2. 4747	− 2. 4307	− 2. 5985	− 2. 5816	− 2. 5523	− 2. 5455	− 2. 5479	− 2. 4694	− 2. 3138
C_{221}	1039. 9	1142. 8	1139. 6	960. 8	865. 2	994. 2	1144. 3	1052. 6	944. 6
C_{222}	267. 9315	290. 3996	274. 2335	51. 8516	29. 9902	53. 3508	48. 9571	33. 2292	25. 2151
C_{231}	− 95. 7474	− 95. 9948	− 38. 6375	− 28. 0324	− 25. 0295	− 20. 8561	− 20. 8796	− 18. 2915	− 14. 3091
C_{232}	5. 1433	5. 6132	6. 0420	6. 5559	6. 7233	7. 1873	7. 7594	8. 6645	9. 1104
C_{233}	0. 1998	0. 2087	0. 2247	0. 2471	0. 2836	0. 2992	0. 3112	0. 3129	0. 2904
C_{234}	0. 1419	0. 109642343	0. 0962	0. 0770	0. 0596	0. 0689	0. 0670	0. 0713	0. 0288
C_{235}	0. 1949	0. 2338	0. 2342	0. 2246	0. 1985	0. 2057	0. 1983	0. 2171	0. 2285
C_{241}	0. 0537	0. 1509	− 0. 0267	− 0. 2540	0. 0008	0. 1358	0. 0933	0. 0321	0. 0808
C_{242}	0. 0129	0. 0094	0. 0125	0. 0144	0. 0167	0. 0189	0. 0213	0. 0230	0. 0257
C_{243}	4. 9981	5. 1100	4. 6004	5. 9536	5. 9319	6. 3136	8. 3850	9. 5549	14. 4471
C_{244}	288. 6302	336. 0539	317. 3187	244. 2027	239. 1496	305. 8148	306. 2357	342. 0219	358. 4102
C_{251}	− 0. 2518	− 0. 2373	− 0. 2573	− 0. 2703	− 0. 2800	− 0. 2899	− 0. 2894	− 0. 2905	− 0. 2905
C_{252}	− 2. 2159	− 2. 0072	− 2. 0124	− 1. 7676	− 1. 6388	− 1. 6320	− 1. 5885	− 1. 5786	− 1. 5406
C_{311}	4. 0778	4. 3956	4. 5915	4. 6482	4. 7069	5. 0221	5. 4657	5. 8019	5. 8872
C_{312}	0. 0562	0. 0582	0. 0612	0. 0602	0. 0412	0. 0441	0. 0397	0. 0328	0. 0316
C_{313}	1. 5171	1. 6958	1. 8612	1. 9776	2. 0315	2. 0723	2. 1739	2. 3079	2. 1510
C_{321}	0. 0475	0. 0460	0. 0476	0. 0517	0. 0588	0. 0579	0. 0555	0. 0528	0. 0482
C_{322}	26. 2539	23. 9054	25. 7062	29. 4451	34. 7826	35. 8771	40. 2593	40. 3446	40. 0530
C_{323}	0. 0900	0. 0430	0. 0782	0. 0960	0. 1480	0. 0464	0. 0388	0. 0052	− 0. 0775
C_{331}	0. 0917	0. 0779	0. 0446	0. 0123	0. 0126	0. 0670	0. 0883	0. 0615	0. 0147
C_{332}	0. 1878	0. 2694	0. 3187	0. 3238	0. 4058	0. 2324	0. 2940	0. 1812	0. 2725
C_{333}	0. 0422	0. 0286	− 0. 0284	− 0. 0891	− 0. 0700	0. 0637	0. 0980	0. 0419	− 0. 0182

附表 7　　　　　　　　　　吉林地区各指标原始数据

指标	2012 年	2013 年	2014 年	2015 年	2016 年	2017 年	2018 年	2019 年	2020 年
C_{111}	0. 4984	0. 5038	0. 5136	0. 5205	0. 5480	0. 5556	0. 5636	0. 5704	0. 5767
C_{112}	0. 0192	0. 0192	0. 0192	0. 0196	0. 0196	0. 0195	0. 0261	0. 0261	0. 0261

指标	2012 年	2013 年	2014 年	2015 年	2016 年	2017 年	2018 年	2019 年	2020 年
C_{113}	0.1609	0.229	0.2369	0.4081	0.3748	0.4711	0.4659	0.51	0.5736
C_{121}	5.9335	4.947	5.3023	4.79	4.9721	5.4289	5.765	4.8797	5.0517
C_{122}	1596.11	1681.35	1703.81	1425.35	1478.52	1634.65	1704.71	1802.73	1865.06
C_{123}	481.52	506.3	513.92	516.36	537.61	563.68	579.86	574.4	582.1100
C_{124}	15.9175	17.1587	16.4287	16.5889	16.0708	16.2482	14.8656	16.3199	16.4966
C_{211}	0.4689	0.4698	0.4671	0.4842	0.4928	0.4959	0.4922	0.4919	0.4914
C_{212}	0.0555	0.0586	0.0687	0.0752	0.0835	0.0907	0.0793	0.0931	0.0623
C_{213}	− 2.3503	− 2.3152	− 2.1538	− 2.1985	− 2.1884	− 2.1867	− 2.1946	− 2.1625	− 2.0785
C_{221}	245.7171	258.5254	263.7817	189.3841	184.4246	185.2995	206.7443	188.9578	185.2518
C_{222}	16.4866	18.1949	19.6643	21.2747	22.7449	23.1248	2.75	12.5096	13.6855
C_{231}	− 116.2213	− 81.6594	− 78.9363	− 45.8221	− 49.8933	− 39.6943	− 40.1374	− 36.6667	− 32.6011
C_{232}	4.4690	4.8325	5.4129	5.8450	6.1921	6.7290	7.6573	7.6654	8.1618
C_{233}	0.1782	0.1890	0.1924	0.1940	0.2032	0.2155	0.2223	0.2208	0.2259
C_{234}	0.1406	0.1114	0.0951	0.0664	0.0687	0.0702	0.0669	0.0774	0.0484
C_{235}	0.1477	0.1638	0.1730	0.1878	0.1851	0.1940	0.1963	0.2178	0.2313
C_{241}	0.2977	0.1552	0.1308	0.0913	0.0546	− 0.1746	− 0.2333	0.1897	0.1350
C_{242}	0.0029	0.0037	0.0029	0.0026	0.0112	0.0201	0.0304	0.0404	0.0375
C_{243}	2.1951	2.3218	2.5066	3.3350	3.7781	4.2396	5.3222	5.9880	9.2938
C_{244}	77.6269	74.0849	78.3328	116.7919	124.3953	117.1236	107.8717	176.9661	178.8921
C_{251}	− 0.1247	− 0.1378	− 0.1514	− 0.1602	− 0.1594	− 0.1588	− 0.1424	− 0.1459	− 0.1434
C_{252}	− 1.1272	− 1.0954	− 1.2356	− 1.2671	− 1.2734	− 1.2526	− 1.0419	− 1.0574	− 1.0515
C_{311}	3.2005	3.5139	3.7539	3.8128	4.0259	4.289	4.4925	4.7554	5.0800
C_{312}	0.0519	0.0620	0.0786	0.0596	0.0563	0.0691	0.0614	0.0799	0.0664
C_{313}	1.0299	1.1490	1.2556	1.3417	1.4413	1.5262	1.5615	1.6193	1.4838
C_{321}	0.0555	0.0537	0.0516	0.0515	0.0516	0.0516	0.0515	0.0490	0.0473
C_{322}	30.2510	29.5069	31.2818	31.1268	33.4526	34.6918	39.0068	35.1963	35.2867
C_{323}	0.0885	0.0515	0.0151	0.0047	0.0412	0.0485	0.0287	− 0.0094	0.0134
C_{331}	0.1321	0.0979	0.0683	0.0157	0.0559	0.0654	0.0474	0.0585	0.0683
C_{332}	0.2910	0.0936	0.4966	0.3029	0.4908	0.2253	0.2419	0.2851	0.2687
C_{333}	0.1152	0.0766	0.0744	0.0084	0.0186	0.0276	0.0161	0.0184	0.0458

附表 8 黑龙江地区各指标原始数据

指标	2012 年	2013 年	2014 年	2015 年	2016 年	2017 年	2018 年	2019 年	2020 年
C_{111}	0.3379	0.3404	0.3452	0.3468	0.3495	0.3526	0.3550	0.3584	0.3572
C_{112}	0.0128	0.0125	0.0125	0.0130	0.0130	0.0130	0.0144	0.0142	0.0144
C_{113}	0.2450	0.2645	0.3156	0.4348	0.4714	0.5752	0.6155	0.6638	0.8383
C_{121}	6.8871	6.4777	6.5529	5.9758	5.8819	6.1407	6.2532	5.8043	5.6031
C_{122}	2045.3	1973.6	1998.7	1739.8	1729.5	1850.8	1920.2	1951.5	1918.2
C_{123}	380.4	374.4	426.6	434.3	463.4	488.7	508.5	503.6	497.4
C_{124}	25.6089	28.0624	27.7461	27.4955	27.1327	27.0041	25.03	25.7628	23.4047
C_{211}	0.5687	0.5805	0.5923	0.6047	0.6109	0.6190	0.6346	0.6462	0.6561
C_{212}	0.0510	0.0474	0.0720	0.0968	0.1059	0.1061	0.0843	0.0899	0.0870
C_{213}	−2.0642	−2.0341	−2.1629	−2.1814	−2.1751	−2.1671	−2.1147	−2.0655	−1.9245
C_{221}	378.2	388.8	389	209.9	165.4	189.4	264.1	271	222
C_{222}	38.9996	46.1331	50.8791	54.4875	58.1833	58.3643	58.7026	5.4324	5.4434
C_{231}	−192.1224	−177.9584	−149.1445	−108.2567	−99.8515	−81.8324	−76.4744	−70.9099	−56.1493
C_{232}	4.4399	4.9889	5.6873	5.9064	6.3540	6.9249	7.5629	8.4036	8.9640
C_{233}	0.1021	0.1021	0.1182	0.1231	0.1338	0.1438	0.1528	0.1547	0.1569
C_{234}	0.1346	0.1119	0.0944	0.0683	0.0670	0.0690	0.0717	0.0672	0.0267
C_{235}	0.2989	0.3739	0.3699	0.3739	0.3720	0.3826	0.3723	0.4299	0.4218
C_{241}	0.0813	0.0487	0.0058	−0.0789	0.0051	−0.0668	−0.2666	0.1803	0.0836
C_{242}	0.0091	0.0086	0.0099	0.0109	0.0106	0.0119	0.0129	0.0172	0.0194
C_{243}	5.4407	5.4062	4.2716	5.3675	5.2111	5.3607	5.8416	6.1410	8.9798
C_{244}	77.9353	78.2854	84.4603	72.2307	69.6173	66.9389	53.2983	74.8699	91.5152
C_{251}	−0.1494	−0.1671	−0.1815	−0.1899	−0.2016	−0.1901	−0.1706	−0.1800	−0.1800
C_{252}	−2.3320	−2.5637	−2.4095	−2.4278	−2.3377	−2.0620	−1.8368	−2.0618	−1.9992
C_{311}	2.9352	3.2068	3.3464	3.2759	3.4025	3.5887	3.8199	4.1156	4.2635
C_{312}	0.0714	0.0725	0.0690	0.0677	0.0592	0.0544	0.0523	0.0440	0.0457
C_{313}	0.9263	1.0461	1.1644	1.2669	1.3844	1.4938	1.5855	1.7216	1.6059
C_{321}	0.0345	0.0316	0.0351	0.0372	0.0390	0.0397	0.0396	0.0372	0.0363
C_{322}	14.8542	13.3417	15.3751	15.7953	17.0790	18.0973	20.3156	19.5476	21.2521
C_{323}	0.0985	−0.0158	0.1394	0.0180	0.0670	0.0546	0.0405	−0.0096	−0.0123
C_{331}	0.1249	0.0925	0.0435	−0.0211	0.0386	0.0547	0.0644	0.0774	0.0310
C_{332}	0.1635	0.2418	0.2596	0.7581	0.5832	0.1011	0.3235	0.3267	0.1945
C_{333}	0.0328	0.0171	−0.0679	−0.2063	−0.0631	−0.0419	0.0126	0.0206	−0.0636

附表 9　　　　　　　　　　　　　上海地区各指标原始数据

指标	2012 年	2013 年	2014 年	2015 年	2016 年	2017 年	2018 年	2019 年	2020 年
C_{111}	1.9715	1.9872	0.0002	2.0819	2.0976	2.0976	2.0661	2.0503	2.0345
C_{112}	0.0721	0.0719	0.0719	0.0719	0.0733	0.0733	0.0735	0.0737	0.0774
C_{113}	0.3792	0.4569	0.4480	0.7796	0.7629	1.6374	0.4716	0.5503	0.5919
C_{121}	9.4376	9.1535	9.0341	9.1239	8.8689	9.7257	10.7387	10.9609	13.9226
C_{122}	20373.37	14332.71	18633.36	19495.88	19317.76	24998.71	28299.85	30324.9	32795
C_{123}	903.4	945	1059.5	1143.3	1254.6	1381.7	1616.5	1650.4	1548
C_{124}	38	49.2	51.4	51.5	51.1	51.1	50.6	50.4	47.8
C_{211}	0.8929	0.8958	0.8930	0.8853	0.8901	0.8909	0.8913	0.8924	0.8931
C_{212}	0.0706	0.0648	0.0637	0.0921	0.0926	0.0923	0.0508	0.0430	0.0313
C_{213}	-2.3567	-2.3364	-2.3047	-2.2824	-2.2607	-2.2496	-2.2398	-2.2177	-2.1895
C_{221}	4367.58	4413.98	4666.22	4517.33	4338.05	4761.23	5156.49	4938.03	5031.89
C_{222}	151.85	167.8	181.66	184.59	185.14	170.08	173.00	190.48	202.33
C_{231}	-1.6719	-1.3876	-1.4152	-0.8132	-0.8310	-0.3872	-1.3444	-1.1521	-1.0711
C_{232}	7.2421	8.0093	9.0220	10.0254	10.9787	11.7499	12.7296	13.4371	14.4879
C_{233}	0.3766	0.3860	0.4295	0.4651	0.5086	0.5603	0.6531	0.6652	0.6222
C_{234}	0.1100	0.0940	0.0899	0.0849	0.0890	0.0862	0.0881	0.0819	0.0402
C_{235}	0.3046	0.4170	0.4377	0.4516	0.4472	0.4346	0.3985	0.4103	0.4474
C_{241}	0.0807	0.0896	0.1098	0.0557	0.0334	0.1019	0.0276	0.0645	0.0751
C_{242}	0.0240	0.0243	0.0229	0.0234	0.0247	0.0261	0.0246	0.0340	0.0374
C_{243}	21.4706	19.8856	20.4653	24.6635	26.0357	29.5239	37.3576	40.5429	56.1817
C_{244}	484.0036	528.2586	587.5497	571.6228	622.7654	678.7046	755.8012	851.6190	868.9077
C_{251}	-0.5087	-0.4997	-0.4952	-0.5102	-0.5676	-0.6290	-0.6193	-0.6423	-0.6423
C_{252}	-11.7036	-11.5242	-10.0423	-9.5605	-8.9604	-8.2376	-7.0855	-7.0870	-7.1703
C_{311}	8.9613	9.5746	10.2827	10.9186	12.1369	13.3489	14.5767	15.3299	15.6803
C_{312}	0.0276	0.0319	0.0319	0.0444	0.0584	0.0568	0.0517	0.0522	0.0431
C_{313}	3.2682	3.4955	3.7712	4.7216	5.1026	5.5554	6.0100	6.3876	6.4037
C_{321}	0.0424	0.0407	0.0419	0.0425	0.0420	0.0420	0.0449	0.0434	0.0397
C_{322}	23.7737	19.2073	20.6128	22.2000	24.5519	27.0391	31.9466	32.7460	32.3849
C_{323}	0.0397	0.0460	0.1212	0.0791	0.0973	0.1013	0.1699	0.0210	-0.0620
C_{331}	0.0433	0.0684	0.0740	0.0618	0.1116	0.0999	0.0920	0.0517	0.0229
C_{332}	0.5011	0.4087	0.4026	0.2600	0.5585	0.2246	0.1742	0.2632	0.1081
C_{333}	-0.0016	0.0136	0.0431	-0.0261	0.0199	0.1158	0.0876	-0.0203	0.0063

附表 10 江苏地区各指标原始数据

指标	2012 年	2013 年	2014 年	2015 年	2016 年	2017 年	2018 年	2019 年	2020 年
C_{111}	1.4375	1.4562	1.4692	1.4813	1.4674	1.4785	1.4804	1.4916	1.4748
C_{112}	0.0224	0.0243	0.0252	0.0252	0.0261	0.0261	0.0289	0.0336	0.0392
C_{113}	0.6772	0.8913	1.1861	1.0898	1.2951	1.5190	1.5202	2.1469	2.4643
C_{121}	23.1295	19.4048	20.8623	21.1648	21.5651	23.4092	24.7388	28.1060	28.8513
C_{122}	8474.64	10536.84	11028.47	7374	8290.69	9726.51	9684.01	11114.57	11538.86
C_{123}	2352.7	2425.9	2592	2435.3	2535.6	2743.4	2964.4	3170	3179.8
C_{124}	30.6	48.4	49.8	49.2	49.6	48.1	46	48.3	45.5
C_{211}	0.6301	0.6439	0.6570	0.6749	0.6893	0.7018	0.7119	0.7247	0.7344
C_{212}	0.0436	0.0469	0.0522	0.0529	0.0515	0.0544	0.0505	0.0512	0.0446
C_{213}	-2.3744	-2.3360	-2.2962	-2.2866	-2.2806	-2.2770	-2.2643	-2.2516	-2.1945
C_{221}	5479.6149	5508.0227	5635.5308	5455.6045	5092.9641	5907.7814	6639.1374	6295.1593	6428.3184
C_{222}	357.5956	332.5922	281.7416	242.7469	245.4296	251.3541	255.9248	261.2425	283.8387
C_{231}	-15.8299	-12.0274	-9.0380	-9.8367	-8.2774	-7.0573	-7.0517	-4.9932	-4.3501
C_{232}	4.8935	5.6413	6.0462	6.7106	7.1948	7.7593	8.5322	9.8627	9.9780
C_{233}	0.2897	0.2961	0.3130	0.2929	0.3025	0.3257	0.3510	0.3743	0.3751
C_{234}	0.1318	0.1045	0.0967	0.0871	0.0857	0.0921	0.0877	0.0867	0.0481
C_{235}	0.0636	0.1126	0.1162	0.1356	0.1407	0.1360	0.1324	0.1503	0.1428
C_{241}	0.2005	0.1474	0.1105	0.0944	0.1003	0.1064	0.1040	0.0897	0.0796
C_{242}	0.0075	0.0089	0.0084	0.0080	0.0082	0.0091	0.0106	0.0149	0.0203
C_{243}	33.2451	29.2520	24.1553	30.1006	27.5647	26.9706	36.3473	37.1226	58.8831
C_{244}	1494.5123	1669.3195	1764.9058	1711.7386	1909.0345	2150.6492	2468.0855	2701.3149	2822.3651
C_{251}	-0.1246	-0.1334	-0.1446	-0.1510	-0.1558	-0.1652	-0.1755	-0.1862	-0.1862
C_{252}	-12.2624	-12.4877	-11.5212	-12.4724	-12.3086	-11.5193	-10.6717	-10.2606	-10.2750
C_{311}	6.6135	7.2448	7.8288	8.5696	9.2293	10.1947	11.0357	11.6492	12.1278
C_{312}	0.0621	0.0575	0.0587	0.0565	0.0513	0.0454	0.0427	0.0457	0.0403
C_{313}	2.2674	2.5486	2.8328	3.2123	3.5333	3.8963	4.1999	4.4483	4.3749
C_{321}	0.0438	0.0409	0.0400	0.0342	0.0328	0.0319	0.0318	0.0321	0.0309
C_{322}	76.8856	50.1219	52.0482	49.4980	51.1210	57.0353	64.4435	65.6315	69.8857
C_{323}	0.1054	0.0311	0.0685	-0.0605	0.0412	0.0820	0.0806	0.0694	0.0031
C_{331}	0.0864	0.0955	0.0806	0.0946	0.0770	0.1046	0.0825	0.0556	0.0411
C_{332}	0.4592	0.3827	0.4062	0.4459	0.1666	0.2035	0.1782	0.2871	0.1453
C_{333}	0.0730	0.0678	0.0622	0.0607	0.0517	0.1153	0.0690	0.0308	0.0261

附表 11 浙江地区各指标原始数据

指标	2012 年	2013 年	2014 年	2015 年	2016 年	2017 年	2018 年	2019 年	2020 年
C_{111}	1.1154	1.1339	1.1431	1.1186	1.1285	1.1373	1.1426	1.1535	1.1655
C_{112}	0.0173	0.0200	0.0227	0.0240	0.0244	0.0248	0.0266	0.0269	0.0299
C_{113}	0.5305	0.7035	0.7499	1.1959	1.1948	2.6487	2.5861	2.7381	2.5229
C_{121}	19.1817	18.8679	19.4250	20.1231	21.5558	24.2504	26.9083	28.9011	30.0276
C_{122}	9183.41	8951.22	9539.7	9869.72	9789.33	10106.23	11538.14	12391.92	12324.24
C_{123}	1229.2	1303.3	1383.8	1499.5	1605.9	1742.6	1852.8	1980.1	1915.8
C_{124}	29.4	31.4	32.7	32	31.5	31.8	30.1	31.2	35.2
C_{211}	0.6290	0.6393	0.6496	0.6632	0.6772	0.6891	0.7001	0.7158	0.7217
C_{212}	0.0778	0.0718	0.0734	0.0867	0.0872	0.0953	0.1084	0.1134	0.1141
C_{213}	-2.1413	-2.1196	-2.0850	-2.0693	-2.0658	-2.0541	-2.0355	-2.0144	-1.9636
C_{221}	3124.0136	3357.8871	3550.3977	3467.8383	3365.7591	3779.0747	4323.6010	4472.2451	4885.4281
C_{222}	6.4255	9.3762	2.8691	3.4959	6.3185	6.2314	4.7205	5.6300	5.4340
C_{231}	-19.1894	-14.4705	-14.0685	-8.8218	-8.8299	-3.9869	-4.0834	-3.8567	-4.1857
C_{232}	5.7737	6.4156	7.0156	7.5002	8.3408	8.7811	9.4562	9.6986	11.0340
C_{233}	0.2162	0.2253	0.2349	0.2505	0.2645	0.2824	0.2954	0.3106	0.2962
C_{234}	0.1168	0.1020	0.0968	0.0882	0.0842	0.0913	0.0902	0.0885	0.0501
C_{235}	0.1368	0.1523	0.1634	0.1599	0.1630	0.1565	0.1537	0.1529	0.2005
C_{241}	0.1789	0.1310	0.1108	0.1138	0.1181	0.1200	0.1416	0.1550	0.1131
C_{242}	0.0024	0.0022	0.0022	0.0023	0.0042	0.0062	0.0102	0.0142	0.0217
C_{243}	33.1509	34.9844	32.0109	39.2620	36.4717	34.6524	45.3724	44.7595	60.5597
C_{244}	480.5000	541.3900	572.1100	572.3200	653.0600	720.1500	806.8900	936.2400	1038.3700
C_{251}	-0.4522	-0.4640	-0.4638	-0.4844	-0.4779	-0.4884	-0.4678	-0.4303	-0.4205
C_{252}	-1.0095	-0.9917	-0.9518	-0.9312	-0.8730	-0.8386	-0.7721	-0.7566	-0.7102
C_{311}	6.0479	6.4548	6.7952	7.2695	7.7823	8.4932	9.2464	9.7980	10.0014
C_{312}	0.0691	0.0787	0.0753	0.0833	0.0665	0.0426	0.0453	0.0442	0.0467
C_{313}	2.4041	2.6513	2.8995	3.1597	3.4448	3.7474	4.0112	4.2892	4.1172
C_{321}	0.0358	0.0349	0.0346	0.0345	0.0340	0.0333	0.0319	0.0317	0.0296
C_{322}	41.8095	41.5064	42.3180	46.8594	50.9810	54.7987	61.5548	63.4647	54.4261
C_{323}	0.0624	0.0603	0.0618	0.0836	0.0710	0.0851	0.0632	0.0687	-0.0325
C_{331}	0.0575	0.0673	0.0527	0.0698	0.0705	0.0914	0.0887	0.0596	0.0208
C_{332}	0.4172	0.5015	0.5265	0.3985	0.4102	0.2346	0.1662	0.1715	0.1727
C_{333}	0.0403	0.0661	0.0707	0.0500	0.0482	0.0738	0.0790	0.0416	0.0047

附表 12   安徽地区各指标原始数据

指标	2012 年	2013 年	2014 年	2015 年	2016 年	2017 年	2018 年	2019 年	2020 年
C_{111}	1.1788	1.2402	1.2445	1.3337	1.4100	1.4507	1.4899	1.5577	1.6876
C_{112}	0.0235	0.0250	0.0250	0.0300	0.0300	0.0307	0.0307	0.0343	0.0378
C_{113}	0.2548	0.4031	0.4008	0.7229	0.7528	1.0652	1.0479	1.3104	1.5022
C_{121}	31.2437	39.6391	43.4298	34.5756	36.4567	40.3426	40.6761	36.8248	37.4503
C_{122}	9817.83	12335.34	13500.59	10402.25	10896.37	11429.77	11803.68	10245.79	10241.67
C_{123}	1080.2	1233.3	1351.1	1374.9	1462.3	1591	1865.4	1951.5	1850.4
C_{124}	16.3	22	21.7	22.3	22.9	24.2	24.5	23.7	20.8
C_{211}	0.4630	0.4786	0.4931	0.5097	0.5263	0.5428	0.5565	0.5703	0.5833
C_{212}	0.0434	0.0445	0.0517	0.0613	0.0688	0.0698	0.0642	0.0677	0.0712
C_{213}	-2.6487	-2.5750	-2.5049	-2.4892	-2.4877	-2.4800	-2.4573	-2.4351	-2.3732
C_{221}	392.8454	455.1897	491.7730	478.4453	444.1286	540.2163	628.4032	687.3032	787.0404
C_{222}	1.9489	2.5976	3.8435	0.2269	1.2048	2.7109	5.5198	1.1653	2.9656
C_{231}	-55.0000	-34.7656	-34.9651	-19.3858	-18.6158	-13.1562	-13.3734	-10.6944	-9.3290
C_{232}	4.2787	4.7235	5.0271	5.6659	6.1038	6.5444	7.2012	8.0896	8.7492
C_{233}	0.1807	0.2060	0.2253	0.2287	0.2424	0.2627	0.3070	0.3203	0.3031
C_{234}	0.1449	0.1148	0.1084	0.0933	0.0890	0.0933	0.0970	0.1014	0.0639
C_{235}	0.0649	0.0839	0.0814	0.0919	0.0950	0.1001	0.0939	0.0981	0.0988
C_{241}	0.3129	0.2494	0.1180	0.0969	0.1005	0.1890	0.1487	0.1619	0.1713
C_{242}	0.0047	0.0064	0.0075	0.0080	0.0083	0.0084	0.0094	0.0122	0.0173
C_{243}	7.2467	8.1578	8.0674	9.8218	10.1082	9.6109	13.1249	13.5463	19.6062
C_{244}	279.3	324.47	368.52	380.44	443.21	511.71	571.13	619.26	749.43
C_{251}	-0.3701	-0.4046	-0.4477	-0.4551	-0.4655	-0.4936	-0.5040	-0.5065	-0.4928
C_{252}	-0.7879	-0.7556	-0.7643	-0.7653	-0.7386	-0.7227	-0.6314	-0.5929	-0.6253
C_{311}	3.0682	3.4375	3.7552	3.9646	4.3606	4.8995	5.5976	6.0482	6.2345
C_{312}	0.0599	0.0635	0.0725	0.0733	0.0618	0.0371	0.0336	0.0372	0.0446
C_{313}	1.0276	1.1765	1.3268	1.8617	2.0989	2.3657	2.6590	2.9321	3.0031
C_{321}	0.0589	0.0599	0.0600	0.0577	0.0556	0.0536	0.0548	0.0530	0.0486
C_{322}	66.2699	56.0591	62.2627	61.6547	63.8559	65.7438	76.1388	82.3418	88.9615
C_{323}	0.1175	0.1417	0.0955	0.0176	0.0636	0.0880	0.1725	0.0462	-0.0518
C_{331}	0.1252	0.1204	0.0924	0.0558	0.0999	0.1236	0.1425	0.0805	0.0308
C_{332}	0.2996	0.3363	0.4922	0.5783	0.5246	0.2644	0.2355	0.2433	0.2618
C_{333}	0.1331	0.1052	0.0684	-0.0273	0.0657	0.0932	0.0924	0.0509	0.0048

附表 13   福建地区各指标原始数据

指标	2012 年	2013 年	2014 年	2015 年	2016 年	2017 年	2018 年	2019 年	2020 年
C_{111}	0.7634	0.8027	0.8160	0.8434	0.8609	0.8711	0.8782	0.8854	0.8880
C_{112}	0.0182	0.0221	0.0222	0.0258	0.0258	0.0257	0.0283	0.0283	0.0304
C_{113}	0.3177	0.4275	0.4341	0.6467	0.7418	0.9308	1.0255	0.8902	0.8365
C_{121}	8.4417	9.6718	11.1779	11.1063	12.0379	13.2252	13.6974	13.3693	13.9927
C_{122}	3877.73	3943.77	4783.48	5450.96	6074.83	6785.16	7652.89	8296.62	9020.34
C_{123}	943.01	979.59	1037.93	1110.2	1184.67	1309.33	1376.22	1482.18	1497.31
C_{124}	18.6	24.3	24	24.5	23.4	23.9	23	22.9	22.8
C_{211}	0.5931	0.6080	0.6200	0.6323	0.6439	0.6578	0.6698	0.6788	0.6876
C_{212}	0.1350	0.1095	0.1091	0.1170	0.1159	0.1114	0.1083	0.0871	0.0734
C_{213}	−2.5236	−2.4703	−2.4286	−2.4125	−2.4011	−2.3876	−2.3636	−2.3314	−2.2586
C_{221}	1559.38	1693.22	1774.08	1688.46	1568.19	1710.35	1875.76	1930.86	2033.17
C_{222}	63.3774	66.7896	71.1499	76.8339	81.9465	85.7672	44.5477	46.0953	50.2347
C_{231}	−39.0305	−29.0058	−28.5648	−19.1743	−16.7161	−13.3219	−12.0917	−13.9295	−14.8237
C_{232}	5.0774	5.5251	6.0600	6.5727	7.0440	7.6255	8.5939	8.9672	9.6224
C_{233}	0.2455	0.2521	0.2631	0.2787	0.2950	0.3221	0.3353	0.3583	0.3598
C_{234}	0.1320	0.1085	0.0996	0.0889	0.0868	0.0884	0.0864	0.0910	0.0445
C_{235}	0.1001	0.1371	0.1401	0.1450	0.1391	0.1392	0.1436	0.1385	0.1465
C_{241}	0.2251	0.1723	0.1296	0.1002	0.1190	0.1559	0.1697	0.1402	0.1143
C_{242}	0.0025	0.0020	0.0016	0.0019	0.0015	0.0022	0.0022	0.0033	0.0037
C_{243}	7.9399	9.6553	9.5962	15.4671	16.7186	16.8030	25.0054	23.9195	35.0704
C_{244}	227.8341	265.6091	284.6972	297.3967	351.6871	423.4896	496.6148	580.6318	678.7880
C_{251}	−0.1378	−0.1407	−0.1509	−0.1575	−0.1676	−0.1772	−0.1888	−0.2028	−0.2028
C_{252}	−0.9398	−0.9684	−0.9678	−0.9553	−0.9383	−0.9198	−0.9352	−0.9378	−0.8518
C_{311}	5.2959	5.8255	6.3709	6.7649	7.4024	8.3758	9.4719	10.2722	10.5818
C_{312}	0.1043	0.0910	0.0940	0.0865	0.0673	0.0563	0.0557	0.0502	0.0449
C_{313}	2.1651	2.4565	2.7487	3.0806	3.4121	3.7869	4.1858	4.5678	4.4764
C_{321}	0.0467	0.0435	0.0416	0.0414	0.0400	0.0387	0.0356	0.0350	0.0341
C_{322}	50.6995	40.3123	43.2471	45.3143	50.6269	54.7837	59.8357	64.7240	65.6715
C_{323}	0.0645	0.0388	0.0596	0.0696	0.0671	0.1052	0.0511	0.0770	0.0102
C_{331}	0.1050	0.1000	0.0936	0.0618	0.0942	0.1315	0.1309	0.0845	0.0301
C_{332}	0.3099	0.4458	0.2971	0.2316	0.3264	0.1868	0.2640	0.2439	0.1607
C_{333}	0.1135	0.1078	0.1069	0.0306	0.0639	0.0984	0.1489	0.0591	0.0058

附表 14 江西地区各指标原始数据

指标	2012 年	2013 年	2014 年	2015 年	2016 年	2017 年	2018 年	2019 年	2020 年
C_{111}	0.9023	0.9111	0.9318	0.9384	0.9701	0.9723	0.9703	1.2530	1.2621
C_{112}	0.0164	0.0179	0.0216	0.0234	0.0234	0.0248	0.0248	0.0272	0.0296
C_{113}	0.2715	0.3845	0.3852	0.4724	0.6561	1.0238	0.7384	0.8897	1.0491
C_{121}	12.702	13.5036	15.1773	13.0279	13.8068	15.4359	17.4184	15.086	15.7167
C_{122}	3448.967	3646.0456	3829.9712	3753.237	3897.5513	4217.0685	4528.2985	3858.7772	4010.8
C_{123}	631.8	679.5	710.9	754.1	821.4	895.8	1022.5	1106.7	1036.2
C_{124}	12.9	21.2	20.8	21.2	20.3	20.5	19	18.3	18.6
C_{211}	0.4739	0.4904	0.5055	0.5230	0.5399	0.5570	0.5734	0.5907	0.6044
C_{212}	0.0429	0.0377	0.0466	0.0470	0.0487	0.0328	0.0337	0.0340	0.0360
C_{213}	-2.4787	-2.4337	-2.4028	-2.3790	-2.3623	-2.3560	-2.3388	-2.3136	-2.2705
C_{221}	251.1279	281.6665	320.2532	331.1674	297.984	324.8827	339.4269	361.92295	420.6
C_{222}	68.2431	75.5096	84.5074	94.7321	104.4056	114.66373	125.7166	135.7905	146.0221
C_{231}	-61.4733	-43.4070	-43.3281	-35.3302	-25.4382	-16.3020	-22.6029	-18.7591	-15.9089
C_{232}	5.1481	5.4186	5.8149	6.2156	6.5665	7.0358	7.9021	8.5841	8.9850
C_{233}	0.1412	0.1518	0.1587	0.1682	0.1827	0.1986	0.2265	0.2451	0.2293
C_{234}	0.1430	0.1130	0.1082	0.1018	0.0907	0.0956	0.0930	0.0906	0.0668
C_{235}	0.1051	0.1691	0.1701	0.1747	0.1623	0.1610	0.1468	0.1419	0.1613
C_{241}	0.2028	0.1949	0.1611	0.1482	0.2187	0.2333	0.2079	0.1959	0.0806
C_{242}	0.0031	0.0030	0.0032	0.0039	0.0043	0.0048	0.0051	0.0060	0.0091
C_{243}	1.7842	2.2277	3.0875	5.3876	7.0005	7.3211	11.9240	13.0958	17.7565
C_{244}	91.7019	97.7849	129.182	144.5062	222.7922	294.9584	367.3303	458.4841	466.9998
C_{251}	-0.0729	-0.0888	-0.0914	-0.1024	-0.1067	-0.1105	-0.1250	-0.1342	-0.1342
C_{252}	-0.8559	-0.8901	-0.9558	-1.0175	-0.9918	-0.9418	-0.9092	-0.9059	-0.9611
C_{311}	2.8624	3.1952	3.4988	3.7436	4.095	4.4878	5.0347	5.464	5.6871
C_{312}	0.0639	0.0596	0.0746	0.0560	0.0484	0.0448	0.0407	0.0352	0.0390
C_{313}	1.0570	1.2121	1.3742	1.5474	1.7402	1.9602	2.0042	2.2294	2.2952
C_{321}	0.0493	0.0475	0.0454	0.0449	0.0447	0.0443	0.0450	0.0449	0.0403
C_{322}	48.9767	32.0519	34.1779	35.5708	40.4631	43.6976	53.8158	60.4754	55.7097
C_{323}	0.2422	0.0755	0.0462	0.0608	0.0892	0.0906	0.1414	0.0823	-0.0637
C_{331}	0.1040	0.1163	0.0950	0.0700	0.0939	0.0959	0.1219	0.0853	0.0408
C_{332}	0.2629	0.5425	0.4021	0.5174	0.4886	0.1873	0.3630	0.2559	0.3593
C_{333}	0.0782	0.1077	0.0625	0.0138	0.0460	0.0844	0.0370	0.0617	0.0248

附表 15　　　　　　　　山东地区各指标原始数据

指标	2012 年	2013 年	2014 年	2015 年	2016 年	2017 年	2018 年	2019 年	2020 年
C_{111}	1.5484	1.6003	1.6429	1.6678	1.6821	1.7130	1.7450	1.7746	1.8157
C_{112}	0.0273	0.0278	0.0288	0.0308	0.0309	0.0324	0.0359	0.0378	0.0436
C_{113}	0.5820	0.6567	0.6498	0.8605	1.0221	1.4936	1.4762	1.9038	1.7679
C_{121}	33.0270	34.4401	26.0983	25.8444	28.1557	32.2564	34.9481	30.4732	30.8627
C_{122}	11077.78	8194.15	8253.03	8418.04	8884.34	9719.46	10052.2	10166.42	10377.4
C_{123}	2146.1	2033.8	2285.1	2436.3	2664.9	3221.2	3384.9	3636.1	3478.6
C_{124}	37.4	50.6	49.7	48.4	49.4	47.7	47.6	44.7	47.6
C_{211}	0.5203	0.5346	0.5477	0.5697	0.5913	0.6079	0.6146	0.6186	0.6305
C_{212}	0.0509	0.0539	0.0516	0.0577	0.0559	0.0716	0.0702	0.0944	0.0813
C_{213}	-2.5769	-2.5154	-2.4594	-2.4397	-2.4374	-2.4335	-2.4268	-2.3814	-2.3317
C_{221}	2455.4432	2665.3153	2769.2940	2406.0780	2343.5585	2645.5096	2923.9707	2969.9553	3202.1039
C_{222}	123.5267	140.5315	151.9511	163.009	168.2556	178.5731	205.1636	146.8933	176.4763
C_{231}	-27.1418	-24.0544	-24.3098	-18.3574	-15.4549	-10.5761	-10.7008	-8.2974	-8.9352
C_{232}	4.9353	5.4336	5.9851	6.5587	6.9747	7.6155	7.9221	9.0812	9.4882
C_{233}	0.2211	0.2087	0.2330	0.2469	0.2672	0.3211	0.3359	0.3598	0.3422
C_{234}	0.1360	0.1098	0.0976	0.0881	0.0873	0.0909	0.0845	0.0819	0.0408
C_{235}	0.0860	0.1352	0.1302	0.1303	0.1293	0.1128	0.1114	0.1116	0.1298
C_{241}	0.2186	0.1626	0.1166	0.0989	0.0954	0.1051	-0.0928	-0.1463	0.1277
C_{242}	0.0033	0.0038	0.0049	0.0056	0.0067	0.0081	0.0123	0.0157	0.0262
C_{243}	7.7767	7.8982	7.4243	9.9433	9.8359	10.0191	13.1370	14.4945	23.4902
C_{244}	814.8492	1020.6343	1160.3104	1122.1423	1252.1655	1383.4842	1160.8192	1056.6243	1258.0017
C_{251}	-0.1938	-0.1204	-0.1241	-0.1280	-0.1335	-0.1477	-0.1473	-0.1522	-0.1522
C_{252}	-0.8261	-0.8846	-0.8140	-0.8360	-0.7761	-0.6594	-0.6465	-0.6550	-0.5858
C_{311}	4.4348	4.8673	5.1933	5.6205	5.9239	6.2993	6.6284	6.9901	7.1825
C_{312}	0.0547	0.0555	0.0556	0.0558	0.0426	0.0397	0.0409	0.0352	0.0335
C_{313}	1.6260	1.8165	2.0092	2.1844	2.3546	2.5444	2.7270	2.8944	2.8773
C_{321}	0.0500	0.0430	0.0450	0.0441	0.0454	0.0511	0.0508	0.0515	0.0478
C_{322}	57.3824	40.1937	45.9779	50.3368	53.9453	67.5304	71.1113	81.3445	73.0798
C_{323}	0.0939	-0.0523	0.1236	0.0662	0.0938	0.2088	0.0508	0.0742	-0.0433
C_{331}	0.0928	0.0975	0.0670	0.0823	0.0540	0.0634	0.0522	0.0546	0.0275
C_{332}	0.2430	0.2952	0.2218	0.4399	0.4165	0.2196	0.3336	0.2589	0.2743
C_{333}	0.0660	0.0572	0.0361	0.0485	0.0255	0.0378	0.0043	0.0063	0.0102

附表 16 河南地区各指标原始数据

指标	2012 年	2013 年	2014 年	2015 年	2016 年	2017 年	2018 年	2019 年	2020 年
C_{111}	1.4949	1.4960	1.4961	1.5005	1.6014	1.6036	1.6083	1.6158	1.6184
C_{112}	0.0289	0.0289	0.0306	0.0312	0.0327	0.0328	0.0327	0.0364	0.0367
C_{113}	0.4368	0.5626	0.6526	0.7434	1.0827	1.215	1.4138	1.6627	1.9184
C_{121}	27.224	18.4669	20.0626	19.2715	20.5385	22.9458	25.9461	21.8647	21.9072
C_{122}	9436.42	7205.05	7367.09	6916.89	7336.28	8165.54	8934.35	8595.74	8690.5
C_{123}	1401.4	1634.7	1890.3	2032.3	2212.8	2413.9	2834.06	3037.95	2846.5
C_{124}	30.89	43.62	44.49	45.27	45.8	45.2	39.3	41.2	42.1
C_{211}	0.4198	0.4360	0.4505	0.4702	0.4878	0.5056	0.5224	0.5401	0.5543
C_{212}	0.0418	0.0448	0.0453	0.0535	0.0481	0.0559	0.0653	0.0633	0.0709
C_{213}	-2.7551	-2.7166	-2.6427	-2.5904	-2.3566	-2.3282	-2.3239	-2.3046	-2.2554
C_{221}	517.5	599.57	650.33	737.81	712.26	776.13	828.19	824.45	972.1
C_{222}	121.1777	134.5659	149.2688	160.8637	169.9312	172.2428	179.0214	187.2727	200.6476
C_{231}	-38.2326	-29.6836	-25.5899	-22.4644	-15.4244	-13.7449	-11.8121	-10.0439	-8.7052
C_{232}	4.2978	4.3886	4.8746	5.1818	5.5122	6.0679	7.0214	7.5335	7.7591
C_{233}	0.1470	0.1708	0.1960	0.2095	0.2263	0.2456	0.2873	0.3068	0.2863
C_{234}	0.1397	0.1121	0.1050	0.0911	0.0770	0.0936	0.0889	0.0883	0.0379
C_{235}	0.0947	0.1171	0.1147	0.1154	0.1141	0.1136	0.0974	0.1022	0.1148
C_{241}	0.1649	0.1863	0.1418	0.0937	0.1108	0.1527	0.1200	0.1509	0.1263
C_{242}	0.0014	0.0013	0.0012	0.0012	0.0015	0.0017	0.0030	0.0043	0.0069
C_{243}	2.8150	3.0797	3.4594	4.9238	5.0261	5.6371	8.3453	8.7109	12.3538
C_{244}	231.3506	266.0106	297.1713	306.5512	337.0816	398.2301	448.1123	498.0837	526.2726
C_{251}	-0.0753	-0.0885	-0.0885	-0.0968	-0.1032	-0.1223	-0.1104	-0.1092	-0.1092
C_{252}	-0.9561	-0.8786	-0.7870	-0.7760	-0.7620	-0.7046	-0.6355	-0.5946	-0.6468
C_{311}	3.0497	3.3114	3.5982	3.8338	4.1326	4.5723	5.0714	5.4356	5.5435
C_{312}	0.0600	0.0620	0.0605	0.0546	0.0467	0.0361	0.0307	0.0378	0.0422
C_{313}	1.1296	1.2790	1.4285	1.5953	1.7667	1.9625	2.1561	2.3711	2.2636
C_{321}	0.0484	0.0517	0.0547	0.0548	0.0550	0.0539	0.0568	0.0566	0.0518
C_{322}	45.3674	37.4759	42.4882	44.8929	48.3144	53.4049	72.1135	73.7367	67.6128
C_{323}	0.2266	0.1665	0.1564	0.0751	0.0888	0.0909	0.1741	0.0719	-0.0630
C_{331}	0.0930	0.0858	0.0866	0.0655	0.0779	0.1064	0.1092	0.0718	0.0199
C_{332}	0.3576	0.3729	0.5296	0.5362	0.4835	0.2222	0.3146	0.2288	0.3149
C_{333}	0.0588	0.0445	0.0586	0.0399	0.0500	0.0775	0.0348	0.0355	-0.0441

附表 17　　　　　　　　　湖北地区各指标原始数据

指标	2012 年	2013 年	2014 年	2015 年	2016 年	2017 年	2018 年	2019 年	2020 年
C_{111}	1.1735	1.2206	1.2745	1.3608	1.3996	1.4496	1.4795	1.5548	1.5598
C_{112}	0.0186	0.0258	0.0218	0.0219	0.0223	0.0227	0.0234	0.0278	0.0279
C_{113}	0.4046	0.5194	0.5581	0.9198	1.1812	1.4222	1.421	1.3703	1.4261
C_{121}	12.5392	13.974	15.4736	15.6357	16.5125	18.7638	20.3704	18.8143	16.0428
C_{122}	4693.61	4883.01	5798.12	5908.4	6159.9	6276.670809	6605.49	6133.740011	5295.7
C_{123}	1101.4	1295.6	1454.3	1547.9	1652.9	1876.6	2031	2233.5	1737.3
C_{124}	24.4	33.2	34.4	34.4	35	35.4	34.8	31	29.2
C_{211}	0.5323	0.5451	0.5573	0.5718	0.5857	0.5988	0.6100	0.6183	0.6289
C_{212}	0.0791	0.0719	0.0749	0.0882	0.0947	0.0908	0.0909	0.0866	0.0972
C_{213}	-2.6541	-2.5833	-2.2907	-2.2840	-2.3093	-2.3088	-2.3004	-2.2940	-2.2511
C_{221}	319.6409	363.8928	430.6401	456.0531	393.976	463.0863	528.0245	571.2847	620.8
C_{222}	56.6591	68.8847	79.2792	89.4801	101.2889	109.9392	119.4095	129.0746	103.5189
C_{231}	-45.9466	-35.7913	-33.3094	-20.2109	-15.7382	-13.0713	-13.0823	-13.5664	-13.0356
C_{232}	4.9049	4.9392	5.3974	5.9994	6.4211	7.1195	7.9489	8.5397	9.1229
C_{233}	0.1905	0.2235	0.2501	0.2646	0.2809	0.3179	0.3432	0.3768	0.3008
C_{234}	0.1443	0.1123	0.1099	0.0953	0.0879	0.0904	0.0866	0.0970	-0.0155
C_{235}	0.1087	0.1266	0.1277	0.1333	0.1360	0.1343	0.1362	0.1185	0.1533
C_{241}	0.2494	0.1842	0.1641	0.1221	0.0950	0.0515	0.1207	0.1161	0.0417
C_{242}	0.0087	0.0157	0.0206	0.0260	0.0271	0.0277	0.0287	0.0315	0.0383
C_{243}	4.2337	4.9603	4.8642	6.6292	7.1065	7.8538	10.8342	12.4751	19.0644
C_{244}	293.7086	331.7175	364.6332	364.4392	407.6507	464.0613	585.4098	690.9409	728.0624
C_{251}	-0.1573	-0.1445	-0.1557	-0.1596	-0.1912	-0.1964	-0.2017	-0.2234	-0.2234
C_{252}	-1.4064	-1.1593	-1.0672	-1.0337	-1.1616	-1.0438	-0.9862	-0.9939	-1.0761
C_{311}	3.9149	4.3835	4.8635	5.2021	5.6844	6.3169	7.1097	7.6712	7.4440
C_{312}	0.0566	0.0706	0.0803	0.0737	0.0610	0.0448	0.0511	0.0539	0.0597
C_{313}	1.7643	2.0092	2.2635	2.5381	2.8211	3.1368	3.4812	3.8337	3.1141
C_{321}	0.0488	0.0511	0.0515	0.0510	0.0496	0.0504	0.0483	0.0492	0.0400
C_{322}	45.1393	39.0241	42.2762	44.9971	47.2257	53.0113	58.3621	72.0484	59.4966
C_{323}	0.0945	0.1763	0.1225	0.0644	0.0678	0.1353	0.0823	0.0997	-0.2222
C_{331}	0.1276	0.1197	0.1095	0.0696	0.0927	0.1113	0.1255	0.0790	-0.0296
C_{332}	0.3247	0.5552	0.4450	0.4310	0.4547	0.3613	0.2051	0.2074	0.0546
C_{333}	0.1426	0.0467	0.0926	0.0450	0.0688	0.0762	0.1056	0.0578	-0.1613

附表 18 湖南地区各指标原始数据

指标	2012 年	2013 年	2014 年	2015 年	2016 年	2017 年	2018 年	2019 年	2020 年
C_{111}	1.1051	1.1114	1.1154	1.1184	1.1250	1.1318	1.1334	1.1358	1.1385
C_{112}	0.0181	0.0190	0.0214	0.0213	0.0223	0.0222	0.0239	0.0263	0.0267
C_{113}	0.3115	0.6354	0.5190	0.7249	0.8004	0.9810	1.0433	1.1474	1.2061
C_{121}	19.0712	21.0659	20.28	19.9499	20.7553	22.6522	23.111	19.0958	20.1977
C_{122}	3953.62	4227.44	4122.58	3884.64	4072.7	4316.43	4404.28	2612.24	2620.4
C_{123}	1016.52	1102.92	1184.81	1251.25	1309.63	1440.63	1516.22	1577.95	1561.0
C_{124}	23.6	24.5	25.2	24.4	24	23.4	21.9	25.9	25.6
C_{211}	0.4665	0.4796	0.4928	0.2813	0.2989	0.3354	0.3439	0.3494	0.3606
C_{212}	0.0859	0.0075	0.0711	0.0694	0.0702	0.0672	0.0667	0.0630	0.0606
C_{213}	-2.8654	-2.6972	-2.6411	-2.6234	-2.6222	-2.6243	-2.6041	-2.5880	-2.5142
C_{221}	219.4082	251.6439	310.2729	293.668	268.797	360.3951	465.2983	628.8194	706.8
C_{222}	72.8034	87.0482	102.6585	115.6441	128.5209	144.7489	161.9134	181.0127	209.9782
C_{231}	67.9936	33.3333	40.8092	29.2178	26.4618	21.5902	20.3010	18.4591	17.5607
C_{232}	4.5182	4.9604	5.3738	6.0385	6.5333	7.1564	8.0265	8.4911	8.7570
C_{233}	0.1416	0.1543	0.1645	0.1728	0.1789	0.1974	0.2069	0.2156	0.2140
C_{234}	0.141056137	0.112153429	0.1010	0.0962	0.0931	0.0942	0.0925	0.0966	0.0614
C_{235}	0.1049	0.1102	0.1143	0.1178	0.1197	0.1162	0.1159	0.1394	0.1436
C_{241}	0.2603	0.1803	0.1466	0.1371	0.1147	0.1751	0.1190	0.1479	0.1203
C_{242}	0.0020	0.0033	0.0038	0.0037	0.0034	0.0060	0.0078	0.0123	0.0176
C_{243}	3.2329	3.4128	3.6984	4.7052	4.6524	5.1966	6.6821	7.4711	10.7905
C_{244}	238.4102	295.9845	315.11	331.5134	358.5267	485.7534	541.7313	659.3679	750.9542
C_{251}	-0.0773	-0.0848	-0.1076	-0.1191	-0.1247	-0.1340	-0.1433	-0.1499	-0.1499
C_{252}	-1.1279	-1.2173	-1.2179	-1.2393	-1.2445	-1.2030	-1.0301	-1.0282	-1.0282
C_{311}	3.2203	3.5702	3.9181	4.3155	4.6606	5.103	5.4763	6.0104	6.2900
C_{312}	0.0665	0.0718	0.0642	0.0557	0.0513	0.0483	0.0458	0.0426	0.0442
C_{313}	1.0940	1.2520	1.3958	1.5522	1.7079	1.8905	2.0657	2.2794	2.2285
C_{321}	0.0479	0.0468	0.0458	0.0438	0.0424	0.0426	0.0417	0.0396	0.0374
C_{322}	43.0729	45.0171	47.0163	51.2807	54.5679	61.5654	69.2338	60.9247	60.9781
C_{323}	0.1302	0.0850	0.0742	0.0561	0.0467	0.1000	0.0525	0.0407	-0.0107
C_{331}	0.1195	0.1087	0.0974	0.1014	0.0800	0.0949	0.0732	0.0975	0.0465
C_{332}	0.4240	0.1945	0.3278	0.2859	0.5064	0.2479	0.2484	0.2554	0.2892
C_{333}	0.1178	0.0898	0.0741	0.0607	0.0078	0.0161	0.0071	0.1122	0.0338

附表 19　　　　　　　　　广东地区各指标原始数据

指标	2012 年	2013 年	2014 年	2015 年	2016 年	2017 年	2018 年	2019 年	2020 年
C_{111}	1.0847	1.1290	1.1801	1.2020	1.2134	1.2218	1.2113	1.2257	1.2345
C_{112}	0.0143	0.0178	0.0212	0.0215	0.0237	0.0240	0.0258	0.0268	0.0271
C_{113}	1.0910	1.4020	1.4476	2.2018	2.1602	2.4234	2.5111	3.0019	3.2335
C_{121}	26.6359	30.5833	35.3732	37.6434	37.7645	40.0601	42.4996	44.6018	35.6221
C_{122}	9780.56	12495.92691	15020.92	15130.59	22032.27	28192.23	28644.77	29230.88	27575.2
C_{123}	2100.81	2237.3	2490.13	2662.73	2877.45	3166.69	3363.48	3657.96	3360.1
C_{124}	61.8	83.3	85.4	82.8	81.1	83.3	86.4	82.6	83.1
C_{211}	0.6715	0.6809	0.6862	0.6951	0.7015	0.7074	0.7181	0.7265	0.7415
C_{212}	0.0868	0.0973	0.1031	0.1034	0.0935	0.1013	0.0906	0.0917	0.0940
C_{213}	-2.8670	-2.6688	-2.6253	-2.6015	-2.5967	-2.5967	-2.5828	-2.5569	-2.4950
C_{221}	9839.47	10918.22	10765.84	10227.96	9552.86	10066.8	10851.03	10365.78	10239.0
C_{222}	235.4911	249.521	268.7144	268.7546	233.4921	229.0668	214.5857	225.1038	239.6411
C_{231}	-16.4734	-12.8192	-12.4154	-8.1626	-8.3198	-7.4162	-7.1572	-5.9870	-5.5582
C_{232}	5.7623	6.0957	7.2467	8.0851	8.4295	9.0615	9.7185	10.7763	11.1675
C_{233}	0.1903	0.1985	0.2167	0.2280	0.2416	0.2608	0.2724	0.2929	0.2662
C_{234}	0.1243	0.1012	0.0967	0.0846	0.0875	0.0894	0.0850	0.0895	0.0516
C_{235}	0.1695	0.2270	0.2485	0.2514	0.2376	0.2384	0.2496	0.2433	0.2762
C_{241}	0.1984	0.1481	0.1114	0.1056	0.1024	0.1126	0.1298	0.0985	0.0800
C_{242}	0.0064	0.0085	0.0061	0.0089	0.0092	0.0102	0.0137	0.0206	0.0295
C_{243}	13.9116	15.1224	15.6631	20.6522	21.7528	27.3987	38.7174	42.2283	56.2203
C_{244}	1186.5618	1406.5712	1623.3271	1831.0389	2309.7271	2828.6496	3336.6963	3864.9832	4127.1302
C_{251}	-0.1585	-0.1517	-0.1559	-0.1611	-0.1722	-0.1791	-0.1824	-0.1873	-0.1873
C_{252}	-1.2273	-1.2815	-1.2067	-1.1782	-1.2200	-1.1393	-1.1027	-1.0429	-1.0106
C_{311}	5.2308	5.6029	5.9909	6.4516	6.9671	7.6218	8.1625	8.6956	8.8210
C_{312}	0.0682	0.0818	0.0965	0.1546	0.0755	0.0564	0.0392	0.0304	0.0374
C_{313}	2.0539	2.2586	2.4781	2.5969	2.9173	3.0145	3.2205	3.4392	3.1850
C_{321}	0.0369	0.0358	0.0365	0.0356	0.0350	0.0346	0.0337	0.0339	0.0303
C_{322}	33.9937	26.8583	29.1584	32.1586	35.4803	38.0155	38.9292	44.2852	40.4348
C_{323}	0.1116	0.0650	0.1130	0.0693	0.0806	0.1005	0.0621	0.0876	-0.0814
C_{331}	0.0446	0.0711	0.0692	0.0769	0.0799	0.0940	0.0709	0.0653	0.0144
C_{332}	0.4661	0.3432	0.3435	0.3137	0.4016	0.2776	0.2105	0.2942	0.1684
C_{333}	0.0436	0.0633	0.0868	0.0616	0.0435	0.0816	0.0653	0.0396	-0.0061

附表 20 广西地区各指标原始数据

指标	2012 年	2013 年	2014 年	2015 年	2016 年	2017 年	2018 年	2019 年	2020 年
C_{111}	0.4541	0.4688	0.4836	0.4966	0.5074	0.5188	0.5280	0.5380	0.5540
C_{112}	0.0133	0.0126	0.0198	0.0214	0.0216	0.0218	0.0219	0.0219	0.0219
C_{113}	0.2328	0.2764	0.3419	0.4849	0.6166	0.7631	0.8024	0.9461	1.0311
C_{121}	16.1368	15.1155	13.7794	14.9727	16.0774	17.4656	19.0668	18.3052	18.7456
C_{122}	4110.64	3856.37	3869.91	4061.82	4260.41	4613.32	4983.78	3989.18	4159.6
C_{123}	541.43	580.43	624.32	689.28	737.16	804.61	867.14	902.04	889.7
C_{124}	18.5	21.2	20.9	20	19.4	19	18.8	19.1	18.6
C_{211}	0.4348	0.4511	0.4654	0.4799	0.4925	0.5058	0.5183	0.5297	0.5419
C_{212}	0.1054	0.0845	0.0862	0.0904	0.1012	0.0988	0.1062	0.1109	0.1308
C_{213}	− 3.5358	− 3.4317	− 2.8411	− 2.7903	− 2.7342	− 2.6933	− 2.6084	− 2.5406	− 2.4205
C_{221}	294.7369	328.3690	405.5305	512.6215	478.9694	572.1023	623.3834	682.0238	703.8496
C_{222}	7.4853	7.0008	10.0119	17.2208	8.8845	8.2272	5.059	11.0946	13.1742
C_{231}	− 102.0619	− 85.9624	− 69.4940	− 48.9998	− 38.5339	− 31.1362	− 29.6112	− 25.1136	− 23.0434
C_{232}	4.2719	4.9061	5.4038	6.2005	6.5144	7.3958	8.1287	8.9136	9.4554
C_{233}	0.1153	0.1227	0.1309	0.1433	0.1518	0.1640	0.1753	0.1811	0.1773
C_{234}	0.1438	0.1137	0.1047	0.0846	0.0849	0.0874	0.0794	0.0858	0.0529
C_{235}	0.1460	0.1792	0.1809	0.1799	0.1714	0.1746	0.1762	0.1887	0.1977
C_{241}	0.1967	0.1635	0.0389	− 0.0938	0.0755	0.1315	− 0.0480	0.1725	0.0848
C_{242}	0.0002	0.0006	0.0009	0.0005	0.0021	0.0022	0.0031	0.0037	0.0041
C_{243}	1.2569	1.6665	2.0260	2.8212	3.0591	3.1119	4.1542	4.5538	6.8679
C_{244}	77.1269	84.9395	85.0464	90.3957	90.5498	112.003	109.1022	144.518	187.2393
C_{251}	− 0.1123	− 0.0894	− 0.1114	− 0.1167	− 0.1207	− 0.1329	− 0.1378	− 0.1346	− 0.1346
C_{252}	− 1.5204	− 1.1503	− 1.4044	− 1.3534	− 1.3293	− 1.3408	− 1.2433	− 1.2369	− 1.0911
C_{311}	2.4181	2.6461	2.8603	3.089	3.334	3.6441	3.9837	4.2778	4.4309
C_{312}	0.0813	0.0745	0.0589	0.0585	0.0489	0.0497	0.0531	0.0375	0.0676
C_{313}	0.8867	0.9953	1.1047	1.1996	1.3073	1.4343	1.5491	1.6461	1.5603
C_{321}	0.0479	0.0466	0.0459	0.0466	0.0457	0.0452	0.0442	0.0425	0.0402
C_{322}	29.2665	27.3788	29.8718	34.4640	37.9979	42.3479	46.1245	47.2272	47.8333
C_{323}	0.0498	0.0720	0.0756	0.1040	0.0695	0.0915	0.0777	0.0402	− 0.0137
C_{331}	0.0876	0.0943	0.0809	0.0800	0.0793	0.0930	0.0932	0.0738	0.0358
C_{332}	0.1949	0.2707	0.3800	0.3851	0.5413	0.3105	0.3596	0.2052	0.2000
C_{333}	0.0399	0.0153	0.0876	0.0336	0.0356	0.0866	0.0901	0.0284	− 0.0141

附表 21　　　　　　　　　　　海南地区各指标原始数据

指标	2012 年	2013 年	2014 年	2015 年	2016 年	2017 年	2018 年	2019 年	2020 年
C_{111}	0.6893	0.7060	0.7387	0.7631	0.8016	0.8717	0.9950	1.0826	1.1410
C_{112}	0.0236	0.0236	0.0236	0.0333	0.0333	0.0333	0.0333	0.0333	0.0333
C_{113}	0.0685	0.0878	0.1109	0.1516	0.1740	0.1714	0.1767	0.1684	0.2109
C_{121}	2.6906	2.8834	2.3081	2.2330	2.1828	2.1397	2.2093	1.8552	2.0737
C_{122}	1557.0832	1399.3400	1498.2718	1193.1507	1073.5288	879.7201	893.5886	1667.0709	3694.3757
C_{123}	124.61	135.41	150.04	176.92	188.89	213.94	224.22	255.95	244.08
C_{124}	4.5	5.4	5.4	6.5	7	7.1	7.6	7.3	7.8
C_{211}	0.3795	0.3783	0.3765	0.3709	0.3862	0.3893	0.3935	0.4038	0.4458
C_{212}	0.0696	0.1045	0.1151	0.1257	0.1246	0.1178	0.1042	0.0705	0.0753
C_{213}	-2.8237	-2.7483	-2.4702	-2.4273	-2.4025	-2.3885	-2.3839	-2.3832	-2.2788
C_{221}	143.2210	149.8543	158.6266	139.6697	113.4843	103.7406	127.3353	131.5275	135.8683
C_{222}	16.4119	18.1060	18.8858	20.0567	21.3134	23.0598	7.4451	15.1115	30.3324
C_{231}	-51.3869	-40.0911	-31.7403	-23.2190	-20.2299	-20.5368	-19.9208	-20.9026	-16.6904
C_{232}	5.1689	5.8519	6.2648	6.9138	7.1786	7.4127	8.2408	9.6438	8.8423
C_{233}	0.1382	0.1490	0.1637	0.1949	0.2094	0.2350	0.2424	0.2732	0.2560
C_{234}	0.1443	0.1095	0.1108	0.0860	0.0882	0.0920	0.0898	0.0854	0.0459
C_{235}	0.1867	0.2334	0.2255	0.2540	0.2660	0.2460	0.2793	0.2751	0.2826
C_{241}	0.3520	0.1981	0.1864	0.0075	-0.2863	-0.0627	0.5199	-0.0488	0.0820
C_{242}	0.0002	0.0012	0.0002	0.0006	0.0008	0.0009	0.0014	0.0017	0.0036
C_{243}	1.2118	1.4644	1.7428	2.2706	2.1492	2.3429	3.5585	4.7202	8.9986
C_{244}	10.1396	11.4916	11.6939	10.5791	11.7659	10.8956	14.7630	15.9612	21.3111
C_{251}	-0.2020	-0.1832	-0.1753	-0.1833	-0.1778	-0.1886	-0.1832	-0.1862	-0.3067
C_{252}	-2.1851	-2.1303	-1.8727	-1.4792	-1.3605	-1.2790	-1.3408	-1.2015	-1.2582
C_{311}	3.0993	3.4053	3.7166	3.9704	4.3009	4.6631	5.0263	5.3929	5.5131
C_{312}	0.0741	0.0730	0.0786	0.0802	0.0830	0.0948	0.0837	0.0780	0.0650
C_{313}	1.1128	1.2706	1.4173	1.5528	1.7150	1.8996	2.0027	2.0822	2.0715
C_{321}	0.0447	0.0435	0.0435	0.0474	0.0462	0.0476	0.0457	0.0480	0.0441
C_{322}	27.6911	25.0759	27.7852	27.2185	26.9843	30.1324	29.5026	35.0616	31.2923
C_{323}	0.1392	0.0867	0.1080	0.1792	0.0677	0.1326	0.0481	0.1415	-0.0464
C_{331}	0.1063	0.0987	0.0914	0.0683	0.0832	0.0842	0.0779	0.0729	0.0223
C_{332}	0.1595	0.1993	0.5259	0.4830	0.5911	0.2540	0.2644	0.1185	0.2718
C_{333}	0.0869	-0.0767	0.1003	0.0143	-0.0211	0.0949	0.1018	0.0272	-0.1030

附表 22　　　　　　　　　　　重庆地区各指标原始数据

指标	2012 年	2013 年	2014 年	2015 年	2016 年	2017 年	2018 年	2019 年	2020 年
C_{111}	1. 4651	1. 4908	1. 5460	1. 7057	1. 7345	1. 7947	1. 9112	2. 1151	2. 1941
C_{112}	0. 0176	0. 0204	0. 0215	0. 0234	0. 0271	0. 0288	0. 0288	0. 0291	0. 0291
C_{113}	0. 2583	0. 3170	0. 3623	0. 3725	0. 4955	0. 6583	0. 6786	0. 8834	1. 0164
C_{121}	8. 6398	8. 7115	9. 7287	10. 3739	10. 7847	11. 5346	12. 8234	11. 2766	12. 1390
C_{122}	2648. 0626	2293. 2580	2588. 8734	2706. 3382	2967. 0457	3370. 7601	3593. 6344	3610. 6278	3524. 6991
C_{123}	591. 23	642. 61	680. 87	726. 11	777. 15	827. 97	899. 38	977. 14	952. 87
C_{124}	15. 8	26. 1	27. 3	27. 1	26. 5	27	22. 5	21. 5	21. 3
C_{211}	0. 3940	0. 4002	0. 4065	0. 4125	0. 4763	0. 4829	0. 4865	0. 4911	0. 4926
C_{212}	0. 1124	0. 1205	0. 1086	0. 1123	0. 1154	0. 1121	0. 1165	0. 1164	0. 1288
C_{213}	− 2. 7907	− 2. 7149	− 2. 6498	− 2. 5930	− 2. 5639	− 2. 5473	− 2. 5317	− 2. 5070	− 2. 4452
C_{221}	532. 0358	686. 9216	954. 3158	744. 6685	627. 5364	666. 0111	790. 1691	839. 4959	941. 8110
C_{222}	35. 2418	41. 4353	42. 3348	37. 7183	27. 9037	22. 6042	32. 5030	23. 6529	21. 0119
C_{231}	− 31. 9009	− 25. 9937	− 22. 7436	− 22. 1208	− 16. 6297	− 12. 5171	− 12. 1426	− 9. 3276	− 8. 1070
C_{232}	4. 7032	5. 4069	5. 5476	6. 0007	6. 3442	6. 8944	7. 8782	8. 8567	8. 9746
C_{233}	0. 1768	0. 1913	0. 2017	0. 2153	0. 2291	0. 2443	0. 2642	0. 2860	0. 2792
C_{234}	0. 1447	0. 1102	0. 1076	0. 0958	0. 0957	0. 0962	0. 0925	0. 0960	0. 0658
C_{235}	0. 1257	0. 2196	0. 2224	0. 2240	0. 2163	0. 2248	0. 1971	0. 1949	0. 2006
C_{241}	0. 2405	0. 1854	0. 1992	0. 1994	0. 1894	0. 1790	0. 0686	0. 1226	0. 1092
C_{242}	0. 0047	0. 0069	0. 0107	0. 0036	0. 0082	0. 0026	0. 0087	0. 0024	0. 0047
C_{243}	6. 0907	7. 3928	7. 2031	11. 5409	12. 5992	10. 2601	13. 4233	12. 8414	16. 2267
C_{244}	126. 6058	143. 8649	186. 3801	238. 8537	302. 5777	325. 2278	309. 4253	342. 1298	397. 2680
C_{251}	− 0. 1307	− 0. 1442	− 0. 1361	− 0. 1607	− 0. 1701	− 0. 1820	− 0. 1682	− 0. 1749	− 0. 1749
C_{252}	− 1. 2198	− 1. 2385	− 1. 1089	− 1. 2304	− 1. 2206	− 1. 2097	− 1. 0177	− 0. 9742	− 0. 9742
C_{311}	3. 9178	4. 3528	4. 8307	5. 2476	5. 8327	6. 4176	6. 8464	7. 4337	7. 8173
C_{312}	0. 0681	0. 0830	0. 0789	0. 0771	0. 0670	0. 0664	0. 0599	0. 0603	0. 0620
C_{313}	1. 5377	1. 7705	2. 0037	2. 2740	2. 5731	2. 8820	3. 1452	3. 4048	3. 4539
C_{321}	0. 0510	0. 0493	0. 0466	0. 0453	0. 0431	0. 0413	0. 0417	0. 0414	0. 0381
C_{322}	37. 4196	24. 6211	24. 9403	26. 7937	29. 3264	30. 6656	39. 9724	45. 4484	44. 7357
C_{323}	0. 0190	0. 0869	0. 0595	0. 0664	0. 0703	0. 0654	0. 0862	0. 0865	− 0. 0248
C_{331}	0. 1237	0. 1110	0. 1098	0. 0863	0. 1115	0. 1003	0. 0668	0. 0858	0. 0516
C_{332}	0. 3407	0. 3183	0. 4607	0. 4265	0. 3516	0. 1489	0. 2922	0. 2094	0. 1798
C_{333}	0. 1598	0. 1128	0. 1244	0. 0469	0. 0489	0. 0519	0. 0106	0. 0453	0. 0670

附表 23 四川地区各指标原始数据

指标	2012 年	2013 年	2014 年	2015 年	2016 年	2017 年	2018 年	2019 年	2020 年
C_{111}	0.6038	0.6209	0.6372	0.6493	0.6668	0.6789	0.6822	0.6935	0.8114
C_{112}	0.0072	0.0072	0.0082	0.0091	0.0095	0.0099	0.0103	0.0107	0.0109
C_{113}	0.7071	0.9238	1.0767	1.3220	1.6532	1.8962	2.0170	2.4583	2.8160
C_{121}	17.4349	16.7759	15.9034	15.4597	16.0970	17.2922	18.7385	17.7283	17.1896
C_{122}	2238.28	2248.6	2465.13	2387.44	2504.11	2696.17	2946.09	2710.83	2861.32
C_{123}	591.65	617.86	864.72	941.85	1118.84	1205.9	1401.66	1473.14	1472.28
C_{124}	23.6	39.4	41.3	40.7	40.4	38.9	37.4	32	34.6
C_{211}	0.4335	0.4496	0.4650	0.4827	0.5001	0.5178	0.5350	0.5536	0.5673
C_{212}	0.1362	0.1268	0.1305	0.1307	0.1357	0.1439	0.1531	0.1511	0.1486
C_{213}	-2.7153	-2.6522	-2.5924	-2.5573	-2.5292	-2.5130	-2.4916	-2.4645	-2.4015
C_{221}	591.2538	645.9252	702.5223	511.8856	493.4941	681.0677	899.3788	980.5150	1168.0195
C_{222}	98.0100	102.8443	102.8764	99.9607	79.7687	81.0135	89.6375	30.7178	24.5237
C_{231}	-68.7388	-52.6145	-45.1428	-36.7664	-29.4007	-25.6330	-24.0978	-19.7719	-17.2604
C_{232}	5.2686	5.7030	5.9569	6.5698	6.8547	7.5915	8.4369	9.7381	9.6569
C_{233}	0.0732	0.0762	0.1062	0.1149	0.1356	0.1455	0.1684	0.1764	0.1759
C_{234}	0.1458	0.1159	0.1067	0.0935	0.0922	0.0942	0.0914	0.0998	0.0736
C_{235}	0.2102	0.3637	0.2845	0.2839	0.2475	0.2449	0.2251	0.2115	0.2269
C_{241}	0.3615	0.1874	0.1606	0.1418	0.1495	0.1703	0.1372	0.1328	0.1026
C_{242}	0.0047	0.0056	0.0069	0.0093	0.0090	0.0107	0.0232	0.0261	0.0256
C_{243}	5.2218	5.6938	5.7894	7.9250	7.5682	7.7218	10.5002	9.8271	12.9478
C_{244}	178.2262	213.5771	234.7013	214.5687	252.3694	310.7379	393.1381	403.0592	487.4121
C_{251}	-0.0744	-0.0580	-0.0789	-0.0769	-0.1063	-0.1123	-0.1141	-0.1202	-0.0359
C_{252}	-2.3257	-2.3479	-1.4499	-1.3436	-1.4663	-1.4540	-1.2938	-1.2961	-1.2326
C_{311}	2.9627	3.2750	3.5563	3.7150	4.0297	4.5835	5.1658	5.5619	5.8126
C_{312}	0.0799	0.0850	0.0800	0.0802	0.0711	0.0606	0.0643	0.0665	0.0708
C_{313}	1.1882	1.3536	1.5179	1.6879	1.8809	2.0997	2.3243	2.5557	2.4877
C_{321}	0.0247	0.0233	0.0299	0.0310	0.0338	0.0318	0.0327	0.0318	0.0303
C_{322}	25.0699	15.6817	20.9375	23.1413	27.6941	31.0000	37.4775	46.0356	42.5514
C_{323}	0.0855	0.0443	0.3995	0.0892	0.1879	0.0778	0.1623	0.0510	-0.0006
C_{331}	0.1336	0.1054	0.0859	0.0446	0.0847	0.1374	0.1270	0.0767	0.0451
C_{332}	0.2656	0.3437	0.5706	0.3021	0.5219	0.3169	0.3062	0.2136	0.0935
C_{333}	0.1125	0.0957	0.0383	0.0029	0.0052	0.0599	0.0806	0.0652	0.0200

附表 24 贵州地区各指标原始数据

指标	2012 年	2013 年	2014 年	2015 年	2016 年	2017 年	2018 年	2019 年	2020 年
C_{111}	0.9341	0.9796	1.0166	1.0582	1.0878	1.1035	1.1178	1.1622	1.1734
C_{112}	0.0117	0.0119	0.0135	0.0160	0.0186	0.0186	0.0202	0.0213	0.0220
C_{113}	1.9482	2.0582	2.1380	1.4832	1.4057	1.5751	2.1082	1.8393	1.7277
C_{121}	5.2765	7.2700	8.5673	8.4539	8.9525	9.6241	10.2536	8.3454	8.6444
C_{122}	1177.78	1292.11	1442.24	1379	1482	1656.25	1797.68	1235.31	1265.12
C_{123}	335.58	383.07	421.92	454.72	503.33	576.27	655.29	709.88	725.39
C_{124}	9.1	11.3	11.1	11.6	12	12.2	11.9	13.2	13.2
C_{211}	0.3630	0.3789	0.4024	0.4296	0.4556	0.4776	0.4954	0.5148	0.5315
C_{212}	0.1753	0.1752	0.1912	0.1751	0.1661	0.1545	0.1414	0.1237	0.1249
C_{213}	− 3.6069	− 3.4868	− 3.3800	− 3.3275	− 3.3057	− 3.2788	− 3.2515	− 3.1986	− 3.1005
C_{221}	66.3156	82.9010	107.7133	122.2142	56.9962	81.6231	76.0286	65.6817	79.1069
C_{222}	4.9116	5.7673	4.6565	4.1941	8.3065	4.5015	6.0845	6.7887	4.3907
C_{231}	− 87.3342	− 57.2669	− 50.8966	− 35.3579	− 29.0012	− 21.8905	− 21.1417	− 17.3584	− 15.2316
C_{232}	4.6681	5.1867	5.8721	6.4621	6.9800	7.4648	8.5563	9.0000	9.4121
C_{233}	0.0936	0.1055	0.1147	0.1226	0.1339	0.1515	0.1715	0.1845	0.1880
C_{234}	0.1461	0.1252	0.1162	0.1072	0.1040	0.1047	0.1033	0.1067	0.0685
C_{235}	0.1266	0.1530	0.1545	0.1648	0.1664	0.1580	0.1554	0.1674	0.1713
C_{241}	0.1448	0.0872	0.1973	0.1150	0.2177	0.1647	0.1753	0.1941	0.1575
C_{242}	0.0014	0.0023	0.0022	0.0025	0.0017	0.0059	0.0111	0.0135	0.0140
C_{243}	1.6892	2.1792	2.7487	3.8066	2.7741	3.3024	5.0905	6.4265	9.0645
C_{244}	40.0699	40.3004	38.3864	42.4215	55.0466	57.7811	73.6265	85.6777	96.0411
C_{251}	− 0.1204	− 0.1126	− 0.1186	− 0.1259	− 0.1367	− 0.1250	− 0.1343	− 0.1420	− 0.0265
C_{252}	− 1.8191	− 1.7370	− 1.6872	− 1.7120	− 1.4702	− 1.3623	− 1.2969	− 1.2786	− 1.2808
C_{311}	1.8947	2.2089	2.5101	2.8547	3.1589	3.5988	4.0271	4.3727	4.6267
C_{312}	0.1047	0.0973	0.1219	0.0996	0.0680	0.0730	0.0758	0.0585	0.0595
C_{313}	0.6318	0.7162	0.7987	1.3283	1.5040	1.6959	1.8590	1.9408	2.0304
C_{321}	0.0498	0.0480	0.0460	0.0431	0.0427	0.0424	0.0427	0.0423	0.0407
C_{322}	36.8769	33.9000	38.0108	39.2000	41.9442	47.2352	55.0664	53.7788	54.9538
C_{323}	0.1266	0.1415	0.1014	0.0777	0.1069	0.1449	0.1371	0.0833	0.0218
C_{331}	0.1824	0.1658	0.1364	0.1373	0.1066	0.1393	0.1190	0.0858	0.0581
C_{332}	0.0866	0.4756	0.6070	0.3377	0.6237	0.4127	0.2920	0.1320	0.1295
C_{333}	0.1990	0.1590	0.1212	0.1252	0.0957	0.0913	0.0900	0.0705	0.0322

附表 25　　　　　　　　　云南地区各指标原始数据

指标	2012 年	2013 年	2014 年	2015 年	2016 年	2017 年	2018 年	2019 年	2020 年
C_{111}	0.5560	0.5656	0.5846	0.5988	0.6042	0.6153	0.6417	0.6658	0.7422
C_{112}	0.0066	0.0066	0.0074	0.0074	0.0094	0.0094	0.0096	0.0104	0.0107
C_{113}	0.2856	0.3321	0.3638	0.4802	0.6306	0.7970	0.9100	1.0250	1.1767
C_{121}	7.55	11.11	11.59	11.43	12.19	13.74	14.91	16.01	13.04
C_{122}	1092.09	1325.3	1407.63	1465.3	1569.2	1798.67	1943.85	1524.03	1551.07
C_{123}	454.23	528.82	591.56	650.47	740.15	888.07	1041.18	1101.14	1109.77
C_{124}	13.56	17.33	17.11	14.87	15.2	15.86	15.57	14.67	16.18
C_{211}	0.3847	0.3999	0.4121	0.4293	0.4464	0.4629	0.4744	0.4867	0.5005
C_{212}	0.1027	0.1109	0.1320	0.1338	0.1588	0.1964	0.2002	0.2132	0.2070
C_{213}	-3.4352	-3.3403	-3.2590	-3.1998	-3.1720	-3.1430	-3.1100	-3.0447	-2.9201
C_{221}	210.05	258.29	296.22	245.27	199.99	233.94	298.95	336.92	389.46
C_{222}	10.95	12.14	10.82	22.58	26.54	51.61	82.79	55.45	36.76
C_{231}	-137.9902	-118.6691	-108.3288	-82.0700	-62.4960	-49.4479	-43.3077	-38.4488	-33.4920
C_{232}	4.9764	5.1483	5.8831	7.5931	8.0625	9.0000	9.7836	11.1827	9.9456
C_{233}	0.0981	0.1139	0.1271	0.1395	0.1583	0.1892	0.2214	0.2336	0.2350
C_{234}	0.1534	0.1197	0.0949	0.1054	0.0983	0.0974	0.0946	0.0995	0.0549
C_{235}	0.1486	0.1687	0.1702	0.1736	0.1656	0.1607	0.1463	0.1490	0.1450
C_{241}	0.2845	0.1817	0.1371	0.1994	0.1973	0.1938	0.2084	0.2126	0.1184
C_{242}	0.0041	0.0033	0.0034	0.0035	0.0036	0.0046	0.0043	0.0036	0.0020
C_{243}	1.2639	1.4661	1.7460	2.5001	2.5726	3.0322	4.3249	4.7357	6.1294
C_{244}	39.6302	49.6845	60.5668	63.1962	88.4333	102.6693	96.5427	122.7702	115.3684
C_{251}	-0.1293	-0.1227	-0.1393	-0.1353	-0.1425	-0.1452	-0.1652	-0.1805	-0.0233
C_{252}	-2.2238	-1.8189	-1.7452	-1.6364	-1.6174	-1.3885	-1.2517	-1.2929	-1.2266
C_{311}	2.3992	2.7665	3.0217	3.2117	3.5051	3.9458	4.4446	4.9323	5.1975
C_{312}	0.0866	0.1336	0.1442	0.1282	0.0970	0.0895	0.0727	0.0802	0.0901
C_{313}	0.9458	1.0889	1.2346	1.3705	1.5443	1.7462	1.9556	2.1549	2.0739
C_{321}	0.0409	0.0412	0.0421	0.0435	0.0452	0.0480	0.0499	0.0474	0.0453
C_{322}	33.4978	30.5147	34.5739	43.7438	48.6941	55.9943	66.8709	75.0607	68.5890
C_{323}	0.1992	0.1642	0.1186	0.0996	0.1379	0.1999	0.1724	0.0576	0.0078
C_{331}	0.1617	0.1531	0.0922	0.0629	0.0914	0.1257	0.1264	0.1097	0.0538
C_{332}	0.2091	0.2312	0.4433	0.3171	0.4352	0.2394	0.3063	0.2199	0.2773
C_{333}	0.1563	0.0973	0.0465	-0.0099	0.0106	0.0637	0.1297	0.0995	0.0106

附表 26　　　　　　　　　　陕西地区各指标原始数据

指标	2012 年	2013 年	2014 年	2015 年	2016 年	2017 年	2018 年	2019 年	2020 年
C_{111}	0.785	0.804	0.813	0.827	0.876	0.876	0.862	0.848	0.839
C_{112}	0.02	0.022	0.022	0.022	0.023	0.025	0.025	0.03	0.031
C_{113}	0.2428	0.2702	0.3548	0.4801	0.6435	0.8466	0.8366	1.0109	1.2492
C_{121}	13.6727	14.1579	15.7012	14.0900	14.9046	16.3079	17.3245	15.4749	16.5260
C_{122}	3193.12	3472.92	3263.87	3264.64	3445.91	3761.63	4025.99	3483.45	3698.45
C_{123}	673.5	674	753.3	803.7	879.4	959.1	1033.6	1106.3	1127.8
C_{124}	18.3	25	28.7	28	28.3	28	27.3	27.1	28.8
C_{211}	0.4972	0.5158	0.5302	0.5473	0.5640	0.5807	0.5965	0.6128	0.6265
C_{212}	0.0814	0.0775	0.0906	0.0990	0.0757	0.0785	0.0803	0.0797	0.0768
C_{213}	-3.2250	-3.1509	-3.0719	-3.0406	-3.0268	-3.0015	-2.9715	-2.9286	-2.8438
C_{221}	147.9903	201.2806	273.6449	304.9850	299.4722	402.0280	533.0488	510.3313	545.9581
C_{222}	29.3609	36.7800	41.7557	46.2118	50.1178	58.9437	68.4794	77.2947	84.4315
C_{231}	-144.79	-147.49	-121.08	-115.55	-114.14	-113.89	-114.08	-114.08	-108.73
C_{232}	4.7022	4.9800	5.8359	6.3429	6.5237	7.2186	8.1267	8.9417	9.2882
C_{233}	0.1778	0.1772	0.1968	0.2090	0.2270	0.2457	0.2629	0.2805	0.2852
C_{234}	0.1475	0.1154	0.1019	0.0984	0.0850	0.0933	0.0917	0.0949	0.0632
C_{235}	0.1278	0.1847	0.2223	0.2210	0.2099	0.2107	0.2146	0.2190	0.2372
C_{241}	0.2338	0.1750	0.1466	0.0740	0.0686	0.0648	0.1028	0.1120	0.1146
C_{242}	0.0237	0.0335	0.0368	0.0403	0.0422	0.0429	0.0470	0.0569	0.0672
C_{243}	3.9366	5.4774	5.9629	8.6713	12.5077	8.8509	10.5518	11.1818	15.3032
C_{244}	128.5251	179.9803	171.0125	163.7909	189.8166	204.2467	235.0624	265.4451	306.3227
C_{251}	-0.1720	-0.1435	-0.1476	-0.1457	-0.1355	-0.1454	-0.1513	-0.1522	-0.1377
C_{252}	-1.5805	-1.6628	-1.2321	-1.1642	-1.1066	-1.0851	-1.0602	-0.9947	-0.8762
C_{311}	3.7453	4.1906	4.5610	4.6654	4.9341	5.5216	6.1115	6.5506	6.5867
C_{312}	0.0747	0.0724	0.0938	0.0802	0.0584	0.0629	0.0521	0.0497	0.0498
C_{313}	1.2560	1.4334	1.6094	1.7834	1.9826	2.2057	2.4193	2.5895	2.4288
C_{321}	0.0476	0.0424	0.0433	0.0449	0.0462	0.0447	0.0432	0.0429	0.0431
C_{322}	36.8033	26.9600	26.2474	28.7036	31.0742	34.2536	37.8608	40.8229	39.1597
C_{323}	0.1295	0.0007	0.1177	0.0669	0.0942	0.0906	0.0777	0.0703	0.0194
C_{331}	0.1536	0.1189	0.0884	0.0229	0.0576	0.1191	0.1068	0.0718	0.0055
C_{332}	0.2097	0.3059	0.3352	0.5118	0.6612	0.2252	0.1861	0.2347	0.2358
C_{333}	0.1798	0.1002	0.0664	-0.0693	0.0174	0.1392	0.1039	0.0409	-0.0761

附表 27 甘肃地区各指标原始数据

指标	2012 年	2013 年	2014 年	2015 年	2016 年	2017 年	2018 年	2019 年	2020 年
C_{111}	0.3081	0.3137	0.3242	0.3288	0.3335	0.3340	0.3363	0.3556	0.3662
C_{112}	0.0052	0.0054	0.0070	0.0077	0.0083	0.0096	0.0096	0.0099	0.0105
C_{113}	0.1710	0.2039	0.2708	0.4016	0.4635	0.4863	0.4725	0.5170	0.5991
C_{121}	4.5856	5.1482	5.7247	5.8258	6.0657	6.6205	7.0387	6.3611	6.7240
C_{122}	2395.8822	2379.6586	2516.8239	2226.0101	2170.2297	2439.8496	2610.0940	2710.6410	2516.8445
C_{123}	330.3	349.2	343.9	342.2	343.7	378.3	407.2	438.4	409.9
C_{124}	10.4	12.7	12.4	12.6	12.8	13.3	14.6	13.2	13.2
C_{211}	0.3878	0.4050	0.4228	0.4424	0.4607	0.4812	0.4969	0.5070	0.5223
C_{212}	0.0545	0.0608	0.1015	0.0945	0.1154	0.1679	0.1451	0.1648	0.1806
C_{213}	− 3.6461	− 3.5557	− 3.4736	− 3.4266	− 3.4455	− 3.4377	− 3.4027	− 3.3568	− 3.2697
C_{221}	88.8684	103.4006	85.6550	79.3797	68.1253	48.1560	59.9860	55.1782	54.9823
C_{222}	1.8587	5.2662	8.3065	4.3603	137.5038	3.9569	2.9003	13.0675	0.6593
C_{231}	− 249.0643	− 208.8769	− 157.2747	− 106.0508	− 91.8878	− 87.5797	− 90.1376	− 97.8855	− 71.0900
C_{232}	4.5260	5.0858	5.6121	5.9897	6.3008	6.8902	8.0486	8.3992	9.0636
C_{233}	0.1295	0.1376	0.1359	0.1356	0.1364	0.1500	0.1619	0.1747	0.1639
C_{234}	0.1542	0.1214	0.1124	0.1052	0.0893	0.0914	0.0922	0.0944	0.0625
C_{235}	0.1425	0.1850	0.2024	0.2205	0.2347	0.2422	0.2886	0.2529	0.2919
C_{241}	0.3097	0.1864	0.1589	0.0467	0.0476	− 0.0831	0.0198	0.0617	0.0312
C_{242}	0.0135	0.0166	0.0176	0.0198	0.0218	0.0222	0.0223	0.0225	0.0259
C_{243}	1.4360	1.8671	2.0138	2.7394	3.1646	3.8349	5.5497	5.9362	8.3930
C_{244}	35.0314	40.3460	48.0268	39.2974	39.7701	36.9544	45.6615	45.7278	43.6109
C_{251}	− 0.1165	− 0.1523	− 0.1555	− 0.1506	− 0.1490	− 0.1547	− 0.1560	− 0.1606	− 0.1600
C_{252}	− 1.7012	− 1.7273	− 1.8076	− 1.7570	− 1.7236	− 1.6210	− 1.4945	− 1.4182	− 1.5146
C_{311}	2.1141	2.3647	2.5724	2.5946	2.7396	2.9103	3.2178	3.4707	3.5995
C_{312}	0.0614	0.0900	0.1012	0.0941	0.0696	0.0865	0.0935	0.0912	0.0777
C_{313}	0.8095	0.9337	1.0542	1.1522	1.2636	1.3587	1.3660	1.4748	1.4523
C_{321}	0.0612	0.0581	0.0528	0.0522	0.0498	0.0516	0.0502	0.0503	0.0455
C_{322}	31.7596	27.4961	27.7339	27.1587	26.8516	28.4436	27.8904	33.2121	31.0530
C_{323}	0.0879	0.0572	− 0.0152	− 0.0049	0.0044	0.1007	0.0764	0.0766	− 0.0650
C_{331}	0.1218	0.1185	0.0878	0.0086	0.0559	0.0623	0.1057	0.0786	0.0371
C_{332}	0.2722	0.1627	0.2585	0.4212	0.7259	0.1835	0.2765	0.2039	0.3199
C_{333}	0.0821	0.0738	0.0494	− 0.1443	− 0.0178	0.0125	0.1153	0.0295	− 0.0235

附表 28　　　　　　　　　青海地区各指标原始数据

指标	2012 年	2013 年	2014 年	2015 年	2016 年	2017 年	2018 年	2019 年	2020 年
C_{111}	0.0914	0.0971	0.1007	0.1047	0.1088	0.1120	0.1137	0.1160	0.1179
C_{112}	0.0026	0.0026	0.0029	0.0031	0.0032	0.0032	0.0032	0.0033	0.0040
C_{113}	0.0261	0.0748	0.0708	0.0877	0.0986	0.0970	0.1098	0.1191	0.1671
C_{121}	1.3680	1.3576	1.4847	1.6175	1.7092	1.8141	1.9122	1.9551	1.4512
C_{122}	536.2693	459.4935	516.2956	454.9272	485.0751	529.0860	560.9583	572.0675	424.6848
C_{123}	71.87	74.23	81.7	90.55	94.99	118.34	123.19	123.18	120.16
C_{124}	3.4	4.8	4.1	4.3	4.3	4.7	4.6	5.2	5.1
C_{211}	0.4744	0.4851	0.4978	0.5030	0.5163	0.5307	0.5447	0.5552	0.6003
C_{212}	0.1126	0.1092	0.1360	0.0559	0.0918	0.1135	0.0950	0.0529	0.0713
C_{213}	-3.2778	-3.1495	-3.0629	-3.0937	-3.0883	-3.0828	-3.0323	-2.9420	-2.8768
C_{221}	11.6016	14.0256	17.1896	19.3447	15.1485	6.5532	7.2718	5.4008	3.2964
C_{222}	2.0578	0.9372	0.5010	0.5500	0.1495	0.1833	0.0446	0.6772	0.2552
C_{231}	-2767.4330	-965.6417	-1020.1977	-823.6032	-732.5558	-744.6392	-657.8324	-606.4652	-432.2561
C_{232}	5.7971	5.7604	6.4341	7.4209	7.8186	8.3277	9.2457	9.7173	10.8176
C_{233}	0.1254	0.1285	0.1400	0.1539	0.1601	0.1978	0.2042	0.2027	0.2026
C_{234}	0.1434	0.1291	0.1101	0.1001	0.0942	0.0982	0.0924	0.0897	0.0627
C_{235}	0.2742	0.3725	0.3229	0.3524	0.3539	0.3307	0.3452	0.4102	0.4591
C_{241}	0.0272	0.0635	0.0334	-0.2972	0.1985	0.0685	-0.1868	0.3839	0.1066
C_{242}	0.0126	0.0157	0.0157	0.0233	0.0252	0.0275	0.0289	0.0031	0.0035
C_{243}	0.9194	0.8688	1.0610	2.0682	2.2866	2.6405	4.4229	5.0114	7.9140
C_{244}	7.4374	8.7949	9.9766	9.8825	6.2146	8.7570	8.6575	9.1755	12.3063
C_{251}	-0.1453	-0.1496	-0.1581	-0.1712	-0.1933	-0.2175	-0.2394	-0.2424	-0.0642
C_{252}	-1.8911	-1.9220	-1.8627	-1.9115	-2.0667	-1.8549	-1.9775	-2.0328	-2.0771
C_{311}	2.6839	3.0005	3.2218	3.4883	3.8968	4.2211	4.6854	4.9976	5.0819
C_{312}	0.1336	0.1612	0.1519	0.1356	0.1172	0.0623	0.0939	0.0926	0.1226
C_{313}	0.8426	0.9563	1.0691	1.1804	1.2972	1.4086	1.4918	1.5606	1.4795
C_{321}	0.0470	0.0433	0.0442	0.0450	0.0421	0.0480	0.0448	0.0419	0.0400
C_{322}	21.1382	15.4646	19.9268	21.0581	22.0907	25.1787	26.7804	23.6885	23.5608
C_{323}	0.0643	0.0328	0.1006	0.1083	0.0490	0.2458	0.0410	-0.0001	-0.0245
C_{331}	0.1075	0.1180	0.0738	0.0827	0.1171	0.0832	0.1100	0.0666	0.0169
C_{332}	0.1199	0.1995	0.2848	0.1709	0.6333	0.2821	0.2229	0.2403	0.3160
C_{333}	0.1139	0.0849	0.0050	0.0236	0.1569	0.1436	0.1380	0.0571	-0.0361

附表 29 　　　　　　　　　　　宁夏地区各指标原始数据

指标	2012 年	2013 年	2014 年	2015 年	2016 年	2017 年	2018 年	2019 年	2020 年
C_{111}	0.3994	0.4300	0.4710	0.5006	0.5111	0.5205	0.5332	0.5508	0.5557
C_{112}	0.0155	0.0155	0.0155	0.0155	0.0160	0.0160	0.0160	0.0187	0.0203
C_{113}	0.0489	0.0633	0.0808	0.1004	0.1297	0.1319	0.1508	0.1558	0.1637
C_{121}	4.2247	4.2072	4.2447	4.3770	4.4371	3.9289	4.0134	4.3662	4.4025
C_{122}	1101.9865	913.0255	877.3263	872.7195	873.7158	811.4079	692.7617	710.3103	764.7505
C_{123}	182.21	183.17	183.59	183	187.36	182.78	170.11	177.7	181.88
C_{124}	3.4882	3.9470	3.8875	3.7280	3.6718	3.6450	3.7696	3.7505	3.6838
C_{211}	0.5115	0.5284	0.5482	0.5698	0.5874	0.6095	0.6215	0.6363	0.6496
C_{212}	0.0539	0.0575	0.0636	0.0763	0.1037	0.1088	0.1069	0.0763	0.0741
C_{213}	-2.8794	-2.8268	-2.7687	-2.7620	-2.7562	-2.7447	-2.7243	-2.6697	-2.5717
C_{221}	22.1667	32.1791	54.3558	37.9062	32.4648	50.3605	37.8086	34.8804	17.7906
C_{222}	2.1820	1.4814	0.9244	1.8639	2.5363	3.1140	2.1443	2.5123	2.7242
C_{231}	-135.7873	-104.8973	-82.1782	-66.1355	-51.1951	-50.3412	-44.0318	-42.6187	-40.5620
C_{232}	5.0782	5.4955	5.8526	6.3774	6.7257	7.3318	7.8452	8.7546	9.3542
C_{233}	0.2764	0.2749	0.2707	0.2677	0.2697	0.2592	0.2397	0.2479	0.2523
C_{234}	0.1415	0.1115	0.0921	0.0894	0.0867	0.0918	0.0894	0.0898	0.0542
C_{235}	0.0972	0.1184	0.1239	0.1299	0.1318	0.1462	0.1738	0.1848	0.1895
C_{241}	0.1901	0.1467	0.1413	0.0682	0.1743	0.3010	0.1706	0.1958	0.0942
C_{242}	0.0014	0.0006	0.0013	0.0014	0.0015	0.0021	0.0034	0.0040	0.0043
C_{243}	1.2805	1.8173	2.0999	2.7284	3.8539	6.0178	7.9714	7.7441	10.6931
C_{244}	14.2473	14.9924	17.6515	18.2332	20.2032	18.2203	23.4314	31.0908	40.7112
C_{251}	-0.1599	-0.1720	-0.1760	-0.1787	-0.1760	-0.1719	-0.1531	-0.1659	-0.1659
C_{252}	-0.9829	-0.9674	-1.0187	-1.0638	-1.0260	-1.0137	-0.9648	-1.0241	-1.0241
C_{311}	3.2331	3.4931	3.6483	3.7734	4.0042	4.5389	4.9472	5.2285	5.4382
C_{312}	0.0590	0.0591	0.0730	0.0859	0.0582	0.0734	0.0665	0.0618	0.0607
C_{313}	1.1394	1.2906	1.4143	1.5211	1.6277	1.7780	1.8747	1.9519	1.8051
C_{321}	0.0855	0.0787	0.0742	0.0709	0.0674	0.0571	0.0485	0.0474	0.0464
C_{322}	52.2361	46.4074	47.2257	49.0880	51.0267	50.1454	45.1268	47.3803	49.3729
C_{323}	0.1214	0.0053	0.0023	-0.0032	0.0238	-0.0244	-0.0693	0.0446	0.0235
C_{331}	0.0844	0.0804	0.0444	0.0343	0.0612	0.1335	0.0900	0.0569	0.0401
C_{332}	2.4379	-0.5438	0.3542	0.4319	0.1924	0.1397	0.1919	0.1549	0.2395
C_{333}	0.0757	0.0620	0.0433	-0.1015	0.0580	0.2202	0.0547	0.0684	0.0088

附表 30 新疆地区各指标原始数据

指标	2012 年	2013 年	2014 年	2015 年	2016 年	2017 年	2018 年	2019 年	2020 年
C_{111}	0.0997	0.1022	0.1054	0.1071	0.1094	0.1113	0.1136	0.1167	0.1257
C_{112}	0.0030	0.0029	0.0035	0.0037	0.0037	0.0038	0.0038	0.0041	0.0047
C_{113}	0.1885	0.2637	0.2749	0.3567	0.3946	0.3767	0.3692	0.3720	0.4019
C_{121}	7.8249	8.3717	9.0249	8.0191	8.7230	10.0735	11.4574	10.0063	7.2580
C_{122}	2558.68	2490.29	2777.28	2605.46	3072.73	3533.15	4725.84	4139.3	3881.8
C_{123}	294.6	317.7	397.9	436.5	461.6	554.4	730.1	751.05	613.39
C_{124}	12.6	17.5	17.4	16.7	16.6	16.7	16.7	16.7	17.6431
C_{211}	0.4422	0.4494	0.4679	0.4878	0.5042	0.5190	0.5401	0.5551	0.5653
C_{212}	0.0609	0.0703	0.0846	0.0985	0.0859	0.1745	0.1388	0.1285	0.1344
C_{213}	−2.7660	−2.6878	−2.6609	−2.7878	−2.7951	−2.7863	−2.7360	−2.6417	−2.4785
C_{221}	251.7075	275.6191	276.6930	196.7789	179.6328	206.6073	200.4993	237.0930	213.8729
C_{222}	66.55	64.53	75.86	85.18	96.66	133.23	211.51	241.23	320.42
C_{231}	−883.2366	−631.3622	−605.6395	−466.7519	−421.9222	−441.9713	−450.9499	−447.5559	−414.2595
C_{232}	6.0976	6.4771	7.2678	8.0210	8.3867	9.1024	10.0557	10.4168	10.5000
C_{233}	0.1308	0.1390	0.1711	0.1830	0.1901	0.2235	0.2897	0.2935	0.2368
C_{234}	0.1636	0.1250	0.1044	0.1167	0.0887	0.0883	0.0763	0.0746	0.0321
C_{235}	0.2608	0.3568	0.3178	0.3069	0.3016	0.2742	0.2300	0.2316	0.3013
C_{241}	0.2242	0.1493	0.1386	0.0234	0.0676	0.0244	0.1206	−0.0166	−0.1119
C_{242}	0.0007	0.0004	0.0003	0.0003	0.0004	0.0005	0.0003	0.0006	0.0011
C_{243}	1.5269	2.1873	2.2529	3.6734	2.9308	3.2637	3.8325	3.3810	4.9278
C_{244}	33.5323	39.4450	32.1291	33.1351	44.4784	42.5657	41.2821	38.6888	41.9072
C_{251}	−0.1647	−0.2011	−0.2140	−0.2496	−0.2533	−0.2670	−0.2725	−0.2690	0.7310
C_{252}	−2.0814	−2.3541	−1.9921	−2.1716	−2.1703	−1.9198	−1.4860	−1.4351	−0.4351
C_{311}	3.3103	3.6988	4.0193	3.9520	4.0020	4.5476	5.1238	5.3542	5.3593
C_{312}	0.0833	0.0927	0.0650	0.0712	0.0650	0.0565	0.0552	0.0597	0.0551
C_{313}	0.8505	0.9538	1.0480	1.1613	1.2377	1.3104	1.3608	1.4134	1.1824
C_{321}	0.0397	0.0379	0.0429	0.0469	0.0479	0.0497	0.0570	0.0552	0.0445
C_{322}	23.3810	18.1543	22.8678	26.1377	27.8072	33.1976	43.7186	44.9731	34.8517
C_{323}	0.3837	0.0784	0.2524	0.0970	0.0575	0.2010	0.3169	0.0287	−0.1833
C_{331}	0.1174	0.1174	0.0866	−0.0167	0.0127	0.1363	0.1267	0.0450	0.0010
C_{332}	0.2288	0.2160	0.1910	0.1742	0.3175	0.0702	0.2411	0.1558	0.0655
C_{333}	0.0568	0.0273	0.0880	−0.1371	−0.0304	0.2156	0.1508	0.0193	−0.0386